中山大学国家治理研究院
中山大学中国家族企业研究中心　联合编制

创新驱动
——广东再创辉煌

李新春 杨永福 张书军 傅慧
汪建成 朱仁宏 伍兆祥 ◎ 著

中国社会科学出版社

图书在版编目（CIP）数据

创新驱动：广东再创辉煌 / 李新春等著. —北京：中国社会科学出版社，2020.5

ISBN 978-7-5203-6216-0

Ⅰ.①创… Ⅱ.①李… Ⅲ.①区域发展—研究—广东 Ⅳ.①F127.65

中国版本图书馆 CIP 数据核字（2020）第 054647 号

出版人	赵剑英
责任编辑	喻 苗
责任校对	胡新芳
责任印制	王 超
出 版	中国社会科学出版社
社 址	北京鼓楼西大街甲 158 号
邮 编	100720
网 址	http://www.csspw.cn
发行部	010-84083685
门市部	010-84029450
经 销	新华书店及其他书店
印 刷	北京明恒达印务有限公司
装 订	廊坊市广阳区广增装订厂
版 次	2020 年 5 月第 1 版
印 次	2020 年 5 月第 1 次印刷
开 本	710×1000 1/16
印 张	24
字 数	373 千字
定 价	108.00 元

凡购买中国社会科学出版社图书，如有质量问题请与本社营销中心联系调换
电话：010-84083683
版权所有 侵权必究

内容简介

创新驱动发展是新时代中国经济转型升级和面向数字经济人工智能等新技术挑战进行全面深化改革和开放战略的核心。党的十八大以来，创新驱动作为国家发展战略，推动了中国经济竞争力的动能转换和国际竞争优势的提升。广东作为改革开放 40 年先行一步走在前列的地区，正在《粤港澳大湾区发展规划纲要》的指引下，深化与港澳地区的合作，计划将粤港澳大湾区建设成为充满活力的世界级城市群、具有全球影响力的国际科技创新中心、"一带一路"建设的重要支撑、内地与港澳深度合作示范区以及宜居宜业宜游的优质生活圈。这一战略目标将使得广东和大湾区成为创新驱动发展的典范，实现"中国制造"到"中国创造"的转型，重塑大湾区经济的创新引领优势。本书重点通过对广东地区过去 40 年尤其是最近十多年的创新发展给出系统性的分析，以政府、企业以及其他各类创新行动主体为中心，研究广东创新驱动发展的资源、结构和能力。内容主要集中在三个方面，一是对广东创新的整体状况，包括产学研以及政府创新政策给出分析，并与全国主要地区进行对比分析；二是通过建立创新指数，对广东城市之间的创新资源分布、创新发展情况给予一个定量化、可视化的测度和表征；三是对企业家的创新创业精神以及对创业环境的认知给出判断，这是通过对企业家微博进行大数据分析给出的结果。同时，对广东上市企业的创新状况展开深入研究，以此揭示市场主体——企业的创新行为和绩效。本书期望通过这一宏微观相结合的分析而给出广东尤其是珠三角地区创新驱动发展的基础、现状和微观层次的企业以及企业家行为。期望本书作为广东和大湾区创新驱动发展战略的一幅创新地图，为决策和研究提供帮助。

作者简介

李新春

德国洪堡大学经济学博士,中山大学二级教授、博士生导师,教育部长江学者特聘教授,享受国务院政府特殊津贴专家,复旦管理学杰出贡献奖获得者,第三批国家"万人计划"哲学社会科学领军人才。2004年4月至2011年3月任中山大学管理学院院长。国家自然科学基金委员会管理科学部第十二届、第十三届专家评议组成员,国家社科基金专家评议组成员,中国企业管理现代化研究会中小企业与创业专业委员会及公司治理专业委员会副主任委员。长期从事企业战略管理、家族企业管理和创业管理的研究与教学。目前担任中山大学管理学院学术委员会主任委员,中山大学社会科学学科发展委员会主任委员,《管理学季刊》联合创始人和联席主编。发表学术论文80多篇,著作教材十多部,主持多项国家自然科学基金面上项目、重点项目。

杨永福

中山大学岭南学院教授,管理学博士,博士生导师,中山大学广东决策科学研究院副院长,广东省系统工程学会常务理事,广州市经济学会会长,长期从事现代产业组织与工业互联网、工业4.0、企业发展与物联网、资源环境经济与大数据分析等研究与教学。在国内外核心学术期刊和国际学术会议上发表学术论文50多篇,主持撰写30余份有关经济发展与经济政策的政府咨询报告、行业发展研究报告和企业发展研究报告，主持过多项国家自然科学基金、国家社科基金、国家软科学等项目。

张书军

中山大学管理学博士，中山大学管理学院教授、博士生导师，主要从事战略管理、创业与资本市场的研究和教学工作，主讲课程包括战略管理、战略创业、国际企业管理等课程，在国内外期刊发表学术论文50余篇，出版经济与管理学领域的专著、译著与教材6部，主持国家自然科学基金项目、国家社会科学基金项目、教育部人文社科基金项目等多项课题。

傅慧

中山大学管理学院教授、博士生导师，中山大学管理学院工商管理学术主任（博士与学术硕士项目）。曾经赴美国华盛顿大学Foster商学院等进行学术访问。主要研究领域包括战略创新、创业激情、领导风格与企业社会责任等，主讲课程包括战略管理、组织行为学。在国内外学术期刊发表中英文论文多篇，出版学术专著《基于知识和学习能力的企业竞争优势研究》《技术创新与产业联动》等多部。主持国家自然科学基金、教育部人文社科基金、广东省自然科学基金、广东省社科基金等多项课题。

朱仁宏

中山大学管理学院副教授，中山大学管理学院MBA学术中心主任。哈佛商学院、牛津大学、范德堡大学访问学者。研究兴趣包括企业战略与组织、创业管理、风险投资与创业成长，已在 The leadership Quarterly、Frontiers of Entrepreneurship Research、《中国工业经济》、《南开管理评论》、《经济管理》等期刊发表学术论文30余篇，出版专著5部。主持过国家自然科学基金等多项课题。

汪建成

中山大学管理学院副教授，主要从事企业成长与重组、跨国公司管理的研究和教学工作，主讲课程包括管理经济学、管理学原理、创新管理，在国内外学术期刊共发表论文14余篇，主持过国家自然科学基金、广东自然科学基金等多项课题。

伍兆祥

中山大学中国家族企业研究中心助理，主要从事家族企业传承、创业团队治理的研究，已在《南开管理评论》《经济管理》《南方经济》《财贸研究》等期刊发表学术论文9篇，出版专著1部。参与国家自然科学基金等多项课题。

同时，参与本课题研究和本书写作的研究生博士生同学有：

陈景信，中山大学广东决策科学研究院在站博士后，研究方向：区域经济学

马骏，中山大学管理学院博士生，研究方向：战略与创业管理

周琦，中山大学管理学院博士生，研究方向：创业团队治理

张涵，中山大学管理学院硕士生，研究方向：企业创新

杨梅，中山大学管理学院硕士生，研究方向：企业创新

李佳桐，中山大学岭南学院硕士生，研究方向：区域经济学

汤先超，中山大学岭南学院硕士生，研究方向：区域经济学

王晓滢，中山大学岭南学院硕士生，研究方向：区域经济学

杨琪，中山大学岭南学院硕士生，研究方向：区域经济学

致　　谢

　　本书的学术及课题研究感谢以下基金项目的支持：
1. 中山大学
2. 国家自然科学基金重点国际（地区）合作项目，批准号：71810107002
3. 国家自然科学基金面上项目（71672196）

序　言

2019年2月18日，中共中央、国务院印发了《粤港澳大湾区发展规划纲要》，对大湾区的战略定位、发展目标、空间布局等方面做了全面规划，建设一个富有活力和国际竞争力的一流湾区和世界级城市群的伟大目标就此开启了远大的航程。建设粤港澳大湾区是习近平总书记亲自谋划、亲自部署、亲自推动的国家战略，是新时代推动形成全面开放新格局的新举措，也是推动"一国两制"事业发展的新实践。粤港澳大湾区由香港、澳门两个特别行政区和广东省珠三角的广州、深圳、珠海、佛山、惠州、东莞、中山、江门、肇庆九市组成，总面积5.6万平方公里，2018年末总人口已达7000万人，是中国开放程度最高、经济活力最强的区域之一，在国家发展大局中具有重要战略地位。

2017年7月1日，《深化粤港澳合作，推进大湾区建设框架协议》在香港签署。粤港澳大湾区建设，为广东深入实施创新引领发展战略提供了大平台。其中，首条合作原则就提出："开放引领，创新驱动。积极构建开放型经济新体制，打造高水平开放平台，对接高标准贸易投资规则，集聚创新资源，完善区域协同创新体系，开展创新及科技合作。"粤港澳大湾区的战略定位有五个：一是充满活力的世界级城市群。二是具有全球影响力的国际科技创新中心。三是"一带一路"建设的重要支撑。四是内地与港澳深度合作示范区。五是宜居宜业宜游的优质生活圈。显然，创新驱动发展成为大湾区发展战略的核心。

2017年，珠三角仅凭借0.6%的国土面积和全国约5%的人口规模，创造了13%的全国GDP总量。2018年广东持续30年GDP引领全国，并站上了一个新台阶（9.73万亿人民币），超出排在第二位的江苏省（9.26万亿）4700多亿元，与其他省份之间的距离进一步扩大。实际上，自2007年实行经济转型和结构调整以来，广东尤其是珠三角地区已逐步转向了创新和国际化的经济发展结构，尤其是创新已成为新一轮高质量增长的重要动能。如果再看各城市的发展，创新的特征就更为明显。早从2004年开始，深圳市政府即从战略高度布局未来的创新发展，率先提出将深圳建设为创新型城市的战略目标定位，在科技金融、产业生态链、创新创业生态系统以及人才引进、创新的政策性支持、产学研结合等方面进行整体计划和长远布局，走在了全国的前面。

截至目前（数据统计截至2018年10月10日），广州共有国家高新技术企业8690家，是2015年1919家的4.53倍，实现连续两年两次倍增，总量超过上海，居全国各城市第三名，年度净增量连续两年领先深圳，紧随北京，居全国城市第二名。2017年广州国内专利申请量首次突破10万件，达到118332件，同比增长19.44%；专利授权量达到60201件，同比增长24.61%。PCT国际专利申请量达到2441件，超过上海居全国城市第三位，同比增长48.7%。

自2012年以来，东莞市也加大力度实施"科技东莞"工程和创新驱动发展战略，全社会创新能力明显增强、创新资源加速集聚、创新环境不断改善，在2015年珠三角创新驱动发展工作考核中，东莞位列深圳、广州之后，居第三位，首次实现了创新驱动发展居全省前列的目标。2017年东莞全市R&D占比预计达2.55%，比2012年提高0.89个百分点；国家高新技术企业总量预计达4058家，位居全省地级市第一，比2012年增加了3521家；先进制造业增加值、高技术制造业增加值占规模以上工业比重分别为50.5%、39.0%，分别比2012年提高8.3和7.9个百分点。

在不少人的眼中，广东是中国制造的一个重要基地，但较少人了解，广东也是改革开放40年来在技术创新、研发投入、专利申请、高科技产业发展排在前列的省份，广东经济的发展不是简单的市场规模扩张和出口经济的增长，同时，更为重要的是，在市场竞争尤其是国际竞争和合作过程中，广东经济较早承受到竞争和低水平低质量发展的瓶颈压力，而率先向高质量、创新型经济的转型道路迈进。

党的十八大明确提出"科技创新是提高社会生产力和综合国力的战略支撑，必须摆在国家发展全局的核心位置"。强调要坚持走中国特色自主创新道路、实施创新驱动发展战略。2016年5月，中共中央、国务院印发了《国家创新驱动发展战略纲要》，全面启动了创新驱动发展的战略。而最新颁发的《粤港澳大湾区发展规划纲要》则为粤港澳创新驱动发展和全面改革开放指明了方向。广东将在新时代沿着创新发展的道路再创辉煌！

2016年7月，中山大学与广东省发改委签署了《共建广东创新驱动发展研究院战略合作框架协议》，合作目标中明确提出："围绕省委、省政府实施创新驱动发展战略决策，以提升广东省创新能力为目标……把研究院建设成为跨学科、专业化和开放性的智库型研究机构，成为广东省委、省政府创新驱动发展的主要思想库和智囊团，为广大创新驱动发展战略提供智力支持和决策服务。"

如何描绘出一个地区的创新驱动发展？课题组经过反复研讨而确定了一个宏观微观整合的分析框架。第一个层面是宏观的地区创新资源和结构，及其动态的发展过程；第二个层面是每个城市之间的创新追赶，在竞争与合作、互动中不断推进创新，这不仅包括在技术创新和创业上的努力，同时，也包括其在产业链、创业生态、创新生态系统上的不断发展；第三个层面则是微观层次的市场创新活动，最为重要的还在于企业家（创业者）和企业，作为市场最基本的原子单位，也是每一个创新和风险承担、推动创业和商业化的重要市场载体，成千上万的企业家或企业才是创新的主体。

本书是近两年中山大学国家治理研究院广东创新驱动发展研究团队集体努力的研究成果，主要致力于四个方面的研究：一是广东省整体的创新资源分布、创新结构和动态以及广东创新发展在全国的地位，由杨永福教授带领的团队承担研究（本书第一篇）。二是对广东创新地理的研究，集中在城市创新指数的模型建立、数据分析和城市比较，给出了一幅广东城市创新数字地图。这是李新春教授带领团队的研究（本书第二篇）。三是对创业者信心指数的研究，这是由张书军、傅慧、朱仁宏教授及其学生团队与广州艾媒数聚信息公司合作研究的成果，运用企业家微博的大数据进行挖掘和分析，给出过去一年企业家创新精神与创业环境的地区、行业、规模等的比较，以及不同地区的差异分析，由此给出了一幅企业家精神和创业环境的全景图（本书第三篇）。四是由汪建成教授与学生团队对广东上市公司创新成长的研究，广东是全国上市公司最为集中，同时也是最具创新力的地区，这体现了广东创新引领发展的现状和未来（本书第四篇）。

过去的研究大多集中在单个企业的创新上，一定程度上忽视了嵌入在其中的产业、地区或城市创新生态系统。中国过去改革开放40年的发展，在市场化进程中，不仅是企业之间的竞争在不断加强并规范化，同时，也是地区或城市之间、各行政省份之间，也包括国内与国际的竞争在推进企业的创新和发展。中国的创新地图是地区之间的竞争合作以及企业在产业链条和生态系统竞争学习的过程，同时，也受到宏观环境和政策以及全球经济发展走向（趋势）的深刻影响。所谓的企业家精神表现出来的创新创业和投资行为，就是对竞争合作以及环境复杂性和变化的反应，而各个地区的企业家精神差异也给出了一个未来创新创业的指向图。本书旨在构建一个聚焦于广东，同时也将全国乃至全球竞争纳入考虑的创新体系，制度环境、产业链和生态、创新的资源分布与结构性变化以及企业家的认知和战略意图，都将是这个系统动态演进过程中不可忽视的因素，也由此刻画出创新引领发展的一个粗略的图景。未来并不是我们所能完全预计和描述的，充满着不确定性和引人入胜的未知，但企业家精神和地区的创新创业战略意图与谋划则在很大程度上给出了我们努力进取的未来走向。广东正在大湾区规划战略和面向新时代数字经济未来的发展中创新拓展，再创辉煌！

创新正在改变中国经济的格局，也在强化中国经济在国际竞争中的力量。创新驱动发展将使得广东和大湾区成就从中国制造到中国智造中心的转型，这是一个华丽的转身，也是中国在新时代全面改革开放和迎接数字经济人工智能时代的一个坚定有力向前迈进的步伐，必将带领大湾区经济社会和环境文化迈向全新发展的局面，也将深刻地影响中国乃至全球经济的发展和未来。期望本书为这一历史的重要发展历程做一个小小的见证。不足之处，也望读者不吝指教。

团队研究主持人：李新春

中山大学管理学院

教育部长江学者特聘教授

2019年3月1日

目　录

第一篇　创新广东——资源、结构与地区竞争

第一章　引言 ………………………………………………………… (3)
第二章　高校创新资源 ……………………………………………… (4)
　第一节　广东高校的分布情况 …………………………………… (5)
　第二节　广东高校的竞争力 ……………………………………… (7)
　第三节　广东高校在校大学生 …………………………………… (12)
　第四节　广东高校创新成果 ……………………………………… (14)
第三章　"政府+产学研"一体化与创新机构 …………………… (17)
　第一节　"政府+产学研"一体化与协同创新资源 …………… (17)
　第二节　创新创业团队与创新机构 ……………………………… (40)
第四章　创新结构：省市竞赛 …………………………………… (43)
　第一节　广东与其他省域的创新能力比较 ……………………… (44)
　第二节　广东城市创新能力比较 ………………………………… (52)
第五章　地区差异：广东在全国的创新地位 …………………… (59)
　第一节　广东知识创造能力分析 ………………………………… (59)
　第二节　广东知识获取能力分析 ………………………………… (61)
　第三节　广东企业创新能力分析 ………………………………… (64)
　第四节　广东创新环境分析 ……………………………………… (65)
　第五节　广东省创业绩效评价分析 ……………………………… (66)
　第六节　广东创新实践的领跑地位 ……………………………… (67)

第二篇 创新地理——城市创新指数及其动态

- 第一章 引言 …………………………………………………………（81）
- 第二章 广东省整体创新现状与问题 …………………………………（83）
- 第三章 地区创新指数的构建 …………………………………………（86）
- 第四章 地区创新指数分析 ……………………………………………（94）
  - 第一节 广东省各个城市创新指数及排名分析 ………………（94）
  - 第二节 广东省各个城市历年创新指数变化趋势分析 ………（124）
- 第五章 结论与政策建议 ………………………………………………（161）
  - 第一节 总体结论 ………………………………………………（161）
  - 第二节 政策建议 ………………………………………………（163）

第三篇 创业者信心指数——创新精神与创业环境

- 第一章 研究背景 ………………………………………………………（169）
  - 第一节 创新创业活动的兴起和发展 …………………………（169）
  - 第二节 创新创业活动面临的风险和挑战 ……………………（176）
  - 第三节 研究意义 ………………………………………………（177）
- 第二章 研究框架 ………………………………………………………（178）
  - 第一节 创业者信心指数的主要脉络 …………………………（178）
  - 第二节 创业者信心指数研究的研究基础 ……………………（179）
  - 第三节 创业者信心指数的基本框架 …………………………（180）
- 第三章 研究方法 ………………………………………………………（185）
  - 第一节 数据库建构 ……………………………………………（185）
  - 第二节 基于微博文本的企业家创新创业议题情感分析 ……（187）
  - 第三节 案例展示 ………………………………………………（192）
- 第四章 基础分析 ………………………………………………………（202）
  - 第一节 企业家/创业者信心指数总体情况 …………………（202）
  - 第二节 主要行业企业家/创业者信心指数 …………………（204）
  - 第三节 不同地区企业家/创业者信心指数 …………………（214）

第五章　初步结论 ……………………………………………… (223)
第一节　企业家/创业者信心指数总体平稳但略有下降 ………… (223)
第二节　企业家/创业者更注重"外功"而忽略"内功" …… (223)
第三节　金融投资及医药健康行业的信心指数相对消极 ……… (223)
第四节　北京地区的企业家/创业者是"政策导向"而其他地区则是"资本导向" ……………………………… (224)

第四篇　创新引领——上市公司创新发展

第一章　引言 …………………………………………………… (227)
第二章　广东上市公司R&D投入分析 ……………………… (229)
第一节　我国上市公司R&D投入总体情况 …………………… (229)
第二节　广东省上市公司R&D投入总体情况 ………………… (234)
第三节　北京、上海、广州、深圳的研发投入比较分析 ……… (241)
第三章　广东上市公司专利产出分析 ………………………… (244)
第一节　我国上市公司专利产出情况 …………………………… (244)
第二节　广东省上市公司专利产出总体情况 …………………… (250)
第三节　北京、上海、广州、深圳上市公司的专利产出情况 … (258)
第四章　广东省典型城市创新能力分析 ……………………… (264)
第一节　广州 ……………………………………………………… (264)
第二节　深圳 ……………………………………………………… (269)
第三节　佛山 ……………………………………………………… (271)
第四节　珠海 ……………………………………………………… (274)
第五节　东莞 ……………………………………………………… (275)
第五章　广东上市公司创新驱动力：基于区域的比较 ……… (277)
第一节　广东省上市公司创新驱动力分析 ……………………… (277)
第二节　广东省典型城市上市公司创新驱动力的比较分析 …… (279)
案例一　基于跨国并购的纳思达式创新 ……………………… (285)
第一节　公司概况 ………………………………………………… (285)
第二节　公司战略 ………………………………………………… (286)
第三节　主要业务 ………………………………………………… (286)

  第四节 近五年收入情况 …………………………………………… (286)
  第五节 公司近年创新投入 …………………………………………… (287)
  第六节 公司历年创新成效 …………………………………………… (288)
  第七节 创新路径与特点总结 ………………………………………… (289)
 案例二 海天酱油的创新与国际化 …………………………………… (294)
  第一节 公司概况 ……………………………………………………… (294)
  第二节 公司战略 ……………………………………………………… (294)
  第三节 主要业务 ……………………………………………………… (295)
  第四节 近五年收入情况 ……………………………………………… (295)
  第五节 公司近五年创新投入 ………………………………………… (297)
  第六节 创新研发机制 ………………………………………………… (298)
  第七节 公司历年创新成效 …………………………………………… (298)
  第八节 竞争分析 ……………………………………………………… (303)
  第九节 创新路径与特点总结 ………………………………………… (303)
 案例三 从模仿到创新的比亚迪 ……………………………………… (305)
  第一节 公司发展历史 ………………………………………………… (305)
  第二节 公司历年创新投入情况 ……………………………………… (307)
  第三节 公司历年创新成效 …………………………………………… (309)
  第四节 公司创新的路径与特点 ……………………………………… (313)
 案例四 广电运通的创新与转型 ……………………………………… (316)
  第一节 公司发展历史 ………………………………………………… (316)
  第二节 公司主要业务 ………………………………………………… (316)
  第三节 公司战略 ……………………………………………………… (319)
  第四节 近五年收入/利润情况 ………………………………………… (320)
  第五节 公司历年创新投入情况 ……………………………………… (320)
  第六节 公司历年创新成效 …………………………………………… (322)
  第七节 公司创新路径与特点总结 …………………………………… (323)
 案例五 迈瑞医疗的突破创新之路 …………………………………… (325)
  第一节 公司概况 ……………………………………………………… (325)
  第二节 公司发展阶段 ………………………………………………… (325)
  第三节 公司战略 ……………………………………………………… (326)

第四节　公司主要业务 …………………………………………（327）
第五节　公司近五年收入与利润情况 …………………………（327）
第六节　公司历年创新投入情况 ………………………………（329）
第七节　公司研发机构设立 ……………………………………（331）
第八节　公司历年创新成效 ……………………………………（331）
第九节　公司创新路径与特点总结 ……………………………（335）

附录 A　广东省 2016 年城市创新水平卡片 ………………（338）

附录 B　广东省各城市三级创新指标的标准化值分布情况 ………（348）

参考文献 ………………………………………………………（364）

第 一 篇

创新广东——资源、结构与地区竞争[*]

杨永福　陈景信　李佳桐
汤先超　王晓滢　杨　琪

---

[*] 本篇采用了《广东统计年鉴》对于区域和城市的划分标准，珠江三角洲包括广州、深圳、珠海、佛山、江门、东莞、中山、惠州和肇庆；东翼包括汕头、汕尾、潮州和揭阳；西翼包括湛江、茂名和阳江；山区包括韶关、河源、梅州、清远和云浮。

第一章

引　言

众所周知，大力推动区域和城市创新是落实国家创新驱动发展战略的重要保障。广东作为实施创新驱动发展战略的排头兵，在推进我国经济社会创新发展中起着举足轻重的作用。近年来，广东积极响应"大众创业、万众创新"的号召，加强了科技创新的政策支持，推动了产学研合作的深化发展。正因此，一批批创新型企业和新兴研发机构开始崛起，无人机等领域更是走在世界科技和产业的前列。在新常态下，为了继续保持广东在创新领域的发展势头，我们有必要全面而深入地了解和把握广东在创新资源分布、创新能力等方面的现实状况，为其创新资源的优化配置和共享机制的形成奠定坚实基础。

第二章

高校创新资源

各级政府部门掌握创新资源分布的信息越多，越有利于其科学制定优化创新资源配置的政策措施，加速区域和城市创新的发展。下面从高校创新资源深入考察广东创新资源的分布状况，为进一步推进广东创新资源的优化配置工作奠定基础。

高等教育是创新资源中十分重要的一环。广东省21市在高等院校数量上有162所，其中本科院校72所，专科院校90所，主要集中在广州市，有36所本科院校、48所专科院校，深圳市近年来也有许多全国著名高校在深圳设立校区及研究生院。广东省有6所全国百强大学和2所中国一流大学，百强大学有中山大学、华南理工大学、暨南大学、华南师范大学、华南农业大学、南方医科大学，中国一流大学为中山大学、华南理工大学，它们的排名、学科建设及办学层次均位于全国前列。广东高校大学生规模庞大，2017年有51.12万本专科毕业生，192.58万在校本专科大学生，以及57.08万本专科招生。广州作为广东的省会城市，在高等教育资源有绝对优势，在校本专科生有106.73万人，占全省高校在校生人数的一半以上。其他各个城市也都有一定的大学生人才储备，能够为城市发展建设提供潜动能。

就高校创新成果来看，根据《中国普通高校创新能力监测报告2016》的数据显示，广东省发表科技论文数59360篇，占全国总数的5.15%，排名第五位；专利申请数6819件，占全国总数的4.55%，排名第九位；有效发明专利数7884件，占全国总数的5.15%，排名第六位；形成国家或行业标准数20项，占全国总数的5.46%，排名第四位；专利所有权转让与许可数73件，占全国总数的3.18%，排名第十二位；专利所有权转让与许可收入 5301 万元，占全国总数的 9.79%，排名第三位。总的来说，这些数据显示广东省的高校创新成果在全国的表现都是亮眼的。

第一节 广东高校的分布情况

目前广东的 21 个地级市总共拥有 162 所高等院校。广州作为广东的省会城市，共拥有 84 所高等院校，其中 36 所本科院校，48 所专科院校，位列广东第一。其次是深圳拥有 10 所，7 所本科院校，3 所专科院校；珠海拥有 8 所，6 所本科院校，2 所专科院校；东莞拥有 7 所，3 所本科院校，4 所专科院校；佛山拥有 6 所，2 所本科院校，4 所专科院校；湛江拥有 6 所，4 所本科院校，2 所专科院校；其余 15 个地级市还有 41 所高等院校，其中 14 所本科院校，27 所专科院校。具体高等院校数量统计如表 1—1 所示：

表 1—1　　　　　广东高等院校数量统计

城市	本科院校	专科院校	合计
广州	36	48	84
深圳	7	3	10
珠海	6	2	8
东莞	3	4	7
佛山	2	4	6
湛江	4	2	6
江门	1	3	4
中山	1	2	3
惠州	1	4	5
肇庆	2	3	5
汕头	2	1	3
汕尾	0	1	1
潮州	1	0	1
揭阳	0	2	2
茂名	1	4	5
阳江	0	1	1

续表

城市	本科院校	专科院校	合计
韶关	1	1	2
河源	1	1	2
梅州	1	0	1
清远	1	3	4
云浮	1	1	2

资料来源：教育部官网、省考试院、各院校官网等。

根据表1—1我们便可绘制出广东省高等院校的数量分布图，从图1—1中我们可以清晰地看到广东省的高等院校主要集中在广州市（84所）。除此之外，有5—10所高校的城市有湛江市、茂名市、肇庆市、佛山市、珠海市、深圳市、东莞市、惠州市，其余各市的高等院校总量均在5所以下。从地理分布来看，广东省高等院校分布密度不均，广州市内高等院校云集，而东部城市和北部城市的高等院校数量则相对较少。

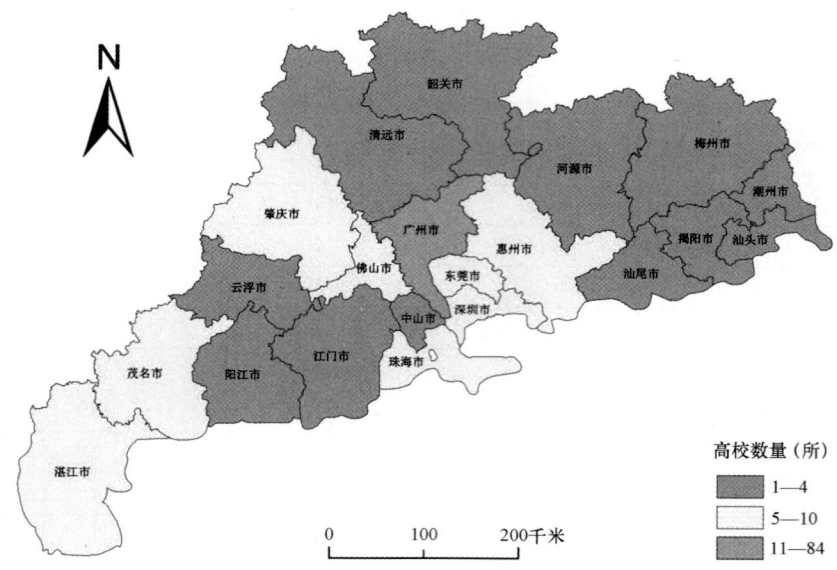

图1—1 广东高等院校数量分布情况

第二节　广东高校的竞争力

从绝对数量来看，广东是"教育大省"，但从竞争力来看，广东距离"教育强省"仍有一段距离。广东外语外贸大学教授魏海苓认为，长期以来，广东省的"211"和"985"高校数量不足，仅有4所进入重点建设行列，这直接影响了广东省很长一段时间高等教育的发展水平。在高等学校专任教师数量上，广东有将近十万专任教师，但其中具有高级职称（包括正高级职称和副高级职称）的比例较低，仅为38.52%，在全国排第21位；在生师比（在校生数/教师总数）上，广东省的情况也不容乐观，为18.64∶1，高于北京（16.09∶1）、上海（16.74∶1）和江苏（16.54∶1）；此外，每十万人口平均在校生的规模为2434个，低于北京（5218个）、上海（3330个）和江苏（2896个）。但在过去几年里，广东省高等教育的办学规模、质量均有了大幅度提升。

一　高校类型

在广东21个地级市拥有的162所大学中，包括72所本科院校和90所专科院校，其中含有6所全国百强大学和2所中国一流大学，百强大学有中山大学（985 & 211）、华南理工大学（985 & 211）、暨南大学（211）、华南师范大学（211）、华南农业大学、南方医科大学，中国一流大学为中山大学、华南理工大学。

广州有中山大学、暨南大学、华南理工大学、华南农业大学、广州医科大学、广州中医药大学、广州药科大学、华南师范大学、广州体育学院、广州美术学院等36所本科院校，广东轻工职业技术学院、广东交通职业技术学院、广东水利电力职业技术学院、广东南华工商职业学院、私立华联学院、广州民航职业技术学院、广州番禺职业技术学院、广东农工商职业技术学院、广东科学技术职业学院、广东食品药品职业学院等48所专科院校。

深圳有深圳大学、南方科技大学、香港中文大学（深圳）、深圳北理莫斯科大学、哈尔滨工业大学深圳校区、中山大学深圳校区、暨南大学深圳校区7所本科院校，深圳职业技术学院、广东新安职业技术学院、深圳信息职业技术学院3所专科院校。

珠海有北京师范大学珠海分校、北京理工大学珠海学院、吉林大学珠海学院、北京师范大学—香港浸会大学联合国际学院、中山大学珠海校区、暨南大学珠海校区6所本科院校，珠海艺术职业学院、珠海城市职业技术学院2所专科院校。

但是汕尾、揭阳、阳江这3市没有本科院校，江门、中山、惠州、潮州、茂名、韶关、河源、梅州、清远、云浮这10市在当地仅有1所本科院校，佛山、肇庆、汕头这3市在当地仅有2所本科院校。

从专科院校来看，潮州、梅州这2市没有专科院校，汕头、汕尾、阳江、韶关、河源、云浮这6市在当地仅有1所专科院校，珠海、湛江、中山、揭阳这4市在当地仅有2所专科院校。具体高等院校的地区归属如表1—2所示。

表1—2　　　　　　广东分地区高等院校一览表

城市	本科院校	专科院校
广州	中山大学、暨南大学、华南理工大学、华南农业大学、广州医科大学、广州中医药大学、广东药科大学、华南师范大学、广州体育学院、广州美术学院、星海音乐学院、广东技术师范学院、广东财经大学、广东白云学院、广州大学、广州航海学院、广东警官学院、仲恺农业工程学院、广东金融学院、广东工业大学、广东外语外贸大学、广东培正学院、南方医科大学、华南理工大学广州学院、广州大学华软软件学院、中山大学南方学院、广东外语外贸大学南国商学院、广东财经大学华商学院、华南农业大学珠江学院、广东技术师范学院天河学院、广东工业大学华立学院、广州大学松田学院、广州商学院、广州工商学院、	广东轻工职业技术学院、广东交通职业技术学院、广东水利电力职业技术学院、广东南华工商职业学院、私立华联学院、广州民航职业技术学院、广州番禺职业技术学院、广东农工商职业技术学院、广东科学技术职业学院、广东食品药品职业学院、广州康大职业技术学院、广东行政职业学院、广东体育职业技术学院、广东建设职业技术学院、广东女子职业技术学院、广东机电职业技术学院、广东岭南职业技术学院、广东邮电职业技术学院、广东工贸职业技术学院、广东司法警官职业学院、广东省外语艺术职业学院、广东文艺职业学院、广州体育职业技术学院、广州工程技术职业学院、广州涉外经济职业技术学院、广州南洋理工职业学院、广州科技职业技术学院、广州现代信息工程职业技术学院、广东理工职业学院、广州华南商贸

续表

城市	本科院校	专科院校
广州	中山大学新华学院、广东第二师范学院	职业学院、广州华立科技职业学院、广州城市职业学院、广东工程职业技术学院、广州铁路职业技术学院、广东科贸职业学院、广州科技贸易职业学院、广州珠江职业技术学院、广州松田职业学院、广州城建职业学院、广州华商职业学院、广州华夏职业学院、广东青年职业学院、广州东华职业学院、广东舞蹈戏剧职业学院、广东生态工程职业学院、公安边防部队高等专科学校、广州卫生职业技术学院
深圳	深圳大学、南方科技大学、香港中文大学（深圳）、深圳北理莫斯科大学、哈尔滨工业大学深圳校区、中山大学深圳校区、暨南大学深圳校区	深圳职业技术学院、广东新安职业技术学院、深圳信息职业技术学院
珠海	北京师范大学珠海分校、北京理工大学珠海学院、吉林大学珠海学院、北京师范大学—香港浸会大学联合国际学院、中山大学珠海校区、暨南大学珠海校区	珠海艺术职业学院、珠海城市职业技术学院
佛山	佛山科学技术学院、广东东软学院	顺德职业技术学院、佛山职业技术学院、广东职业技术学院、广东环境保护工程职业学院
江门	五邑大学	江门职业技术学院、广东南方职业学院、广东江门中医药职业学院
东莞	东莞理工学院、广东科技学院、东莞理工学院城市学院	广东亚视演艺职业学院、东莞职业技术学院、广东创新科技职业学院、广东酒店管理职业技术学院
中山	电子科技大学中山学院	中山火炬职业技术学院、中山职业技术学院
惠州	惠州学院	惠州经济职业技术学院、惠州卫生职业技术学院、惠州城市职业学院、惠州工程职业学院

续表

城市	本科院校	专科院校
肇庆	肇庆学院、广东理工学院	广东工商职业学院、肇庆医学高等专科学校、广东信息工程职业学院
汕头	汕头大学、广东以色列理工学院	汕头职业技术学院
汕尾	无	汕尾职业技术学院
潮州	韩山师范学院	无
揭阳	无	潮汕职业技术学院、揭阳职业技术学院
湛江	广东海洋大学、广东医科大学、岭南师范学院、广东海洋大学寸金学院	广东文理职业学院、湛江幼儿师范专科学校
茂名	广东石油化工学院	茂名职业技术学院、广东茂名健康职业学院、广东茂名幼儿师范专科学校、广东茂名农林科技职业学院
阳江	无	阳江职业技术学院
韶关	韶关学院	广东松山职业技术学院
河源	广东技术师范学院河源校区	河源职业技术学院
梅州	嘉应学院	无
清远	广东金融学院清远校区	清远职业技术学院、广东碧桂园职业学院、广东科贸职业学院清远校区
云浮	广东药科大学云浮校区	罗定职业技术学院

二 高校评价

(一) 高校排名

艾瑞深校友网出版的《2018中国大学评价研究报告——中国高考志愿填报指南(校友会版)》发布了2018年各地区大学综合竞争力排名。在广东地区,中山大学、华南理工大学、暨南大学、华南师范大学、广州中医药大学共计5所高校入围教育部、财政部、国家发改委三部委2017年9月20日最终确定的"双一流"建设名单，在2018年艾瑞深校友会综合实力排名中分别排名第9、26、74、75、181位。

（二）学科建设

中山大学入选全国36所一流大学A类建设高校名单，有哲学、数学、化学、生物学、生态学、材料科学与工程、电子科学与技术、基础医学、临床医学、药学、工商管理11个学科进入"双一流"学科建设名单。华南理工大学入选"双一流"建设高校名单，有化学、材料科学与工程、轻工技术与工程、农学4个一流学科入围"双一流"学科建设名单。暨南大学有"药学"1个学科入选了世界一流学科名单。华南师范大学有"物理学"1个学科入选了世界一流学科名单。广州中医药大学有"中医学"1个学科入选了世界一流学科名单。

（三）高校办学层次

广州地区有1所"世界知名高水平、中国顶尖大学"，为中山大学。有1所"世界知名、中国一流大学"，为华南理工大学。有10所"世界知名、中国高水平大学"，分别为深圳大学、暨南大学、华南师范大学、华南农业大学、南方医科大学、广东外语外贸大学、广州中医药大学、南方科技大学、广州美术学院、星海音乐学院。有4所"中国知名、区域一流大学"，分别为广州大学、广东工业大学、汕头大学、广州医科大学。表1—3为广东省内公办大学在2018年艾瑞深校友会综合实力排名中前（含）250名的院校列表。

表1—3　　　　　2018年广东高校综合实力排名

学校名称	全国排名	办学层次	双一流建设类型
中山大学	9	世界知名高水平、中国顶尖大学	一流大学A类
华南理工大学	26	世界知名、中国一流大学	一流大学A类
深圳大学	73	世界知名、中国高水平大学	
暨南大学	74	世界知名、中国高水平大学	一流学科
华南师范大学	75	世界知名、中国高水平大学	一流学科
华南农业大学	87	世界知名、中国高水平大学	
南方医科大学	114	世界知名、中国高水平大学	
广东外语外贸大学	135	世界知名、中国高水平大学	

续表

学校名称	全国排名	办学层次	双一流建设类型
广州大学	146	中国知名、区域一流大学	
广东工业大学	152	中国知名、区域一流大学	
汕头大学	159	中国知名、区域一流大学	
广州中医药大学	181	世界知名、中国高水平大学	一流学科
东莞理工大学	229	区域高水平大学	
广州医科大学	250	中国知名、区域一流大学	

注：南方科技大学、广东美术学院、星海音乐学院三所"世界知名、中国高水平大学"没有直接参与排名。除此之外，深圳现在还有其他地区的985大学校区，如哈尔滨工业大学（深圳）亦不在排名中。

第三节　广东高校在校大学生

一　广东高校大学生规模

由表1—4和图1—2可见，广东省高校大学毕业生人数和在校学生人数逐年增加，毕业生人数从2000年的5万人增加到2017年的51.12万人，17年来增加了9倍多；在校大学生及准大学生人数也从2000年的42万人增长到2010年的187万人，再到2017年的250万人，规模庞大。

表1—4　　　　　　　广东高校大学生规模

项目	2000	2010	2014	2015	2016	2017
毕业生数（万人）	5.00	33.42	44.09	47.69	48.94	51.12
本科	2.40	15.29	21.14	22.41	23.36	24.56
专科	2.60	18.13	22.95	25.28	25.58	26.57
招生数（万人）	12.08	44.02	54.51	56.15	54.98	57.08
本科	5.01	21.7	26.72	27.54	28.04	28.56
专科	7.07	22.31	27.79	28.61	26.94	28.52
在校学生数（万人）	29.95	142.66	179.42	185.64	189.29	192.58

续表

项目	2000	2010	2014	2015	2016	2017
本科	15.03	77.86	99.82	104.08	107.68	110.58
专科	14.92	64.8	79.60	81.56	81.61	82.00

资料来源:《广东统计年鉴》。

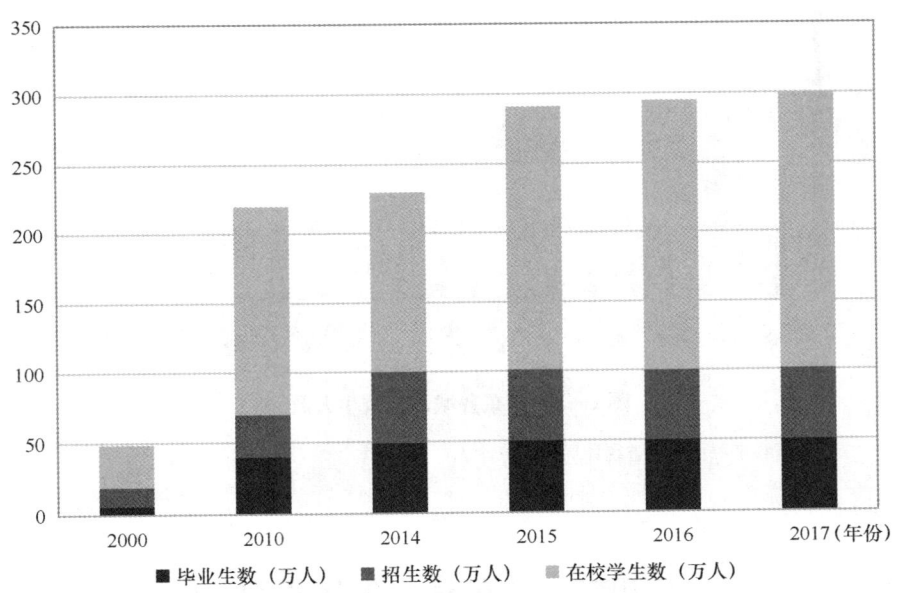

图1—2 广东高校大学生规模

资料来源:《广东统计年鉴》。

二 不同城市在校大学生情况

广州作为广东的省会城市,在高等教育资源上有绝对优势,在校本专科生有106.73万人,占全省高校在校生人数的一半以上。其次高校在校生超10万人的广东城市有珠海在校生36.68万人,湛江在校生13.29万人,佛山12.2万人,东莞11.84万人。其他各市在校生有深圳市9.67万人、汕头市2.2万人(测算数)、韶关市3.88万人、河源市1.28万人、梅州市2.54万人、惠州市4人、汕尾市0.71万人、中山市5.36万人、江门市5.63万人、阳江市1.03万人、茂名市3.91万人、肇庆市6.93万人、清远市1.15万人、潮州市1.72万人、揭阳市1.18万人、云浮市

1.07万人。从图1—3中可看出广东省各市大学生数量的分布是不均衡的,但每个城市都有一定的大学生人才储备,具有发展的潜力。

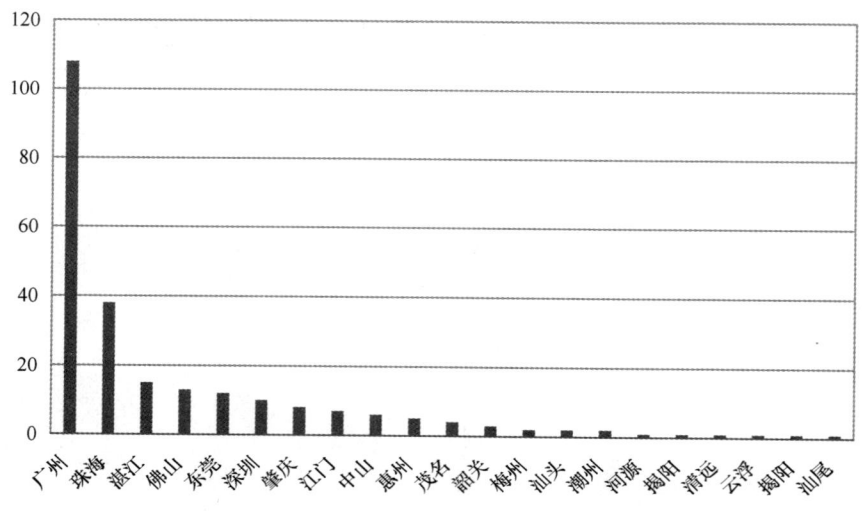

图1—3 广东各城市在校生人数

资料来源：广东省统计局。

第四节 广东高校创新成果

根据科技部、教育部联合发布的《中国普通高校创新能力监测报告2016》,可整理得出关于发表科技论文数、专利申请数、有效发明专利数、形成国家或行业标准数、专利所有权转让与许可数、专利所有权转让与许可收入的数据。

一 高校创新成果的省际比较

表1—5显示,从发表科技论文数来看,广东省2016年发表了59360篇,排名第5位,仅次于北京115143篇、江苏109495篇、上海74108篇、湖北72728篇。从专利申请数来看,广东省2016年申请了6819件,排名第9位,次于江苏26291件、浙江12488件、北京11503件、上海

9503件、山东9123件、湖北7117件、黑龙江7018件、陕西6848件。从有效发明专利数来看，广东省2016年有7884件，排名第6位，次于北京29344件、江苏19653件、上海14234件、浙江13222件、陕西9554件。从形成国家或行业标准数来看，广东省有20项，排名第4位，次于江苏122项、北京100项、重庆23项。从专利所有权转让与许可数来看，广东省有73件，排名第12位，次于江苏479件、北京198件、安徽160件、四川158件、陕西149件、上海139件、湖北125件、浙江112件、黑龙江101件、天津90件、山东80件。从专利所有权转让与许可收入来看，广东省有5301万元，排名第3位，次于北京13991万元、江苏13297万元。总的来说，这几项有关创新成果的指标，广东省在全国的排名都是靠前的。

表1—5　　　　广东高校创新成果省际比较

排名	发表科技论文数（篇）		专利申请数（件）		有效发明专利数（件）		形成国家或行业标准数（项）		专利所有权转让与许可数（件）		专利所有权转让与许可收入（万元）	
1	北京	115143	江苏	26291	北京	29344	江苏	122	江苏	479	北京	13991
2	江苏	109495	浙江	12488	江苏	19653	北京	100	北京	198	江苏	13297
3	上海	74108	北京	11503	上海	14234	重庆	23	安徽	160	广东	5301
4	湖北	72728	上海	9503	浙江	13222	广东	20	四川	158	上海	2707
5	广东	59360	山东	9123	陕西	9554	湖南	14	陕西	149	四川	1940
6	四川	58965	湖北	7117	广东	7884	青海	14	上海	139	陕西	1834
7	山东	54839	黑龙江	7018	湖北	6782	辽宁	13	湖北	125	河南	1681
8	陕西	50399	陕西	6848	黑龙江	6686	福建	13	浙江	112	河北	1667
9	辽宁	49885	广东	6819	山东	6401	浙江	6	黑龙江	101	安徽	1551
10	河南	46659	安徽	6609	辽宁	5782	陕西	5	天津	90	福建	1361
11	湖南	46555	辽宁	6475	天津	5023	山东	5	山东	80	天津	1358
12	浙江	39632	天津	5281	四川	4997	甘肃	5	广东	73	浙江	1335

二　广东创新成果分析

表1—6显示，从发表科技论文数来看，2016年全国总数1152147

篇，广东省发表了59360篇，占全国总数的5.15%，排名第5位，仅次于北京9.99%、江苏9.50%、上海6.43%、湖北6.31%。从专利申请数来看，2016年全国总数149961件，广东省申请了6819件，占全国总数的4.55%，排名第9位，次于江苏17.53%、浙江8.33%、北京7.67%、上海6.34%、山东6.08%、湖北4.75%、黑龙江4.68%、陕西4.57%。从有效发明专利数来看，2016年全国总数157971件，广东省有7884件，占比4.99%，排名第6位，次于北京18.58%、江苏12.44%、上海9.01%、浙江8.37%、陕西6.05%。从形成国家或行业标准数来看，2016年全国总数366项，广东省有20项，占比5.46%，排名第4位，次于江苏33.33%、北京27.32%、重庆6.28%。从专利所有权转让与许可数来看，2016年全国总数2293件，广东省有73件，占比3.18%，排名第12位，次于江苏20.89%、北京8.63%、安徽6.98%、四川6.89%、陕西6.50%、上海6.06%、湖北5.45%、浙江4.88%、黑龙江4.40%、天津3.92%、山东3.49%。从专利所有权转让与许可收入来看，2016年全国总量54123万元，广东省5301万元，占比9.79%，排名第3位，次于北京25.85%、江苏24.57%。

表1—6　　　　　　　　广东高校创新成果

项目	发表科技论文数（篇）	专利申请数（件）	有效发明专利数（件）	形成国家或行业标准数（项）	专利所有权转让与许可数（件）	专利所有权转让与许可收入（万元）
全国总数	1152147	149961	157971	366	2293	54123
广东	59360	6819	7884	20	73	5301
广东占比	5.15%	4.55%	4.99%	5.46%	3.18%	9.79%
广东排名	5	9	6	4	12	3

资料来源：《中国普通高校创新能力监测报告2016》。

第 三 章

"政府+产学研"一体化与创新机构

实施创新驱动发展战略需要社会各界的共同努力。自2011年我国首次提出协同创新后,创新型国家建设被迅速提上国家战略高度,各省市也不断推出相应政策规划,通过政策引导建立以政府、企业、大学、研究机构等为基础的协同创新组织模式,促进社会各界充分发挥各自能力优势,整合资源,实现优势互补,推动科学技术创新与成果转化,从而提升创新能力。广东省高度重视政产学研协同创新,政府不断加大科技财政投入,提出重大人才工程项目,引导各企业、研究机构转变发展观念、加大创新投入,形成政府引导、社会各界协同参与的良好格局。目前,广东省各方面创新资源广,创新能力突出,多项指标在全国位居前列。

第一节 "政府+产学研"一体化与协同创新资源

科技财政投入、创业孵化器与高新技术产业、研发投入与专利商标、科研人才等是创新资源的重要体现。在科技财政投入方面,珠江三角洲各市科技财政支出不断扩大,且各市科技财政支出增长率与工业企业R&D增长率之比多大于1(除肇庆)。在孵化器与高新技术产业领域,广东省科技企业孵化器在2016年达到了634家,数量位居全国第一,总收入达14.16亿元。高新技术企业也一直保持在全国第一的位置,截至2017年底,广东省高新技术企业已达33356家。在研发投入方面,广东省规模以上工业企业 R&D 总经费呈现逐年上升趋势，以 13% 的年平均增长率从 2011 年的 899.4 亿元上升至 2017 年的 1865 亿元，但是区域集中度高，2017 年 94% 的工业企业 R&D 费用集中于珠江三角洲地区。同时，就研发强度而言，广东省低于北京、江苏、上海，2017 年以 2.61% 位居全国第 4。科研人才方面，广东省各市积极提出人才引进相关政策，2011—2017 年各市工业企业 R&D 活动人员多保持 5% 以上的年平均增长率。

一 科技财政投入

在实施创新驱动发展战略、推动社会各界加大研发力度与研发热情方面，政府肩负着重要的责任和使命。进一步加大科技财政投入，充分发挥政府资金对全社会研发经费投入的引导和拉动作用具有重要的意义。由图 1—4 可见，近年来，珠江三角洲地区科技财政支出不断扩大，各市科技财政支出 2009—2016 年年平均增长率均在 10% 以上，最高为惠州（52%），最低为肇庆（12%）。2016 年，广州和深圳两地科技财政支出均超过百亿元，分别为 113 亿元和 403.5 亿元（见表 1—7），占据珠江三角洲科技财政总支出的 16.5% 和 58.9%，总共超过了 70% 的份额（见图 1—5）。可以说，广东省科技财政投入主要集中于珠江三角洲地区，而在珠三角中，又以广州和深圳为主。对比各市科技财政支出增长率与工业企业 R&D 增长率，除肇庆外，珠三角各市科技财政支出增长率与工业企业 R&D 增长率之比均大于 1，广州、中山、深圳三市更是达到了 1.7、1.9、2.3（见图 1—6）。政府科技财政支出的增加带动了各市工业企业 R&D 经费的增长，引导和拉动作用显著。

表 1—7　　　珠江三角洲各市科技财政支出情况统计　　　单位：亿元

年份	2009	2010	2011	2012	2013	2014	2015	2016
广州	32.4	32	42.7	52.1	54.2	56.3	88.7	113
深圳	79.2	116.7	70.5	79.3	133	94.6	214.3	403.5
珠海	3.9	5.7	7.3	8.8	12.1	12.5	28.6	35.2
佛山	8.4	11.3	12.9	16.8	16.4	15.4	30.3	35

续表

年份	2009	2010	2011	2012	2013	2014	2015	2016
惠州	2.4	3.6	5.3	5.1	5.6	19.8	19.8	21.8
东莞	11.3	8	18.1	18.5	17	14.1	30.8	34.4
中山	4.8	6.78	9	11	12	12.9	16.6	27.9
江门	2.3	3	3.9	5.4	5.3	5.2	8	9.5
肇庆	2.1	2.3	3.1	3.9	3.4	4	5	4.2

资料来源：《广东统计年鉴》。

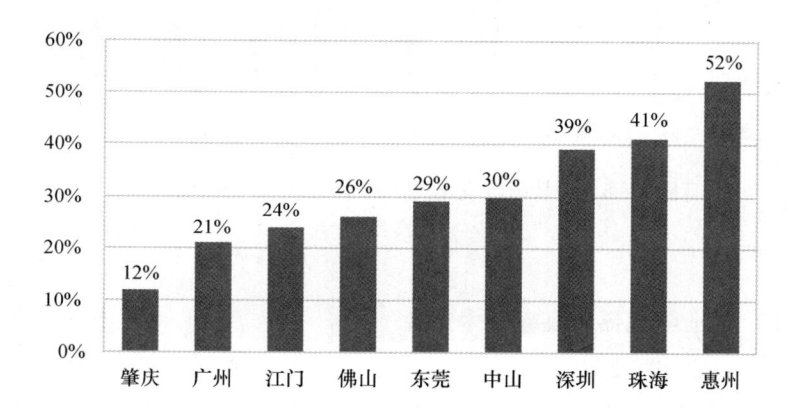

图1—4　2009—2016年珠江三角洲各市科技财政支出年平均增长率

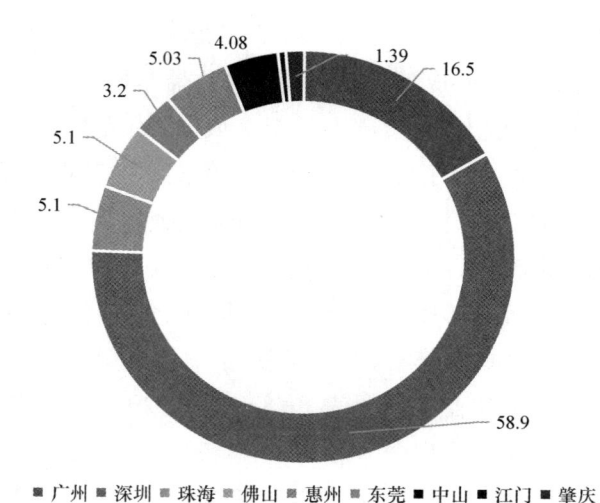

图1—5　2016年珠江三角洲各市科技财政支出占比（%）

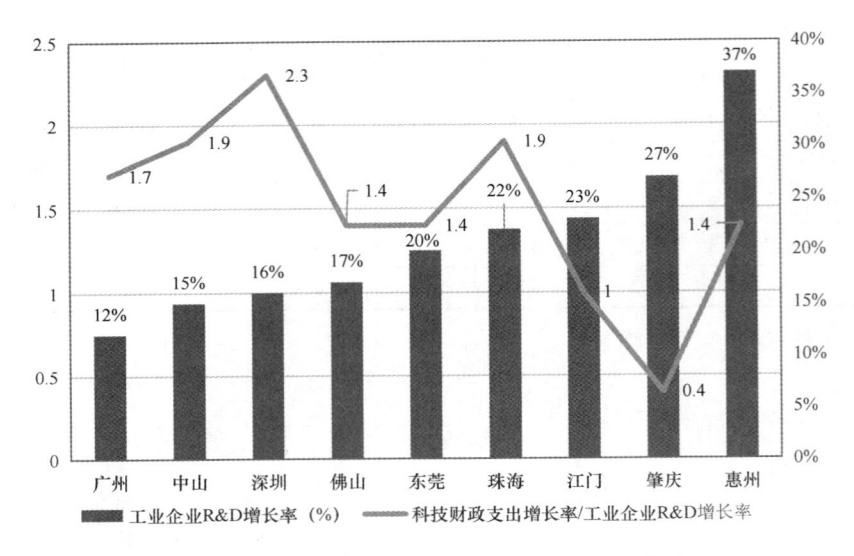

图 1—6　科技财政支出与工业企业 R&D 的增速对比

二　创业孵化器与高新技术产业

（一）创业孵化器

根据国家科技部对企业孵化器的定义，科技企业孵化器是以促进科技成果转化、培养高新技术企业和企业家为宗旨的科技创业服务载体。一个好的孵化器能够为创业者提供良好的创业环境，帮助创业者把发明创造更快地转化为商品并成功入驻市场。孵化器是国家创新体系的重要组成部分，是创新创业人才培养基地，是区域创新体系的重要内容。

1991 年，广东省建成了首家科技企业孵化器——广州市高新技术创业服务中心，此后广东省科技企业孵化器开始迅速增长。截至 2014 年底，广东省纳入创新驱动考核统计的科技企业孵化器共有 171 家，科技创业孵化器总收入 7.61 亿元；2015 年，全省增加科技企业孵化器 155 家，总量为 326 家，是 2014 年的 2 倍多。2016 年总量增加至 634 家，数量位居全国第 1，总收入达 14.16 亿元（见表 1—8）。截至 2016 年，广东省拥有国家级孵化器 83 家，数量位列全国第 2，国家级孵化器培育单位 64 家，全省众创空间 500 家，纳入国家级孵化器管理体系的众创空间共 178 家，各项指标均居全国第 1。

2018年，广东省科技厅对自愿参加2017年度科技企业孵化器、众创空间运营评价的单位进行评审，确定评为优秀（A级）的孵化器70家，评为优秀（A级）的众创空间75家，具体情况如表1—9所示。广东省运营评价优秀的孵化器与众创空间高度集中于珠江三角洲地区，广州与深圳两市独占鳌头。2017年广东省科技企业孵化器运营评价A级单位广州市27家，深圳市9家，两市共占比51.43%；2017年广东省众创空间运营评价A级单位广州市16家，深圳市22家，两市共占比50.67%。广州市与深圳市两市科技企业孵化器与众创空间质量佳，创新创业环境好。

表1—8　　　　　　　　广东科技企业孵化器

年份	科技企业孵化器数量（家）	科技创业孵化器总收入（亿元）
2014	171	7.61
2015	326	9.69
2016	634	14.16

资料来源：《中国火炬统计年鉴》。

表1—9　2017年广东各市科技企业孵化器与众创空间运营评价A级数量

区域	城市	2017年科技企业孵化器A级（家）	2017年众创空间A级（家）
珠江三角洲	广州	27	16
	深圳	9	22
	珠海	4	6
	佛山	6	8
	江门	2	2
	东莞	9	6
	中山	4	4
	惠州	3	3
	肇庆	2	2
东翼	汕头	—	2
	汕尾	—	—
	潮州	—	—
	揭阳		

续表

区域	城市	2017年科技企业孵化器A级（家）	2017年众创空间A级（家）
西翼	湛江	—	—
	茂名	1	1
	阳江	—	—
山区	韶关	1	—
	河源	1	—
	梅州	—	3
	清远	1	—
	云浮	—	—

资料来源：广东省科技厅。

（二）高新技术产业

高新技术企业作为知识密集、技术密集型的经济实体，在促进企业科技转型、调整产业结构、推动创新发展上具有重要的作用。广东省作为经济强省，近年来大力推进科技创新，扶持高新技术企业。2016年，高新技术企业培育被列入广东省创新驱动发展"八大抓手"，省委、省政府多次就开展高新技术企业培育工作提出指示。近年来，广东省高新技术企业发展迅速，自2010年始，广东省高新技术企业数量保持20%以上的年增长率，2016年和2017年增长率更是达到了86.47%和67.98%。截至2017年底，广东省高新技术企业已达33356家，数量保持在全国第1的位置，比2016年增加13499家（见表1—10、图1—7）。

表1—10　　　　　　　广东高新技术企业

年份	高新技术企业数	新增高新技术企业数（家）	高新技术企业增长率（%）
2008	5300	181	3.54
2009	3106	-2194	-41.40
2010	3966	860	27.69
2011	5151	1185	29.88
2012	6205	1054	20.46
2013	7432	1227	19.77

续表

年份	高新技术企业数	新增高新技术企业数（家）	高新技术企业增长率（%）
2014	8814	1382	18.60
2015	10649	1835	20.82
2016	19857	9208	86.40
2017	33356	13499	67.98

资料来源：《中国火炬统计年鉴》。

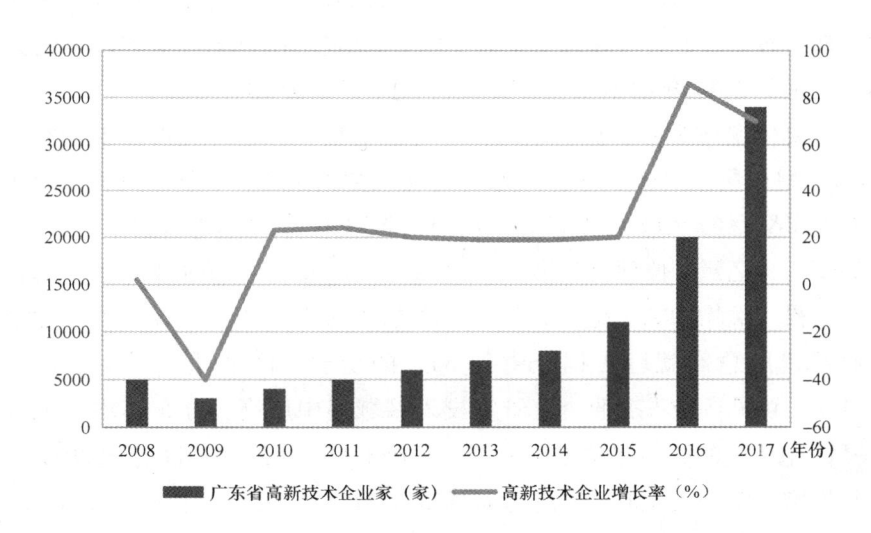

图1—7　广东高新技术企业数及其增长率

另外，据《广东科技年鉴2017》资料显示，广东省是我国高新技术产品进出口第一大省，2016年全省高新技术产品进出口额为26611.8亿元，同比增长0.6%，占全省进出口总额的42.2%，占全国高新技术产品进出口总额的35.7%。可见，广东省的高新技术产业发展迅速并且一直走在全国前列。

三　研发投入与专利商标

研发投入作为科研创新活动的资金支持与保障，体现一个地区对于科学技术创新的重视程度和支持力度。而专利商标作为区域创新发展的直接成果，也是重要的创新资源。研发经费的投入有利于保障社会自主创新活动的顺利开展，有助于提升区域专利商标的数量与质量。近年来，广东省不断加大研发投入，推动社会各界自主研发，专利商标数量明显增长、质量明显提高。接下来详细分析广东省工业企业研发投入、研发强度与专利商标。

(一) 工业企业研发投入

经过改革开放40年的发展，广东省已经成为国内制造大省，2017年全省规模以上工业增加值为3.5万亿元，先进制造业占规模以上工业增加值的比重为53.2%。随着工业的发展，广东省规模以上工业企业越来越注重研发投入，全省规模以上工业企业R&D经费由2011年的899.4亿元逐年增加至2017年的1865亿元，年平均增长率为13%。

从具体城市来看，深圳、广州、佛山、东莞、惠州五市的工业企业R&D经费总量位列全省前茅。从2017年的数据来看，深圳市规模以上工业企业R&D经费为841.1亿元，位列全省第1，占据总额的45%，广州市为254.9亿元，位列全省第2，占据总额的13.7%。最低为云浮市和梅州市，投入额均为2.7亿元，仅占全省总额的0.14%。广深两市工业企业研发费用总额就已占据全省约60%的份额，而最低的城市仅占据0.14%，可见，全省工业企业研发投入区域集中度高，分布不均（见表1—11、图1—8）。从平均增长率看（见图1—9），各市2011年至2017年的平均增长率均大于0，最高为河源市27.75%，最低为梅州市1.42%，各市均在不断加大研发投入。

表1—11　　　　　广东规模以上工业企业 R&D 经费　　　　单位：亿元

区域	城市	2011	2012	2013	2014	2015	2016	2017
珠江三角洲	广州	140.7	158.2	171.0	193.0	212.3	231.8	254.9
	深圳	388.9	461.9	532.9	588.3	672.6	760.0	841.1
	珠海	27.5	31.2	34.6	38.6	43.4	49.1	59.1
	佛山	116.4	146.9	161.2	182.9	193.0	194.9	216.0
	江门	22.6	27.8	31.8	35.0	38.7	40.3	48.5
	东莞	61.3	74.8	98.4	115.1	126.8	143.4	161.4
	中山	46.0	53.1	61.2	66.4	69.2	74.8	76.6
	惠州	31.5	43.5	51.9	54.7	59.7	67.7	80.3
	肇庆	10.0	12.4	15.4	17.1	19.2	21.4	23.4

续表

区域	城市	2011	2012	2013	2014	2015	2016	2017
东翼	汕头	8.6	10.3	11.1	10.1	11.2	12.7	15.4
	汕尾	2.4	3.1	4.7	4.6	5.0	6.0	5.8
	潮州	4.5	4.9	5.6	6.1	5.1	5.9	6.3
	揭阳	5.7	7.3	9.4	10.8	10.8	11.8	13.2
西翼	湛江	2.9	4.6	5.6	6.9	7.2	6.6	7.8
	茂名	5.2	8.9	10.1	11.9	13.3	15.3	16.6
	阳江	3.2	4.3	6.8	7.7	8.4	9.2	9.8
山区	韶关	12.1	11.8	10.8	11.9	11.5	12.5	13.3
	河源	0.8	1.3	2.0	2.3	2.4	2.5	3.2
	梅州	2.9	2.4	3.1	3.2	2.3	2.5	2.7
	清远	4.6	6.5	6.8	5.8	5.8	5.3	7.0
	云浮	2.0	2.6	3.1	3.0	2.6	2.6	2.7

资料来源:《广东统计年鉴》。

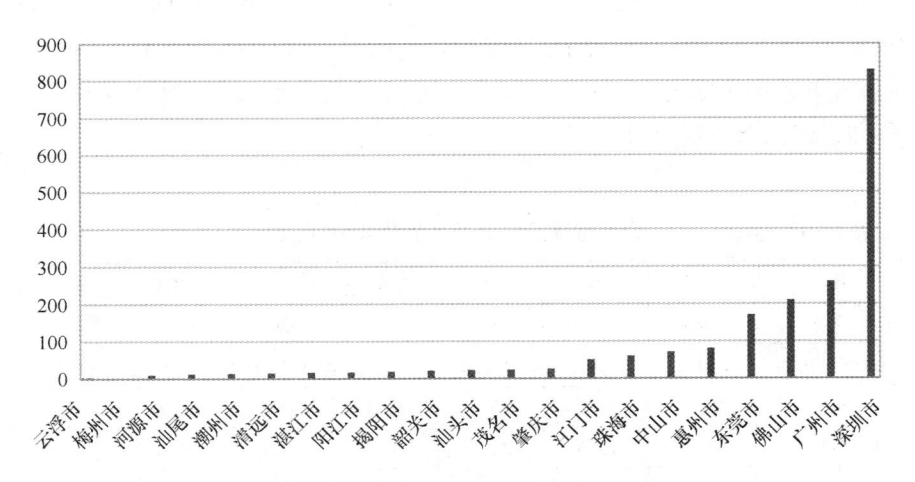

图1—8 2017年各市规模以上工业企业 R&D 经费（亿元）

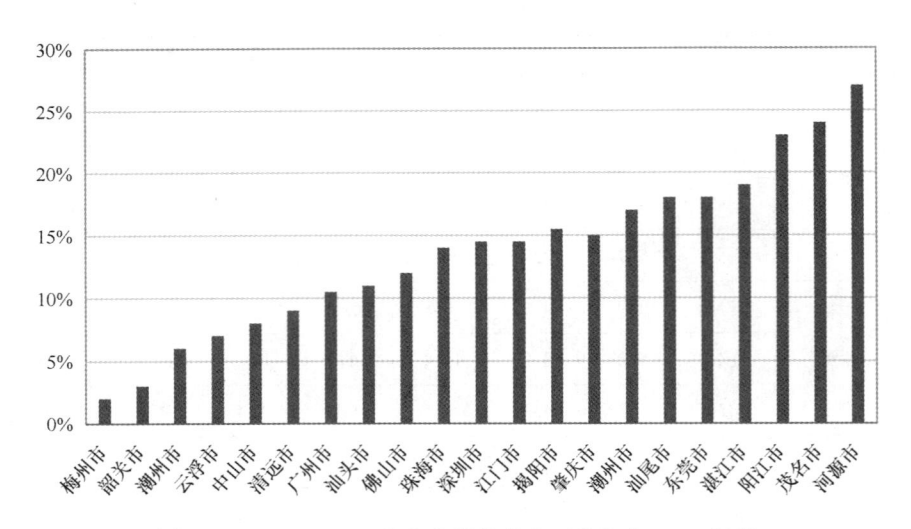

图1—9 2011—2017年各市规模以上工业企业R&D经费平均增长率

从经济区域来看，珠江三角洲作为中国重要的经济中心区域，经济发展迅速，工业发达，相应的研发投入也非常大。2017年，珠江三角洲各城市规模以上工业企业R&D经费总额为1761.3亿元，占据全省总额的94%（见图1—10），远超于东翼的40.7亿元、西翼的34.1亿元和山区的28.9亿元（见表1—12）。广东省工业企业研发投入高度集中于珠江三角洲地区，创新资源分布不均。

表1—12　分区域规模以上工业企业R&D经费　　单位：亿元

年份	2011	2012	2013	2014	2015	2016	2017
全省	899.4	1077.9	1237.5	1375.3	1520.5	1676.3	1865.0
珠江三角洲	844.7	1009.9	1158.4	1291.2	1435.0	1583.3	1761.3
东翼	21.1	25.6	30.7	31.5	32.2	36.4	40.7
西翼	11.3	17.8	22.5	26.5	28.9	31.1	34.1
山区	22.3	24.6	25.8	26.1	24.5	25.5	28.9

资料来源：《广东统计年鉴》。

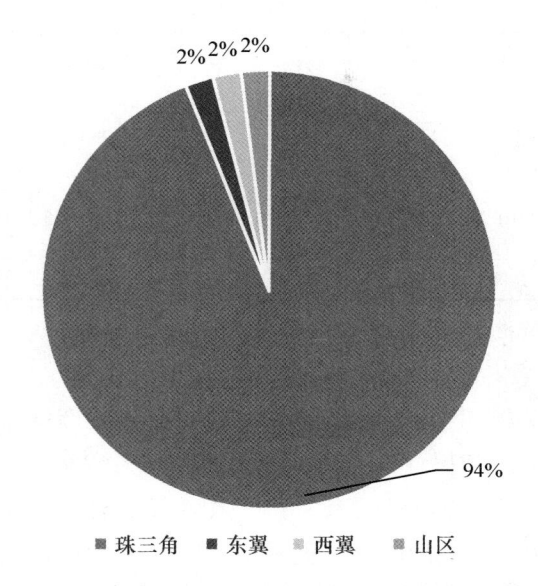

图 1—10 2017 年各区域规模以上工业企业 R&D 经费占比

（二）研发强度

研发投入强度是衡量国家或是地区科技创新水平的直观指标，也是国际上通用的衡量一个国家是否进入创新国家的重要指标。2017 年，我国研发经费投入强度为 2.13%，较之 2016 年提高 0.02 个百分点，为近年来最高水平，说明我国建设创新型国家正在加速。虽然和经济合作与发展组织（OECD）国家的平均水平 2.4% 还有距离，但已超过欧盟 15 国 2.08% 的平均水平。据国家统计局发布的《2017 年全国科技经费投入统计公报》，我国研发经费投入强度已达到中等发达国家水平，研发投入强度的增加有力地推动了我国创新驱动发展战略的实施，侧面反映了中国经济结构的升级。

近年来，广东省不断加大研发投入，全省研发投入总额从 2011 年的 1045.49 亿元逐年增加至 2017 年的 2343.63 亿元，总量位居全国首位。同时研发强度不断提升，从 2011 年的 1.96% 逐渐上升至 2017 年的 2.61%，高于全国平均水平 2.13%。但是，从研发强度看，广东省落后于北京（5.64%）、上海（3.93%）、江苏（2.63%），2017 年位居全国第 4，与北京、上海仍有较大差距（见表 1—13）。

表 1—13　　　　　　　　　　广东研发强度

项目＼年份	2011	2012	2013	2014	2015	2016	2017
R&D 经费支出（亿元）	1045.49	1236.15	1443.45	1605.45	1798.17	2035.14	2343.63
地区生产总值（亿元）	53210.28	57067.92	62474.79	67809.85	72812.55	80666.72	89705.23
研发强度（%）	1.96	2.17	2.31	2.37	2.47	2.52	2.61

资料来源：《广东统计年鉴》。

根据可得数据，计算工业企业 R&D 经费与工业产值比值，得到工业企业研发强度（见表 1—14）。2017 年深圳市以 9.62% 位居全省首位，远高于其他城市，其次为珠海 5.21% 和广州 4.67%，最低为湛江 0.84% 和梅州 0.96%，各城市差距明显（见图 1—11）。深圳市工业企业研发强度遥遥领先于省内其他城市，广州作为省会城市和珠三角核心城市，工业企业研发强度与深圳市差距较大，仍需加大 R&D 经费投入力度。

表 1—14　　　　　　各市工业企业研发强度　　　　　　单位：%

	年份	2011	2012	2013	2014	2015	2016	2017
珠江三角洲	广州	3.40	3.71	3.60	3.81	4.09	4.44	4.67
	深圳	7.79	8.62	9.05	9.25	9.98	10.46	9.62
	珠海	3.85	4.33	4.46	4.5	4.85	5.10	5.21
	佛山	3.12	3.69	3.84	4.12	4.13	3.92	4.13
	江门	2.37	3.04	3.30	3.63	3.79	3.71	3.87
	东莞	2.67	3.26	4.04	4.25	4.46	4.64	4.52
	中山	3.95	4.11	4.36	4.44	4.42	4.65	4.65
	惠州	2.74	3.36	3.54	3.41	3.68	3.90	4.23
	肇庆	1.87	2.01	2.09	1.97	2.07	2.28	3.31
东翼	汕头	1.45	1.52	1.48	1.22	1.28	1.33	1.44
	汕尾	1.07	1.19%	1.61	1.50	1.57	1.76	1.65
	潮州	1.34	1.33	1.36	1.39	1.13	1.24	1.33
	揭阳	0.83	0.90	0.98	1.04	1.02	1.13	1.36

续表

	年份	2011	2012	2013	2014	2015	2016	2017
西翼	湛江	0.46	0.71	0.77	0.87	0.90	0.76	0.84
	茂名	0.80	1.22	1.22	1.34	1.48	1.61	1.65
	阳江	1.07	1.20	1.49	1.54	1.65	1.90	2.19
山区	韶关	4.06	3.67	3.00	3.16	3.19	3.23	3.68
	河源	0.28	0.47	0.64	0.69	0.72	0.71	0.98
	梅州	1.27	1.07	1.29	1.18	0.78	0.83	0.96
	清远	1.14	1.75	1.76	1.30	1.32	1.14	1.54
	云浮	1.08	1.33	1.34	1.16	0.96	0.93	0.98

资料来源：《广东统计年鉴》。

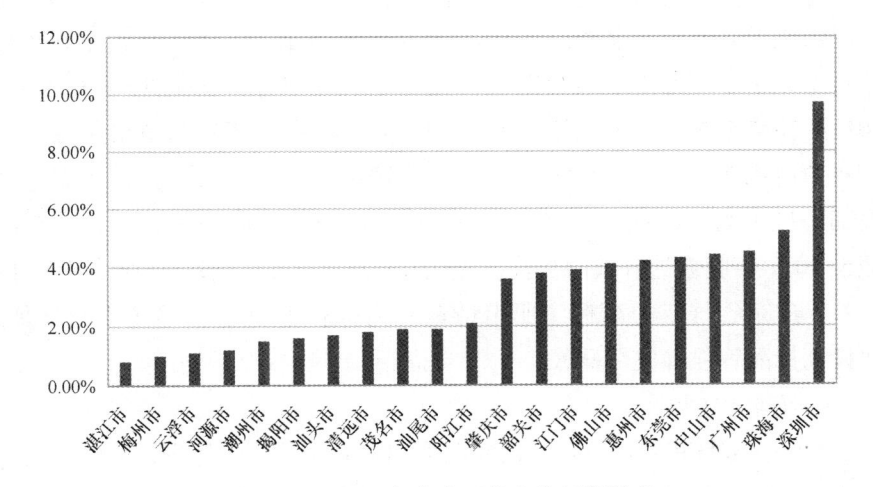

图1—11　2017年各市工业企业研发强度

从区域分布看，珠江三角洲地区工业企业研发强度高，从2011年的4.29%逐渐上升至2017年的5.94%，远高于广东省其他经济区域。东翼地区从2011年的1.15%波动增长至2017年的1.42%，西翼地区从2011年的0.71%缓慢增长至2017年的1.44%，山区地区近年来则是在1.40%至1.70%之间上下波动（见表1—15）。从整体看，广东省工业企业研发强度地区差异大，珠江三角洲地区研发强度高，表明珠江三角洲地区工业转型升级卓有成效，创新能力强。而东西翼和山区地区多传统工业，研发投入少，研发强度多在1.0%—1.5%之间，难以突破2.0%，低于广东省平均水平和全国平均水平，创新资源有限，工业企业创新驱动能力弱。

表1—15　　　　　　　　区域工业企业研发强度　　　　　　单位:%

年份	2011	2012	2013	2014	2015	2016	2017
珠三角	4.29	4.87	5.12	5.30	5.63	5.89	5.94
东翼	1.15	1.21	1.27	1.21	1.19	1.29	1.42
西翼	0.71	1.03	1.12	1.21	1.31	1.36	1.44
山区	1.60	1.77	1.69	1.55	1.45	1.42	1.70

（三）专利商标

专利与商标也是创新资源的重要体现。据国家知识产权局管理司与发展研究中心发布的报告，广东省专利综合实力位列全国第1，专利质量位列全国第2，总体实力强劲。广东省专利申请量呈现逐年上升趋势，2011—2017年期间年平均增长率为22.9%，其中发明专利申请量在总申请量中占比在25%—30%之间。从具体城市看，专利实力综合指数排名前五的城市为：深圳、广州、佛山、中山、东莞。而商标方面，广东省截至2017年底累计有效商标注册量为252.51万件，连续23年位列全国第一。广东省每年的商标注册申请量和商标核准申请量都在不断增加，建设商标品牌强省成果显著。

1. 专利申请量

专利的数量和质量是企业创新能力和核心竞争力的体现，同时也是国家和地区创新能力的体现。自2011年始，国家知识产权局专利管理司与发展研究中心连续七年发布《全国专利实力状况报告》。据《2017年全国专利实力状况报告》，2017年我国加强知识产权系统建设，深入实施知识产权战略，强化知识产权创造、保护和运用，全国专利综合实力稳步提升。该《报告》通过建立专利实力指标体系，对我国各省专利综合实力进行评估，前十为广东、北京、江苏、浙江、山东、四川、上海、福建、安徽、湖北。而在专利质量方面，北京、广东、上海、浙江、江苏位列全国前五。可见，广东省专利综合实力全国第一，专利质量全国第二，总体实力强劲。

自2011年起，广东省专利申请量逐年上升，年平均增长率为22.9%，2011年专利申请量为19.6万件，2017年已上升至62.8万件。

从增长率来看，2014年增长率最低（5.3%），2016年出现增长高峰，年增长率为42.1%。相比于申请量，广东省专利授权量增长较缓，从2011年的12.8万件上升至2017年的33.26万件，专利授权量与专利申请量比率2011年至2015年均在65%附近波动，而2016年开始迅速下降至51.23%，2017年略微上升至52.98%（见表1—16、图1—12）。

表1—16　　　　　　　　广东专利申请量与授权量

年份	申请量（件）	授权量（件）	授权量/申请量（%）
2011	196275	128415	65.43
2012	229514	153598	66.92
2013	264265	170430	64.49
2014	278351	179953	64.65
2015	355939	241176	67.76
2016	505667	259032	51.23
2017	627819	332648	52.98

资料来源：《广东统计年鉴》。

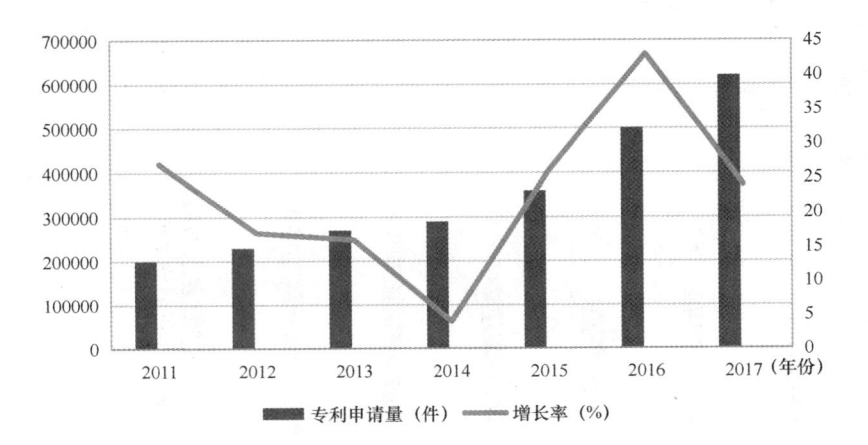

图1—12　广东专利申请量及其增长率

2. 发明专利总量

专利分为发明、实用新型、外观设计三种类型，而发明专利是最能体现区域创新能力的专利类型。2011年至2017年广东省发明专利申请量在总申请量中占比均在25%—30%之间，发明专利申请总量从2011年的

5.20 万件逐年上升至 2017 年的 18.26 万件。而在专利授权总量中，发明专利的授权量占比则在 11%—15% 之间，最高为 2016 年的 14.91%，最低为 2013 年的 11.78%。发明专利授权量从 2011 年的 1.82 万件上升至 2017 年的 4.57 万件，年平均增长率为 20%，2013 年出现负增长，2015 年则出现增长高峰（见表 1—17、图 1—13）。

表 1—17　　　　　　广东发明专利申请量与授权量

年份	总申请量（件）	发明专利（件）	占比（%）	总授权量（件）	发明专利（件）	占比（%）
2011	196275	52012	26.50	128415	18242	14.21
2012	229514	60448	26.34	153598	22153	14.42
2013	264265	68990	26.11	170430	20084	11.78
2014	278351	75148	27.00	179953	22276	12.38
2015	355939	103941	29.20	241176	33477	13.88
2016	505667	155581	30.77	259032	38626	14.91
2017	627819	182639	29.09	332648	45740	13.75

资料来源：《广东统计年鉴》。

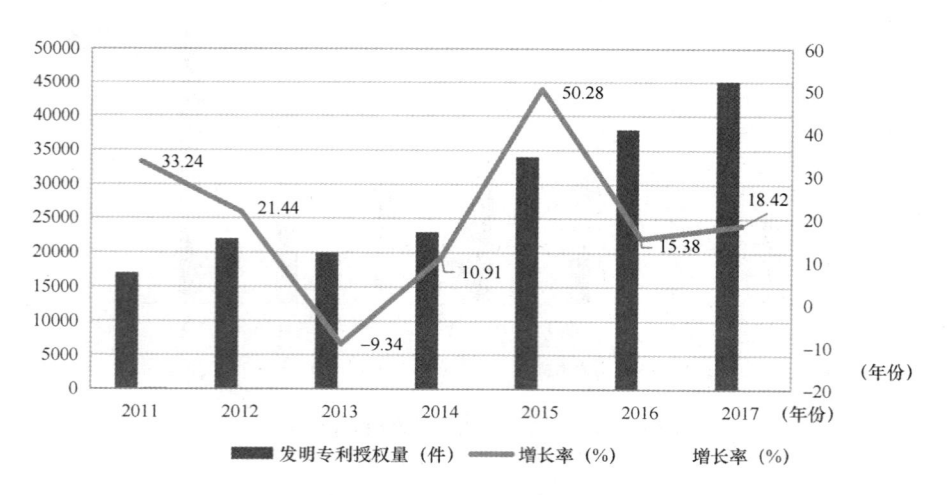

图 1—13　广东发明专利授权量及其增长率

从具体城市看，深圳、广州专利申请量巨大，2016 年深圳市专利申请总量为 14.5 万件，占据珠江三角洲总额的 40.1%，广州专利申请总量为 9.9 万件，占据总额的 27.3%，两市占据珠三角地区专利申请总量的 67.4%，从中反映出广东省专利申请量集中度高（见表 1—18、图 1—14）。专利来源于研发投入，考察 2016 年珠江三角洲地区各市创新效率，即专利申请总量与研发支出之比，前三位分别为广州、惠州、珠海，而深圳位居第 5。虽然深圳专利申请总量与研发支出总量庞大，两者均位居全省首位，但其创新效率较低，仅为 1.9%，远低于广州的 4.3%（见图 1—15），创新资源利用率与创新效率亟须提高。

表 1—18　　　　　　珠江三角洲地区专利申请量　　　　　　单位：件

年份	广州	深圳	珠海	佛山	惠州	东莞	中山	江门	肇庆
2009	16530	42279	2778	4846	1761	19106	8699	4916	265
2010	20803	49430	3554	5770	2889	4654	12031	5844	794
2011	28097	63522	5594	6346	6029	5746	14135	7697	397
2012	33387	73130	7097	6697	9894	8038	18400	8163	534
2013	39751	80657	8017	11312	15168	10946	2435	8439	601
2014	46330	82254	8998	12201	18359	9586	6203	8345	727
2015	63366	105481	11334	15824	21408	9209	5368	9555	734
2016	99070	145294	18059	23533	26123	15068	6579	13365	1038

资料来源：各市统计年鉴。

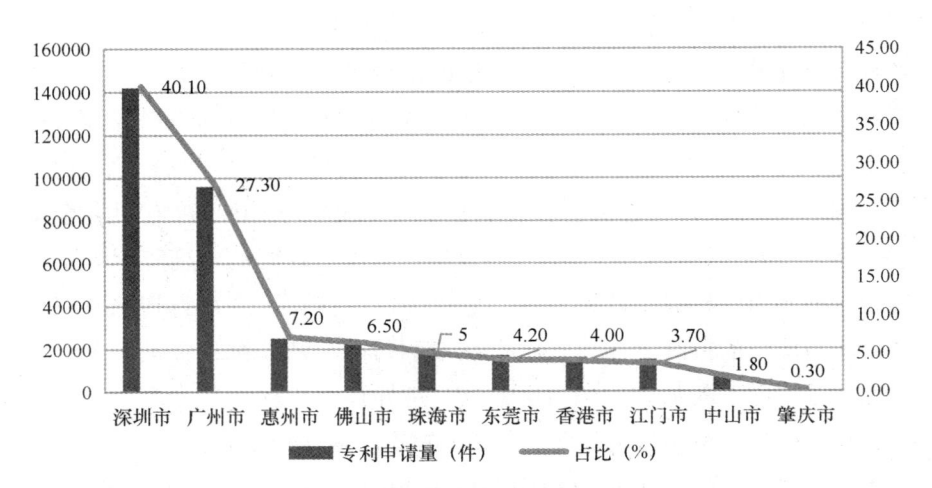

图 1—14　2016 年珠江三角洲各城市专利申请量及占比

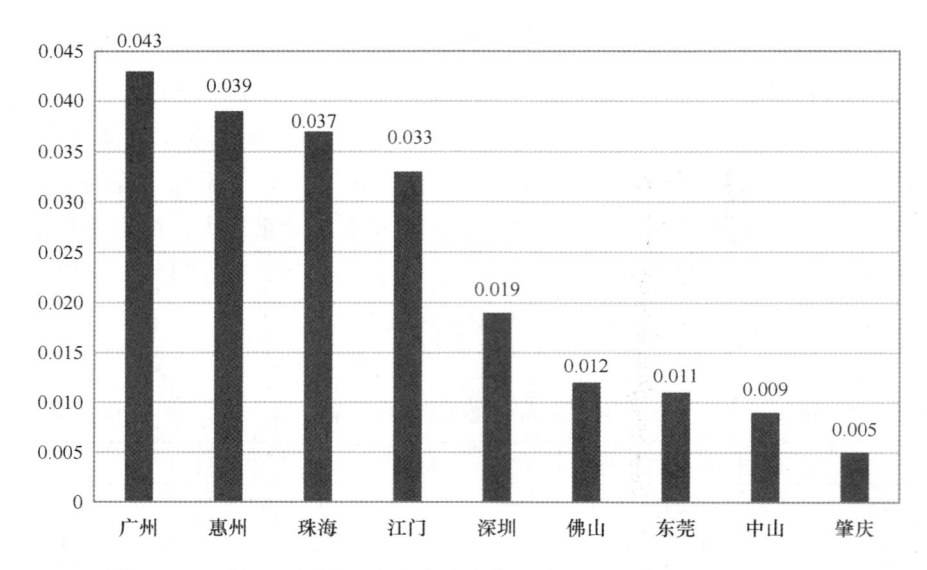

图 1—15 珠江三角洲 2016 年各市创新效率（专利申请量/研发支出）

广东省知识产权研究与发展中心发布的《2017年广东省专利实力状况报告》显示，2017年广东省专利实力综合指数排名前十城市为：深圳、广州、佛山、中山、东莞、惠州、珠海、汕头、江门、肇庆。其中，专利创造指数前五分别为深圳、广州、珠海、东莞、佛山，5个地市每万名人口发明专利拥有量均超过20件，其中深圳达到89.78件，是2017年全国每万名人口发明专利拥有量（9.8件）的9倍多。近年来，广东省知识产权保护体系不断完善，省市两级相继出台了一系列的地方性法规、政府规章和规范性文件，省委省政府发布《关于加快建设知识产权强省的决定》、省人大发布《广东省专利条例》、省政府出台《广东省建设引领型知识产权强省试点省实施方案》等，省级财政知识产权专项资金由2008年的5000万元增长至2017年的3.8亿元，政府的高度重视以及持续完善的知识产权战略政策支持、财政扶持等推动了广东省知识产权创造数量与质量的持续提高。各城市在专利行政执法、维权援助、重点企业保护等方面不断加大工作力度，以促进知识产权保护与专利发展。同时，深圳前海自贸试验区成立了深圳市知识产权保护中心，中国（广东）和中国（佛山）知识产权保护中心也于2018年开始投入运行。可以说，近年来广东省非常重视知识产权建设，专利综合实力强劲，在全国处于领先位置。

3. 商标注册申请量与商标核准注册量

商标对企业而言是一种信息资源，代表着企业的产品信息与品牌影响力，商标注册申请量与商标核准注册量在一定程度上体现了区域企业的创新能力与品牌影响力。近年来，广东省认真贯彻知识产权强国战略、创新驱动发展战略，深入实施商标品牌战略，相继推出《关于广东建设商标品牌强省战略合作框架协议》《广东省深入实施商标品牌战略服务经济社会发展的若干政策措施》等，推动商标制度发挥激励和保障创新的重要作用，助力"广东产品"向"广东品牌"转变，促进商标注册便利化，不断提高商标注册、运用、保护和管理能力。

近年来，广东省加快推进商标注册便利化。2016年12月，经工商总局批准，广州成立首个京外商标审查协作中心，陆续开展商标变更、转让及续展等业务办理，据统计，2017年该中心完成商标审查任务量占据全国的1/3，在现场受理的商标注册申请中，广东省内商标申请量占据76%。2017年，工商总局批准在深圳、珠海横琴设立商标受理窗口，开展商标注册申请受理工作。商标注册便利化极大推进了广东省商标品牌战略建设。

近年来，广东省商标注册申请量与商标核准申请量不断增加（见表1—19）。商标注册申请量由2009年的13.26万件上升至2017年的109.51万件，年平均增长率为30.73%；商标核准注册量由2009年的12.80万件上升至2017年的51.40万件，年平均增长率为23.24%（见图1—16、图1—17）。截至2017年底，广东省累计有效商标注册量为252.51万件，连续23年位列全国第一。在省内城市中，累计有效注册量排名前五位为深圳（70.81万件）、广州（68.84万件）、佛山（21.37万件）、东莞（18.01万件）、汕头（16.64万件），占据广东省总额的82%。累计有效商标注册增长率较快的前十个地级市为深圳、韶关、肇庆、广州、清远、河源、茂名、珠海、东莞和湛江。另外，根据广东省工商局发布的《2017年广东省市场主体发展情况及分析》，2017年广东省新增各类市场主体195万户，每增加百户市场主体相应地新增注册商标26件，同比增长3.8%，是全国平均水平（14件）的1.9倍。截至2017年底，广东省共有各类市场主体1025.63万户，每万户市场主体拥有2462件注册商标，同比增长8.0%，是全国平均水平（1520件）的1.6倍。

表1—19　　　　广东商标注册申请量与商标核准注册量　　　　　单位：万件

年份	2009	2010	2011	2012	2013	2014	2015	2016	2017
商标注册申请量	13.26	17.14	23.14	27.25	31.88	40.64	51.29	68.94	109.51
商标核准注册量	12.80	21.36	16.70	16.28	16.23	22.35	39.55	41.02	51.40

资料来源：《中国火炬统计年鉴》。

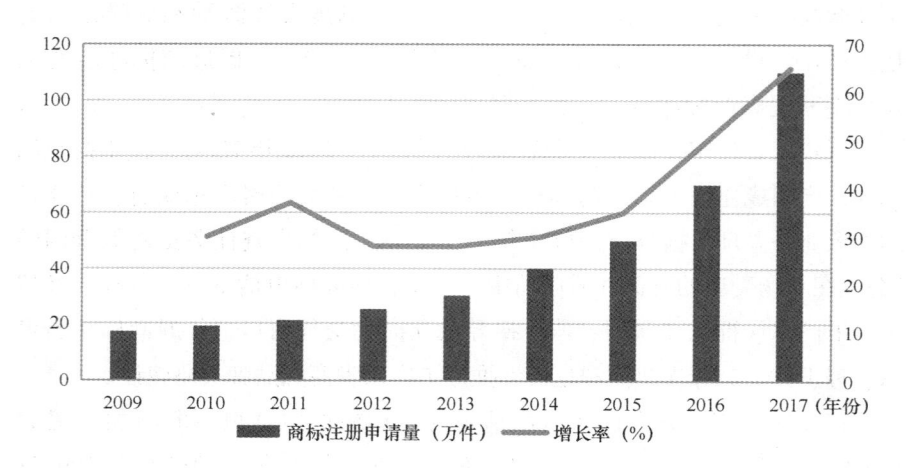

图1—16　广东商标注册申请量及其增长率

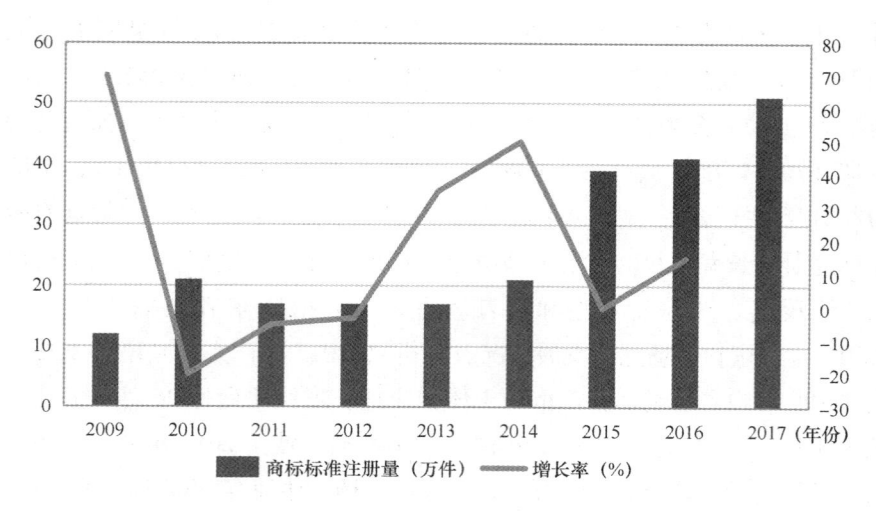

图1—17　广东商标核准注册量及其增长率

据广东省工商局统计，截至 2017 年底，广东省获得国家工商总局保护与认定的驰名商标总量为 747 件，较 2016 年增加 15 件，连续 12 年位居全国首位。驰名商标拥有量排名前五的地级市为深圳（171 件）、佛山（159 件）、广州（126 件）、东莞（76 件）、中山（58 件）。从区域分布看，珠江三角洲驰名商标总量为 661 件，占据全省总额的 88.49%，东翼地区驰名商标总量为 55 件，占据全省总额的 7.36%，西翼为 13 件，占据总额的 1.74%，山区为 18 件，占据总额的 2.41%。可见，广东省驰名商标集中分布于珠江三角洲地区（见表 1—20）。

表 1—20　　　　　广东各市驰名商标情况　　　　　单位：件

珠江三角洲	广州	126	661
	深圳	171	
	珠海	12	
	佛山	159	
	江门	24	
	东莞	76	
	中山	58	
	惠州	20	
	肇庆	15	
东翼	汕头	29	55
	汕尾	2	
	潮州	12	
	揭阳	12	
西翼	湛江	9	13
	茂名	1	
	阳江	3	
山区	韶关	1	18
	河源	2	
	梅州	1	
	清远	12	
	云浮	2	

资料来源：广东省工商行政管理局。

四 科研人才

科研人才在创新发展中具有重要的作用。党的十八大提出实施创新驱动发展战略，强调"科技创新是提高社会生产力和综合国力的战略支撑"，而科技创新离不开科研人才的引导和支撑，建设高水平人才队伍是创新发展的时代要求。2011—2017 年，广东省各市工业企业 R&D 活动人员增长率除韶关、阳江、潮州外，均保持 5% 以上的年均增长率（见图1—18）。2017 年，深圳市工业企业 R&D 活动人员为 23.24 万人次，位居全省第一，广州市和佛山市分别为 9.79 万人和 9.61 万人，位列全省第二、第三（见表 1—21）。深圳市工业企业研发人员超过广州和佛山两市总和，占据全省工业企业研发人员总和的 33.38%，广佛两市共占据 27.86%（见图 1—19）。从全省角度看，工业企业研发人才多集中于深圳、广州、佛山三地，东翼、西翼、山区各城市工业企业研发人员少。广东省工业企业研发人才地区分布严重不均，加之研发投入的分布不平衡，导致广东省东西翼和山区经济发展严重落后于珠江三角洲。

表 1—21　　　广东各市工业企业 R&D 活动人员　　　单位：人

地区	年份	2011	2012	2013	2014	2015	2016	2017
珠江三角洲	广州	58905	64621	74008	80623	82594	80509	97894
	深圳	155912	196202	187045	176345	174953	202684	232421
	珠海	13338	16409	15814	18408	16229	16737	23152
	佛山	57212	71576	75852	78933	68198	74427	96072
	江门	12629	15684	16033	18098	17584	17120	22902
	东莞	39400	51386	53258	58752	59469	64963	73644
	中山	24815	34269	37857	38551	38488	38970	45301
	惠州	13885	19055	18678	20010	24376	34929	43255
	肇庆	7570	10267	10568	11200	11513	12100	11611
东翼	汕头	6018	7302	7298	7339	7698	7697	9863
	汕尾	1386	2248	2008	2509	2958	2314	2584
	潮州	4217	2867	3402	4105	3281	3634	4161
	揭阳	3793	4072	4189	4985	4166	4018	5697

续表

地区	年份	2011	2012	2013	2014	2015	2016	2017
西翼	湛江	1916	3205	3295	2766	2611	3053	3136
	茂名	2115	4355	4508	5049	5011	5004	6580
	阳江	1727	2016	1885	2414	1898	1692	1788
山区	韶关	5756	5050	4908	4822	5280	6146	5173
	河源	660	949	1822	1829	1285	1473	2123
	梅州	1707	1815	2173	2065	1369	1962	2214
	清远	1626	4125	3944	4274	3823	3684	4987
	云浮	1430	1739	2006	1829	1509	1973	1827

资料来源：《广东统计年鉴》。

人才是实施创新驱动发展的主力军，是实现民族振兴、赢得国际竞争的重要战略资源。为了大力推动人才强省战略，响应国家创新驱动发展战略，广东省各市积极提出引进高层次人才、高学历人才、高技能人才的相关政策和配套服务措施。例如，广东省提出培养高层次人才特殊支持计划，粤东西北地区提出人才发展帮扶计划（扬帆计划）等。此外，各企业也在不断加大研发人才引进，提高研发人员占比。

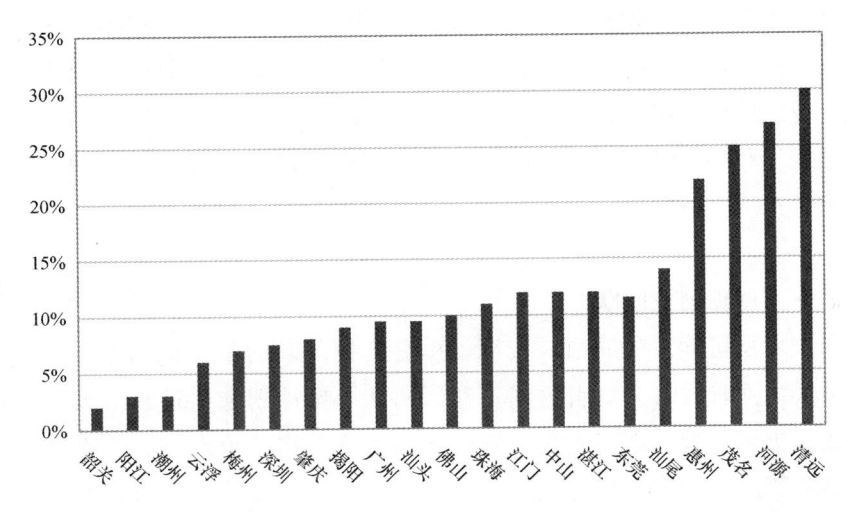

图1—18　2011—2017年各市规模以上工业企业R&D活动人员平均增长率

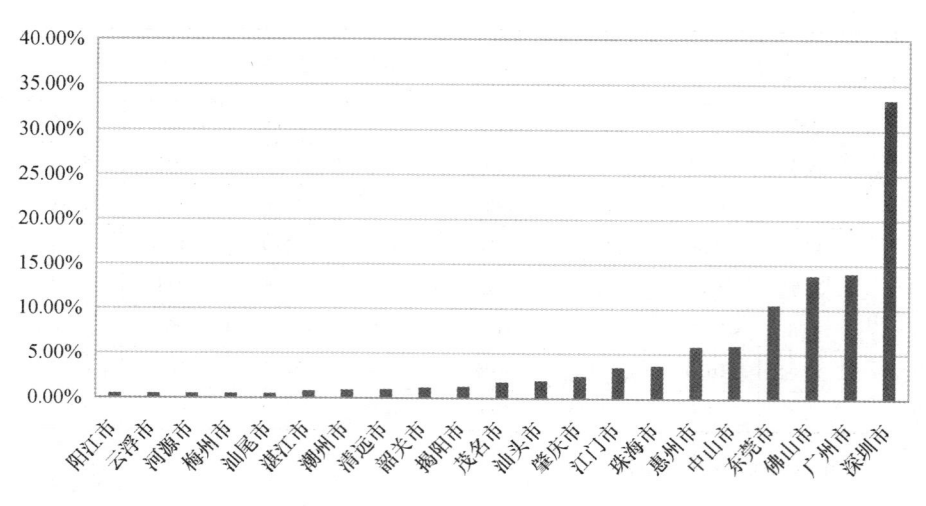

图 1—19　2017 年各城市工企业 R&D 活动人员占比

第二节　创新创业团队与创新机构

创新创业团队、创新机构的数量与质量是地区创新能力的集中体现。广东省十分重视创新创业团队的引进与培育，发布多项重大人才工程，引进一批引领时代发展潮流的创新创业团队。同时，广东省拥有多家创新能力强、影响广的创新机构，创新机构所在行业主要集中于制造业与服务业。值得一提的是，总部位于广东深圳的华为与比亚迪公司入围科睿唯安发布的《德温特 2018—2019 年度全球百强创新机构》，创新实力强劲。

一　创新创业团队

人才是科学发展的第一资源，也是科技创新的重要推动力。广东省提出人才强省战略，将引进创新科研团队专项计划和引进领军人才专项计划作为创造吸引高层次人才新优势的重要举措。2009 年，广东省引进创新科研团队专项计划正式启动，该计划政策力度大、资助额度高，在海内外引起强烈的反响，第一年就有 100 多个来自海内外的创新科研团队申报，最终入选 12 个团队。

除引进创新科研团队专项计划和引进领军人才专项计划外，广东省还提出"珠江人才计划""扬帆计划""特支计划"等重大人才工程，培育一批产业发展急需、引领时代潮流的创新型人才与创业团队。据《广东科技年鉴2017》数据显示，2016 年"珠江人才计划"引进创新创业团队申报的 253 个队伍中，36 个团队项目获得风险投资，累计 19.18 亿元；2016 年"扬帆计划"共吸引来自省内外 49 个科技创新类创新团队申报，汇聚高层次人才 249 名；"广东特支计划"确定了 30 名创新领军人才、29 名创业领军人才、99 名青年拔尖人才。创新团队与领军人才作为创新创业的引领，将发挥重要的带动作用。

二 创新机构

在创新驱动发展战略的推动下，社会各界不断加大创新力度。创新机构作为创新能力与创新意识较强的机构组织，能够源源不断地开展理论创新、技术创新、组织创新、管理创新等一系列创新活动，并向外辐射，带动社会创新。近年来，广东省创新机构数量与质量不断提升。在科睿唯安发布的《德温特 2018—2019 年度全球百强创新机构》报告中，中国内地三家企业上榜，分别为华为、比亚迪、小米，其中华为、比亚迪两家公司总部位于广东省。百强创新机构拥有极高的创新能力，当前的创新已转向更高质量的发明，对于市场有较大的带动和影响作用。华为、比亚迪作为广东省领先的创新机构，将充分发挥行业领军与创新带动作用，推动广东省企业不断提高创新意识与创新能力。

广东省创新机构所在行业主要集中在 9 个行业中，以制造业和服务业为主（见表 1—22）。高等院校以广州表现最为显著，占比 24%，其次是深圳 10%、东莞 6%。计算机、通信和其他电子设备制造业入围 8 个城市的 TOP3 行业，深圳该行业占比达到 44%，东莞占比达到 34%，其次是珠海和惠州。电气机械和器材制造业也入围 8 个城市的 TOP3 行业，其中江门（38%）、佛山（34%）和东莞（30%）的占比位列前三。信息传输、软件和信息技术服务业入围 4 个城市的 TOP3 行业，中山达到 20%。化学原料及化学制品制造业入围 3 个城市的 TOP3 行业，肇庆为代表占比最高（24%）。另外，农畜牧业仅有肇庆占 12%，商务服务业仅有佛山占10%，科学研究和技术服务业仅有广州占16%，专用设备制造业仅有惠州占14%，其他城市这四个行业未能进入TOP3。

表1—22　　　　　　　广东创新机构行业TOP3

城市	计算机、通信和其他电子设备制造业	电气机械和器材制造业	信息传输、软件和信息技术服务业	化学原料及化学制品制造业	农畜牧业	高等院校	商务服务业	科学研究和技术服务业	专用设备制造业
广州	24%	—	—	—	—	24%	—	16%	—
珠海	32%	22%	10%	—	—	—	—	—	—
佛山	—	34%	12%	—	—	—	10%	—	—
中山	22%	26%	20%	—	—	—	—	—	—
江门	10%	38%	—	14%	—	—	—	—	—
肇庆	12%	20%	—	24%	12%	—	—	—	—
深圳	44%	16%	10%	—	—	10%	—	—	—
东莞	34%	30%	—	—	6%	6%	—	—	—
惠州	26%	14%	—	—	—	—	—	—	14%

注：有部分城市的行业占比相同，故列出了4个行业；资料来源于《粤港澳大湾区协同创新报告2017》。

第 四 章

创新结构：省市竞赛

创新是引领发展的第一动力，是建设现代化经济体系的战略支撑。广东省的创新能力一直位居全国前列，根据《中国区域创新能力评价报告 2017》显示，2017 年广东省的创新能力居全国第一位。与江苏省、北京市、上海市等创新能力领先的地区相比，广东省的优势在于良好的创新创业环境和强大的企业创新能力，但在知识创造与知识获取上较为薄弱。

作为最早改革开放的地区，广东省相对于其他省市市场活力好，具备宽松的创业环境，创新创业活动十分活跃。此外，其拥有全国最发达的民营经济，培育了一批规模大、创新能力强的企业。根据中国企业联合会和中国企业家协会发布的 2018 中国企业 500 强榜单，广东省共有 51 家入围企业，仅次于北京市和江苏省，其中北京市有 100 家企业入围，多为大型中央和国有企业，江苏省有 52 家企业入围。根据全国工商联发布的"中国民营企业 500 强"榜单，华为技术有限公司位列榜首，广东省共有 60 家企业入围。广东省入围企业数量排名第 4，浙江省、江苏省、山东省分别有 93 家、86 家、73 家企业入围。根据 2015 年《中国区域创新能力评价报告》，广东省规模以上工业企业 R&D 经费内部支出总额达 1520.55 亿元，排名全国第 1，规模以上工业企业新产品销售收入达 22642.5 亿元，排名第 2，略低于江苏省。

广东省在与北京、上海、江苏等创新能力强的省市对比时，弱点在于知识创造和知识获取的能力，基础科学的研究能力不足，这与广东省优质高校资源缺乏、高水平实验室数量稀少等因素相关。论文数代表了一个地区的科学产出能力，2015 年，广东省国内论文数排名第 3，数量为北京市的47%，江苏省的67.6%；在国际论文发表数上，广东省排名全国第5，数量少于北京、上海、江苏、陕西。

广东省的创新能力不断发展，使其超越了江苏省，主要是由于广东省在政府研发投入、教育经费支出、企业R&D经费支出、科技企业孵化上狠下功夫，一方面，弥补自身知识创造能力不足的短板；另一方面，不断扩大在企业创新、创新环境等方面的优势。广东省的努力在产出成果上也有所体现，在"高技术产业主营业务收入""高技术产品出口额""高技术企业数量"等指标上均排名全国第1。同时"发明专利授权数"、"国内、国际论文发表数"、居民受教育水平等指标呈现快速上升势头。

本部分在评价广东省创新能力时，主要参考了由中国科技发展战略研究小组和中国科学院大学中国创新创业管理中心编著的《中国区域创新能力评价报告2012—2017》。该《报告》是以中国区域创新体系建设为主题的综合、连续的权威年度研究报告。指标体系主要从知识创造、知识获取、企业创新、创新环境以及创新绩效五个维度综合评价一个地区的创新能力，其中每个维度还从实力、效率、潜力三个角度进行评价。

第一节　广东与其他省域的创新能力比较

根据《中国区域创新能力评价报告2017》评价结果显示，广东省位列榜单第一，首次超越江苏，成为全国区域综合创新能力最强的地区。江苏、北京、上海、浙江紧随其后，并一直占据榜单前五位。位居全国区域综合创新能力前十的还有山东、天津、重庆、湖北、安徽等省市（见图1—20）。

在排名前十的省市中，广东、江苏、北京、上海、浙江、山东、天津、重庆、安徽9个省市排名稳定，长期占据榜单前十。在2012—2017年六次区域创新能力排名中，湖北省有两次进入全国前十，分别在2014年和2017年；福建省在2013年和2015年进入榜单前十；湖南省和陕西省分别在2012年和2016年进入榜单前十。

分地区来看，华东地区是全国创新能力最强的地区。华东7省市中，除福建省、江西省外，均位于全国前十位，区域创新能力领跑全国。在华南地区，广东、广西、海南三省区创新能力差距较大，广东省创新能力居于全国第1，海南位于第16位，广西排名第20位，并且后两者的排名出现了下滑。

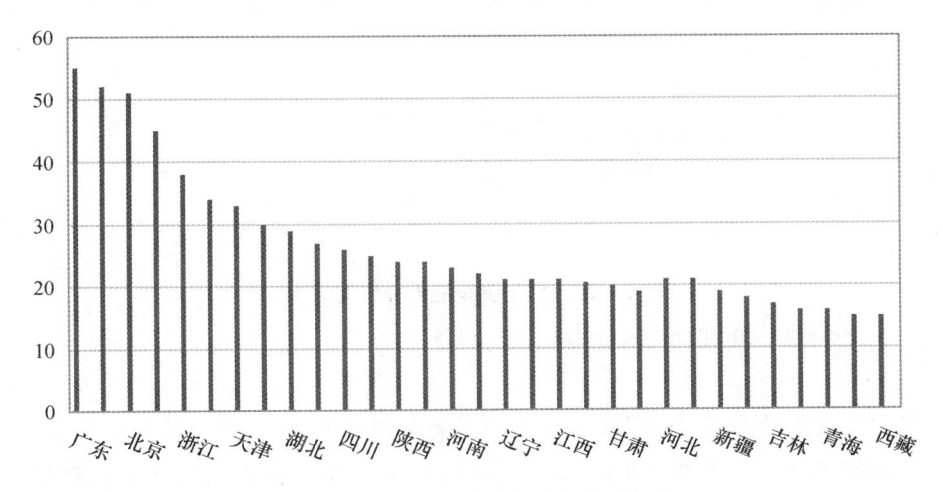

图 1—20 2017 年各省市创新能力指标

资料来源：《中国区域创新能力评价报告 2017》。

一 广东创新能力排名变动情况分析

广东省经济基础雄厚，民营经济发达，创新创业活跃度高，创新能力一直处于全国前列，2017 年超越江苏省排名全国第 1，在企业创新、创新环境和创新绩效三个维度上均排名全国第 1 位。排名上升主要是由于广东省企业创新能力的不断增强，以及创新环境的不断改善。在知识创造和知识获取两个维度表现一般，排名均长期徘徊在全国第 4 名，是广东省创新能力建设中的主要短板（见图 1—21）。

在知识创造维度，2017 年广东省排名第 4，与 2016 年持平，是广东省表现相对较弱的维度，是广东省创新能力的短板。大学、科研院所是知识创造活动的重要创新来源，广东省在优质高校与科研院所资源上的相对缺乏，是知识创造能力弱于北京、上海等地区的重要原因。广东省高端创新资源聚集能力较弱，主要表现在高学历人才数量少、高端创新

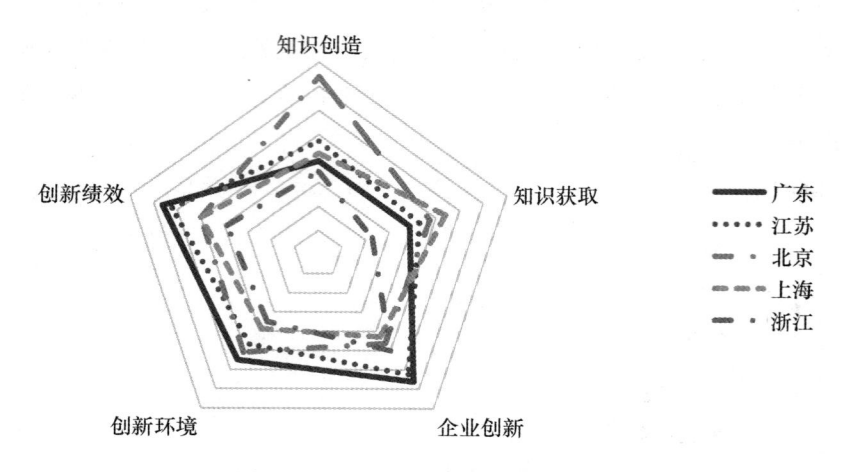

图1—21　广东创新能力分维度情况

资料来源：《中国区域创新能力评价报告2017》。

平台缺乏。广东省全省R&D人员中具有硕博学历的人员明显少于北京、江苏等地区，仅为北京市的60%，江苏省的80%。在高端创新平台数量上，仅有26家国家重点实验室，仅占全国的5.9%，比北京市少75%，比江苏省少33%。政府研发投入和地区论文发表数量从投入和产出两个角度衡量了一个地区基础科学研究与知识创造能力。从具体指标来看，广东省2015年政府研发投入为145.85亿元，排名全国第6，远低于北京市、上海市，在论文发表数量上，广东省2015年国内论文发表数排名第3，低于北京市、江苏省，与上海市相仿，国际论文发表数排名第5，低于北京市、江苏省、上海市和陕西省。在每十万研发人员平均发表的国内论文数上，广东省排名第31位，每十万研发人员发表的国际论文数，广东省排名第27位。与上一期数据相比，广东省在研究开发投入综合指标上的排名略有下降，比2016年下降一名，但在科研论文综合指标上，排名上升了三名，位列第15位。

在知识获取上，广东省长期处于全国第4位。知识获取的主要来源有科技合作、技术转移以及外资企业投资。在技术合作上，广东省排名相对落后，2017年排名全国第14位，相比于2016年下降了两位。科技论文合作发表数量是用来衡量一个地区与外界科技合作水平的重要指标，在每十万研发人员作者同省异单位科技论文发表数上，广东省排名第29名，每十万研发人员作者异省合作科技论文数上，广东省排名第31位，每十万研发人员作者异国合作科技论文数上，广东省排名第24位。广东省在技术转移以及外资企业投资指标上排名全国前列，技术转移指标相比于2016年上升了四名。广东省2015年规模以上工业企业购买国内技术经费支出达408972.6万元，增长了115.01%，位居第1位。规模以上工业企业引进技术经费支出为873012.9万元，排名第1。

广东省的企业创新能力排名居于全国首位，相比于上一期上升了一位，在企业研究投入、发明专利数量以及新产品销售收入上一直处于全国前列。广东省2015年，规模以上工业企业R&D人员数为53.4万人，总数排名第2，仅次于江苏省，规模以上工业企业R&D经费内部支出总额为1520亿元，排名全国第1，规模以上工业企业有效发明专利数排名全国第1，是第二名江苏省的2倍多。广东省规模以上工业企业新产品销售收入22643亿元，排名全国第2，稍低于江苏省。

2017年，广东省创新环境综合指标排名上升两位，排名全国第1。2012年至2017年间，广东省在市场环境、金融环境以及劳动者素质方面明显改善，排名上升较快。2015年广东省共有326家科技企业孵化器，总数排名全国第2，科技企业孵化器孵化基金总额达到了618490万元，总量全国第2，仅低于江苏省。2015年广东省高技术企业达到6194家，总数排名全国第1。在教育经费支出总额上，广东省排名全国第1，根据抽样调查显示，广东省中大专以上学历人口数排名全国第2，略低于江苏省。在创新绩效指标上，广东省长期居于榜首，这也反映了广东省宏观经济发展长期稳定、产业结构不断优化、产业国际竞争力不断增强的态势。在高技术产业增加值、万元地区生产总值能耗以及环境保护上广东省表现优异。2015年，广东省高技术产业主营业务收入达33308亿元，占GDP比重达45.74%，远高于江苏省，排名第1。万元地区生产总值能耗排名第3，稍逊于北京市和江苏省，为0.45吨标准煤/万元。

二 广东与北京、上海、江苏、浙江的创新能力对比分析

广东省、江苏省、北京市、上海市与浙江省是中国创新能力最强的5

个省市,在《中国区域创新能力评价报告》中,排名稳定居于前五位。5个省市在创新能力上实力强劲且各具特色。广东省相对于其他4个省市,在企业创新、创新环境和创新绩效上占据优势,但在知识创造和知识获取能力上较弱。北京市具有大量优质的高校和科研院所资源,在知识创造能力上遥遥领先;上海市地处长江入海口,地理位置优越,拥有广阔的经济腹地,在吸引外资和科技合作上优势明显,是全国知识获取能力最强的地区;江苏省综合实力强劲,各维度能力发展相对广东省更加均衡;而浙江省创新能力建设独具特色,基于互联网等现代信息技术的创新应用十分丰富。

(一)广东与北京创新能力对比

2017年北京市创新能力排名位列全国第3。与广东省相比,北京市在知识创造与知识获取两个维度优于广东省,在企业创新、创新环境以及创新绩效三个维度则弱于广东省(见图1—22)。其中知识创造维度,北京市位列全国第1。相比于北京市,广东省的优势在于企业创新活力更强。2015年,广东省的规模以上工业企业研究开发经费内部支出总额为1520.55亿元,是同期北京市的6.2倍,规模以上工业企业新产品销售收入是北京市的6.9倍,高技术企业数量是北京市的7.7倍。在大企业数量上,2016年,北京市共有101家企业入围中国企业500强,比广东省多了53家。与广东省不同,北京市的大企业主要以国家电网、中石油、中国工商银行等大型央企为主,体现了北京市鲜明的央企总部经济特色。

另外,北京市的优势在于强大的知识创造能力。由于北京市拥有众多科研院所、知名高校,其在研究开发投入、科研论文、科技合作等方面的表现远超广东省。2015年,北京市政府研发投入达791.64亿元,是广东省的5.4倍,政府研发投入占GDP的比例达到3.44%,广东省仅为0.2%;每万名研发人员平均发明专利授权数达到了1006.73件,是广东省的2倍;发表的国内论文数为66999篇,是广东省的2.1倍;发表的国际论文数达到了81896篇,是广东省的3.4倍。

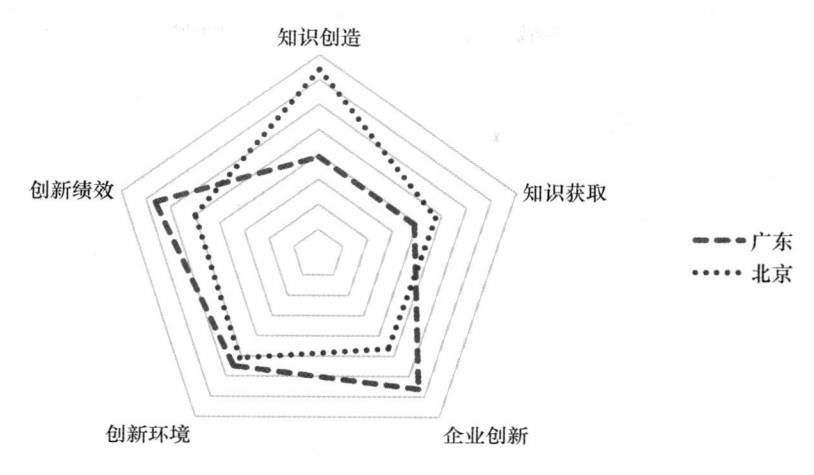

图 1—22　广东与北京创新能力指标

资料来源：《中国区域创新能力评价报告》。

（二）广东与上海创新能力对比

2017年上海市创新能力综合指标排名全国第4位，排名长期稳定，连续九年未发生变化。与北京市相似，上海市在知识创造和知识获取维度优于广东省，在企业创新、创新环境和创新绩效上弱于广东省（见图1—23）。上海市有着强大的知识获取能力，在知识获取维度，上海市排名第一。相比于广东省，上海市的优势在于得天独厚的区位优势。上海市坐落于长江入海口，是中国大陆海岸线的中点，经济腹地广阔，国际化程度高，对外开放水平高，海外资源丰富。上海市外商投资企业年底注册资金中外资部分达3514.6亿美元，位列全国第2，比广东省多了433.7亿美元。人均外商投资企业年底注册资金中外资部分达14551.6万美元，是广东省的5.1倍。在大企业数量上，上海市有27家企业入围2016年中国企业500强，比广东省少了21家。入围企业主要以国有企业为主，前十名没有一家民营企业，没有互联网、计算机、通信和其他电子设备制造领域科技公司上榜。

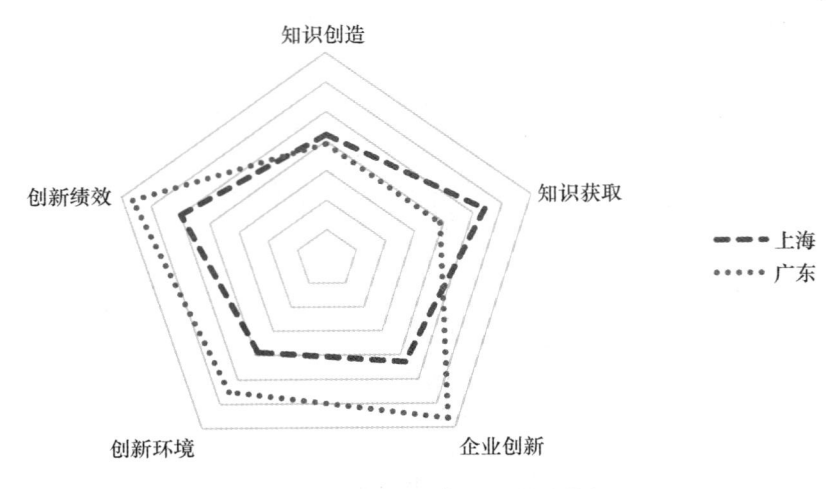

图 1—23 广东与上海创新能力指标

资料来源:《中国区域创新能力评价报告》。

(三) 广东与江苏创新能力对比

2017 年江苏省创新能力排名位于第 2 位,首次被广东省超越。和江苏省相比,广东省在企业创新、创新环境以及创新绩效三个维度领先,江苏省在知识创造、知识获取维度优于广东省(见图 1—24)。从具体指标来看,在企业研究开发支出、高技术企业数量、产业结构、教育经费支出等重要指标上,广东省都优于江苏省。

虽然江苏省综合创新能力被广东省超越,但其在科技企业孵化、企业技术改造、政府研发投入、企业电子商务等领域依旧领跑全国。2015年,江苏省科技企业孵化器当年新增在孵化企业数达 5198 家,比广东省多了 1460 家,连续多年位列第 1;江苏省科技企业孵化器孵化基金总额达 679122.7 万元,比广东省多了 60631.9 万元;江苏省规模以上工业企业技术改造经费支出达到 5072045.2 万元,是广东省的 3 倍;2015 年,江苏省政府研发投入为 153.34 亿元,比广东省多了 7.5 亿元;同年江苏省规模以上工业企业有研发机构的企业数量达 18872 家,是广东省的 3.8倍,规模以上工业企业中有研发机构的企业占总企业数的 38.92%,位列全国第 1。发明专利授权数达到 36015 件,比 2016 年增长了 83.09%,排名上升两位，位列全国第 1。有电子商务交易活动的企业数量达到 11257 家，比广东省多了 4.5%。

在大企业数量上，2016 年江苏省共有 44 家企业入围中国企业 500 强，数量比广东省少了 4 家。在行业分布上，江苏省入围的企业中建筑和钢铁行业的国有企业数量较多，而广东省入围的企业主要集中于计算机、通信和其他电子设备制造业和电气机械和器材制造业。

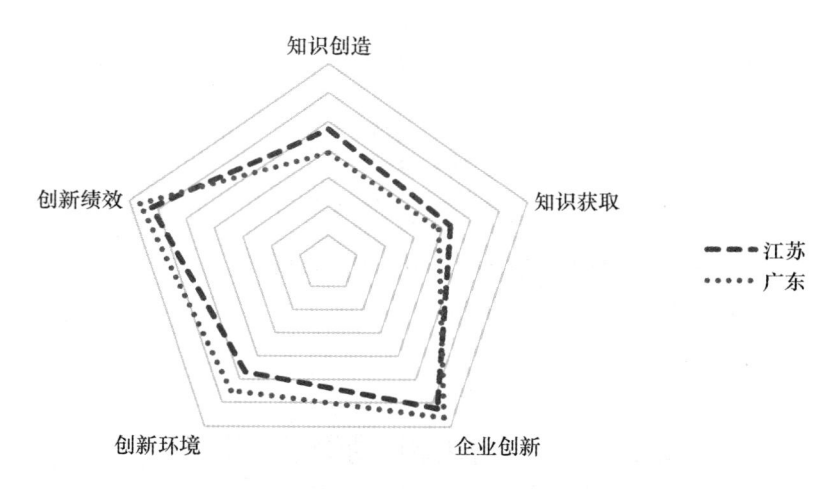

图 1—24　广东与江苏创新能力指标

资料来源：《中国区域创新能力评价报告》。

（四）　广东与浙江创新能力对比

2017 年浙江省创新能力排名全国第 5。与广东省相比，浙江省在知识创造、知识获取、企业创新、创新环境以及创新绩效上均处于落后地位（见图 1—25）。虽然浙江省在各个维度均弱于广东省，但其创新能力建设独具特色。作为阿里巴巴的总部坐落地，浙江省基于互联网等现代信息技术的创新应用十分丰富，在有电子商务交易活动的企业数量上与广东省相仿，但在使用率上高于广东省。浙江省有电子交易活动的企业数占总企业数的 13.2%，比广东省高了 1.7 个百分点。2015 年，浙江省规模以上工业企业新产品销售收入占销售收入比重高达 29.8%，排名全国第 1，是广东省的 1.6 倍。在大企业数量上，浙江省 2016 年共有 44 家企业入围中国企业 500 强，比广东省少了 4 家。入围企业主要以民营企业为主，有吉利、阿里巴巴等企业。

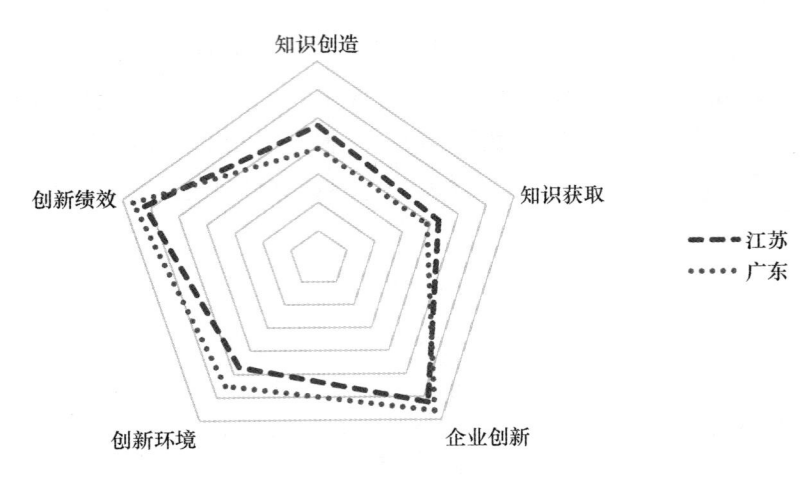

图1—25 广东与浙江创新能力指标

资料来源：《中国区域创新能力评价报告》。

第二节 广东城市创新能力比较

一 广东创新能力研究概况

从已有的关于广东创新能力研究的文献来看，广东省的创新能力处于全国的领先地位，2013年的全国经济百强城市名单中，珠江三角洲的九个城市的创新能力排名整体靠前，这为广东省的进一步发展提供了良好的保障和有力的技术支持。但与此同时，粤东西北（汕头、清远、汕尾、潮州、茂名、阳江、揭阳等）城市创新能力得分均未达到全省的平均水平[1]，因此，我们要意识到，虽然广东省的创新表现十分突出，有很强的创新实力，但是广东省地级及以上城市仍存在着较严重的创新能力发展水平不均衡、技术进步方向不统一、创新产出不足以及成果转化能力较弱等问题。

---

[1] 万陆、刘炜、谷雨：《广东城市创新能力比较研究》，《南方经济》2016年第8期，第94—104页。

首先，广东省的创新能力水平呈现出与省内经济发展水平相似的不均衡现象，创新能力主要集中于深圳、广州、佛山等珠三角地区的城市，而河源、云浮等山区城市创新能力较为落后①，同时，从珠三角中心城市到外围城市，创新能力呈现出逐渐递减的趋势，这种趋势从核心地区至东西两翼大致可分为四个梯队，深圳、广州为第一梯队，这两个城市创新能力位于全国前列，有着较为优质的创新环境和完善的创新体系，佛山、珠海、中山、东莞、惠州、江门紧随其后，这6座城市整体创新能力较强，其经济效益也比较好，第三梯队为湛江、肇庆、汕头、韶关、茂名，被列于第四梯队的是梅州、清远、云浮、阳江、揭阳、汕尾、河源，这些城市几乎都是粤北的山区或是欠发达地区，其创新能力也十分薄弱。②

其次，广东省内技术进步方向也不尽相同。全省各城市"创新断层"明显，广州、深圳、珠海等城市技术进步偏向创新型人力资本；韶关、汕头等城市技术进步与投入要素无关；梅州、河源等城市技术进步偏向资本，因此，广东在加快实施创新驱动发展战略时，应把握创新技术进步要素偏向、构建适合各城市创新和经济发展特质的创新体系③。

最后，虽然广东省创新驱动发展协调程度较高，但也存在创新产出不足和成果转化能力弱等问题。在关于广东省创新驱动发展的研究中，通过构建时间序列和截面两个层面的相关数据并将二者进行耦合度对比分析发现，通过近十年的努力，广东省的创新能力和经济发展水平已经由低度协调发展为极度协调，广东省的创新环境、创新资源投入、创新产品结构以及整体经济效益等方面都处于全国领先的位置，但是产业化程度仍有待提高，同时，由于互联网的冲击，实体经济面临着重大挑战，其转型的步伐亟待加快。④

---

① 陈俊、代明、殷仪金：《广东省创新型城市评价及实证测度——基于世界银行知识评价法》，《城市观察》2016年第4期。

② 丘海雄、赵琼：《广东区域自主创新能力分析——兼与长三角比较》，《珠江经济》2007年第4期，第44—49页。

③ 朱芳芳：《创新技术进步要素偏向视角下区域异质性研究——基于SFA和广东数据的实证分析》，《数理统计与管理》2019年第38卷第1期，第16—27页。

④ 刘佐菁、闫晓旭、陈建新：《基于耦合理论的广东省创新驱动发展研究》，《科技管理研究》2018年第5期，第29—35页。

基于上述的阐释，为了更为清晰地梳理主要的研究成果，我们对广东省地级及以上城市创新能力研究的主要成果进行了归纳整理（见表1—23）。

表1—23　广东地级及以上城市创新能力研究的主要成果

作者	研究时间	测算方法	基本结论
陈俊、代明、殷仪金	2016年	知识评价法	创新型城市指数排名为：深圳、广州、佛山、东莞、中山、惠州、珠海、江门、汕头、肇庆、湛江、潮州、揭阳、韶关、梅州、茂名、阳江、清远、汕尾、河源、云浮
朱芳芳	2018年	随机前沿法	广州、深圳、珠海、佛山、惠州、东莞、中山七市技术进步整体偏向创新型人力资本；韶关、汕头、江门、湛江、茂名、肇庆、潮州、揭阳八市技术进步为希克斯中性，技术进步与投入要素无关；梅州、汕尾、河源、阳江、清远、云浮六市技术进步偏向资本
刘佐菁、闫晓旭、陈建新	2018年	区域经济耦合协调度模型	2006—2015年间广东省创新驱动能力和经济发展水平不断提升，创新和经济发展两系统由低度协调转变为极度协调；2015年广东省创新驱动发展水平以及协调度处于全国领先地位，在创新投入、创新环境、经济结构、经济效益等方面存在优势，创新驱动发展战略成效显著，基本达到创新型地区水平，经济发展"新引擎"初步形成

二　广东地级及以上城市创新能力比较

在陈俊等[①]的研究中，作者运用了世界银行的"知识评价法"衡量了广东省所有城市的创新能力水平，并从创新绩效、创新环境、创新投入、创新系统以及创新基础五个维度综合评价了每一座城市的创新能力。创新绩效主要衡量了该城市的整体经济发展水平，主要选择了GDP增长率、

---

① 陈俊、代明、殷仪金：《广东省创新型城市评价及实证测度——基于世界银行知识评价法》，《城市观察》2016年第4期。

人均GDP、单位GDP能耗等指标。在创新环境上，主要考虑该城市的对外开放程度、金融和政府支持，选取的指标有进出口贸易总额占GDP比重、金融机构本外币存贷比以及财政支出比重等指标。在创新投入上，主要考虑了社会在教育以及科技创新方面的投入。创新系统主要反映了城市的创新成果及转化能力，参考的指标有专利、科技论文数量等。创新基础主要反映了城市的信息流通网络，主要选取了通信基础设施的指标。

从数据结果来看，深圳的五项指标均位居第一，也是唯一一个创新能力指数（算术平均值）突破了9的城市，深圳和广州的各项指标相差不大，其他城市和这两个中心城市相比有一定的差距。根据最终的测算结果，深圳、广州、佛山、东莞以及中山是广东省最具创新能力的5座城市。阳江、清远、汕尾、河源和云浮是创新能力最弱的5座城市（见表1—24）。

表1—24　　广东地级及以上城市创新指数排名（2012年）

城市	算术平均法							几何平均法	
	创新型城市指数	排名	创新绩效	创新环境	创新投入	创新系统	创新基础	创新型城市指数	排名
深圳 P	9.199	1	7.749	9.397	9.778	9.732	9.341	8.972	1
广州 P	8.856	2	7.359	8.921	9.238	9.494	9.267	8.604	2
佛山*P	7.904	3	6.840	8.413	8.603	7.827	7.839	7.409	3
东莞 P	7.780	4	5.628	8.413	8.413	8.095	8.352	6.849	4
中山 P	7.162	5	6.580	7.206	7.079	7.143	7.802	6.730	6
惠州 P	7.095	6	6.926	7.270	7.619	6.994	6.667	6.760	5
珠海 P	6.830	7	6.494	6.952	6.317	6.696	7.692	6.348	7
江门 P	6.176	8	5.368	6.381	6.571	6.220	6.337	5.951	8
汕头 E	5.761	9	5.195	5.333	5.778	6.786	5.714	5.276	9
肇庆 P	5.334	10	5.368	6.190	5.873	5.357	3.883	4.955	10
湛江 W	4.728	11	5.238	4.063	5.429	4.732	4.176	3.651	11
潮州 E	4.177	12	4.589	3.873	4.032	4.583	3.810	3.424	13
揭阳 E	4.060	13	5.411	3.365	4.508	4.524	2.491	3.374	14
韶关 M	4.050	14	3.766	3.524	4.349	4.107	4.505	3.464	12

续表

城市	算术平均法							几何平均法	
	创新型城市指数	排名	创新绩效	创新环境	创新投入	创新系统	创新基础	创新型城市指数	排名
梅州 M	3.985	15	4.719	3.302	3.714	4.345	3.846	3.122	16
茂名 W	3.905	16	4.632	2.952	5.111	3.899	2.930	2.971	17
阳江 W	3.491	17	5.108	3.524	3.079	2.887	2.857	2.961	18
清远 M	3.490	18	2.511	3.873	3.079	3.810	4.176	3.131	15
汕尾 E	3.173	19	4.892	2.413	2.476	3.631	2.454	2.215	20
河源 M	3.039	20	4.459	2.921	1.683	2.946	3.187	2.181	21
云浮 M	2.945	21	3.723	3.143	2.476	2.708	2.674	2.251	19

注：*表示佛山市数据包含顺德辖区。P 表示珠三角地区，E 表示东翼地区，W 表示西翼地区，M 表示山区；上述表格摘录于陈俊等公开发表的学术论文《广东省创新型城市评价及实证测度——基于世界银行知识评价法》。

为了更清晰地对比广东省各区域的创新能力，本节我们将各个城市根据其所在地区进行归纳，并分别计算了珠三角、粤东、粤西和山区城市创新指数的算术平均值和几何平均值（见表1—25）。

表1—25　　　　　　　广东创新能力分区比较

地区	城市	城市创新指数（算术平均）	平均分（算术平均）	城市	城市创新指数（几何平均）	平均分（几何平均）
珠江三角洲	深圳	9.199	7.371	深圳	8.972	6.853
	广州	8.856		广州	8.604	
	佛山	7.904		佛山	7.409	
	东莞	7.78		东莞	6.849	
	中山	7.162		惠州	6.76	
	惠州	7.095		中山	6.73	
	珠海	6.83		珠海	6.348	
	江门	6.176		江门	5.951	
	肇庆	5.334		肇庆	4.955	

续表

地区	城市	城市创新指数（算术平均）	平均分（算术平均）	城市	城市创新指数（几何平均）	平均分（几何平均）
东翼	汕头	5.761	4.293	汕头	5.276	3.409
	潮州	4.177		潮州	3.424	
	揭阳	4.06		揭阳	3.374	
	汕尾	3.173		汕尾	2.215	
西翼	湛江	4.728	4.041	湛江	3.651	3.179
	茂名	3.905		茂名	2.971	
	阳江	3.491		阳江	2.961	
山区	韶关	4.05	3.052	韶关	3.464	2.781
	梅州	3.985		清远	3.131	
	清远	3.49		梅州	3.122	
	河源	3.039		云浮	2.251	
	云浮	2.945		河源	2.181	

注：表1—25中数据是根据表1—24的内容重新整理计算而成。

根据创新型城市的算术平均值，珠江三角洲是广东省最具创新力的地区，位于珠江三角洲的9座城市创新能力均居于前十。在珠江三角洲中，深圳和广州是最具创新能力的城市，肇庆是创新能力最弱的城市。东翼地区是广东省创新能力仅次于珠三角的地区，但其创新能力内部差异大，排名靠前的汕头居于第9位，而排名靠后的汕尾居于第19位，排名相差10位。在西翼地区，湛江市创新能力最强，茂名与阳江相仿，分别居于第16位与第17位。山区则是广东省创新能力最弱的地区，创新能力最强的城市为韶关市，仅排名第14位，而河源和云浮市是广东省创新能力最弱的两座城市。此外，珠江三角洲的平均分是山区平均分的2倍多，二者之间创新能力的差距由此可见一斑。

大体来看，几何平均值整体低于算术平均值，但通过几何平均值计算得到的各市城市创新指数的排名与算术平均值大体一致，仅有个别城市的创新指数与算术平均值略有不同。在珠江三角洲区域，惠州市创新指数的几何平均值高于中山市，地处山区的城市中，清远市的创新指数位居该区域第2位，随后分别是梅州市、云浮市和河源市，与算术平均结果差异较大。由几何平均值计算得到的平均分结果显示，各地区与珠江三角洲创新能力之间的差距更加明显，珠三角城市创新能力指数的平均值约为东翼和西翼两区域的 2 倍，约为山区的 2.5 倍。由此说明，广东省区域之间创新能力的不均衡发展是我们在今后发展过程中不容忽视的问题。

第五章

地区差异：广东在全国的创新地位

广东省2017年创新能力排名跃居全国第1位，在2012—2016年间一直处于全国第2。在知识创造维度，2012—2014年广东省排名第3位，在2015—2017年排名下降一位，排名第4位，主要是由于研究开发投入以及专利指标的排名下降。在知识获取维度，广东省一直排在全国第4位，技术转移和技术合作的表现良好，排名上升。在企业创新维度，相比于2012年，广东省上升一位，在2012—2016年间，该指标排名先下降至第3名，在2016年又升回第1名。在创新环境维度，广东省排名上升速度快，从2012年的第3名升至2017年的第1名，在市场环境、劳动者素质以及金融环境等方面发展良好，排名上升快。在创新绩效指标，广东省一直位列全国第1，体现了广东省宏观经济发展很稳定、产业结构不断优化。

第一节 广东知识创造能力分析

在知识创造维度，广东省指标一直处于全国前列，2017年排名全国第4位。针对知识创造的投入与产出两个方面，主要从研究开发投入、专利以及科研论文三个指标进行衡量广东省的知识创造水平。

在企业研发投入上，主要从研究与试验发展全时人员当量、政府研发投入等方面考察广东省的发展现状。研究与试验发展全时人员当量是国际上通用的用于比较科技人力投入的指标。2015年广东省研究与试验发展全时人员当量为 501696.4 人年，位列全国第 2，在 2010—2012 年保持了高增长，2013—2015 年增速变慢甚至出现了下降（见图 1—26）。在每万人平均研究与试验发展全时人员当量上，广东省仅为北京市的 40%，江苏省的 70%，排名全国第 6，近年来排名未发生变化。

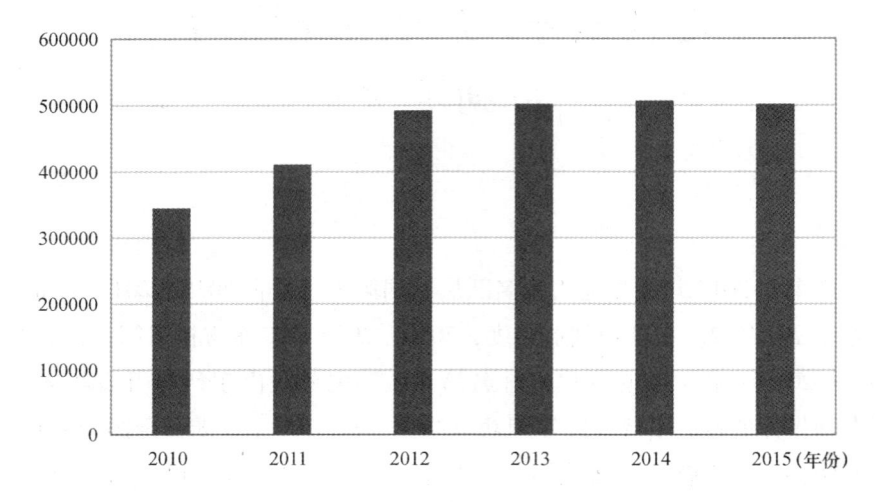

图 1—26　广东研发全时人员当量（人年）

注：资源来源于《中国区域创新能力评价报告（2012—2017）》，该指标数据目前更新至 2015 年。

政府对研发活动的投入会影响企业的技术创新水平，政府研发投入有助于激励和引导企业实现社会所期望的最佳技术创新水平。广东省 2015 年政府研发投入达 145.85 亿元，增长了 11.04%，呈现出快速增长的势头。投入总额排名全国第 6，落后于北京、上海、四川、陕西、江苏 5 个省市，仅为同期北京市的 18%，上海市的 43%，四川省的 63%。广东省高校和科研院所等创新资源的缺乏，导致了政府研发投入不足。政府研发投入占 GDP 的比例为 0.2%，排名全国第 16 位，相比于上期上升了三名（见图 1—27）。

2015 年，广东省不含企业的发明专利申请受理数量达到了 52269 件，排名全国第 4，相比于上期增长了 167.73%，排名上升了 6 位，这主要受益于政府研发投入支出快速增长。广东省发明专利授权数达 33477 件，排名全国第 3，比上一年下降一位。

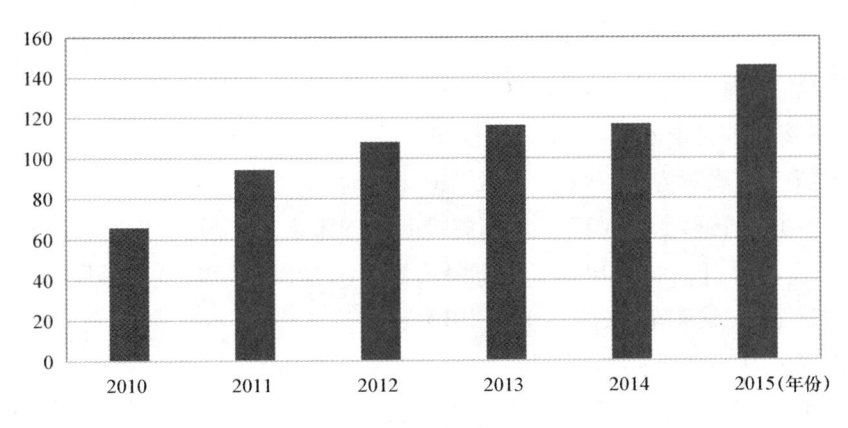

图1—27 广东政府研发支出（亿元）

注：资源来源于《中国区域创新能力评价报告（2012—2017）》，该指标数据目前更新至2015年。

在知识获取效率上，广东省表现一般。2015年，广东省每亿元研发经费内部支出产生的发明专利申请数为29.07件，排名全国第26位，相比于上期上升四位，但依旧效率不高，仅为同期江苏省的46%，北京市的51%。在每亿元研发经费内部支出产生的发明专利授权数上，广东省为18.62件/亿元，排名全国第11，相较于上期下降两位。

在科研论文上，广东省排名居于全国前列。2015年广东省国内论文数量为31481篇，排名全国第3位，发表国际论文24313篇，排名全国第5位。

第二节　广东知识获取能力分析

广东省知识获取能力排名稳定，长期排名全国第4位。在此主要从科技合作、技术转移以及外资企业投资三个角度分析广东省的知识获取能力发展现状。

在科技合作领域，广东省表现一般，排名全国第14位。2015年广东省同省异单位科技论文发表数为7111篇，排名全国第3，增长率为0.42%。作者异省合作发表科技论文数为3379篇，增长了1.27%，排名全国第 4 位。作者异国合作发表科技论文数为 318 篇，数量相比于上一期下降了 3.63%，排名全国第 4。在产学研合作上，广东省高校和科研院所研发经济内部支出额中来自企业的资金为 163817.22 万元，增长了 12.14%，排名全国第 11 位，高校和科研院所研发经费内部支出额中来自企业资金的比例为 12.9%，排名第 10。

在技术转移上，2017 年广东省排名全国第 2，比 2016 年上升了四位，相较于 2012 年，排名出现了先下降后上升。技术市场交易规模反映了一个地区科技成果转化的水平。2015 年，广东省技术市场交易金额为 6521066.01 万元，增长了 15.66%，排名全国第 3，仅次于北京、江苏。在 2011—2015 年，广东省技术市场交易规模保持着高速增长（见图 1—28）。广东省规模以上工业企业引进技术经费支出达 873012.9 万元，增长了 17.84%，排名全国第 1（见图 1—29）。

从外资企业投资指标来看，广东省一直处于全国前列，2017 年排名全国第 4。2015 年，广东省外商投资企业年底注册资金中外资部分为 3080.91 亿美元，增长了 10.22%，排名全国第 3，仅次于江苏、上海（见图 1—30）。人均外商投资企业年底注册资金中外资部分为 2839.81 万美元，排名全国第 5。

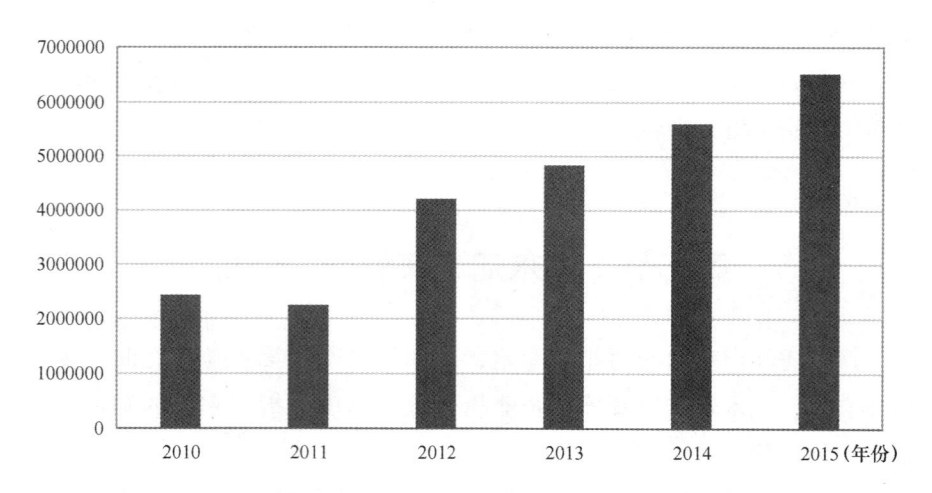

图 1—28　广东技术市场交易金额（万元）

注：资源来源于《中国区域创新能力评价报告（2012—2017）》，该指标数据目前更新至 2015 年。

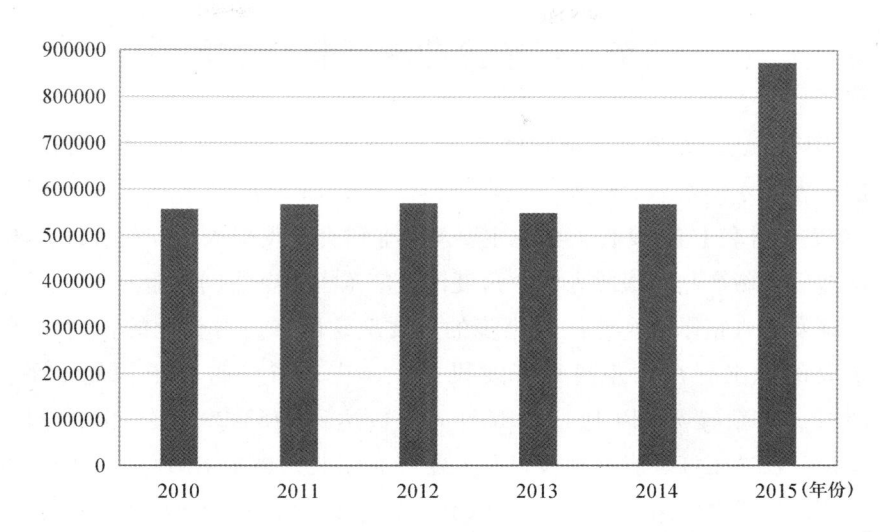

图1—29　广东规模以上工业企业引进技术经费支出（万元）

注：资源来源于《中国区域创新能力评价报告（2012—2017）》，该指标数据目前更新至2015年。

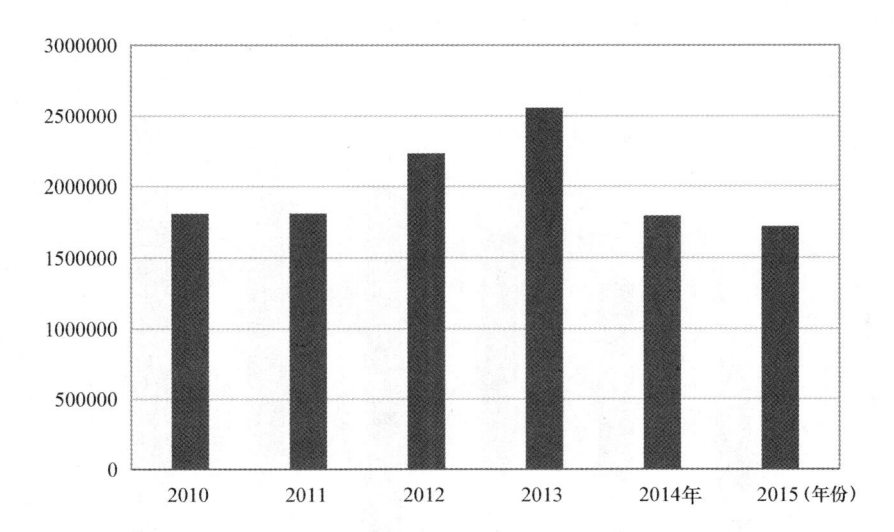

图1—30　广东外商投资企业年底注册资金中外资部分（亿美元）

注：资源来源于《中国区域创新能力评价报告（2012—2017）》，该指标数据目前更新至2015年。

第三节　广东企业创新能力分析

2017年，广东省企业创新排名上升一位，位列全国第1，这主要得益于广东省技术创新能力的大幅提升，相比于2016年排名上升两位，相比于2012年排名上升19位。在此主要从企业研究开发投入、专利数量、技术改造以及新产品销售收入四个角度评价广东省的企业创新能力。

研发投入是影响企业技术进步的重要决定因素，对企业的长期发展有重要的意义。在企业研究开发投入上，广东省一直处于领先水平。2015年，广东省规模以上工业R&D人员数达到了534293人，排名全国第2位，仅次于江苏省；规模以上工业企业就业人员中R&D人员比重为3.65%，排名全国第11位；规模以上工业企业R&D经费内部支出总额为1520.55亿元（见图1—31），排名全国第1位，占销售收入的1.28%，排名全国第4位；规模以上工业企业有研发机构的有5002家企业，排名全国第3位，但仅为江苏省总数的27%；规模以上工业企业有研发机构的企业占总企业数的11.88%，排名全国第6位。

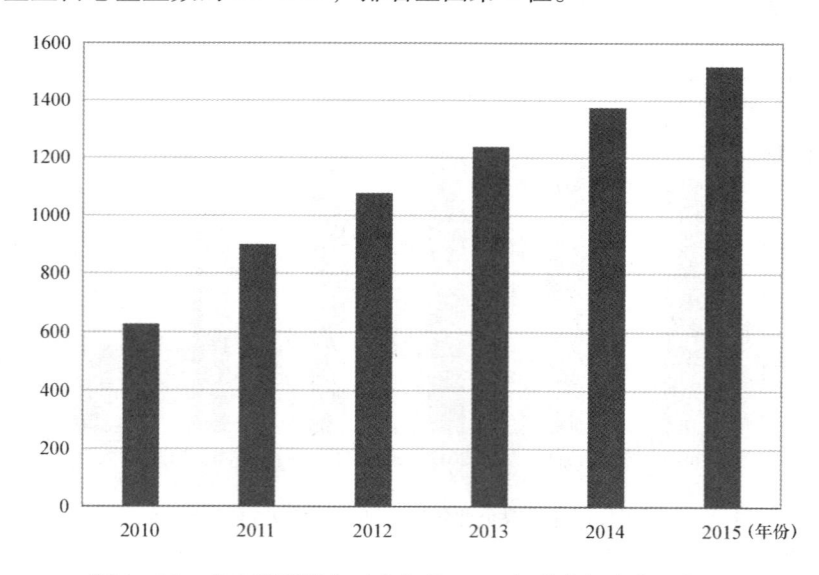

图1—31　广东规模以上工业企业R&D经费内部支出（亿元）

注：资源来源于《中国区域创新能力评价报告（2012—2017）》，该指标数据目前更新至2015年。

2015年，广东省规模以上工业企业发明专利申请数量达到了51672件，排名全国第1，规模以上工业企业有效发明专利数为177047件，远高于排名第2的江苏省，有效发明专利增长率为39.43%。

在技术改造经费支出上，广东省规模以上工业企业支出为1720248.9万元，排名全国第5，平均每个规模以上工业企业技术改造经费支出为40.85万元，排名全国第30。在新产品销售收入上，2015年，广东省规模以上工业企业新产品销售收入为22642.5亿元，排名全国第2，相比于上一年增长了12.12%，占销售收入的比重为19%。

第四节　广东创新环境分析

2017年，广东省创新环境综合指标排名全国第1，相较于2016年上升了两位。相比于2012年，广东省在市场环境、劳动者素质以及金融环境等方面改善很大。下面主要从科技企业孵化、居民受教育水平以及金融环境三个角度分析广东省的创新环境。

在科技企业孵化上，广东省处于全国前列，且发展形势好。2015年，广东省共有科技企业孵化器326个，排名全国第2，相比于2014年增长了90.64%，平均每个科技企业孵化器创业导师人数为8.97人。科技服务业从业人员为34.73万人，相比于上一期增长了8.78%，总人数排名全国第2，占第三产业从业人员的4.42%。

高技术企业数量能反映一个地区的经济发展的创新能力、竞争能力和发展潜力，也侧面反映了地区的市场环境是否有利于企业创新。在高技术企业数量上，2015年广东省拥有6194家，排名全国第1，高技术企业占规模以上工业企业数量的14.71%（见图1—32）。广东省企业孵化器2015年毕业企业3738家，平均每个科技企业孵化器毕业11.47家。

在居民受教育水平上，2015年，广东省6岁及以上人口中，大专以上学历所占比重为11.99%，与上一期相比上升了2.61个百分点。在教育经费支出上，广东省2015年高达2022亿元，排名全国第1，占GDP的比重为2.78%，教育经费支出增长率为3.65%。

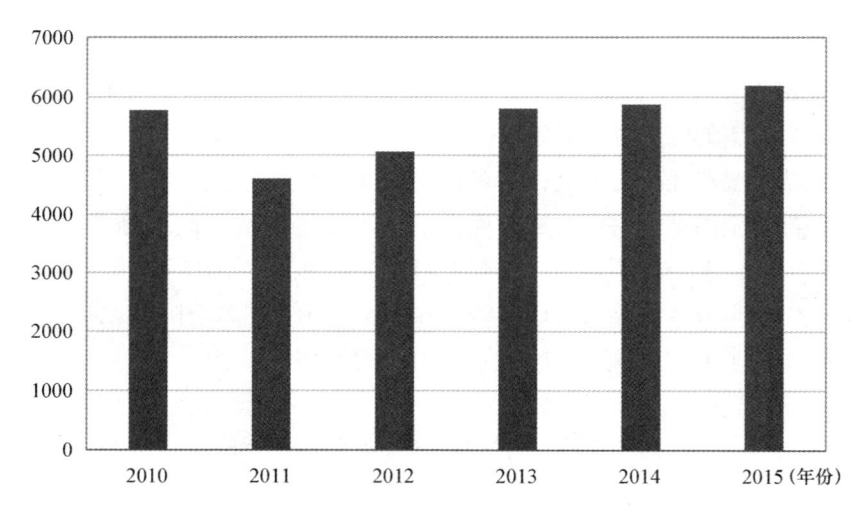

图 1—32　广东高技术企业数量（家）

注：资源来源于《中国区域创新能力评价报告（2012—2017）》，该指标数据目前更新至 2015 年。

广东省的创新金融环境持续改善，2017 年排名全国第 3，排名上升一名。广东省规模以上工业企业研发经费内部支出额中获得金融机构贷款额为 114400.8 万元，排在全国第 3，规模以上工业企业研发经费内部支出额中平均获得金融机构贷款 2.72 万元。广东省科技企业孵化器当年获风险投资额 349343 万元，总量排名全国第 4，低于北京、上海和江苏。科技企业孵化器当年风险投资强度为 542.46 万元/项。科技企业孵化器基金总额为 618490.8 万元，排名全国第 2。

第五节　广东省创业绩效评价分析

广东省创新绩效排名长期居于榜首，这主要得益于广东省在宏观经济、产业结构、产业国际竞争力以及就业情况的优异表现。

高技术产业主营业务收入规模反映了一个地区经济发展的质量和效益。2015 年，广东省高技术产业主营业务收入达到了 33308.07 亿元，占 GDP 比重的 45.74%，全国排名第 1（见图 1—33）。在高技术产品出口额上，广东省出口额达到了 232572.5 百万美元，占地区出口总额比重的 31.85%。广东省高技术产业就业人数为 3890108 人，总数为全国第 1，占总就业人口的 20.08%。

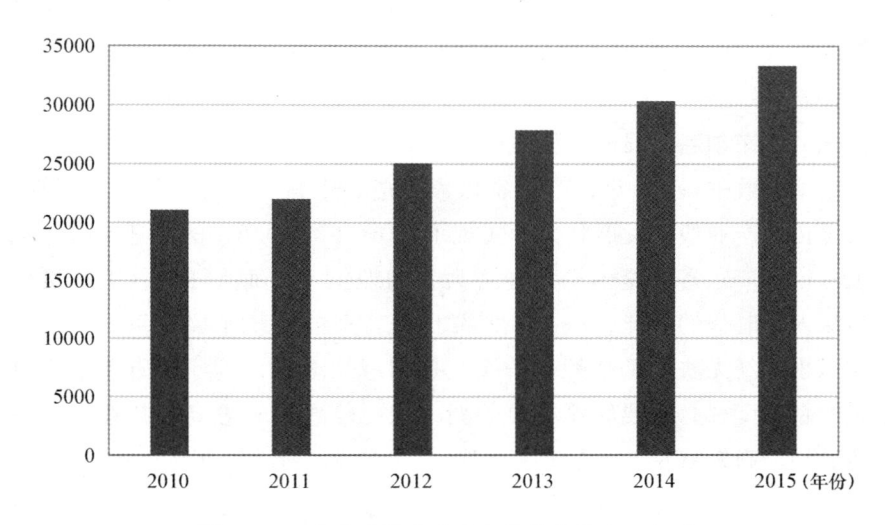

图 1—33　广东高技术产业主营业务收入（亿元）

注：资源来源于《中国区域创新能力评价报告（2012—2017）》，该指标数据目前更新至 2015 年。

广东省可持续发展与环保综合指标排名全国第 25 位，排名相比于上一期上升两位。在地区生产总值能耗上，2015 年广东省为 0.45 吨标准煤/万元，仅次于北京、江苏，相比于 2014 年下降了 6.06%。但在工业污水排放上，广东省则亟须改善。2015 年，广东省工业污水排放量达到了 911522.63 万吨，是全国排放量最大的省份，是江苏省的 1.47 倍，工业污水排放总量增长了 2.83%，每万元 GDP 工业污水排放量为 12.52 吨/万元，排名全国第 27 位。

第六节　广东创新实践的领跑地位

广东省作为我国经济发展的领头羊，在科技创新的探索道路上也力图走在全国前列，广东省政府发展研究中心认真贯彻中央《关于加强中国特色新型智库建设的意见》和广东省委《关于加强广东新型智库建设的意见》，开展了一系列探索和实践，成绩斐然。因此，我们接下来选取了广东省创新实践的四个典型案例进行深入分析，即分别从互联网、制造业、农业等领域着手，对当下广东省的创新能力、创新模式、成功经验等方面进行深入剖析，进一步彰显广东在创新领域的领跑地位。

一 广东创新实践的典型案例

改革开放的前30年，广东省依靠家电、家具、五金、纺织、陶瓷、建材等传统产业快速发展壮大，实现了GDP年均13.6%的高速增长，同时也奠定了广东省在全国第一经济大省的地位。然而，随着发展程度的逐步深入和时代的变化，一味地依靠传统行业的传统手段来发展经济的方式似乎已经无法再助推经济腾飞，我们清楚地意识到广东省要想再创发展的新高度，必须要转型、要创新，依托信息技术等高科技在各个领域内启动创新发展模式，驱动经济进一步向前。本节，我们将简述四个不同行业代表性企业的创新与转型，以之作为广东省创新转型的成功案例，为我国不同地区的创新发展提供经验借鉴（见表1—26）。

表1—26　　　　　　　　广东创新实践典型案例

创新模式	行业类型	案例
跨国合作创新模式	互联网	资本+知识：深圳腾讯与南非纳斯帕斯
政产学研结合创新模式	制造业	从制造到智造：广工大数字装备研究院
电商农业创新模式	农业	"互联网+"思维：梅州市客天下农电商产业园
数字化智能创新模式	通信技术	瞄准数字化的未来：深圳华为技术有限公司

二 跨国合作创新模式：深圳腾讯与南非纳斯帕斯

从跨国投资合作来看，深圳腾讯和南非纳斯帕斯的跨国合作是全球最成功的案例之一。如今的腾讯坐拥4.48亿活跃用户，是全球市值最高的十大互联网公司之一，其市值在2007—2017年间呈井喷式增长。通过计算，腾讯的市值由2007年的100亿美元飙升到2017年的4775亿美元，约是2007年市值的47.8倍，10年内年均环比增长率约为51.23%，其中

2008年、2009年环比增长率高达100%,且2017年环比增长率也高达97.23%(见图1—34)。另外,根据纳斯帕斯2013年年报数据,其在腾讯的持股市值,是其资产总额(99.75亿美元)的4.72倍,是其年度总收入(74亿美元)的6.36倍,更是其年度净利润(7.97亿美元)的59.1倍。纳斯帕斯在腾讯投资项目上如此丰厚的投资回报不但让其保持住非洲最大媒体公司的地位,而且使其跻身全球IT产业投资巨擘之列。纳斯帕斯—腾讯联盟辉煌的成就见证了腾讯的成长、发展和成熟,因而下文进一步从腾讯发展轨迹、联盟合作情况等重要纪事上来反映双方创新合作模式的形成与发展过程。

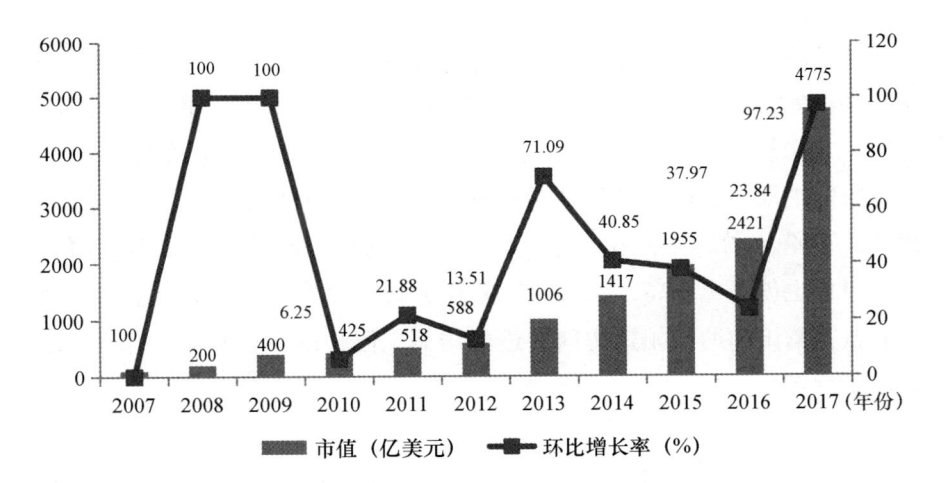

图1—34 2007—2017年腾讯市值变化轨迹

资料来源:新京报(http://www.bjnews.com.cn/finance/2014/03/14/309103.html)和《中国上市公司市值500强报告》,其中,2016年和2017年的市值是根据人民币兑美元(采用年平均汇率)计算而得。

(一)初始期

2001年纳—腾联盟正式开启,实现了双方在互联网市场的优势互补。按照一般的投资管理模式,纳斯帕斯作为第一大股东,理应安排人员进入董事会及掌控公司的经营管理工作,然而纳斯帕斯采取的是"被动投资者"策略,让腾讯业务能够因地制宜地发展。2001—2003年,腾讯得益于纳斯帕斯资金的注入,2002年即时通讯工具(QQ)注册用户数突破

1亿，同时为了规避过于倚重即时通讯业务的风险，次年腾讯推出集广告、游戏、新闻于一体的门户网站。此时，联盟系统正处于初始期，纳斯帕斯（即资本）成为驱动战略联盟盈利的推动力之一，而腾讯能够适时调整发展战略和管理模式（即发挥知识的作用），成为另一股强大的推动力，在这两股推动力的协同作用下，从而敲开腾讯成就辉煌业绩的大门。

（二）成长（发展）期

2004年腾讯公司在香港联交所主板上市，标志着纳—腾联盟的发展进入新里程。2004—2009年间腾讯十分重视高层人才引进及发展、管理制度革新、经营业务完善等方面的工作。例如：3年期间职业经理人刘炽平从首席战略投资官荣升为执行董事；秉承"市场化、专业化"管理理念，积极完善职业经理人制度、产权制度、激励制度等，避免"内部人控制"现象；经营业务扩展到电子商务、网络广告、网络游戏等方面；此外收购纳斯帕斯印度子公司的部分股份，与大股东携手海外投资。正因此，2009年腾讯QQ用户逾4.5亿，高于微软和Skype在中国的用户数，股价也创历史新高，成为纳斯帕斯的最优资产。实践证明，联盟共同利益是腾讯和纳斯帕斯协同共进的结晶，但腾讯在创收中的作用远远超越了后者。

（三）成熟期

2010年以后纳—腾联盟加强国内投资的同时，加快国际投资并购的步伐，正式步入成熟期。在国内，腾讯面临阿里巴巴、奇虎360等同行业的竞争，主要依靠网络游戏、网络广告盈利的同时，也在不断扩充自己的实力。2013年腾讯注资4.48亿美元入股搜狗，实现搜索领域的战略合作；在国际，腾讯投资3亿美元收购了Mail.ru集团（原名DST，美国facebook的主要投资方）10%的股份，并收购了纳斯帕斯泰国子公司49.9%的股份。据一项统计数字，2010年之前的十年内腾讯大约只进行了30次投资并购，而2010年1月至2011年10月却已达40多次。2013年腾讯净利润170亿元，已经成为纳斯帕斯利润的主要来源之一。毫无疑问，腾讯的发展及其与纳斯帕斯的合作渐入佳境，这是后工业经济时代资本和知识内在协同规律发展的必然结果。

三 产学研+政府支持结合创新模式：广工大数字装备研究院

广工大数字装备研究院坚持"开放为源、创新为魂、机制为根、人才为本"的发展理念，按照"创特色、树品牌"的工作思路，紧紧围绕建设珠江西岸先进装备制造产业带创新引擎为发展目标，结合佛山市产业转型升级需求，通过打造"创新链+资本链+产业链"融合的生态链孵化模式，以机器人及自动化、精密装备、3D打印和智能制造技术为核心，加强与广工大等国内外高端人才队伍、重大科研成果对接，促进创业团队与行业龙头企业结成战略合作伙伴，构建有效促进技术转移和成果转化的全流程服务平台，促进科技产业化，实现高科技成果的高效转化。

（一）激活创新链：企业支持+科研团队+学生基地，打造众创空间

广工大数控研究院建立"以市场吸引人才，以团队集聚人才、以服务提升人才、以机制留住人才"的引才机制，旨在吸引、集聚全球的优秀科技人才到研究院参与创新创业的研究工作，目前已经成功引进国外科学家120余人，国内的科学研究人员更是不胜枚举，在以陈新教授、刘云辉教授、管贻生教授为代表的高水平、高质量的科研人员的共同努力下，已相继组建26个创业团队，在专利申请、产品创新等方面成绩卓著。此外，研究院与广东工业大学建立了"3+1""2+2"等联合培养模式，大三、大四的学生可以到研究院参与创新研究实践，毕业后也可根据实际情况考虑留用。同时，研究院还对参与科研的博士、博士后等给予十分丰厚的科研奖励，以此激发其研究动力，营造更好的创新创业氛围，吸引更多的科技人才。

（二）强化资本链：对接金融机构，利用资本市场，打造创业企业孵化器

不同于传统研究院对扶助企业采取的"房东"管理模式，研究院通过持有创业企业股份的形式，引导和帮助创业企业对接金融市场，一方面解决了企业的资金问题，克服了融资困难等瓶颈；另一方面也为研究院带来了一定的利益收入。在企业创业的初期，研究院投资4000万元成立创业投资基金，帮助企业顺利过渡，加快企业的发展速度。当企业运营基本稳定，并进入成长阶段后，研究院帮助加强创业企业与金融机构

之间的联系,通过沙龙互动、项目路演、科技成果,进一步形成"贷—股—债"多渠道的融资模式。① 当企业经过高速发展,各项业务逐渐成熟稳定,企业运营进入成熟期时,研究院会进一步培养企业上市,推动企业进入更加广阔的资本市场。

(三)拓宽产业链:"点线面体"四位一体技术服务模式,推进传统行业智能化改造

研究院针对传统企业的技术特点,对每个企业提供有针对性的"点对点"的技术指导和合作,同时,根据企业的成长路线,延长与企业的服务过程,覆盖了企业的初创期、成长期、成熟期,并全方位为企业提供技术改进和管理方案的设计,帮助企业实现装备的智能化、生产的自动化、管理的数字化等目标。此外,研究院的产学研结合模式也为企业建立起更加优质的人才输送渠道,构建起更高水平的发展平台。持续推动企业的发展,加快推动"佛山制造"向"佛山智造"的转变。

四 电商农业创新模式:梅州市客天下农电商产业园

广东省梅州市客天下农电商产业园有限公司主要从事互联网上提供农产品销售服务,农产品种植、加工、批发、零售,人才培训,食品销售(含互联网上销售)等,产业园主要包括四大业务板块——农电商、跨境电商、客天下APP以及"双创"产业。产业园利用互联网技术等现代化信息手段,将周围县市的农产品资源进行整合,通过将农业市场和电子商务有机结合,线上线下进行推广销售。自2014年9月产业园开园至今,已经累计接待游客10万余人次,销售额也高达230万元,2014年10月16日至19日,淘宝广东馆拉动入驻企业销售1500万元,完成了9000万的网页展现。

(一)打造农业创新发展格局

客天下农电商产业园致力于打造"体验馆、美丽乡村、产品编码信息库+溯源体系"三位一体的综合服务型产业园,旨在形成标准化模式输出全国。通过"农电商+社区""农电商+旅游""农电商+创业"三大运营模式,拓展全国加盟连锁。产业园主打长寿食品、客天下品牌产

---

① 汪一洋:《广东实施创新驱动发展战略研究》,南方日报出版社2017年版。

品、旅游特产三大类产品，同时叠加合作方当地的商务配套、商业模式、产品资源等展开合作。

（二）提供创业互动平台，释放人才红利

为了能够使产业园的运营更加高效连贯，为了给产业园未来的发展提供人才的保证，从而避免发展瓶颈，客天下农电商产业园建立了"大学生创业基地"，每年从省内高等院校选拔若干出色的创业小组，产业园为创业小组提供创业启动资金的支持，这些创业小组也为产业园打开了更多的网络销售平台，极大地增强了客天下农电商产业园的综合能力和创新能力。①

五 数字化智能创新模式：深圳华为技术有限公司

深圳华为技术有限公司成立于1987年，是一家生产销售通信设备的民营通信科技公司。据新浪财经网报道，截至2018年底，华为有18万多名员工，公司产品已经销往全球170多个国家，其提供的解决方案也服务全球90%的50强运营商和全球1/3的人口。2018年7月19日，美国《财富》杂志发布了最新一期的世界500强名单，华为排名第72位，较2017年的排名上升了9位，营业收入达到893亿美元，同比增长27.2%。华为的成功可归功于两次的革新突破，第一次是其制定的国际化战略目标，第二次就是华为的数字化创新转型策略。

（一）华为的国际化发展战略

华为的国际化发展大致可分为四个时期，1993—1995年的国际化起步时期，1996—1999年的全球化市场布局时期，1999—2001年的全球市场突破时期，以及2002年以后的快速成长期。在国际化目标市场的选择上，华为以其独特的思维，通过"农村包围城市"的策略，跟随着中国外交路线开展跨国经营。在其海外市场的进入上，华为采取建立直销、合资、独资、与竞争对手合作等多种方式，充分开拓海外市场，在全球建立了20多个地区的总部，100多家分支机构，其销售和服务网络更是遍及全球。

---

① 汪一洋：《广东实施创新驱动发展战略研究》，南方日报出版社2017年版。

（二）重视研发投入，全球范围广纳贤才

为了保障有效的国际市场进入策略和良好的国际化公司管理体系，华为技术的研发方面同样大力实施全球化策略。华为长期坚持每年不少于10%的研发投入，研发部门的员工比例高达48%，由此足以看出华为在技术全球化上的投入之大。同时，华为还主动建立面向全球的研发体系，积极与国际上的技术领先企业（如IBM、英特尔、微软等）进行交流合作，在印度班加罗尔成立华为印度研究所，引进先进国际人才。在坚持不懈的努力下，华为的技术已处于领先全球的水平，成为世界的4G领跑者。

（三）数字化发展

随着华为的全球化扩张，人员数量越来越多，业务规模越来越庞大，管理问题也就随之而来。为了更好地解决企业管理、研发、操作流程等方面的问题，从而能够保持持续创新、敏捷运营，华为在全球市场布局基本成熟稳定的基础上，将发展的目光转向了数字化，这是华为成功路上的第二个关键转型。自2011年起，华为开始涉足云计算等数字化应用的研究，在全球建设了20个云计算数据中心，次年，华为进一步拓宽其数字化应用的范围，并和全球33个国家的客户开展云计算合作，建设了7万人规模的全球最大的桌面云。随后，华为逐步将其业务扩展至大数据服务、运用数字化技术为企业提供解决方案等领域，截至目前，华为的数字化服务已经涉及制造业、交通、金融、能源等诸多行业，已有成功案例近百个。

六 广东创新实践的经验总结

习近平总书记2019年初指出：高质量的发展要靠创新，我们国家再往前发展也需要靠自主创新。提高创新能力、提高技术水平是推动社会经济再上一层楼的首要驱动力。通过对以上广东省四个创新案例的分析，可以看出，广东省的创新实践已经发展到比较深入的阶段，在全国范围内处于领先位置，从创新实践的案例中我们既要总结创新发展的成功经验，又要发现今后需要改进的地方。

（一）互联网行业的经验借鉴

随着互联网科技的普及程度越来越深，互联网行业的竞争也愈演愈

烈。信息技术时代的特点是信息量极大且更新速度快，因此，互联网企业要想做到与时俱进，就势必要有合理高效的营运体系和足够的资金支持，有先进的人才资源则是提供高效运营体系的基础。腾讯便很好地把握住了这两点关键要素，"资本+知识"协同动力机制反映这两大关键要素协同与博弈的关系，越是接近知识经济时代两者的协同关系越突出。从投资管理的创新模式上看，"资本+知识"协同的投资管理理念运用到业界的投资与合作中，将会产生理想的协同效应。纳斯帕斯与腾讯协同主导的战略投资项目所取得的辉煌成就，反映出以上研究成果在投资管理实践中理解与运用的有效见证。另外，纳—腾联盟"重视战略合作，携手海内外业务"实现共同目标的做法，既为解决风险投资机构与企业之间矛盾提供了可供学习与借鉴的方法，也证实了"资本—知识协同模式"对于当前经济时代的投资管理领域具有很好的适用性。

（二）制造业企业的创新模式转型方向

创新型科研院是科技创新和创新创业中最具活力、最有动力和吸引力的载体，是创新驱动发展战略的重要支撑。广东制造业企业众多，且以中小制造企业为主，这些企业的发展更需要技术和政策的大力支持。广工大数字装备研究院为这些企业提供了更为优质的生存环境和更加先进的技术指导，同时，研究院完成了从企业创立至成熟整个过程中全面的扶助，保证了企业的顺利成长而非昙花一现。此外，对于这一类中小企业，政府应及时出台相关的优惠政策，政府应为制造业中小企业的发展保驾护航，减少外界经济环境对于企业的冲击和负面影响。

对于制造业这类的传统行业而言，需要走出传统的经营模式，以创新的模式驱动今后的发展，注重资金、产业结构和技术创新、模式创新的结合，将创新意识融入到企业的生产经营和管理活动中。此外，在当今这个大数据时代，制造业也应充分利用数字化的工具，将大数据应用于商业生产中，提高生产质量和数量，拓宽销售的渠道。

（三）电商农业的发展和挑战

在"互联网+"的大环境下，"互联网+农业"这一新兴理念也快速地传播开来。这种模式打破了时空的限制，使更多的信息自由交流、快速传递，利用互联网对传统农业生产经营模式加以转型，运用电商平台，在提高农业精准作业的同时，解决远程销售等问题，有利于强化区域特色农产品优势，潜藏着巨大的盈利机会。虽然从规模上来看，广东省不是传统意义上的农业大省，广东省内的人均耕地面积仅为全国人均的1/4，农业占GDP的比重也仅为全国水平的一半，受到客观地理条件、自然环境条件的限制，广东省农业的规模化、组织化、现代化的程度都处于中低水平；但是，广东农业也有着其自身的特殊优势，农产品种类丰富、覆盖面广、农产品市场化程度高、在全国市场上具有较强的竞争力，因此，随着互联网的深入普及，电商农业为广东农业带来了难得的发展和转型的机会。

但是，随着发展的深入，这种电商模式也逐渐显露出许多问题。第一，农业电商缺乏专门人才，营运效率有待提高。第二，物流成本较高，农产品的配送体系暂不完善。这也是当前其他全国的农电商普遍存在的难点。第三，企业农户文化水平有限，限制整体发展速度。由于从事生产的农户普遍文化水平不高，且传统的生产模式思维已经根深蒂固，制约了整体的发展水平。

因此，要想更进一步发展农电商新模式，需要政府的大力扶持，给予更多的资金、政策、资源、信贷、物流等各个方面的支持和优惠。同时，应加强对农村地区的信息化建设，为农电商产业的发展创造一个良好的环境，减少推行阻力。

（四）数字化发展道路

数字化的发展意义重大，数字化已经在全球范围内掀起改革创新的浪潮，推动各行各业与数字化技术相结合。数字化技术立足于信息技术时代，其影响范围要更加深远。

数字化的转型可以拓展企业的经营范围，开拓新的业务。以华为为例，华为从一家通信技术公司逐渐发展壮大，在涉足数字技术研发大数据平台后，华为又利用大数据云平台进军咨询、方案设计等领域，为企业带来更多的发展空间，形成更加丰富的经营模式，截至2017年，华为已经联合500多家合作伙伴为全球130多个国家和地区的客户提供云计算解决方案，共部署了超过200万台虚拟机和420个云数据中心，同时华为的智慧城市解决方案已应用于全球40多个国家的100多个城市。

不仅如此，随着企业规模的扩大，对公司内部发展和治理而言，数字化的应用同样重要。内部通过数字化形成系统网络，一方面能够显著提高公司的内部管理效率,使公司的日常运行更加清晰;另一方面能够降低公司治理的人力、物力成本,通过大数据平台系统可以随时了解覆盖全球的情况,了解全球范围内分公司、子公司等的经营状况,方便全球化战略部署。这在世界范围内的案例也是屡见不鲜,通过大数据分析、互联网、物联网等数字化方法,英国、美国等发达国家更好地建设了"数字政府",提高了政府的服务效率,并降低了服务成本。因此,数字化的转型对广东省的创新发展具有很大的意义,做好数字化转型将会大力推动广东省的创新发展战略。

第 二 篇

创新地理——城市创新指数及其动态

李新春　马　骏

第 一 章

引 言

自 1978 年改革开放以来，中国经济实现了 40 年的高速增长，造就了举世瞩目的"中国奇迹"。但不可否认的是，这一奇迹主要是依靠土地、资源、劳动力等生产要素的投入以及持续的高投资（以低消费为条件）推动来实现的。这一发展模式在一定时期内（低收入条件下）确实能够充分调动各生产要素的积极性，但随着劳动力成本的急剧上升、资本投入产出比的下降、环境污染的恶化以及国际化竞争的日趋激烈，中国经济增长模式急需进行调整和升级。在这一背景下，党的十九大报告将"加快建设创新型国家"纳入"建设现代化经济体系"的组成部分，并强调"创新是建设现代化经济体系的战略支撑……未来要长期坚持以科技创新支撑现代化经济体系。亦即，创新作为引领发展的第一动力，需要摆在国家发展全局的核心位置，加快形成以创新为主要引领和支撑的经济体系和发展模式，从"创新驱动"逐渐转向"创新引领"。2018 年 11 月，习近平总书记在视察广东时，也特别强调，"面对经济发展新常态，传统要素支撑的发展优势已不再，需要发挥好改革的先导性作用，通过改革激发创新动能和经济效能"。[①] 而广东省作为改革开放的前沿阵地以及排头兵，自然也需要担负起创新驱动和创新引领的领头羊角色。

经典的经济学理论和经验事实都表明，技术创新是一个国家和地区取得长期竞争优势和可持续经济增长的关键因素.[②] 但如何客观而全面地

---

① 资料来源：2018 年 10 月 31 日，中国新闻网（http://www.chinanews.com/gn/2018/10-31/8664415.shtml）。

② Porter, M. E., *Competitive Strategy: Techniques for Analyzing Industries and Competitors*, New York: Free Press, 1980; Schumpeter J. A., *The Theory of Economic Development*, Cambridge, MA, Harvard University, 1934.

衡量创新活动水平，则并不是一件容易的事，目前的研究主要通过三个指标来衡量创新水平：创新投入（如 R&D 经费投入、R&D 人员投入）、创新产出（如新产品开发、专利等）和创新效率（如全要素生产率）。但受到数据可获得性、真实性、客观性的限制，这三个指标只代表了创新水平的某一个方面，而且焦点也主要集中在了企业本身。但当我们考察地区层面的创新水平时，当地政府政策的力量也是不容忽视的，尤其是对于转型期的中国，除了市场机制在发挥作用外，政府这只"看得见的手"也是重要的推动因素。由此，在现有研究的基础上，本书结合广东省 21 个地级市（时间区间是 2005—2016 年）宏观层面和微观层面的数据，选择企业、行业和政府三个层次的创新驱动因素，运用 TOPSIS 熵权法，通过 12 个三级指标构建 3 个二级创新指标（创新驱动指数、创新贡献指数和可持续创新发展指数），最终形成一个总的城市创新指数及排名。我们希望通过创新指数的构建，来反映和勾勒广东省创新水平在时间上的动态变化趋势以及空间上的地区差异。

　　本篇的主体内容分为四个部分。第一部分，主要介绍各个城市创新指数的构建过程，这里包括各级创新驱动指标的选取、测量、数据来源，以及具体的指标计算方法和过程。第二部分，主要介绍近年来广东省整体创新情况和存在的一些问题。第三部分，首先报告广东省 21 个城市 2005—2016 年总体的创新水平和排名情况，然后按照地区维度进行进一步的对比分析。第四部分，论述本篇的主要结论，并根据指数分析的结果给出一些政策建议。

第二章

广东省整体创新现状与问题

十三届全国人大一次会议上，习近平总书记对广东明确提出"四个前列"要求，其中推动经济高质量发展体制机制与建设现代化经济体系创新，需要广东比以往更坚持创新与发展，把创新摆在发展全局的核心位置，通过开拓创新走出现代化建设新路。作为我国华南地区最主要的区域科技创新发展中心，广东省正在向创新型经济强省的角色快速转型，处于增长动力转换、产业结构调整和发展方式转变的关键时期。而就现实情况而言，自2005年以来，广东省科技综合实力和区域创新能力逐步跻身全国前列，创新水平建设步伐明显加快，创新投入和产出能力引领全国，取得了瞩目的成绩。由中国科学院大学中国创新创业研究中心教授柳卸林课题组最新公布的《中国区域创新能力评价报告2018》显示，继2017年夺得全国综合创新能力第1名以后，2018年广东省的综合创新能力蝉联全国榜首。《中国区域创新能力评价报告2018》分五个方面对各地区创新能力进行了评估，包括知识创造、知识获取、企业创新、创新环境和创新绩效。其中，广东省在企业创新能力、创新环境和创新绩效方面均排名全国首位，在知识创造、知识获取方面分别排名全国第4位、第3位。进一步，从基础指标排名来看，近年来广东省在研发投入、技术转移以及创新载体培育方面投入巨大，诸多指标呈现出指数级增长态势。其中，"企业研发经费内部支出额""企业有效发明专利数""企业研发经费外部支出额""新产品销售收入""第三产业增加值""高技术产业主营业务收入"以及"高技术产品出口额"等多项指标排名均列全国第1位。同样地，《2017珠三角企业创新报告》也指出，广东创新正由量变走向质变，一是2017年广东省研发投入（R&D/GDP）提高至

2.65%，已经跨过创新型地区的关键门槛；二是 2017 年全省国家高新技术企业总量达到 3.3 万家，总量位居全国第一；三是 2017 年广东有效发明专利突破 20 万件，达到 20.85 万件。

因此，无论从创新投入还是创新产出来看，广东省都开始走在全国前列，尤其是近 5 年来的发展，更是呈现出高速增长的趋势。事实上，仅仅在 3 年前（2015 年），广东省整体的创新水平和创新效率并不乐观。首先，当年广东省的企业办研发机构 3400 多个，总量仅相当于江苏的 1/5，浙江的 1/2。广东工业企业的研发机构设置率仅为 6.9%，远低于江苏（30.2%）和浙江（19.1%），甚至低于全国的平均水平（11.3%）。其次，原始创新能力相对薄弱。高层次人才缺乏，全国 1570 名两院院士中广东仅有 36 人（不包括双聘），不到清华大学一所高校数量的一半。而且，全省高校的专利实施率仅为 36%，远低于企业平均水平（88.3%），其中已实施的专利中，许可和转让实施的比例仅为 24.3%。再次，企业应该是技术创新的主要力量，但广东省内设立研发机构的企业比例相当低。最后，广东省整体创新成果转化率低于 30%。① 而仅仅过了不到三年，广东省就已经在创新投入和创新产出方面走在了全国前列，尤其是在顶级高校和人才落后于其他地区的情况下，这一现象也引起了全国乃至全世界学界和业界专家的关注。但一个不能忽视的现实是，虽然广东省整体创新能力突出，但由于经济发展以及历史因素等原因，广东省内部面临着创新要素分配不均，地区创新能力差异过大等区域创新发展不平衡问题。其中，珠三角地区是我国改革开放的先行区和重要的经济中心，也是外向度最高的经济区域和对外开放的重要窗口，更是我国创新资源最密集、产业发展最先进、创业孵化最活跃的发展高地。尤其是深圳，虽然其创新基础并非全国最优，但其凭借近年来在金融业、高新技术产业、现代物流业、文化创意产业四大支柱产业的发展，以及政府一系列政策支持下，创新增长速度远超其他一线城市，迅速成为全国创新水平高地，同时对周边城市还具有显著的辐射和溢出效应。而相对地，粤西、粤东、粤北地区在基础设施建设、人才吸引、政策支持、

---

① 资料来源：2015 年 8 月 20 日，新浪网（http://news.sina.com.cn/o/2015-08-20/doc-ifxhcvrn0022296.shtml）。

高新技术产业发展、国际化水平等方面都与珠三角地区有着不小的差距，由此导致这些地区的创新水平远远落后于珠三角地区，最终形成省内区域创新的极度不平衡。

因此，虽然近年来广东创新能力处于全国前列，但仍然存在整体创新成果转化率不高、区域创新发展水平不平衡等问题。那么，近年来，广东省整体的创新水平究竟如何？有哪些因素推动了广东省创新水平的提高？这些因素的重要程度如何？不同城市之间的创新驱动因素是否也有不同？本篇将围绕这些问题而展开。

第三章

地区创新指数的构建

一 数据选择来源及说明

本书选择广东省21个地级市作为分析单元。从时间分布上来看，我们选择2005—2016年作为分析时间单元。选择这一时间区间主要基于两点考虑：一是有部分指标的统计口径在2005年前后发生了改变；二是选择2008年前后几年的统计数据，我们也能在一定程度上观察到2008年国际金融危机给广东省创新活动带来的影响及其变化趋势。本书的数据主要来自于广东统计年鉴（2006—2017年）、广东各个城市统计年鉴（2006—2017年）、广东省产业发展数据库[①]以及万德（Wind）数据库。

二 指标测量简介

基于数据的可得性、代表性和覆盖性，我们选取了企业、行业和政府三个层次，共计12个三级指标，并由这12个三级指标合成3个二级指标，最终合成1个创新总指数。具体而言，3个二级指标分别为创新驱动指数、创新贡献指数、可持续创新发展指数。具体如表2—1所示。

（一）创新驱动指数

创新驱动指数由两个三级指标构成，分别是市场化创新驱动因子和

[①] 广东省产业发展数据库：该项目由暨南大学产业经济研究院和中经网数据有限公司合作开发。其中，暨南大学产业经济研究院为主建设单位，中经网数据有限公司负责技术制作。数据库网址：https://gdidd.jnu.edu.cn/page/default.aspx。

政策创新驱动因子。其中，市场化创新驱动因子主要是由企业来推动的技术创新，具体使用目标城市中（规模以上）工业企业 R&D 经费内部支出与 R&D 人员的比值来衡量；政策创新驱动因子主要是由地方政府来推动的技术创新，具体包括两个分指标：（1）财政对科技创新的投入，使

表 2—1　　　　城市创新指数变量测量与数据说明

	变量名称	指标	指标测量	数据来源
创新驱动指数	市场化创新驱动	企业研发投入	（规模以上）工业企业 R&D 经费内部支出/ R&D 人员	广东统计年鉴；广东各城市统计年鉴
	政策创新驱动	科技财政支出	政府部门（财政中科学事业的支出费用）/财政总支出	广东统计年鉴；广东各城市统计年鉴
		金融行业指数	金融机构个数	广东统计年鉴
			金融业行业增加值	广东省产业发展数据库
创新贡献指数	专利申请	专利申请量总数	专利申请量总数	中国研究数据服务平台①；广东统计年鉴；广东各城市统计年鉴
	专利授权	专利授予量总数	专利授予量总数	
	专利价值	专利价值	专利价值	《中国城市和产业创新力报告 2017》②
	新产品产值	规模以上工业企业新产品产值占比	规模以上工业企业新产品产值/规模以上工业企业总产值	广东省产业发展数据库；广东统计年鉴；广东各城市统计年鉴
	创业活跃度	新创企业数量与速度	近三年区域内新创私营企业数/区域内私营企业数	广东统计年鉴；广东各城市统计年鉴

---

① 本书各个城市的专利申请和专利授予数量来源于"中国研究数据服务平台"（Chinese Research Data Services Platform）数据库中的"中国创新专利研究数据库"。数据库网址：https://www.cnrds.com/Home/Index#/。同时，本项目还利用广东省各个城市统计年鉴与该数据库的专利申请和专利授予数据进行匹配、对照和验证。

② 该报告是由复旦大学产业发展研究中心、第一财经研究院和复旦大学中国经济研究中心（智库）共同完成，本书采用其中的城市专利价值作为"创新贡献指数"的一个三级指标因子。

续表

变量名称	指标	指标测量	数据来源
可持续创新发展指数	高科技产业产值	高科技产业规模以上工业总产值/规模以上工业企业总产值	广东省产业发展数据库；广东统计年鉴；广东各城市统计年鉴
	上市公司企业数量	上市公司企业数量	国泰安数据库
	上市公司价值 上市公司产值	上市公司收入/地区企业总产值	广东统计年鉴；广东各城市统计年鉴；国泰安数据库
	国际化水平 国际化占比	出口/地区国内生产总值	广东省产业发展数据库；广东统计年鉴；广东各城市统计年鉴

用财政支出中科学事业的支出费用与政府财政总支出的比值来衡量；(2) 金融行业指数，我们从数量与成长两个方面来计算金融行业指数，前者指城市中金融机构总数，后者则是城市金融业行业增加值。假定金融机构个数与金融行业增加值的发展函数具有严格的拟凹性以及规模报酬不变性，此时发展函数遵循柯布－道格拉斯形式，最终合成一个金融行业指数因子：$T = \lambda f(x)^{\alpha} g(y)^{1-\alpha}$。在本书中，我们根据专家的意见，具体参数设置如下：$\lambda = 1$，$\alpha = 0.4$。其中 $f(x)$ 为标准化后该地区金融行业机构总数，$g(y)$ 为标准化后该地区金融行业增加值。

(二) 创新贡献指数

创新贡献指数由五个三级指标构成，分别是专利申请、专利授权、专利价值、新产品产值和创业活跃度。其中，专利申请和专利授权是各个城市在各年度专利申请和授权数量的总数；专利价值参考了由复旦大学产业发展研究中心、第一财经研究院和复旦大学中国经济研究中心（智库）共同完成并发布的《中国城市和产业创新力报告 2017》中各个城市在目标年份的专利价值指数。这一价值与专利申请和专利授权有着明显的差异，其是指专利对持有者的私人价值，定义为专利在其生命期内产生的收入现值，而非传统意义上的创新投入或创新产出。具体而言，借鉴 Pakes and Schankerman① 的专利更新模型，使用 1987—1997 年申请的所有已经到期的发明专利进行价值估计，然后根据估计所得的参数模拟出专利价值的分布进一步计算出不同年龄专利的平均价值，以此作为相应专利的价值加权系数［由于截至 2016 年底，能够看到 1987—1997 年申请的所有发明专利在生命周期内所有法律状态更新，而之后申请专利还在动态更新中，因此这部分专利的更新数据是删失的（censored），为保证估计结果的稳健性，《中国城市和产业创新力报告 2017》只使用 1987—1997 年申请的发明专利进行估计。而 1985 年和 1986 年申请的发明专利只有最长 15 年的保护期限，故也不使用这两年的数据］。在此基础上，最后将每个专利的价值加总到城市层面，得到各个城市的专利价值指数；新产品产值衡量了地区规模以上工业企业新产品的开发情况，使用规模以上工业企业新产品产值与规模以上工业企业总产值的比值衡量；创业活跃度，其是衡量一个国家（地区）创业积极程度的核心指标②，全球创业调查报告（GEM）每年都会针对全球不同国家创业活跃度差异展开专门的调查研究。已有研究中对于创业活跃度的测量主要有两种方法：劳动力市场法和生态学研究法。这两种测算方法的基本逻辑都是通过观测时间段新创企业诞生数来衡量区域创业活跃度，通过将观测时间段内新创企业数标准化来消除区域规模的影响③。两种测量方法的差异在于，生态学方法采用区域内已有企业数作为标准化基数，而劳动力市场法则通过区域被 15—64 岁劳动力人口作为标准化基数。我们仔细搜寻了各大统计年鉴，发现无法获得各个城市在每一年度"15—64 岁劳动力人口"这一测量指标，而现有的人口普查数据也

---

① Pakes A., Schankerman M., *The Rate of Obsolescence of Patents, Research Gestation Lags, and the Private Rate of Return to Research Resources//R&D*, Patents, and Productivity. University of Chicago Press, 1984, pp. 73 – 88.

② Cullen J. B., Johnson J. L., Parboteeah K. P., "National Rates of Opportunity Entrepreneurship Activity: Insights from Institutional Anomie Theory". *Entrepreneurship Theory and Practice*, Vol. 38, No. 4, 2014, pp. 775 – 806; Pryor C., Webb J. W., Ireland R. D., et al., "Toward an Integration of the Behavioral and Cognitive Influences on the Entrepreneurship Process", *Strategic Entrepreneurship Journal*, Vol. 10, No. 1, 2016, pp. 21 – 42.

③ Day J., Reynolds P., Lancaster G., "Entrepreneurship and the Small to Medium-sizedenterprise: A Divergent/convergent Paradox in Thinking Patterns Between Advisers and SME Owner-managers", *Management Decision*, Vol. 44, No. 5, 2006, pp. 581 – 597.

只是每五年一次。故我们使用生态学方法来测量各个城市对应年份的创业活跃度，使用近三年城市中新创私营企业数与私营企业数总数的比值来衡量。

（三） 可持续创新发展指数

可持续创新发展指数由3个三级指标构成，分别是高科技产业产值、上市公司价值和国际化水平。其中，高科技产业[①]产值是目标城市在某一年度高科技产业生产总值，使用规模以上工业企业总产值（高科技行业产值的加总）与规模以上工业企业总产值的比重衡量；上市公司价值，上市公司的发展情况代表了一个地区经济的可持续发展水平，其具体包括两个分指标：(1) 上市公司数量，采用目标城市在某一年度上市公司总数衡量；(2) 上市公司价值，采用目标城市在某一年度上市公司总收入与地区企业总产值的比值衡量；国际化水平，采用目标城市在某一年度的出口总额与地区国内生产总值的比值衡量。

三 指数构建方法介绍

（一） 创新指数构建方法和过程

在构建综合指数时，常用的方法有主成分因子分析法、层次分析法、德尔菲法、灰色关联分析法、聚类分析法等。其中，因子分析法在提取主成分时，会造成关键信息的损失，且损失的信息与指标数量往往正相关；层次分析法和德尔菲法属于一种主观的赋权法，其权重主要由人为设定，客观性较弱；灰色关联度分析法和聚类分析法则主要用于层次分析法或因子分析法的后期分类，因而在确定指标权重时也存在一定的不足。结合现有研究方法的不足以及相关的研究成果，我们采用熵权法TOPSIS模型[②]构

---

① 高科技产业分类标准来自中国国家统计局发布的"高技术产业（服务业）分类（2018）"和"国家高技术产业（制造业）分类（2017）"。

② Gupta H.，Barua M. K.，"Supplier Selection Among SMEs on the Basis of Their Green Innovation Ability Using BWM and Fuzzy TOPSIS"，*Journal of Cleaner Production*，Vol. 152，2017，pp. 152: 242 – 258；Kahraman C.，Büyüközkan G.，Ateş N. Y.，"A Two Phase Multi-attribute Decision-making Approach for New Product Introduction"，*Information Sciences*，Vol. 177，No. 7，2007，pp. 177 (7): 1567 – 1582；Jahanshahloo G. R.，Lotfi F. H.，Izadikhah M.，"Extension of the TOPSIS Method for Decision-making Problems with Fuzzy Data"，*Applied Mathematics and Computation*，Vol. 181，No. 2，2006，pp. 1544 – 1551；Kim A. R.，"A Study on Competitiveness Analysis of Ports in Korea and China by Entropy Weight Topsis"，*The Asian Journal of Shipping and Logistics*，Vol. 32，No. 4，2016，pp. 187 – 194.

建创新指数。熵权法 TOPSIS 模型是对传统 TOPSIS 评价法的改进,通过熵权法确定评价指标的权重,再通过 TOPSIS 法利用逼近理想解的技术确定评价对象的排序。熵权法是度量信息量的尺度,也可以确定已知数据的有价值信息量。根据各评价指标提供的信息客观确定其权重,作为权数的熵权,它不仅能客观体现某项指标在指标体系中的重要程度,而且能突出地反映指标权重随时间的变化状况,因而非常适合地区或行业经济发展研究;而 TOPSIS 法的核心思想是定义决策问题的最优解和最劣解的距离,最后计算各个方案与理想解的相对贴近度,进行方案的优劣排序。使用 TOPSIS 法权重的确定是重要环节,而采用信息熵法可有效地消除主观因素的影响,这一方法可以充分地利用各指标体系中的各项指标,避免了因子分析法在数据处理过程中对指标体系信息的损失。其中,$f(x)$ 是目标值,假设此数据集样本有 m 个,每个样本的评价指标有 n 个。熵权 TOPSIS 法的主要计算步骤如下:

(1) 构建判断矩阵:

$$X = (x_{ij})_{m \times n} \ (i = 1, 2, \cdots, m; j = 1, 2, \cdots, n)$$

(2) 对判断矩阵进行标准化处理(所选指标均为正向指标):

$$U_{ij} = \frac{U_{ij} - \min(U_{ij})}{\max(U_{ij}) - \min(U_{ij})}$$

(3) 计算信息熵:

$$h_j = -k \sum_{i=1}^{n} p_{ij} \ln p_{ij}$$

其中:

$$p_{ij} = u_{ij} / \sum_{i=1}^{n} u_{ij}, k = \frac{1}{\ln m}$$

(4) 计算熵值的信息效应值:

$$\varepsilon_j = 1 - h_j$$

(5) 定义指标 j 的权重:

$$\omega_j = \varepsilon_j / \sum_{j=1}^{m} \varepsilon_j$$

(6) 计算加权矩阵:

$$R = (r_{ij})_{m \times n}, r_{ij} = \omega_j \times U_{ij} \ (i = 1, 2, \cdots, m; j = 1, 2, \cdots, n)$$

(7) 确定最优解 S_j^+ 和最劣解 S_j^-：

$$S_j^+ = \max\,(r_{1j},\ r_{2j},\ r_{3j},\ r_{4j}),\ S_j^- = \min\,(r_{1j},\ r_{2j},\ r_{3j},\ r_{4j})$$

(8) 计算各方案与最优解和最劣解的欧式距离：

$$sep_i^+ = \sqrt{\sum_{j=1}^{n}(s_j^+ - r_{ij})^2},\ sep_i^- = \sqrt{\sum_{j=1}^{n}(s_j^- - r_{ij})^2},$$

(9) 计算综合评价指数：

$$C_i = \frac{sep_i^-}{sep_i^+ + sep_i^-},\ C_i \in [0,\ 1]$$

式中：C_i 值越大，表征评价对象越优。$f(x) = C_i$，用以上方法，分别求出各城市各年度各个三级指标的权重，然后根据此权重依次计算出创新驱动指数、创新贡献指数、可持续创新发展指数，最终拟合成一个创新总指数。

(二) 创新指数各级指标的权重分布

表 2—2 汇报了通过熵权法 TOPSIS 模型得到的 12 个三级因子以及二级创新指数的指标权重。从表 2—2 可以发现，权重最大的是创新贡献指数 (0.3926)，其次是创新驱动指数 (0.3323)，最后是可持续创新发展指数 (0.2750)。进一步，从 12 个三级因子的权重来看 (见表 2—3)，权重最大的是金融行业指数 (0.1212)，紧随其后的分别是企业研发投入 (0.1139)、高科技产业产值 (0.1081)、上市公司数量 (0.1068)、专利授予数 (0.1013)、科技财政支出 (0.0973)、专利申请数 (0.0934)、新产品产值 (0.0789)、专利价值 (0.0771)、国际化 (0.0453)、创业活跃度 (0.0419)、上市公司产值 (0.0149)。以上结果表明：首先，金融行业发展水平和企业研发投入是提升一个城市创新水平的最重要的两项推动因素，其分别是政策创新驱动因素和市场化创新驱动因素。而政府科技财政支出作为另外一个创新驱动指数因子，其重要性也不可忽视。其次，作为可持续创新发展指数因子的高科技产业产值和上市公司数量的权重分别排名第 3 和第 4，而作为创新贡献指数因子的专利情况 (包括专利申请、专利授予、专利价值) 和新产品产值的权重则位于中下游水平。由此，综合来看，创新驱动指数对于城市创新总指数的贡献是最大的，其次是可持续创新发展指数，最后是创新贡献指数。

表2—2　　　　　　　　　创新指数二级指标权重

二级创新指数指标	权重	排名
创新贡献指数	0.3926	1
创新驱动指数	0.3323	2
可持续创新发展指数	0.2750	3

资料来源：笔者计算。

表2—3　　　　　　　　　创新指数各级指标权重

排名	各指标权重		二级指标类别	二级指标
1	金融行业指数	0.1212	政策创新驱动	创新驱动指数
2	企业研发投入	0.1139	市场化创新驱动	创新驱动指数
3	高科技产业产值	0.1081	高科技产业产值	可持续创新发展指数
4	上市公司数量	0.1068	上市公司价值	可持续创新发展指数
5	专利授予数	0.1013	专利授权	创新贡献指数
6	科技财政支出	0.0973	政策创新驱动	创新驱动指数
7	专利申请数	0.0934	专利申请	创新贡献指数
8	新产品产值	0.0789	新产品产值	创新贡献指数
9	专利价值	0.0771	专利价值	创新贡献指数
10	国际化	0.0453	国际化水平	可持续创新发展指数
11	创业活跃度	0.0419	创业活跃度	创新贡献指数
12	上市公司产值	0.0149	上市公司价值	可持续创新发展指数

资料来源：笔者计算。

第四章

地区创新指数分析

第一节 广东省各个城市创新指数及排名分析

一 广东省各个城市创新指数（一级指标）和排名

图2—1展示了2005—2016年广东省各个城市的创新指数均值及其分布区间。从图2—1中可以发现，就创新指数均值而言，深圳市（均值为0.5597）遥遥领先于其他城市，独占第一梯队，其他城市和它的差距较大。而广州市、惠州市、东莞市、珠海市、佛山市和中山市的创新指数位于第二梯队，均值介于0.2和0.3之间。这六个城市均分布于广佛经济圈、深莞惠经济圈和珠中江经济圈这三大经济圈。其中，广州和佛山属于广佛经济圈，创新水平相对较高；东莞和惠州属于深莞惠经济圈，其创新水平更多地得益于深圳高水平创新的溢出效应；珠海和中山属于珠中江经济圈。汕尾、江门、河源、肇庆和揭阳的创新指数均值介于0.1和0.2之间，它们位于第三梯队。位于第四梯队的城市包括汕头、湛江、韶关、茂名、潮州、梅州、云浮、清远和阳江，它们的创新指数均值均小于0.1。具体的排名情况如表2—4所示。从图2—2和表2—5中可以发现，广东省各个地区的创新指数差距极大。具体而言，珠三角城市群的创新指数总和占所有城市创新指数总和的68.98%，而排名最高的深圳的创新指数（均值为0.5597）占所有城市创新指数总和的17.1%，比排名后8位城市创新指数的总和（均值的和为0.5459）还要高。进一步，排名第一的深圳的创新指数是排名最后一位的阳江市创新指数的10.89倍。以上结果也表明，珠三角地区是广东省绝对的创新发展高地，其与其他城市之间的差距明显。

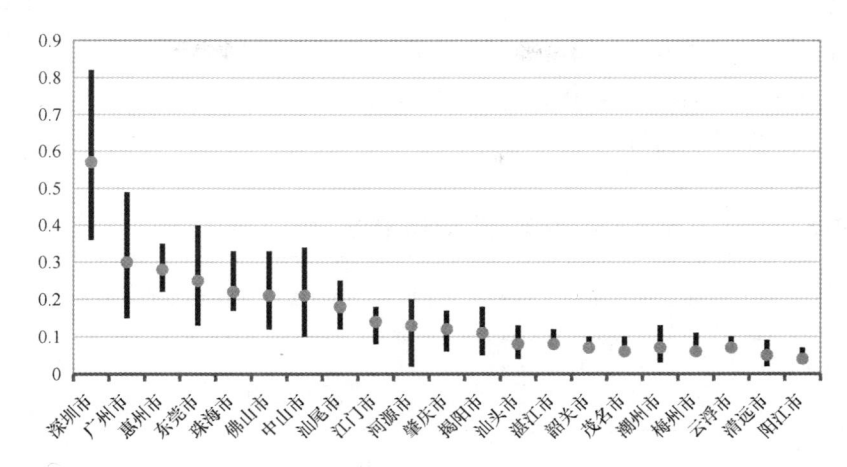

图 2—1　广东省各城市创新指数均值（2005—2016 年）

注：图中，黑色线条的最下端表示 2005—2016 年创新指数的最小值，最上端表示 2005—2016 年创新指数的最大值，黑色线条长度表示 2005—2016 年创新指数的成长幅度，越长表示成长程度越大；黑色线条中的圆点表示 2005—2016 年创新指数的均值。

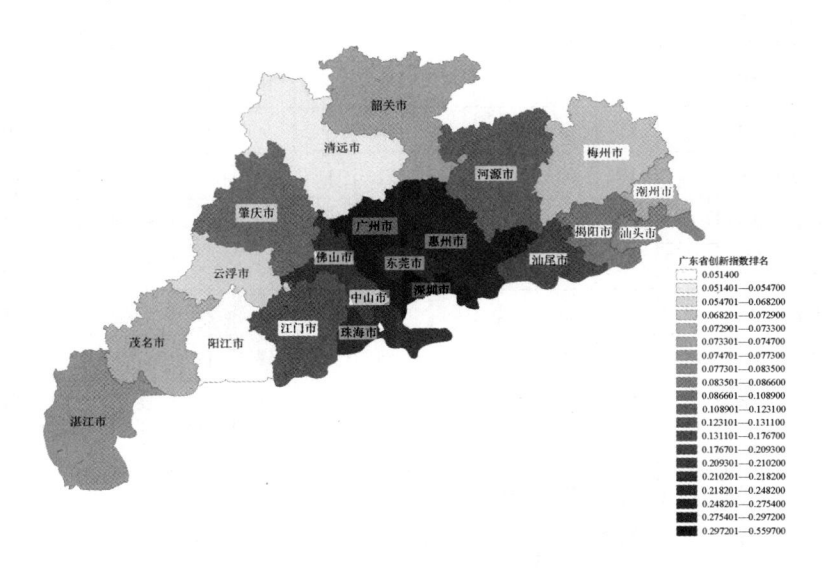

图 2—2　广东省创新指数排名

就创新指数均值增长的情况来看，深圳市的成长幅度是最大的，从 2005 年的 0.3611 增长到 2016 年的 0.8079。广州市的创新指数成长幅度次之，从 2005 年的 0.1489 增长到 2016 年的 0.4873。紧随其后的分别是东莞、中山、佛山、河源、珠海、揭阳、惠州、江门等城市。具体的增长和变化趋势如图 2—2 和表 2—5 所示。同样地，创新指数增长幅度最大的地区仍然是珠三角地区。

表 2—4　　广东省各城市创新总指数排名情况（2005—2016 年）

时间 地区	2005	2006	2007	2008	2009	2010	2011	2012	2013	2014	2015	2016	总排名
深圳市	1	1	1	1	1	1	1	1	1	1	1	1	1
广州市	5	3	4	3	2	2	2	2	2	2	2	2	2
惠州市	2	2	2	2	3	3	3	3	3	3	4	7	3
东莞市	6	6	5	4	4	4	4	4	4	3	3	3	4
珠海市	3	4	3	5	7	7	6	7	8	8	5	6	5
佛山市	7	7	6	6	6	6	7	6	6	5	6	5	6
中山市	8	8	8	7	5	5	5	5	5	6	7	4	7
汕尾市	4	5	7	8	8	8	10	7	7	8	8	8	8
江门市	10	10	9	9	9	9	8	10	10	10	10	9	9
河源市	20	13	11	14	11	10	9	9	9	9	9	10	10
肇庆市	11	11	10	10	10	11	11	11	11	11	13	12	11
揭阳市	16	17	18	19	19	15	15	12	12	12	11	11	12
汕头市	12	12	12	11	14	14	14	14	13	14	16	13	13
湛江市	9	9	19	15	12	17	18	20	21	15	19	16	14
韶关市	15	15	15	18	17	13	13	15	14	17	17	19	15
茂名市	13	16	16	12	15	12	12	16	16	16	18	21	16
潮州市	18	19	13	16	16	19	17	13	18	18	12	14	17
梅州市	17	18	17	17	18	16	16	17	15	13	14	15	18
云浮市	14	14	14	13	13	18	19	19	19	20	15	17	19
清远市	21	21	20	20	20	20	21	18	17	19	20	18	20
阳江市	19	20	21	21	21	21	20	21	20	21	21	20	21

表 2—5　　广东省各城市创新总指数及均值（2005—2016 年）

时间 地区	2005	2006	2007	2008	2009	2010	2011	2012	2013	2014	2015	2016	均值
潮州市	0.0415	0.0473	0.0670	0.0632	0.0740	0.0617	0.0761	0.0948	0.0619	0.0665	0.1197	0.1059	0.0733
东莞市	0.1403	0.1417	0.2016	0.1948	0.2118	0.2119	0.2579	0.2723	0.2854	0.3112	0.3512	0.3978	0.2482
佛山市	0.1291	0.1276	0.1726	0.1579	0.1785	0.1980	0.2131	0.2352	0.2428	0.2629	0.2853	0.3192	0.2102
广州市	0.1489	0.1976	0.2059	0.2193	0.2497	0.2655	0.2997	0.3198	0.3504	0.3852	0.4369	0.4873	0.2972
河源市	0.0333	0.0651	0.0801	0.0690	0.0929	0.1180	0.1429	0.1418	0.1608	0.1878	0.1891	0.1959	0.1231
惠州市	0.2908	0.2284	0.2306	0.2469	0.2253	0.2265	0.2598	0.2929	0.3377	0.3294	0.3224	0.3147	0.2754
江门市	0.0835	0.0856	0.1074	0.1131	0.1115	0.1240	0.1696	0.1723	0.1390	0.1324	0.1492	0.1852	0.1311
揭阳市	0.0496	0.0492	0.0568	0.0544	0.0564	0.0765	0.0870	0.1017	0.0959	0.1000	0.1433	0.1682	0.0866
茂名市	0.0570	0.0543	0.0637	0.0696	0.0765	0.0891	0.0939	0.0806	0.0651	0.0758	0.0837	0.0703	0.0733
梅州市	0.0468	0.0490	0.0595	0.0605	0.0663	0.0748	0.0821	0.0729	0.0761	0.0883	0.1004	0.0987	0.0729
清远市	0.0294	0.0329	0.0442	0.0489	0.0494	0.0522	0.0534	0.0632	0.0622	0.0628	0.0708	0.0872	0.0547
汕头市	0.0667	0.0669	0.0738	0.0705	0.0772	0.0782	0.0873	0.0914	0.0925	0.0859	0.0922	0.1190	0.0835
汕尾市	0.1635	0.1590	0.1553	0.1550	0.1451	0.1425	0.1781	0.1371	0.2399	0.2382	0.1944	0.2118	0.1767
韶关市	0.0548	0.0601	0.0655	0.0595	0.0687	0.0828	0.0936	0.0827	0.0818	0.0696	0.0911	0.0865	0.0747
深圳市	0.3611	0.3874	0.4263	0.4374	0.4827	0.5364	0.5629	0.6146	0.6812	0.6683	0.7498	0.8079	0.5597
阳江市	0.0398	0.0388	0.0380	0.0429	0.0492	0.0491	0.0566	0.0557	0.0565	0.0562	0.0637	0.0704	0.0514
云浮市	0.0548	0.0611	0.0663	0.0693	0.0772	0.0705	0.0573	0.0582	0.0572	0.0621	0.0963	0.0885	0.0682
湛江市	0.1128	0.1177	0.0553	0.0674	0.0779	0.0719	0.0602	0.0563	0.0563	0.0778	0.0804	0.0932	0.0773
肇庆市	0.0679	0.0732	0.0978	0.0960	0.0992	0.1050	0.1176	0.1349	0.1188	0.1216	0.1165	0.1577	0.1089
中山市	0.1129	0.1179	0.1476	0.1557	0.1845	0.2092	0.2258	0.2474	0.2467	0.2629	0.2779	0.3235	0.2093
珠海市	0.1788	0.1954	0.2086	0.1724	0.1696	0.1970	0.2165	0.2128	0.2288	0.2312	0.2895	0.3175	0.2182

二　广东省各个城市创新指数二级指标和排名

（一）三大二级创新指数指标的总体情况

表 2—6 和图 2—3 分别显示了 2005—2016 年各城市二级创新指数排名和分布情况。就创新贡献指数而言，排名前 10 位的分别是深圳、广州、惠州、佛山、东莞、中山、江门、汕尾、珠海和湛江；就创新驱动指数而言，排名前 10 位的分别是深圳、广州、佛山、珠海、东莞、中山、江门、惠州、肇庆和汕头；就可持续创新发展指数而言，排名前 10

位的分别是深圳、惠州、东莞、汕尾、珠海、河源、中山、广州、揭阳和肇庆。值得一提的是,深圳在三个二级创新指数上的值均显著高于其他城市,在三个指标中都排名第一,这也是导致深圳在创新总指数遥遥领先于其他城市的原因所在。而其他城市则在三个指标方面各有所长,没有一个城市始终占据三个二级创新指数的稳定排位。

具体而言,在创新贡献指数和创新驱动指数中,三大经济圈(广佛经济圈、深莞惠经济圈和珠中江经济圈)内的城市都排在了前10位;而在可持续创新发展指数中,三大经济圈之外的汕尾、河源、揭阳和肇庆分别挤进了前10位,而佛山和江门则跌出了前10。此外,值得注意的是,广州虽然在创新贡献指数和创新驱动指数中均排名第2,但在可持续创新发展指数中排在了第8位;而惠州在创新贡献指数、创新驱动指数和可持续创新发展指数中分别排名第3、第8和第2。这也解释了,在创新总指数中(见图2—3、表2—6),虽然广州(排名第2)排在惠州(排名第3)之前,但两者创新指数均值的差距并不太大。

表2—6 广东省各城市二级创新指数排名(2005—2016年)

创新贡献指数	均值	排名	创新驱动指数	均值	排名	可持续发展指数	均值	排名
深圳市	0.4420	1	深圳市	0.5983	1	深圳市	0.6399	1
广州市	0.2210	2	广州市	0.3843	2	惠州市	0.4110	2
惠州市	0.1917	3	佛山市	0.2572	3	东莞市	0.3045	3
佛山市	0.1404	4	珠海市	0.2433	4	汕尾市	0.2934	4
东莞市	0.1321	5	东莞市	0.2332	5	珠海市	0.2405	5
中山市	0.0446	6	中山市	0.2299	6	河源市	0.2207	6
江门市	0.1674	7	江门市	0.1346	7	中山市	0.2111	7
汕尾市	0.2463	8	惠州市	0.1341	8	广州市	0.1969	8
珠海市	0.0571	9	肇庆市	0.0905	9	揭阳市	0.1442	9
湛江市	0.0957	10	汕头市	0.0736	10	肇庆市	0.1357	10
茂名市	0.0444	11	潮州市	0.0558	11	梅州市	0.1226	11
肇庆市	0.2139	12	韶关市	0.0523	12	佛山市	0.1185	12
潮州市	0.0351	13	湛江市	0.0487	13	云浮市	0.1158	13

续表

创新贡献指数	均值	排名	创新驱动指数	均值	排名	可持续发展指数	均值	排名
韶关市	0.0753	14	河源市	0.0451	14	汕头市	0.1030	14
汕头市	0.1479	15	茂名市	0.0400	15	江门市	0.0926	15
阳江市	0.0750	16	揭阳市	0.0391	16	潮州市	0.0863	16
揭阳市	0.0812	17	梅州市	0.0367	17	韶关市	0.0811	17
清远市	0.0943	18	清远市	0.0361	18	湛江市	0.0749	18
梅州市	0.0944	19	阳江市	0.0279	19	茂名市	0.0727	19
河源市	0.0548	20	云浮市	0.0253	20	阳江市	0.0640	20
云浮市	0.0587	21	汕尾市	0.0200	21	清远市	0.0493	21

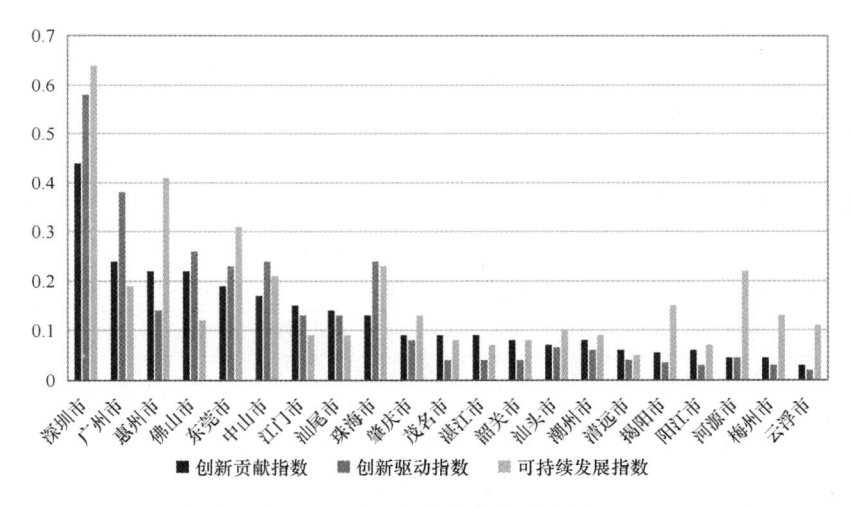

图 2—3 广东省各城市三个二级创新指数对比图（2005—2016 年）

（二）创新驱动指数、创新贡献指数、可持续创新发展指数的细分分析

1. 创新驱动指数

创新驱动指数由两个因子构成，分别是市场化创新驱动因子和政策创新驱动因子。其中，市场化创新驱动因子主要是由企业来推动的技术创新，政策创新驱动因子主要是由地方政府来推动的技术创新（包括财政科技支出和金融发展）。地区创新驱动发展过程中，政府（金融发展情

况比政府财政科技支出作用更强,详见表2—7)和企业对技术创新的投入占据着重要地位。而在这方面,深圳显然走在了广东省的前列,广州的表现也可圈可点,而其他城市则保持着跟随的态势。

表2—7 广东省各城市创新驱动指数排名情况(2005—2016年)

时间 地区	2005	2006	2007	2008	2009	2010	2011	2012	2013	2014	2015	2016	总排名
深圳市	1	1	1	1	1	1	1	1	1	1	1	1	1
广州市	2	2	2	2	2	2	2	2	2	2	2	2	2
佛山市	4	4	4	5	5	4	4	3	3	3	4	4	3
珠海市	3	3	6	6	6	5	6	6	4	5	3	3	4
中山市	7	6	5	4	4	3	5	4	5	4	6	5	5
东莞市	8	7	3	3	3	6	3	5	6	7	5	6	6
惠州市	11	11	10	9	9	8	7	8	8	6	7	7	7
江门市	5	5	7	7	7	7	8	7	7	8	8	8	8
肇庆市	12	12	8	8	8	9	9	9	10	11	9	9	9
汕头市	6	8	9	10	10	10	10	11	10	12	15	10	10
潮州市	13	13	12	11	11	13	12	10	15	18	12	17	11
韶关市	10	10	11	15	17	14	15	13	16	9	11	12	12
湛江市	9	9	13	16	12	17	14	16	16	14	16	16	13
河源市	21	21	19	14	12	12	13	14	9	13	12	14	14
茂名市	15	15	16	13	15	15	17	17	18	15	14	19	15
清远市	18	17	19	18	18	11	12	11	11	19	14	16	16
揭阳市	14	14	15	14	16	16	16	13	19	19	21	18	17
梅州市	19	19	14	12	13	11	18	18	17	17	18	21	18
阳江市	16	16	17	21	20	19	19	20	14	15	17	20	19
云浮市	17	20	21	20	19	20	20	20	21	20	10	15	20
汕尾市	20	18	18	17	21	21	21	21	20	21	20	13	21

具体而言,图2—4展示了2005—2016年广东省各个城市的创新驱动指数均值及其分布区间。从图2—4中可以发现,就创新驱动指数均值而

言，深圳市（均值为0.5983）遥遥领先于其他城市，独占第一梯队，其他城市和它的差距较大。而广州市、佛山市、珠海市、中山市和东莞市的创新驱动指数位于第二梯队，均值介于0.2和0.4之间。其中，广州市表现不俗，均值为0.3843，明显高于第二梯队中的其他4个城市。第二梯队中的6个城市均分布于广佛经济圈、深莞惠经济圈和珠中江经济圈这三大经济圈。其中，广州和佛山属于广佛经济圈，创新水平相对较高；珠海和中山属于珠中江经济圈。而东莞属于深莞惠经济圈，其创新水平更多地得益于深圳高水平创新的溢出效应，排名第6。惠州市和江门市的创新驱动指数介于0.1和0.2之间，它们位于第三梯队，它们分别属于深莞惠经济圈和珠中江经济圈。位于第四梯队的城市包括肇庆、汕头、潮州、韶关、湛江、河源、茂名、清远、揭阳、梅州、阳江、云浮和汕尾，它们的创新指数均值均小于0.1。具体的排名情况如表2—8所示。就创新驱动指数均值增长的情况来看，深圳市的成长幅度是最大的，从2005年的0.2997增长到2016年的1。广州市的创新驱动指数成长幅度次之，从2005年的0.1437增长到2016年的0.5881。紧随其后的分别是中山、东莞、珠海、惠州、佛山等城市。具体的增长和变化趋势如图2—5和表2—8所示。

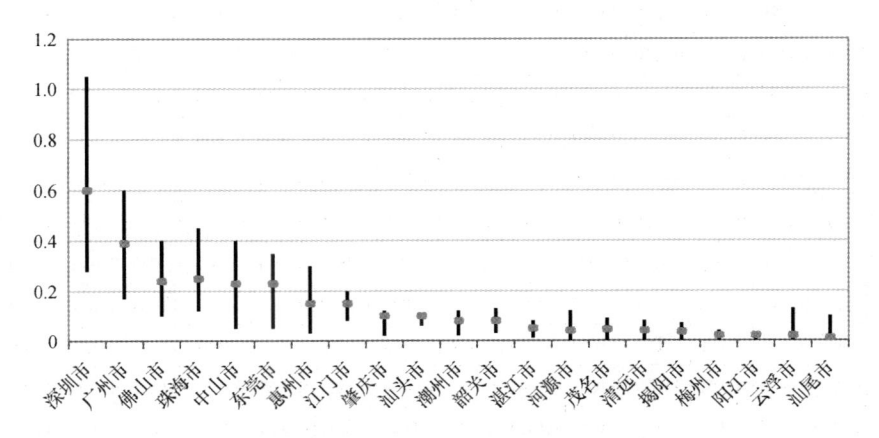

图2—4 广东省各城市创新驱动指数均值对比（2005—2016年）

注：图中，黑色线条的最下端表示2005—2016年创新驱动指数的最小值，最上端表示2005—2016年创新驱动指数的最大值，黑色线条长度表示2005—2016年创新驱动指数的成长幅度，越长表示成长程度越大；黑色线条中的圆点表示2005—2016年创新驱动指数的均值。

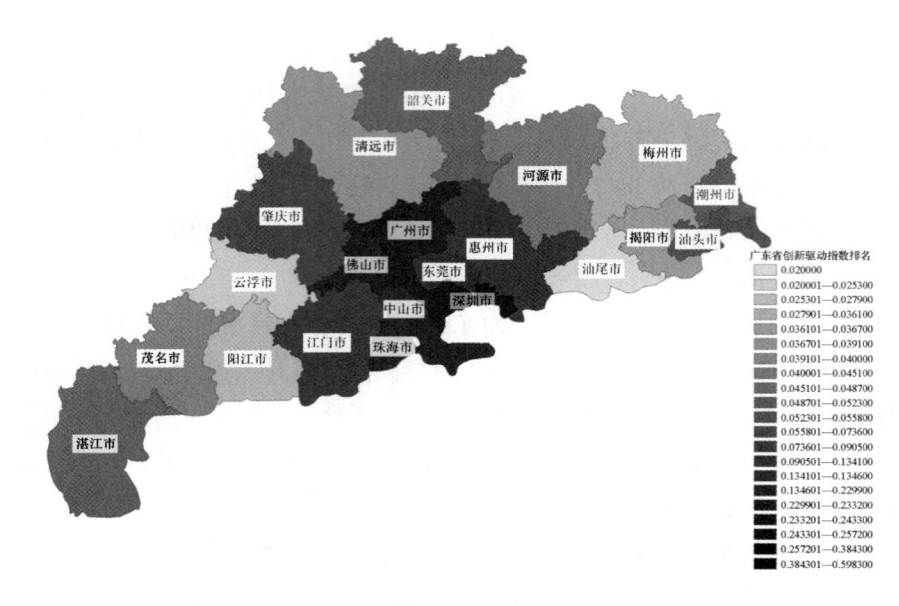

图 2—5　广东省创新驱动指数排名

表 2—8　广东省各城市创新驱动指数均值（2005—2016 年）

时间 地区	2005	2006	2007	2008	2009	2010	2011	2012	2013	2014	2015	2016	均值
潮州市	0.0209	0.0250	0.0545	0.0595	0.0582	0.0431	0.0601	0.0965	0.0405	0.0378	0.1000	0.0733	0.0558
东莞市	0.0549	0.0742	0.2366	0.2162	0.2496	0.1806	0.2741	0.2702	0.2538	0.2629	0.3442	0.3409	0.2299
佛山市	0.1180	0.1342	0.2242	0.1791	0.2119	0.2348	0.2678	0.3113	0.3117	0.3314	0.3601	0.4018	0.2572
广州市	0.1437	0.2631	0.2820	0.3099	0.3367	0.3482	0.3967	0.4283	0.4606	0.5018	0.5529	0.5881	0.3843
河源市	0.0043	0.0057	0.0069	0.0065	0.0432	0.0441	0.0550	0.0478	0.0444	0.1016	0.0871	0.0945	0.0451
惠州市	0.0401	0.0379	0.0726	0.0796	0.0947	0.1089	0.1379	0.1341	0.1411	0.2750	0.2373	0.2560	0.1346
江门市	0.0836	0.0876	0.1274	0.1202	0.1075	0.1217	0.1340	0.1610	0.1503	0.1484	0.1739	0.1941	0.1341
揭阳市	0.0164	0.0214	0.0454	0.0267	0.0306	0.0289	0.0423	0.0587	0.0303	0.0311	0.0388	0.0704	0.0368
茂名市	0.0161	0.0135	0.0372	0.0350	0.0355	0.0308	0.0416	0.0355	0.0359	0.0487	0.0858	0.0639	0.0400
梅州市	0.0075	0.0071	0.0470	0.0383	0.0487	0.0457	0.0204	0.0206	0.0389	0.0393	0.0625	0.0569	0.0361
清远市	0.0077	0.0086	0.0096	0.0085	0.0126	0.0183	0.0603	0.0634	0.0639	0.0652	0.0613	0.0900	0.0391
汕头市	0.0650	0.0656	0.0735	0.0667	0.0700	0.0647	0.0864	0.0761	0.0768	0.0620	0.0710	0.1054	0.0736
汕尾市	0.0065	0.0083	0.0105	0.0100	0.0020	0.0049	0.0086	0.0106	0.0152	0.0165	0.0560	0.0906	0.0200
韶关市	0.0464	0.0472	0.0555	0.0240	0.0270	0.0318	0.0443	0.0449	0.0446	0.0474	0.1152	0.0992	0.0523

续表

时间 地区	2005	2006	2007	2008	2009	2010	2011	2012	2013	2014	2015	2016	均值
深圳市	0.2997	0.3490	0.4599	0.4206	0.5329	0.6108	0.5680	0.6383	0.7816	0.7089	0.8097	1.0000	0.5983
阳江市	0.0144	0.0096	0.0132	0.0037	0.0058	0.0098	0.0153	0.0200	0.0602	0.0571	0.0630	0.0631	0.0279
云浮市	0.0080	0.0065	0.0059	0.0057	0.0068	0.0084	0.0108	0.0130	0.0149	0.0203	0.1147	0.0882	0.0253
湛江市	0.0547	0.0487	0.0542	0.0192	0.0581	0.0245	0.0539	0.0384	0.0396	0.0505	0.0632	0.0794	0.0487
肇庆市	0.0257	0.0278	0.1076	0.1040	0.1008	0.0933	0.1034	0.1150	0.0967	0.0979	0.1085	0.1054	0.0905
中山市	0.0634	0.0760	0.1738	0.1888	0.2149	0.2440	0.2608	0.2877	0.2802	0.3058	0.3038	0.3992	0.2332
珠海市	0.1366	0.1401	0.1551	0.1457	0.1781	0.2053	0.2449	0.2676	0.2997	0.3052	0.4007	0.4402	0.2433

从以上创新驱动指数的分析结果可以发现，无论是总体均值还是成长性，深圳在总体均值和成长性方面都是一枝独秀，广州则紧随其后，接下来则是三大经济圈的各个城市。而三大经济圈外的城市则相对落后。

2. 创新贡献指数

创新贡献指数由五个三级指标构成，分别是专利申请、专利授权、专利价值、新产品产值和创业活跃度。这里主要衡量的是地区创新产出和创业活跃程度对于地区整体创新的贡献情况。从这两个方面来看，同样地，深圳仍然是一枝独秀，明显高于其他城市，广州紧随其后，但其与后面的几个城市的差距相对较小。

具体而言，图2—6展示了2005—2016年广东省各个城市的创新贡献指数均值及其分布区间。从图2—6中可以发现，就创新贡献指数均值而言，深圳市（均值为0.4420）继续领先于其他城市，独占第一梯队，其他城市和它的差距较大。广州市、惠州市、佛山市的创新贡献指数位于第二梯队，均值介于0.2和0.3之间，这三个城市分布于广佛经济圈和深莞惠经济圈。位于第三梯队的分别是东莞市、中山市、江门市、汕尾市和珠海市，创新贡献指数均值介于0.1和0.2之间。其中，东莞市属于深莞惠经济圈，中山市、江门市和珠海市属于珠中江经济圈，而汕尾则在三大经济圈之外。位于第四梯队的城市包括肇庆、茂名、湛江、韶关、汕头、潮州、清远、揭阳、阳江、河源、梅州和云浮，它们的创新指数均值均小于0.1。具体的排名情况如表2—9所示。值得一提的是，在创新贡献指数方面，位于第二梯队（均值介于0.2和0.3之间）的城市相对较少，这表明在创新贡献指数方面，城市与城市之间的差距较大。就创新贡献指数均值增长的情况来看，深圳市的成长幅度是最大的，从2005年的0.1817增长到2016年的0.8053，由此可见，在过去十几年中，深圳市的创新产出和创业活力之强。东莞市的创新贡献指数成长幅度次之，从2005年的0.0436增长到2016年的0.4323，创新产出和创业活力也展现出良好的上升空间，这可能还是得益于深圳创新和创业的带动作用。广州市的创新贡献指数成长幅度也不小，从2005年的0.1453增长到2016年的0.5114。紧随其后的分别是中山、佛山、惠州、汕尾、肇庆、湛江、江门、珠海等城市。具体的增长和变化趋势如图2—7和表2—10所示。

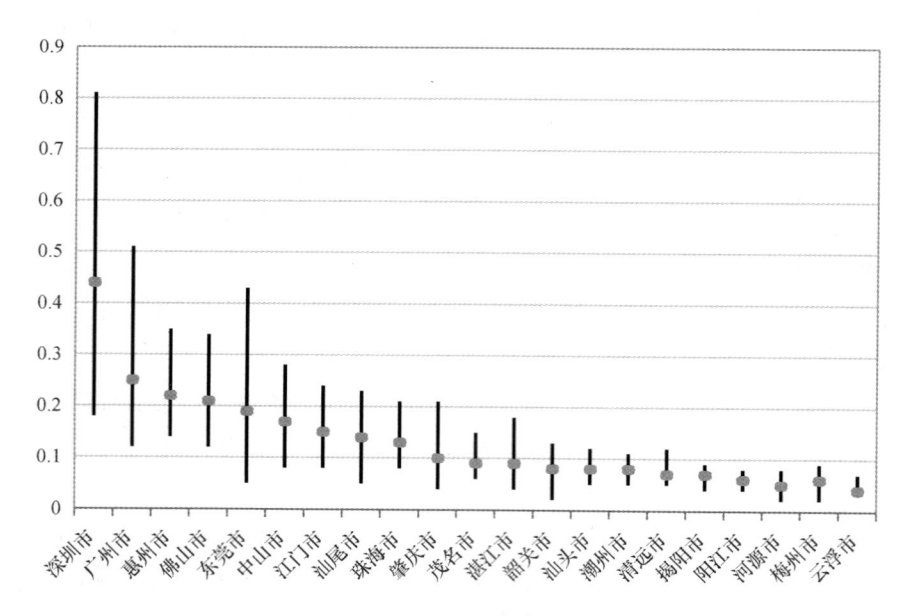

图2—6　广东省各城市创新驱动指数均值（2005—2016年）

注：图中，黑色线条的最下端表示2005—2016年创新驱动指数的最小值，最上端表示2005—2016年创新驱动指数的最大值，黑色线条长度表示2005—2016年创新驱动指数的成长幅度，越长表示成长程度越大；黑色线条中的圆点表示2005—2016年创新驱动指数的均值。

第四章 地区创新指数分析 / 105

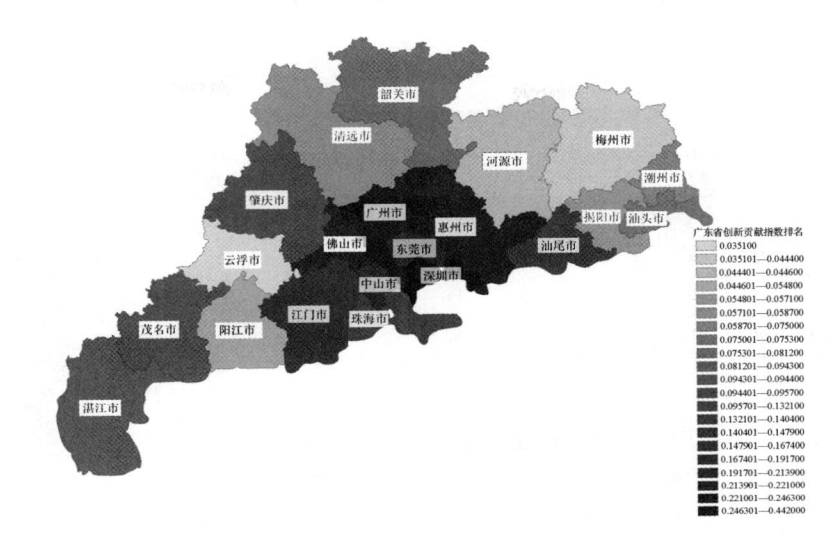

图 2—7　广东省创新贡献指数排名

表 2—9　广东省各城市创新贡献指数排名情况（2005—2016 年）

时间 地区	2005	2006	2007	2008	2009	2010	2011	2012	2013	2014	2015	2016	均值 排名
深圳市	1	1	1	1	1	1	1	1	1	1	1	1	1
广州市	5	4	4	4	2	3	3	3	3	2	2	2	2
惠州市	3	3	3	2	5	5	4	2	2	5	5	5	3
佛山市	4	5	2	3	3	2	5	5	5	4	4	4	4
东莞市	14	12	11	10	8	4	6	4	4	3	3	3	5
中山市	9	7	8	7	4	6	7	7	7	6	6	6	6
江门市	6	6	5	5	7	7	2	5	9	9	9	7	7
汕尾市	10	8	7	6	6	10	9	10	6	7	8	8	8
珠海市	7	9	6	11	9	9	8	8	8	8	7	9	9
肇庆市	12	13	14	15	15	13	12	9	11	10	10	10	10
茂名市	8	10	9	9	10	8	10	11	13	12	14	20	11
湛江市	2	2	16	8	13	12	20	18	16	11	11	13	12
韶关市	16	16	13	12	12	11	11	14	10	14	18	19	13
汕头市	15	15	12	14	14	14	14	14	12	9	13	11	14
潮州市	11	11	10	13	11	15	13	13	17	17	17	12	15
清远市	21	20	17	19	21	20	16	15	15	15	12	14	16

续表

时间\地区	2005	2006	2007	2008	2009	2010	2011	2012	2013	2014	2015	2016	均值排名
揭阳市	17	17	18	17	17	16	18	16	14	16	15	15	17
阳江市	13	14	15	16	16	17	15	17	19	20	20	16	18
河源市	18	18	20	21	19	19	19	20	18	18	16	17	19
梅州市	19	19	19	18	18	18	17	19	20	19	19	18	20
云浮市	20	21	21	20	20	21	21	21	21	21	21	21	21

表2—10 广东省各城市创新贡献指数均值（2005—2016年）

时间\地区	2005	2006	2007	2008	2009	2010	2011	2012	2013	2014	2015	2016	均值
潮州市	0.0553	0.0661	0.0767	0.0616	0.0897	0.0670	0.0820	0.0977	0.0547	0.0673	0.0675	0.1148	0.0750
东莞市	0.0436	0.0518	0.0692	0.0833	0.1282	0.1876	0.2111	0.2266	0.2530	0.2868	0.3274	0.4323	0.1917
佛山市	0.1537	0.1371	0.1555	0.1622	0.1818	0.2082	0.2116	0.2165	0.2380	0.2705	0.2948	0.3374	0.2139
广州市	0.1453	0.1440	0.1422	0.1377	0.1868	0.2055	0.2285	0.2356	0.2865	0.3241	0.4077	0.5114	0.2463
河源市	0.0320	0.0323	0.0305	0.0300	0.0357	0.0412	0.0477	0.0393	0.0406	0.0613	0.0689	0.0758	0.0446
惠州市	0.1546	0.1649	0.1545	0.1758	0.1498	0.1695	0.2262	0.2821	0.3411	0.2677	0.2806	0.2858	0.2211
江门市	0.0842	0.0853	0.0994	0.1195	0.1293	0.1446	0.2288	0.2192	0.1556	0.1374	0.1527	0.2190	0.1479
揭阳市	0.0331	0.0336	0.0362	0.0361	0.0453	0.0628	0.0568	0.0706	0.0794	0.0745	0.0750	0.0820	0.0571
茂名市	0.0747	0.0675	0.0807	0.0940	0.1073	0.1312	0.1365	0.1147	0.0808	0.0947	0.0845	0.0663	0.0944
梅州市	0.0309	0.0316	0.0331	0.0344	0.0383	0.0424	0.0606	0.0515	0.0286	0.0512	0.0573	0.0734	0.0444
清远市	0.0289	0.0306	0.0413	0.0320	0.0325	0.0357	0.0620	0.0817	0.0786	0.0779	0.0960	0.1077	0.0587
汕头市	0.0433	0.0463	0.0618	0.0564	0.0744	0.0728	0.0759	0.0858	0.0893	0.0859	0.0946	0.1169	0.0753
汕尾市	0.0565	0.0753	0.0944	0.1134	0.1320	0.1190	0.1509	0.1261	0.2254	0.2147	0.1712	0.2063	0.1404
韶关市	0.0359	0.0459	0.0535	0.0626	0.0891	0.1167	0.1334	0.1120	0.1104	0.0809	0.0612	0.0730	0.0812
深圳市	0.1817	0.1918	0.2095	0.2907	0.3147	0.3912	0.4600	0.5239	0.5812	0.6126	0.7416	0.8053	0.4420
阳江市	0.0449	0.0464	0.0465	0.0497	0.0644	0.0583	0.0723	0.0660	0.0364	0.0413	0.0553	0.0758	0.0548
云浮市	0.0295	0.0297	0.0303	0.0304	0.0351	0.0347	0.0361	0.0387	0.0284	0.0367	0.0423	0.0494	0.0351
湛江市	0.1652	0.1749	0.0461	0.0946	0.0891	0.0912	0.0443	0.0570	0.0576	0.1018	0.1006	0.1089	0.0943
肇庆市	0.0493	0.0489	0.0485	0.0500	0.0698	0.0901	0.1259	0.1370	0.1034	0.1173	0.1050	0.2034	0.0957
中山市	0.0714	0.0841	0.0928	0.1028	0.1503	0.1494	0.1772	0.2070	0.2102	0.2203	0.2688	0.2743	0.1674
珠海市	0.0790	0.0741	0.0975	0.0786	0.1116	0.1278	0.1689	0.1551	0.1558	0.1596	0.1724	0.2047	0.1321

从以上创新贡献指数的分析结果可以发现，无论是总体均值还是成长性，深圳在总体均值和成长性方面仍然独占第一梯队，广州则紧随其后，接下来则是三大经济圈的各个城市以及汕尾，其他三大经济圈外的城市则相对落后。

3. 可持续创新发展指数

可持续创新发展指数由 3 个因子构成，分别是高科技产业产值、上市公司价值和国际化水平。从可持续创新发展指数的分布情况来看，深圳仍然独占第一梯队，而其他城市与其差距较大，且其他城市之间本身的差距和成长空间也有着较为明显的差距。

具体而言，图 2—8 展示了 2005—2016 年广东省各个城市的可持续创新发展指数均值及其分布区间。从图 2—8 中可以发现，就可持续创新发展指数均值而言，深圳市（均值为 0.6399）独占第一梯队，与第二名的惠州（均值为 0.4110）的差距也是相当之大。位于第二梯队的城市分别是惠州市、东莞市、汕尾市、珠海市、河源市和中山市，均值介于 0.2 和 0.5 之间，其中，东莞和惠州属于深莞惠经济圈，珠海和中山属于珠中江经济圈，而汕尾和河源则是三大经济圈之外表现相对抢眼的城市。位于第三梯队的分别是广州、揭阳、肇庆、梅州、佛山、云浮和汕头，可持续创新发展指数均值介于 0.1 和 0.2 之间。其中，广州和佛山属于广佛经济圈，它们在可持续创新发展指数方面表现得很一般。位于第四梯队的城市包括江门、潮州、韶关、湛江、茂名、阳江和清远，它们的创新指数均值均小于 0.1。具体的排名情况如表 2—11 所示。值得一提的是，在可持续创新发展指数方面，惠州表现得相对不错，虽然比不上深圳，但明显高于东莞等其他第二梯队的城市。就创新贡献指数均值增长的情况来看，深圳市的成长幅度不再是最大的，河源（从 2005 年的 0.0532 增长到 2016 年的 0.3409）和揭阳（从 2005 年的 0.0855 增长到 2016 年的 0.2847）表现出较好的成长空间，而东莞、汕尾、珠海、惠州和潮州也表现不俗。同样地，广州在可持续创新发展指数也没有表现出较强的成长幅度。具体的增长和变化趋势如图 2—9 和表 2—12 所示。

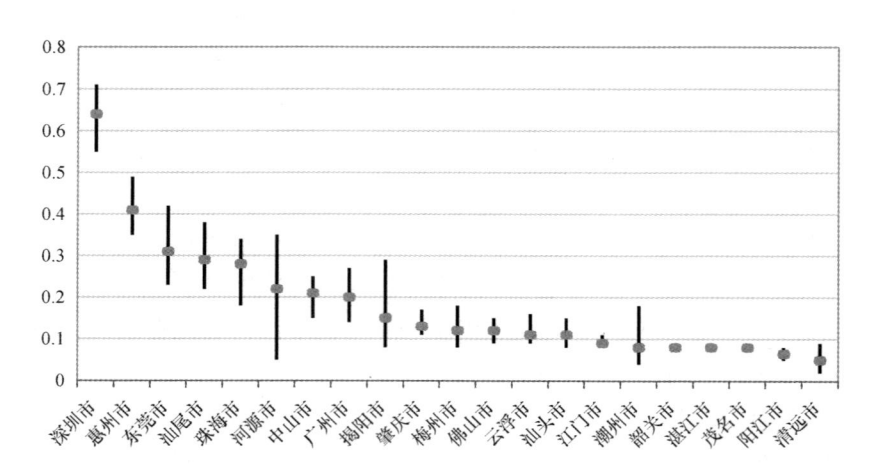

图 2—8　广东省各城市可持续创新发展指数均值对比（2005—2016 年）

注：图中，黑色线条的最下端表示 2005—2016 年可持续创新发展指数的最小值，最上端表示 2005—2016 年可持续创新发展指数的最大值，黑色线条长度表示 2005—2016 年可持续创新发展指数的成长幅度，越长表示成长程度越大；黑色线条中的圆点表示 2005—2016 年可持续创新发展指数的均值。

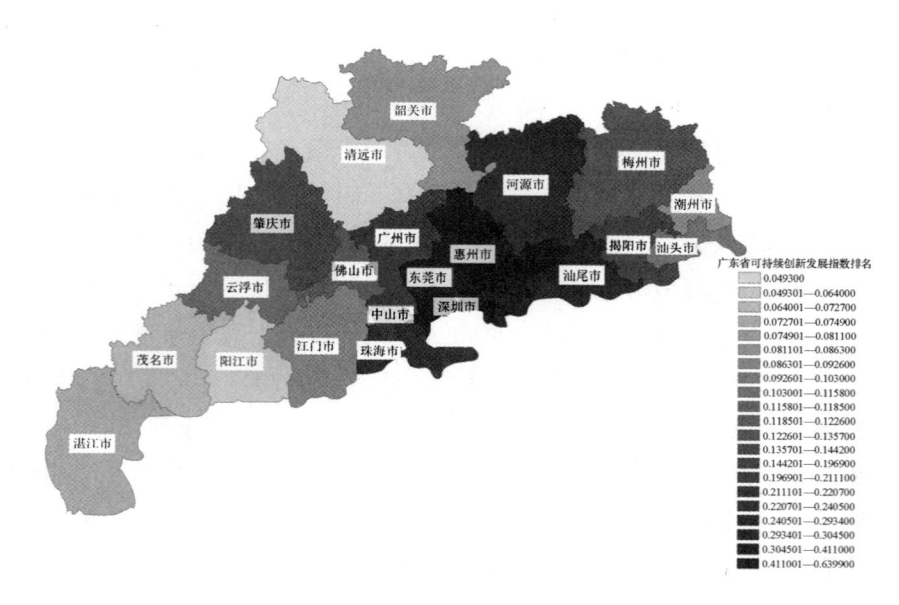

图 2—9　广东省可持续创新发展指数排名

表2—11　　　广东省各城市可持续创新发展指数排名情况
（2005—2016年）

时间 地区	2005	2006	2007	2008	2009	2010	2011	2012	2013	2014	2015	2016	均值排名
深圳市	1	1	1	1	1	1	1	1	1	1	1	1	1
惠州市	2	2	2	2	2	2	2	2	2	2	2	3	2
东莞市	5	5	5	5	4	3	4	3	4	3	3	2	3
汕尾市	3	4	4	4	3	5	3	6	3	4	5	5	4
珠海市	4	3	3	3	5	4	6	8	8	8	9	9	5
河源市	19	9	7	8	8	7	5	4	5	5	4	4	6
中山市	6	6	6	6	6	6	7	5	6	6	7	8	7
广州市	7	7	8	7	7	8	8	7	7	7	8	7	8
揭阳市	12	16	15	14	15	12	9	9	10	9	6	6	9
肇庆市	8	8	9	10	10	9	11	10	9	10	12	11	10
梅州市	14	13	12	12	12	11	10	11	11	11	11	10	11
佛山市	9	11	11	11	11	13	12	12	12	13	13	12	12
云浮市	10	10	10	9	9	10	13	14	14	14	14	15	13
汕头市	11	12	14	15	14	14	14	13	13	12	15	13	14
江门市	13	15	16	13	13	15	15	15	15	15	16	16	15
潮州市	21	21	18	18	19	19	16	16	16	16	10	14	16
韶关市	15	14	13	17	18	18	17	17	17	17	17	18	17
湛江市	16	18	20	20	17	17	17	18	19	19	20	17	18
茂名市	17	17	19	19	20	20	19	20	18	17	18	19	19
阳江市	18	20	21	21	21	20	19	20	20	19	20	20	20
清远市	20	19	17	16	16	16	21	21	21	21	21	21	21

表2—12　广东省各城市可持续创新发展指数均值（2005—2016年）

时间 地区	2005	2006	2007	2008	2009	2010	2011	2012	2013	2014	2015	2016	均值
潮州市	0.0427	0.0420	0.0695	0.0699	0.0714	0.0753	0.0875	0.0885	0.0890	0.0922	0.1774	0.1299	0.0863
东莞市	0.2551	0.2482	0.2533	0.2532	0.2345	0.2699	0.2853	0.3210	0.3498	0.3819	0.3831	0.4187	0.3045
佛山市	0.1068	0.1041	0.1002	0.1141	0.1151	0.1170	0.1161	0.1213	0.1237	0.1264	0.1354	0.1420	0.1185
广州市	0.1609	0.1445	0.1494	0.1544	0.1707	0.1914	0.2110	0.2216	0.2212	0.2316	0.2467	0.2592	0.1969

续表

时间 地区	2005	2006	2007	2008	2009	2010	2011	2012	2013	2014	2015	2016	均值
河源市	0.0532	0.1204	0.1506	0.1291	0.1664	0.2150	0.2588	0.2602	0.2960	0.3260	0.3317	0.3409	0.2207
惠州市	0.4865	0.3851	0.3846	0.4064	0.3717	0.3594	0.3844	0.4176	0.4641	0.4370	0.4345	0.4006	0.4110
江门市	0.0824	0.0832	0.0840	0.0918	0.0896	0.0942	0.0956	0.0908	0.0926	0.0988	0.1010	0.1079	0.0927
揭阳市	0.0855	0.0828	0.0856	0.0909	0.0883	0.1245	0.1461	0.1645	0.1569	0.1688	0.2519	0.2847	0.1442
茂名市	0.0662	0.0687	0.0678	0.0684	0.0696	0.0726	0.0738	0.0706	0.0731	0.0789	0.0798	0.0824	0.0727
梅州市	0.0823	0.0867	0.0927	0.0999	0.1056	0.1248	0.1412	0.1258	0.1351	0.1527	0.1665	0.1577	0.1226
清远市	0.0457	0.0525	0.0707	0.0870	0.0870	0.0901	0.0193	0.0195	0.0215	0.0260	0.0335	0.0390	0.0493
汕头市	0.0896	0.0874	0.0870	0.0891	0.0893	0.0996	0.1011	0.1154	0.1145	0.1115	0.1136	0.1383	0.1030
汕尾市	0.3037	0.2906	0.2770	0.2683	0.2377	0.2398	0.2962	0.2227	0.3791	0.3816	0.3099	0.3143	0.2934
韶关市	0.0794	0.0862	0.0882	0.0848	0.0780	0.0775	0.0776	0.0773	0.0775	0.0789	0.0844	0.0833	0.0811
深圳市	0.5571	0.5740	0.5835	0.6015	0.5983	0.6094	0.6900	0.7004	0.6940	0.6805	0.6882	0.7017	0.6399
阳江市	0.0546	0.0517	0.0481	0.0602	0.0599	0.0662	0.0688	0.0723	0.0703	0.0696	0.0736	0.0726	0.0640
云浮市	0.0997	0.1127	0.1230	0.1290	0.1432	0.1297	0.1012	0.1014	0.1033	0.1089	0.1152	0.1221	0.1158
湛江市	0.0685	0.0680	0.0662	0.0666	0.0857	0.0859	0.0814	0.0731	0.0717	0.0718	0.0711	0.0885	0.0749
肇庆市	0.1141	0.1254	0.1268	0.1251	0.1259	0.1355	0.1246	0.1566	0.1591	0.1532	0.1396	0.1425	0.1357
中山市	0.1868	0.1849	0.1642	0.1564	0.1777	0.2201	0.2284	0.2339	0.2399	0.2476	0.2504	0.2433	0.2111
珠海市	0.2901	0.3242	0.3371	0.2705	0.2163	0.2553	0.2325	0.1918	0.1916	0.1867	0.2031	0.1868	0.2405

从以上可持续创新发展指数的分析结果可以发现，与创新驱动指数和创新贡献指数相同的是，深圳在总体均值上独占鳌头。更令人惊奇的是，深圳历年可持续创新发展指数中最低的值（2005年的0.5571）都比其他任何一个城市历年最高的值（惠州市2005年的0.4865）高出不少，这足以证明深圳的创新水平之强。而作为广东省经济发展驱动的重要引擎之一的广佛经济圈，广州和佛山在可持续创新发展指数方面的表现不尽如人意，无论是总体均值还是成长幅度上，均位于中游水平。这可能也是近年来广州的创新水平越来越落后于深圳的一个重要原因，值得重点关注。

三　广东省各个城市 2016 年创新指数排名情况

（一）创新总指数的分析

图 2—10 展示了 2016 年广东省各个城市的创新指数均值排名情况。从图 2—10 中可以发现，深圳市（均值为 0.8079）处于绝对的领先地位，比排名第 2 的广州的创新指数（均值为 0.4873）高出 65.79% 之多。排名第 3 位的是东莞（均值为 0.3978），虽然其创新指数仅有深圳的一半，但它与广州的差距并不太大，这可能得益于深圳的创新辐射作用。将来，华为将搬迁至东莞，相信东莞在创新水平上还将更上一层楼，未来可期。排在第 4、5、6、7 位的城市分别是中山、佛山、珠海和惠州，它们之间的差距极其微小，而汕尾则排在惠州之后。由此，深圳独占第一梯队，创新指数高于 0.5，广州、东莞、中山、佛山、珠海、惠州、汕尾属于第二梯队，创新指数介于 0.2 和 0.5 之间。紧随其后的城市分别是河源、江门、揭阳、肇庆、汕头和潮州，它们的创新指数介于 0.1 和 0.2，属于第三梯队。最后一个梯队的城市包括梅州、湛江、云浮、清远、韶关、阳江和茂名，它们的创新指数均小于 0.1。具体的排名和均值情况如表 2—13 所示。可以发现，在

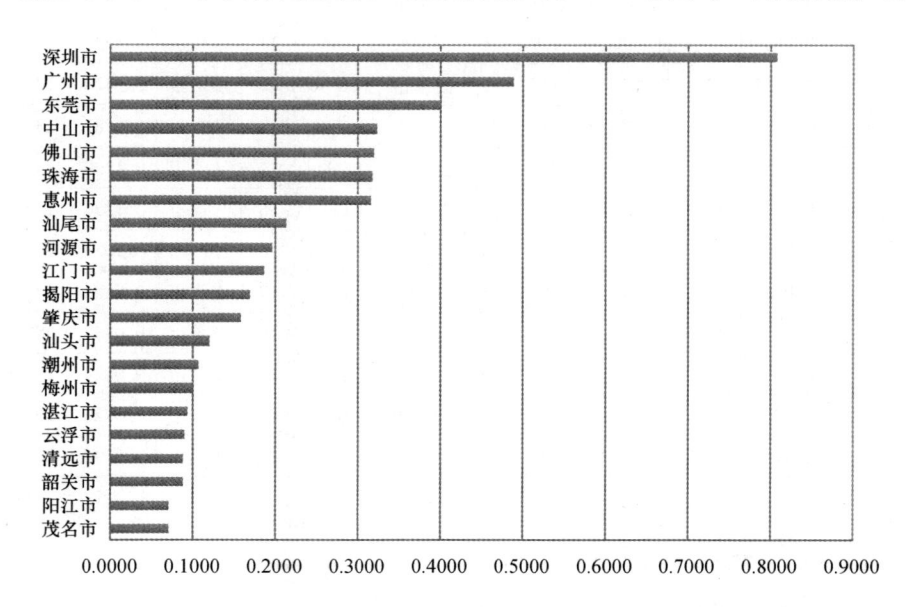

图 2—10　广东省各城市 2016 年创新总指数均值排名

2016年,创新水平较高的仍然是珠三角地区的城市,尤其是东莞,其与广州的差距并不大,将来在引入华为后,有可能进一步赶超广州。

表2—13 广东省各城市2016年创新总指数和3个二级创新指数均值和排名

创新指数	均值	排名	创新贡献指数	均值	排名	创新驱动指数	均值	排名	可持续创新发展指数	均值	排名
深圳市	0.8079	1	深圳市	0.8053	1	深圳市	1.0000	1	深圳市	0.7017	1
广州市	0.4873	2	广州市	0.5114	2	广州市	0.5881	2	东莞市	0.4187	2
东莞市	0.3978	3	东莞市	0.4323	3	珠海市	0.4402	3	惠州市	0.4006	3
中山市	0.3235	4	佛山市	0.3374	4	佛山市	0.4018	4	河源市	0.3409	4
佛山市	0.3192	5	惠州市	0.2858	5	中山市	0.3992	5	汕尾市	0.3143	5
珠海市	0.3175	6	中山市	0.2743	6	东莞市	0.3409	6	揭阳市	0.2847	6
惠州市	0.3147	7	江门市	0.2190	7	惠州市	0.2560	7	广州市	0.2592	7
汕尾市	0.2118	8	汕尾市	0.2063	8	江门市	0.1941	8	中山市	0.2433	8
河源市	0.1959	9	珠海市	0.2047	9	肇庆市	0.1054	9	珠海市	0.1868	9
江门市	0.1852	10	肇庆市	0.2034	10	汕头市	0.1054	10	梅州市	0.1577	10
揭阳市	0.1682	11	汕头市	0.1169	11	韶关市	0.0992	11	肇庆市	0.1425	11
肇庆市	0.1577	12	潮州市	0.1148	12	河源市	0.0945	12	佛山市	0.1420	12
汕头市	0.1190	13	湛江市	0.1089	13	汕尾市	0.0906	13	汕头市	0.1383	13
潮州市	0.1059	14	清远市	0.1077	14	清远市	0.0900	14	潮州市	0.1299	14
梅州市	0.0987	15	揭阳市	0.0820	15	云浮市	0.0882	15	云浮市	0.1221	15
湛江市	0.0932	16	阳江市	0.0758	16	湛江市	0.0794	16	江门市	0.1079	16
云浮市	0.0885	17	河源市	0.0758	17	潮州市	0.0733	17	湛江市	0.0885	17
清远市	0.0872	18	梅州市	0.0734	18	揭阳市	0.0704	18	韶关市	0.0833	18
韶关市	0.0865	19	韶关市	0.0730	19	茂名市	0.0639	19	茂名市	0.0824	19
阳江市	0.0704	20	茂名市	0.0663	20	阳江市	0.0631	20	阳江市	0.0726	20
茂名市	0.0703	21	云浮市	0.0494	21	梅州市	0.0569	21	清远市	0.0390	21

(二) 3个二级创新指数的分析

1. 创新贡献指数

图2—11展示了2016年广东省各个城市的创新贡献指数均值排名情

况。从图 2—11 中可以发现，深圳市（均值为 0.8053）处于绝对的领先地位，比排名第 2 的广州（均值为 0.5114）高出 57.48%。排名第 3 位的是东莞（均值为 0.4323），虽然其创新指数仅有深圳的一半，但它与广州的差距并不太大，并且这一差距小于广州与东莞创新总指数之间的差距。排在第 4 到第 10 位的城市分别是佛山、惠州、中山、江门、汕尾、珠海和肇庆，它们的创新指数均介于 0.2 和 0.4 之间。排在肇庆后面的城市的创新贡献指数均较低，分别是汕头、潮州、湛江、清远、揭阳、阳江、河源、梅州、韶关、茂名和云浮。具体的排名和均值情况如表 2—13 所示。可以发现，创新贡献指数高的地区仍然是珠三角城市群，而汕尾的表现也不俗。

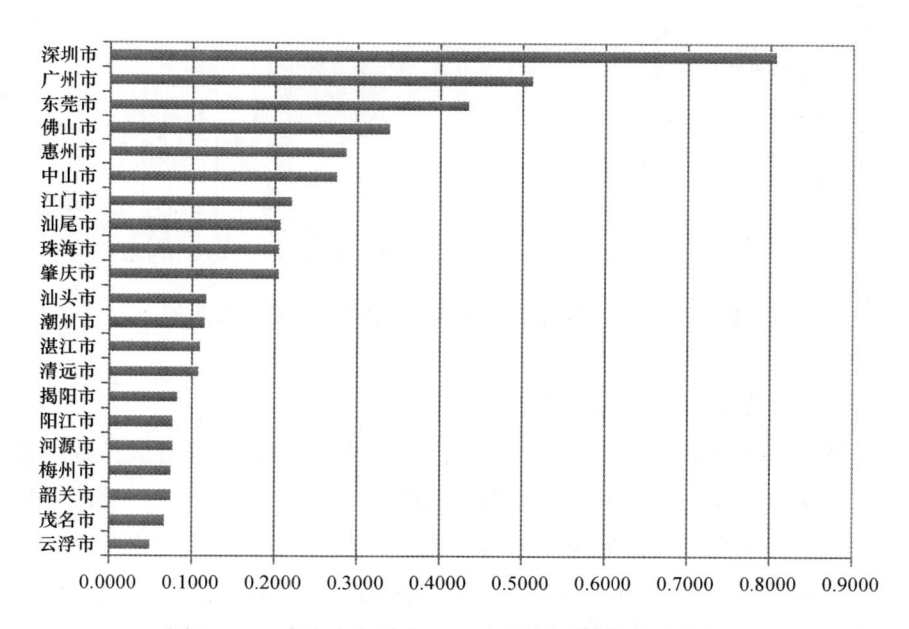

图 2—11　广东省各城市 2016 年创新贡献指数均值排名

2. 创新驱动指数

图 2—12 展示了 2016 年广东省各个城市的创新驱动指数均值排名情况。从图 2—12 中可以发现，深圳市的均值达到了 1，绝对领先于其他城市。广州紧随其后，但仍然与深圳存在较大的差距。排在第 3 到第 10 位的城市分别是珠海、佛山、中山、东莞、惠州、江门、肇庆和汕头，它

们的创新驱动指数均值均介于 0.1 和 0.5 之间。值得注意的是，在创新贡献指数中排名第 3 的东莞，在创新驱动指数中落到第 6，取而代之的则是珠海（在创新贡献指数中排名第 9）。剩余的 11 个城市的创新驱动指数均值均小于 0.1，基本都是珠三角地区之外的城市。

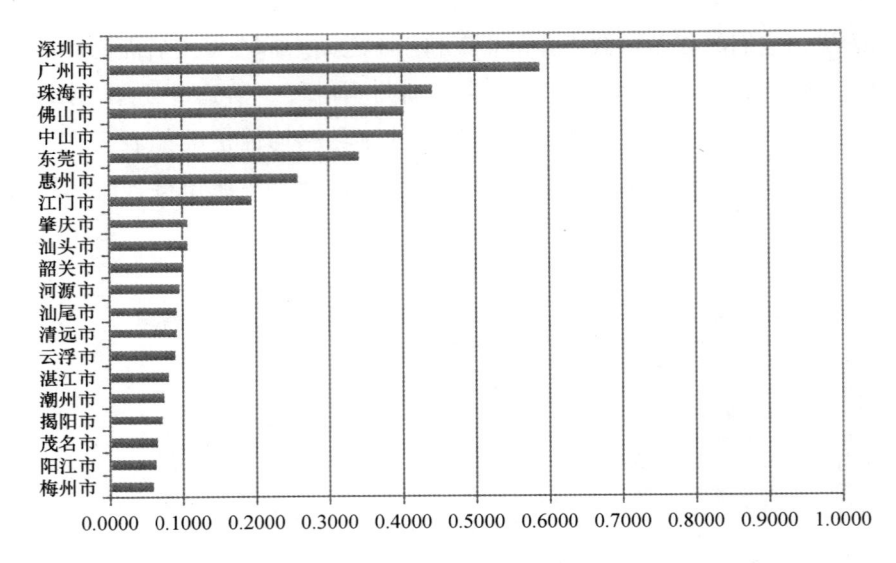

图 2—12　广东省各城市 2016 年创新驱动指数均值排名

3. 可持续创新发展指数

图 2—13 展示了 2016 年广东省各个城市的可持续创新发展指数均值排名情况。从图 2—13 中可以发现，深圳市（均值为 0.7017）继续一枝独秀，遥遥领先于其他城市。而排在第 2 位的城市不再是广州，而是东莞，紧随其后的是惠州、河源、汕尾、揭阳、广州和中山，它们的可持续创新发展指数均值均介于 0.2 和 0.5 之间。均值介于 0.1 和 0.2 之间的城市包括珠海、梅州、肇庆、佛山、汕头、潮州、云浮和江门。而湛江、韶关、茂名、阳江和清远则排在最后 5 位。具体的排名和均值情况如表 2—11 和表 2—12 所示。可持续创新发展指数的排名与其他两个二级创新指数的排名有了明显的差异。首先，从区域来看，珠三角地区不再是绝对的发展高地，排名前十的城市中有四个城市不在珠三角地区（河源、汕尾、揭阳、梅州），其中，河源、汕尾和揭阳甚至排在了广州的前面，

而肇庆、佛山和江门的排位则都在 10 名以后。其次，就城市而言，值得重点关注的是广州，其在可持续创新发展指数方面表现一般，仅排在第 7 位，均值仅占深圳的 36.94%，而东莞则排名第 2。这也能够在一定程度上解释，在创新总指数方面，为何深圳比广州领衔如此之多，而广州虽然排名第 2，但其与东莞的差距并不是很大。这一发现值得广州警惕，广州政府在将来的政策制定和实施时，需要重点关注其可持续创新发展指数方面的指标（高科技产业、上市公司和国际化水平）。

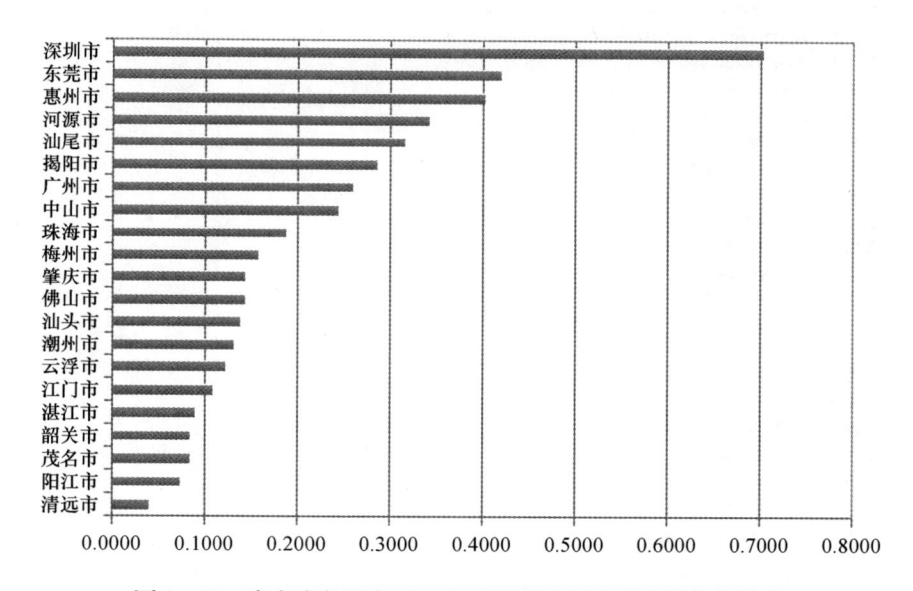

图 2—13　广东省各城市 2016 年可持续创新发展指数均值排名

（三）12 个三级创新因子的分析

这部分我们将给出 12 个三级创新因子标准化以后的得分排名情况。具体按照表 2—3（创新指数各级指标权重）中的给出。

1. 金融行业指数

金融行业指数是由金融机构数量和金融行业增加值合成的一个指标，衡量的是地区金融发展水平。从图 2—14 中可以发现，2016 年，深圳和广州的金融行业指数处于第一梯队，遥遥领先于其他城市，并且它们之间的差距并不大。这是一个值得关注的现象，因为金融业是深圳的支柱产业，而并非广州的支柱产业，从 2016 年的情况来看，广州也在有意识地发展金融业最终来助力地区创新发展的水平。位于第二梯队的城市是佛山和东莞，这两个城市的金融发展水平表现不俗，可能是受到深圳和广州的带动作用。排在第 5 到第 8 位的城市分别是中山、惠州、江门和珠海。可以看到，排名前 8 位的城市均为三大经济圈内的城市，而其他城市的金融发展水平的差距并不大。总体而言，深圳和广州在金融发展水平上处于"双领头羊"的角色，带动着周边城市的发展。

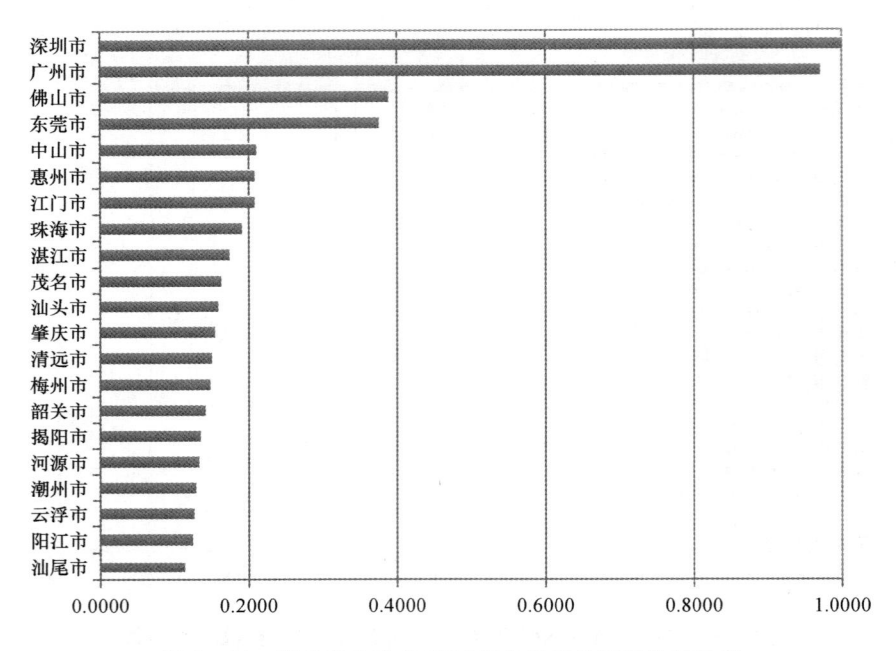

图 2—14　广东省各城市 2016 年金融行业指数均值排名

2. 企业研发投入

企业研发投入是各类规模以上工业企业的研发投入情况。从图 2—15 中可以发现，2016 年，深圳地区企业的研发投入水平一枝独秀，而排在第 2 位的珠海的研发投入水平仅为深圳的一半左右，强大的研发投入也是深圳近些年来保持高水平创新的重要原因。排在第 3 至第 8 位的城市分别是佛山、中山、东莞、广州、惠州和江门。同样地，排名前八的城市均为三大经济圈城市。其中，广州的企业研发投入情况仅排名第 6，仅为深圳总水平的 1/3 左右，这是广州政府在将来需要努力提升的一点。

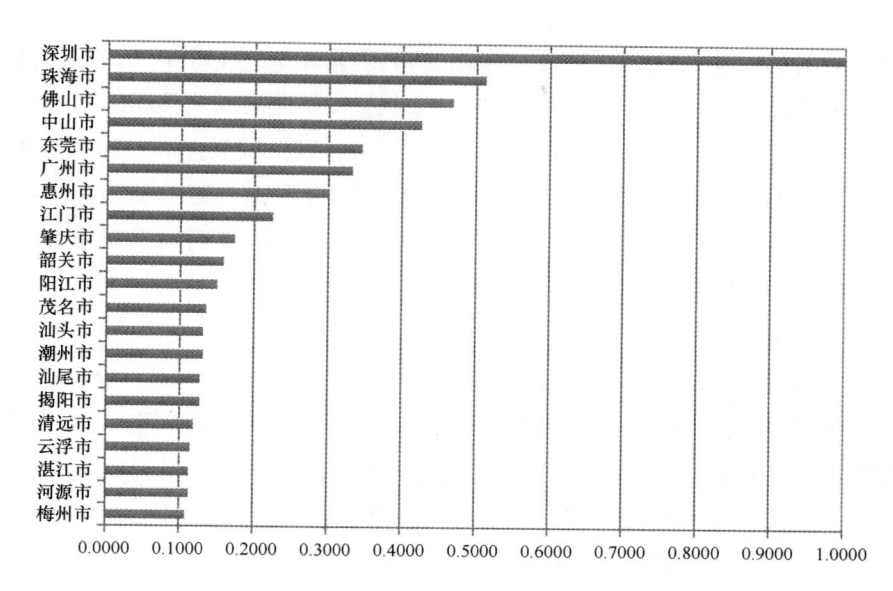

图 2—15　广东省各城市 2016 年企业研发投入均值排名

3. 高科技产业产值

高科技产业产值是各类规模以上工业企业高科技产值。从图 2—16 中可以发现，2016 年，深圳、东莞和惠州在高科技产业产值方面排名前三

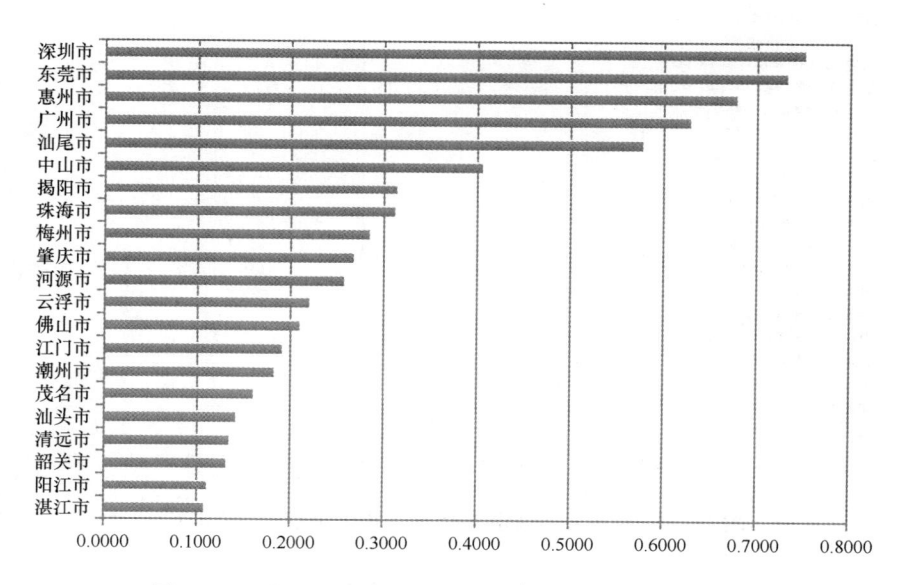

图 2—16　广东省各城市 2016 年高科技产业产值均值排名

位,紧随其后的是广州、汕尾、中山、揭阳和珠海。可以发现,排名前八位的城市中,汕尾和揭阳均不是三大经济圈内的城市,而佛山和江门则分别排在第13位和第14位。因此,在高科技产业发展方面,珠三角地区虽然仍然是核心辐射区域,但汕尾和揭阳也表现出一定的竞争力。此外,广州的表现不是很突出,这可能也是导致其可持续创新发展指数表现一般的原因之一。

4. 上市公司数量

上市公司数量是在各地区注册和经营的上市公司数量总和。从图2—17中可以看到,在2016年,深圳市的上市公司数量遥遥领先,达到了234家,而排在第二位的广州的上市公司数量是78家,仅为深圳市的1/3。紧随其后的是汕头(26家)、佛山(26家)和珠海(24家)。这5个城市的上市公司数量都超过了20家,而其他城市的上市公司数量则相对较少。值得一提的是,在上市公司总数上,深圳一个城市的数量(234家)超过了其他所有城市上市公司的数量总和(230家),这足以表明深圳的创新和创业活力之活跃。

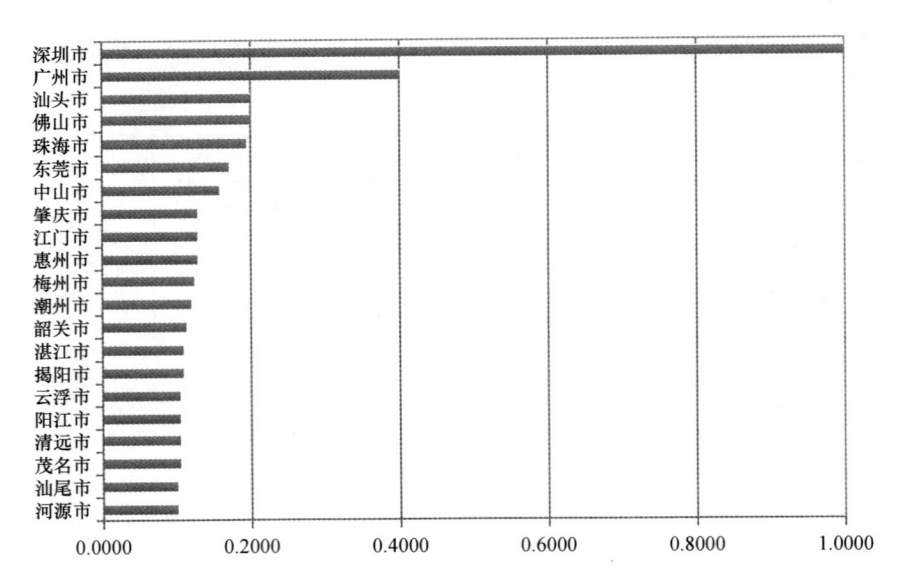

图2—17 广东省各城市2016年上市公司数量均值排名

5. 专利授予

就专利授予情况来看，从图2—18中可以看到，在2016年，深圳和广州的专利授予数量处于绝对领先位置，而佛山、东莞和中山也有较好的表现。分列第6到第10位的是惠州、珠海、汕头、江门和潮州。同样地，排在前十名的城市主要是来自三大经济圈内的城市。

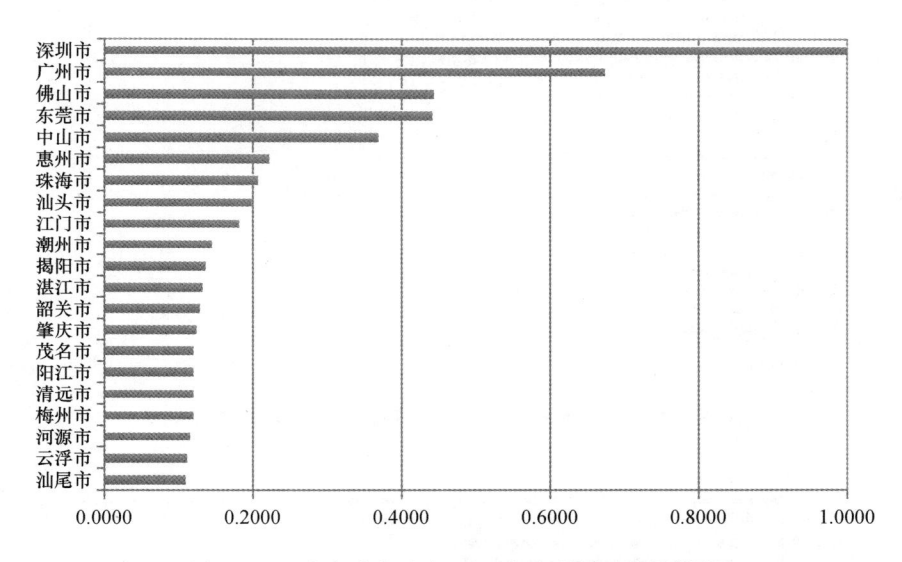

图2—18 广东省各城市2016年专利授予均值排名

6. 科技财政支出

科技财政支出是地区政府财政支出中的科技投入部分。从图2—19中可以看到，在2016年，排名前三的分别是深圳、珠海和中山，这三个城市政府对于科技创新的支持力度相当大。紧随其后的是广州、佛山、东莞、惠州和江门。同样可以发现，在科技财政支出方面，三大经济圈内的城市仍然占据着主导地位，排名靠前。而其他区域城市政府对于科技创新的投入力度相对较弱。

7. 专利申请

专利申请是创新产出的一个阶段。从图2—20中可以看到，在2016年，深圳和广州在专利申请方面表现突出，但两者之间有着不小的差距，排名第3到第8位的城市分别是东莞、佛山、中山、珠海、惠州和江门。

排名前八位的城市均来自三大经济圈，但东莞和佛山受到深圳和广州的带动作用更大，其专利申请数量明显高于珠中江经济圈的3个城市（珠海、中山、江门）。

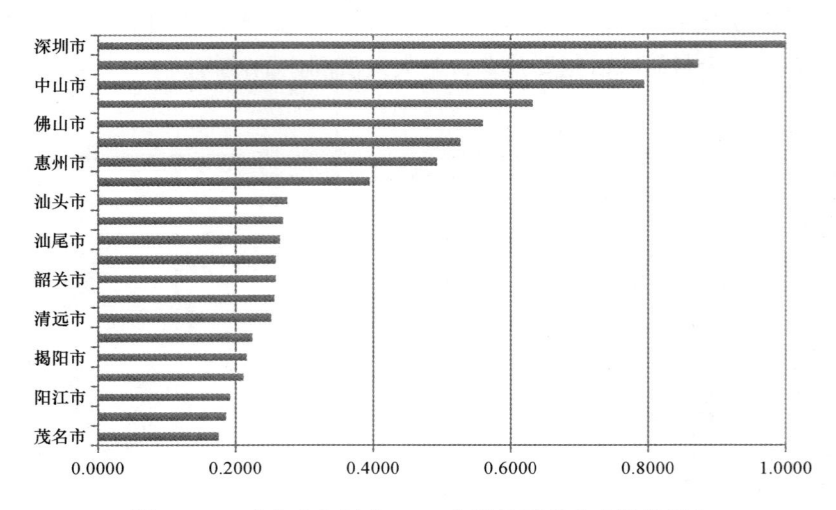

图2—19　广东省各城市2016年科技财政支出均值排名

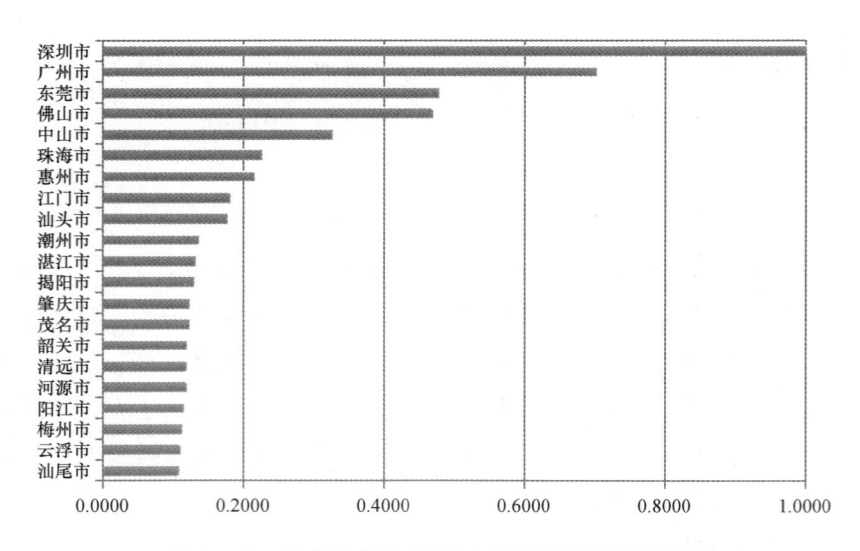

图2—20　广东省各城市2016年专利申请均值排名

8. 新产品产值

新产品产值衡量的是地区规模以上工业企业新产品的开发情况。从

图2—21中可以看到，在2016年，东莞和惠州分别排在前两位，而深圳则排在了第3位，但它们之间的差距并不大。分列第4到第10位的城市分别是汕尾、肇庆、珠海、佛山、广州、江门和中山。在新产品开发方面，深圳和广州不再是广东省的领头羊，尤其是广州，仅仅排在第8位，而受益于深圳的溢出效应，东莞和惠州的表现突出。

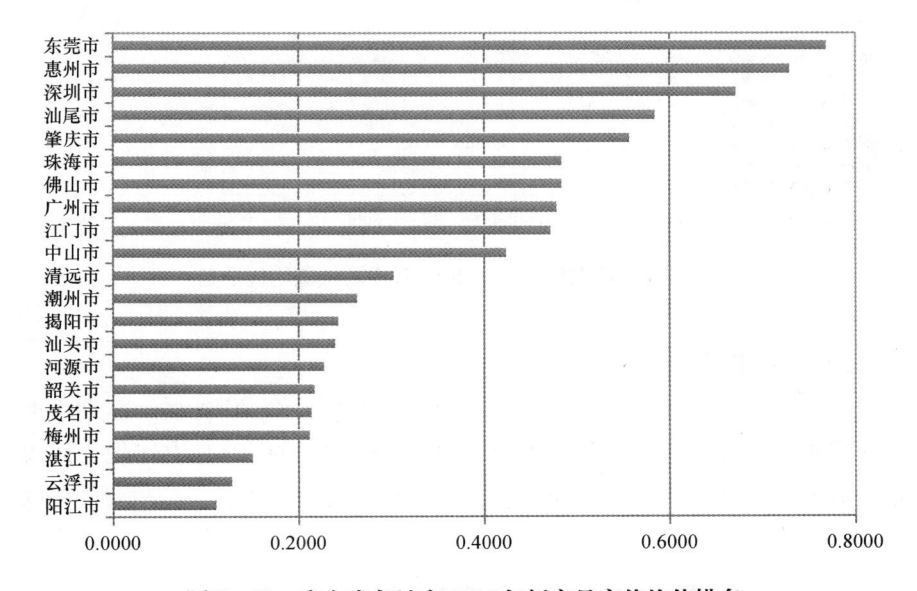

图2—21　广东省各城市2016年新产品产值均值排名

9. 专利价值

专利价值是指专利对持有者的私人价值，定义为专利在其生命期内产生的收入现值，是一种沉淀的价值，而非传统意义上的创新投入或创新产出。从图2—22中可以看到，在2016年，深圳的专利价值独占第一梯队，而排名第2的广州的专利价值仅为深圳的1/3，而广州的专利价值又比排在之后的东莞、佛山、珠海、中山、惠州、江门等城市高出一个档次。因此，就专利价值而言，地区差异非常之大，这主要表现在领先城市和落后城市之间的差距，而排名靠后的城市之间的差距并不明显。

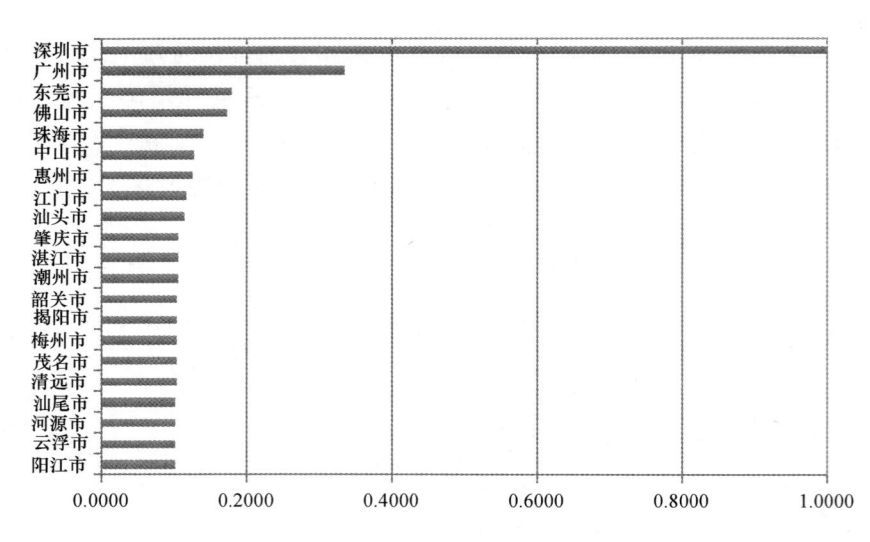

图2—22　广东省各城市2016年专利价值均值排名

10. 国际化水平

就国际化水平而言，从图2—23中可以看到，在2016年，深圳市的国际化水平相当之高，这也是其作为改革开放排头兵的有力体现。而粤东沿海的两座城市，潮州和汕头在国际化水平上表现抢眼，分别排在第2

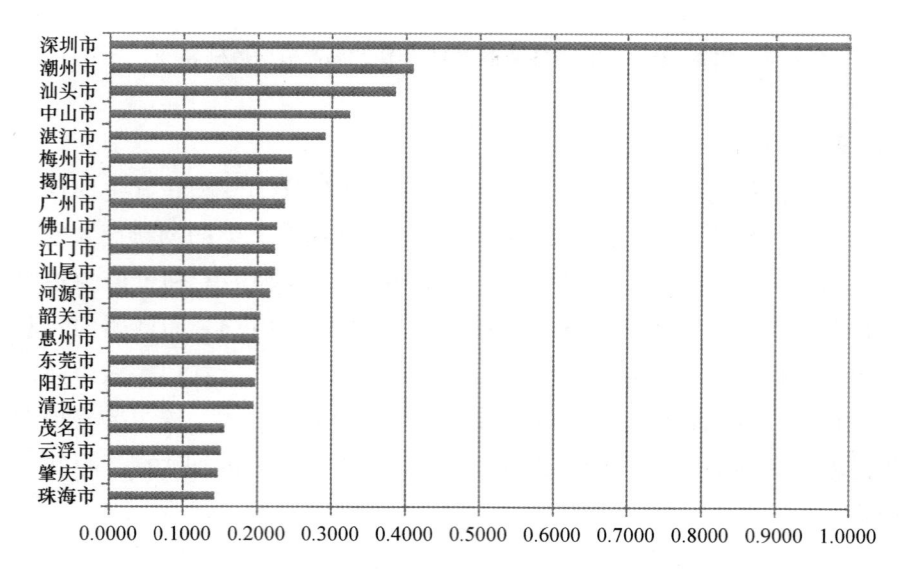

图2—23　广东省各城市2016年国际化水平均值排名

和第 3 位，排在第 4 到第 10 位的城市分别是中山、湛江、梅州、揭阳、广州、佛山和江门。可以发现，就国际化水平而言，排在前 10 位的城市不再由三大经济圈城市垄断，有 5 座城市进入了前 10，而惠州、东莞和珠海的排名则相对靠后。另外，广州在国际化水平上的排名相对靠后，尽管其与排在前面的城市（除深圳）之间的差距并不大，这也能够解释为何广州在可持续创新发展指数方面表现相对一般。

11. 创业活跃度

创业活跃度是衡量一个国家和地区创业积极程度的核心指标。从图 2—24 中可以看到，在 2016 年，创业活跃度最高的城市是深圳和广州，紧随其后的是东莞、中山、潮州、阳江、江门、汕头、肇庆和清远。可以发现，排名前 10 的城市中有 5 个城市来自于三大经济圈之外。由此，就创业活跃度而言，最活跃的城市并非集中在珠三角地区，粤东、粤西和粤北也在与其拉近差距。

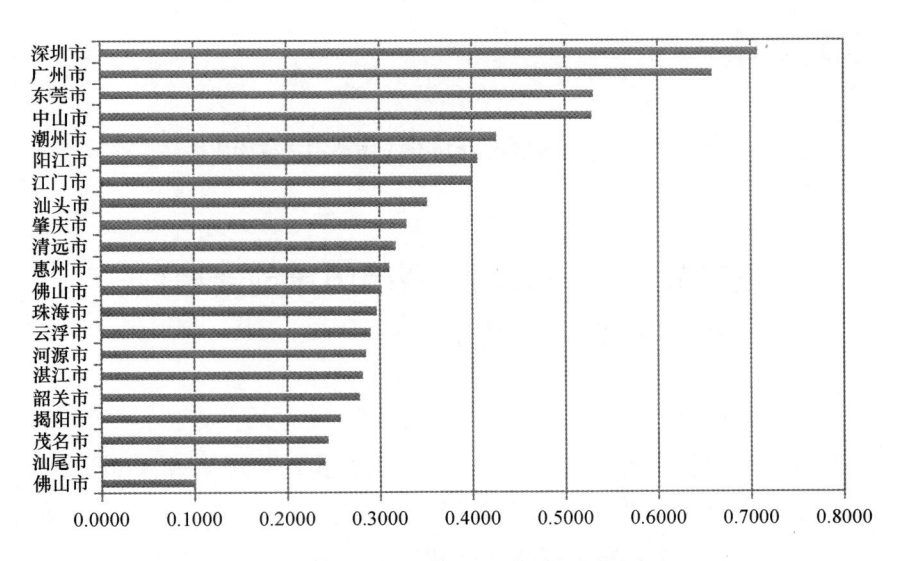

图 2—24　广东省各城市 2016 年创业活跃度均值排名

12. 上市公司产值

上市公司产值衡量的是地区上市公司主营业务收入情况。从图 2—25 中可以看到，在 2016 年，各个城市上市公司的总体产值差距并不大，排名靠前的仍然是三大经济圈内的城市，而粤北、粤西、粤东的上市公司表现也不俗。但值得注意的是，汕尾、清远和河源 3 个城市的上市公司表现较差，一是因为这几个城市上市公司很少，二是因为这些地区上市公司的总体经营状况欠佳。

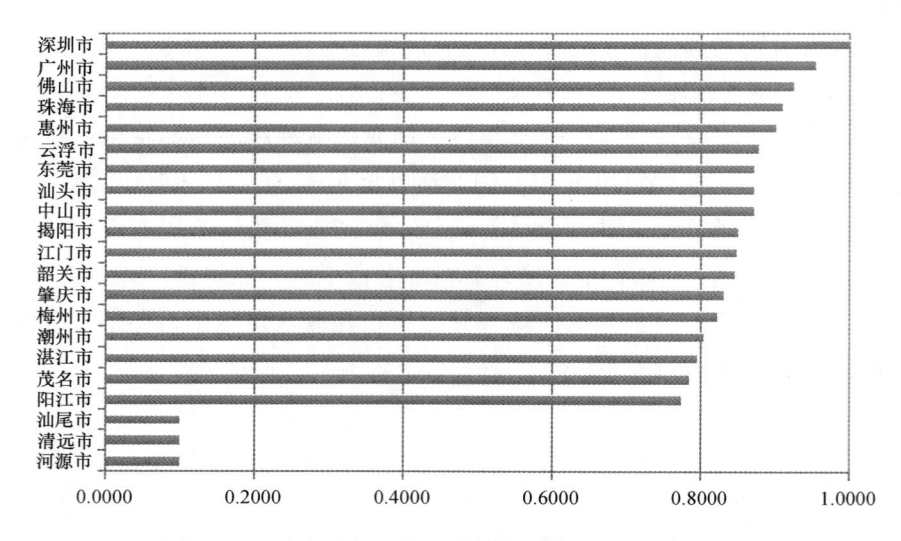

图 2—25、广东省各城市 2016 年上市公司产值均值排名

第二节 广东省各个城市历年创新指数变化趋势分析

一 潮州市

从潮州市的创新指数以及三个二级指数变化趋势图来看，可以发现：第一，潮州市 2005—2016 年的创新指数呈波动上升趋势，整体发展较为平缓。第二，就三个二级创新指数变化趋势而言，总体呈现出增长趋势，但波动幅度较大。就三个二级指数的贡献程度而言，在 2012 年之前，对创新指数贡献最大的是创新贡献指数，可持续创新发展指数次之，最后是创新驱动指数；而 2012 年以后，可持续创新发展指数的贡献最大，创新贡献指数和创新驱动指数则交替波动。第三，在 2013 年和 2014 年，潮州市的创新指数有明显的下降趋势，这主要是因为创新驱动指数大幅度下降所致。而在 2015 年，由于创新驱动指数与可持续创新发展指数大幅度上涨，促进潮州市创新指数大幅度提升。总体来看，潮州市三个创新指数发展相对均衡，共同推动着潮州市创新水平的发展。从十二个细项指标来看，潮州的上市公司产值所占比例相对较高，其他部分仍待提升。特别是专利价值部分。（见图 2—26、图 2—27、图 2—28）

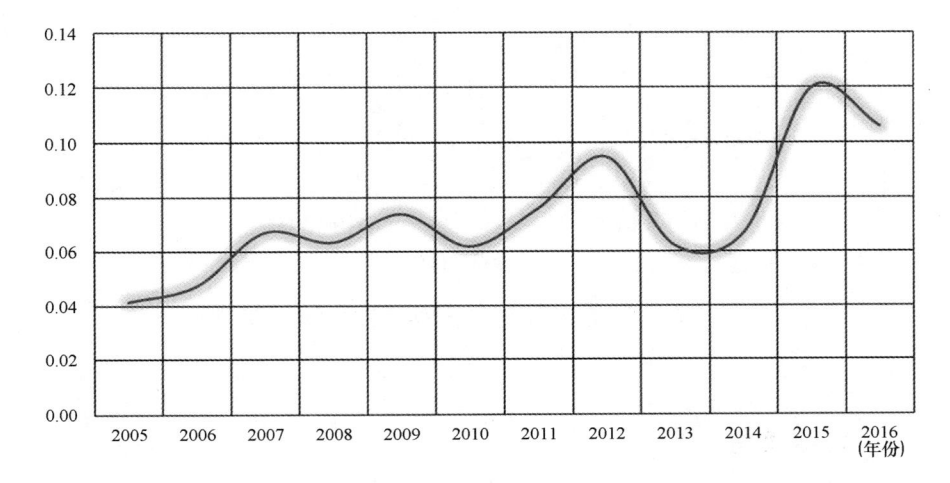

图 2—26　潮州市创新指数变化趋势

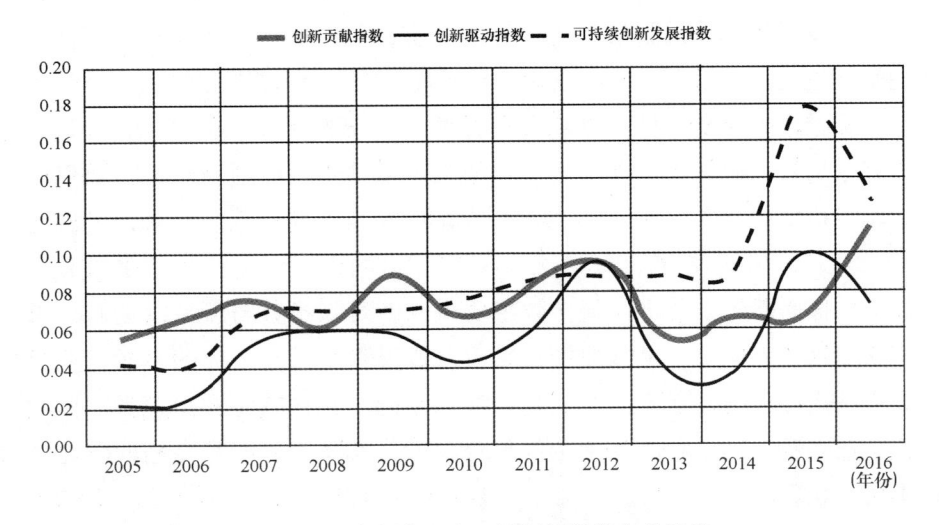

图 2—27　潮州市三个二级创新指数变化趋势

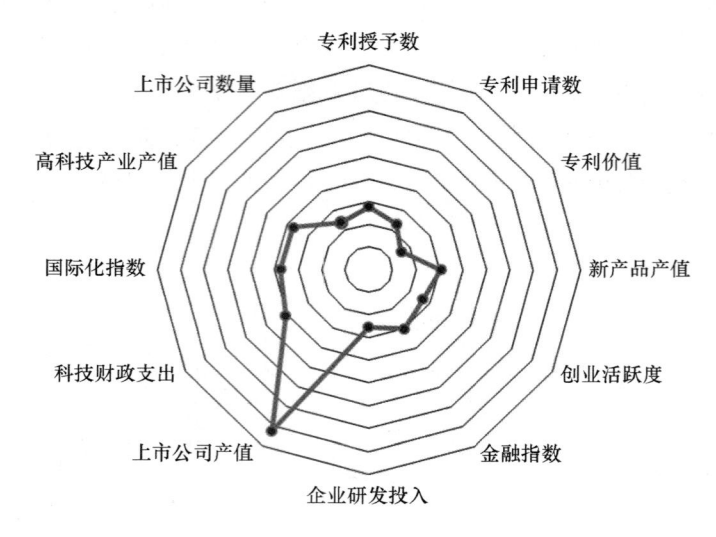

图 2—28　潮州市十二个指标近三年详细情况

二　东莞市

从东莞市的创新指数以及三个二级指数变化趋势图来看，可以发现：第一，东莞市 2005—2016 年的创新指数呈上升趋势，整体发展较为平缓。第二，就三个二级创新指数变化趋势而言，总体呈现出增长趋势，但波动幅度较大。就三个二级指数的贡献程度而言，在 2007 年之后，对创新指数贡献最大的是可持续创新发展指数，创新驱动指数次之，最后是创新贡献指数；而创新贡献指数呈现健康上涨趋势，而创新驱动指数仍处于相对稳定的状态。可持续创新发展指数在 2010 年以后，呈现出上涨趋势。第三，在 2007 年到 2014 年间，东莞市的创新驱动指数几乎没有发展。总体来看，东莞市创新指数主要由创新贡献指数与可持续创新发展指数所带动。从十二个细项指标来看，值得肯定的是东莞的金融行业与高科技产业产值、新产品产值均较高。但同时相比其专利申请数、专利授予数来看，其专利的专利价值相对较低，其原因可能是专利的转化率不高。从数据上看，政府是非常重视创新发展的。（见图 2—29、图 2—30、图 2—31）

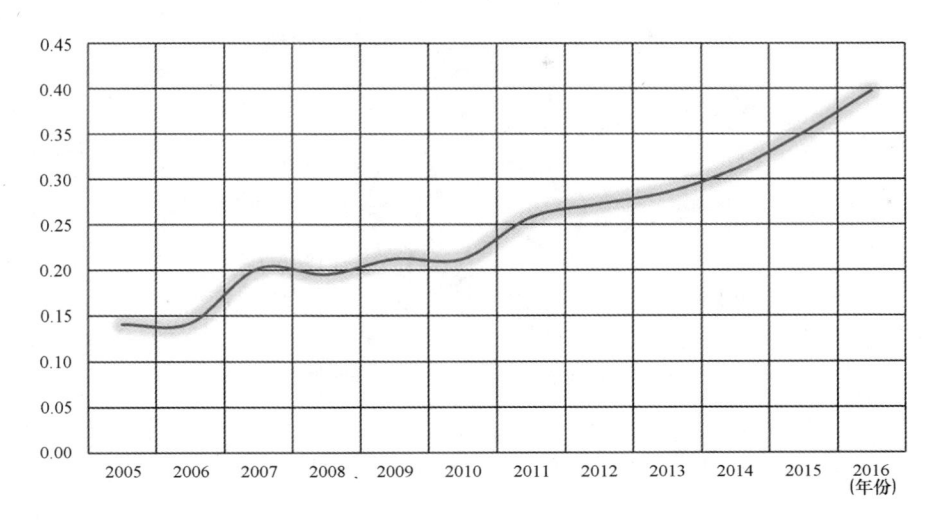

图 2—29 东莞市创新指数变化趋势

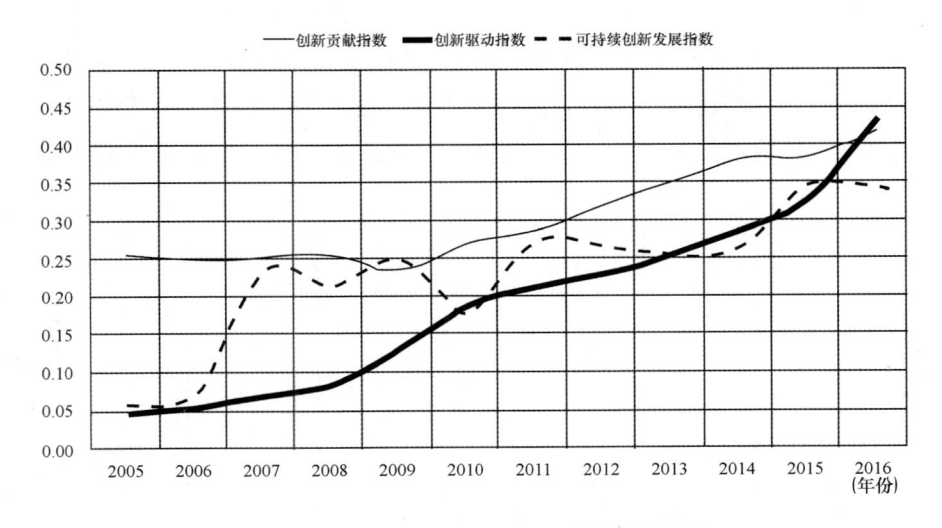

图 2—30 东莞市三个二级创新指数变化趋势

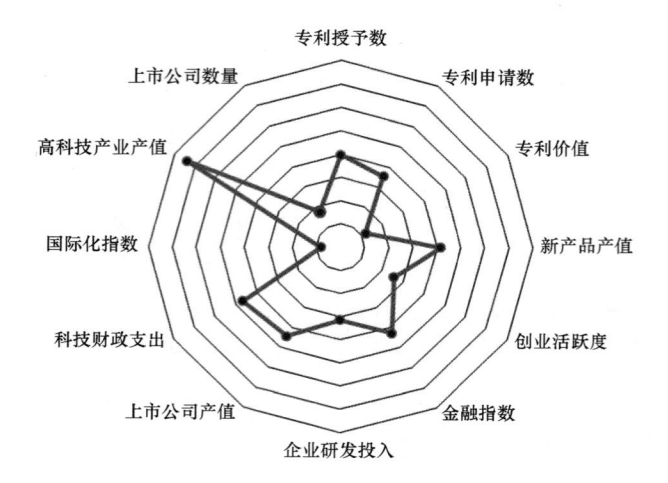

图 2—31　东莞市十二个指标近三年详细情况

三　佛山市

从佛山市的创新指数以及三个二级指数变化趋势图来看，可以发现：第一，佛山市 2005—2016 年的创新指数呈稳步上升趋势。第二，就三个二级创新指数变化趋势而言，总体呈现出增长趋势，但可持续创新发展指数增速较慢，几乎近十年间无所增长。就三个二级指数的贡献程度而

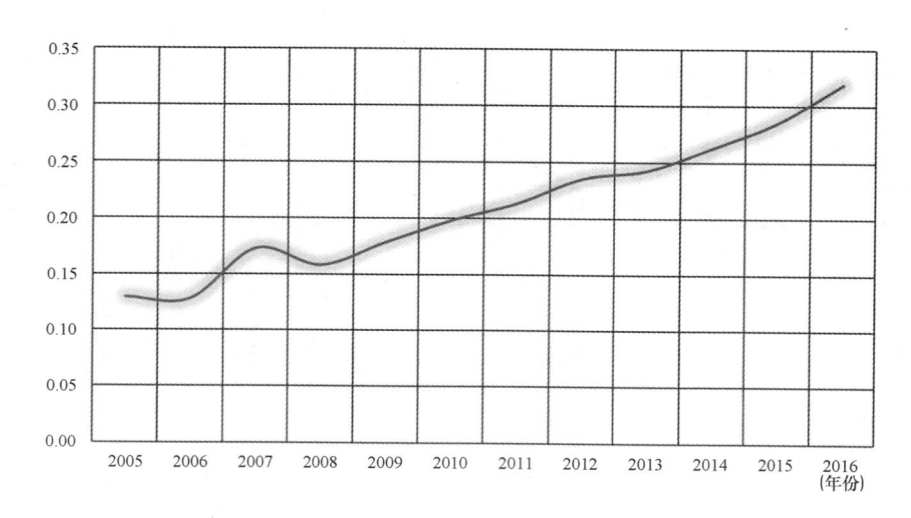

图 2—32　佛山市创新指数变化趋势

言，对创新指数贡献最大的是创新驱动指数，创新贡献指数次之，最后是可持续创新发展指数。从十二个细项指标来看，佛山市的科技财政支出、上市公司产值、企业研发投入、金融行业指数都非常高。提升了良好的创新环境。但仍然存在一些不足，如高科技产业产值占比较低、创业活跃度较低等情况。(见图2—32、图2—33、图3—34)

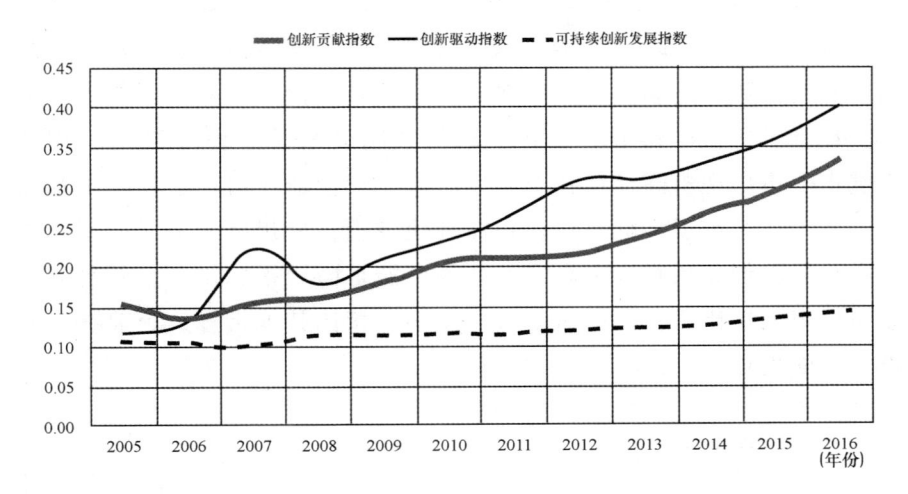

图2—33　佛山市三个二级创新指数变化趋势

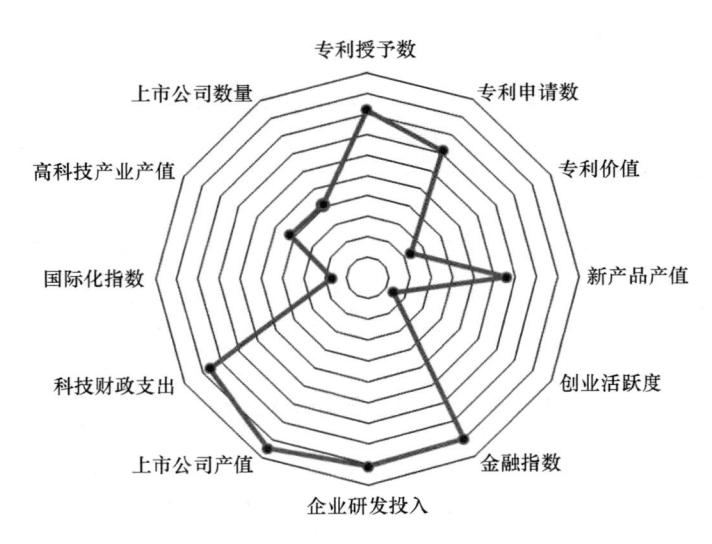

图2—34　佛山市十二个指标近三年详细情况

四 广州市

从广州市的创新指数以及三个二级指数变化趋势图来看，可以发现：第一，广州市2005—2016年的创新指数呈高速上升趋势。第二，就三个二级创新指数变化趋势而言，总体呈现出增长趋势，但可持续创新发展指数增长较慢。2012年之后，创新贡献指数呈现出高速增长趋势。就三个二级指数的贡献程度而言，对创新指数贡献最大的是创新驱动指数，创新贡献指数次之，最后是可持续创新发展指数。第三，在近十年，广州市的创新驱动指数明显增长。2012年后，创新贡献指数也呈现出高速增长趋势。而可持续创新发展指数相对平稳发展。从十二个细项指标来看，相比其他细项，广州市的金融行业指数很高，但其创业活跃度不高。其原因可能是由于指标定义是新创立企业与特定人口比值，而广州市人口众多。相比其他指标，企业在研发投入方面仍存在些许不足。（见图2—35、图2—36、图2—37）

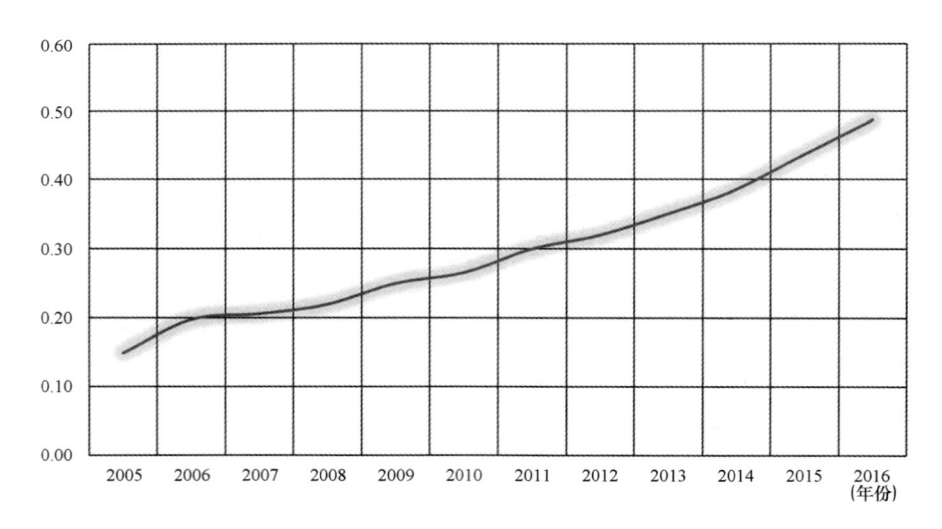

图2—35 广州市创新指数变化趋势

第四章 地区创新指数分析 / 131

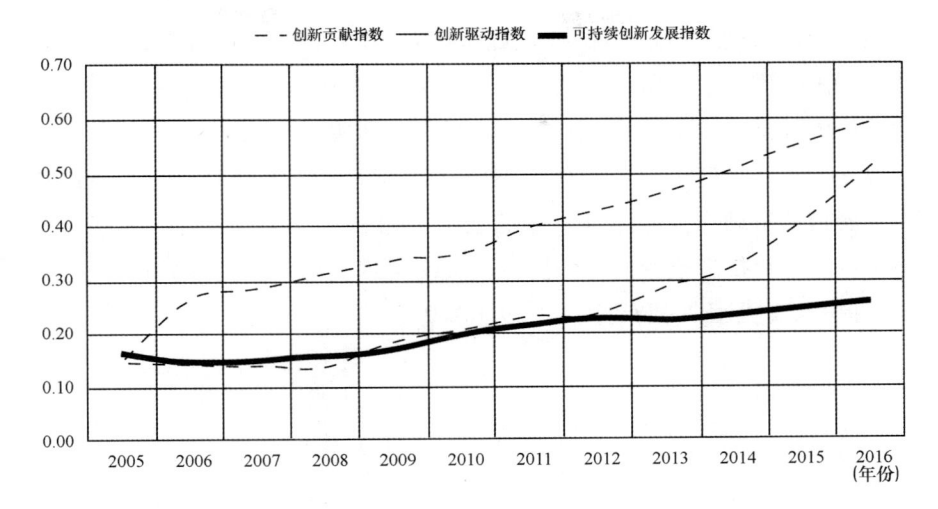

图 2—36 广州市三个二级创新指数变化趋势

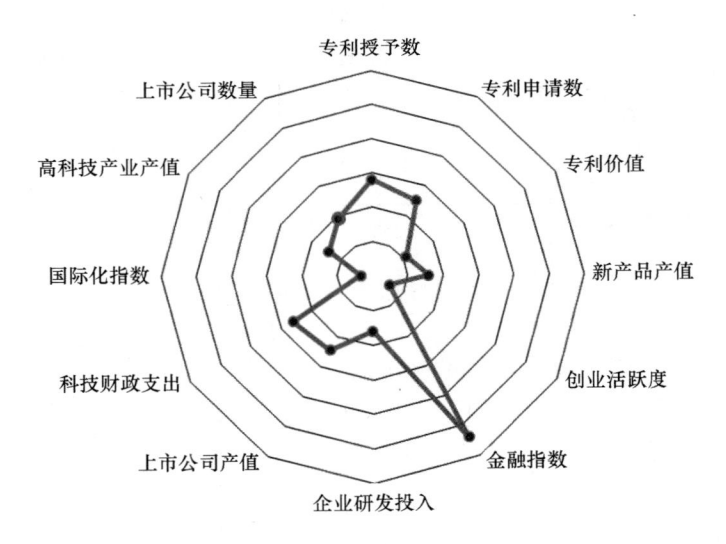

图 2—37 广州市十二个指标近三年详细情况

五 河源市

从河源市的创新指数以及三个二级指数变化趋势图来看，可以发现：第一，河源市 2005—2016 年的创新指数呈波动缓慢上升趋势。第二，就三个二级创新指数变化趋势而言，可持续创新发展指数增长较快，而创新驱动指数与创新贡献指数基本无所增长。2012年之后，创新驱动指数才呈现出少许增长趋势。就三个二级指数的贡献程度而言，对创新指数贡献最大的是可持续创新发展指数。第三，其创新驱动指数与创新贡献指数近十年几乎处于超低水平状态。其创新指数的上涨主要由可持续创新发展指数带动。可能与其当地的上市公司较多有关。从十二个指标细项来看，高科技产业产值与科技财政支出表现突出，其他部分仍然较低，有待提升。（见图2—38、图2—39、图2—40）

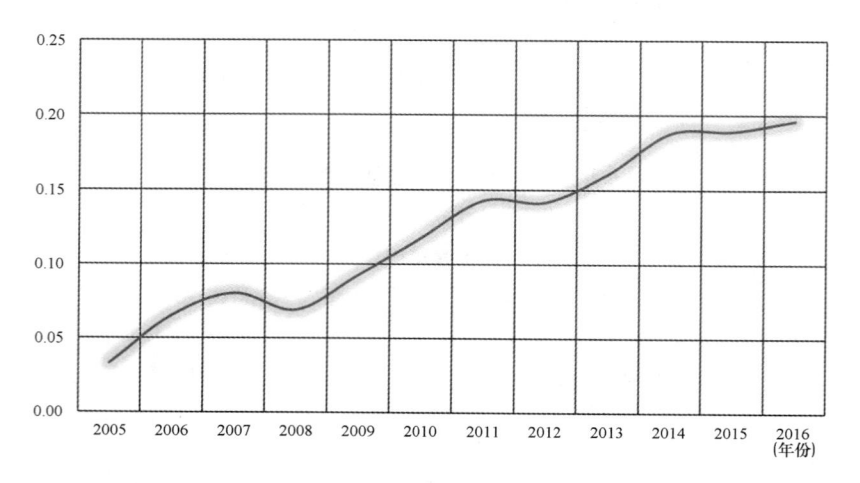

图2—38　河源市创新指数变化趋势

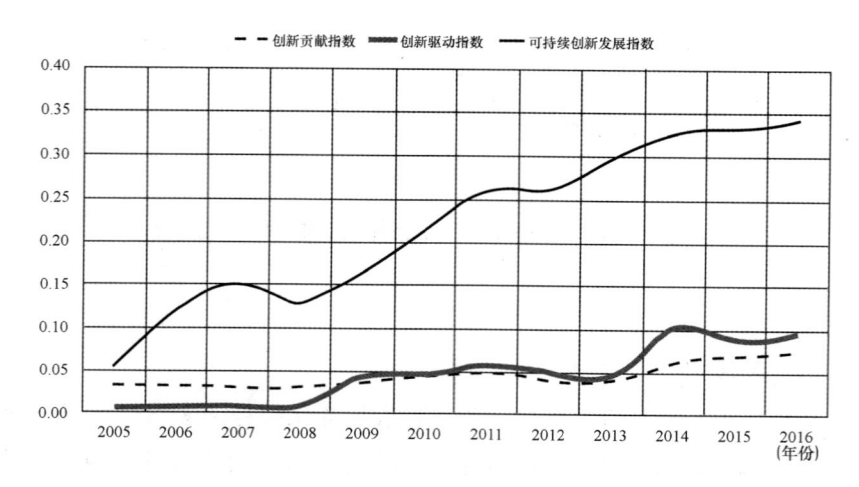

图2—39　河源市三个二级创新指数变化趋势

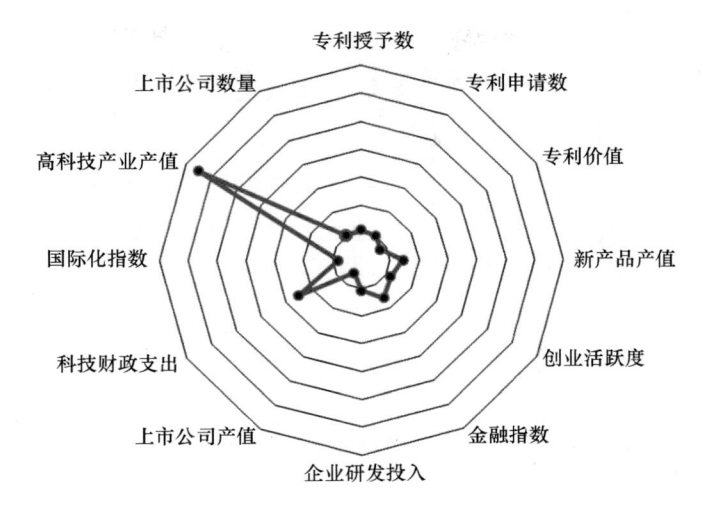

图 2—40　河源市十二个指标近三年详细情况

六　惠州市

从惠州市的创新指数以及三个二级指数变化趋势图来看，可以发现：第一，惠州市 2005—2016 年的创新指数几乎没有明显的增长趋势。第二，就三个二级创新指数变化趋势而言，可持续创新发展指数增长较慢，甚至有所下跌。2010 年之后，创新贡献指数与创新驱动指数有所上涨。就

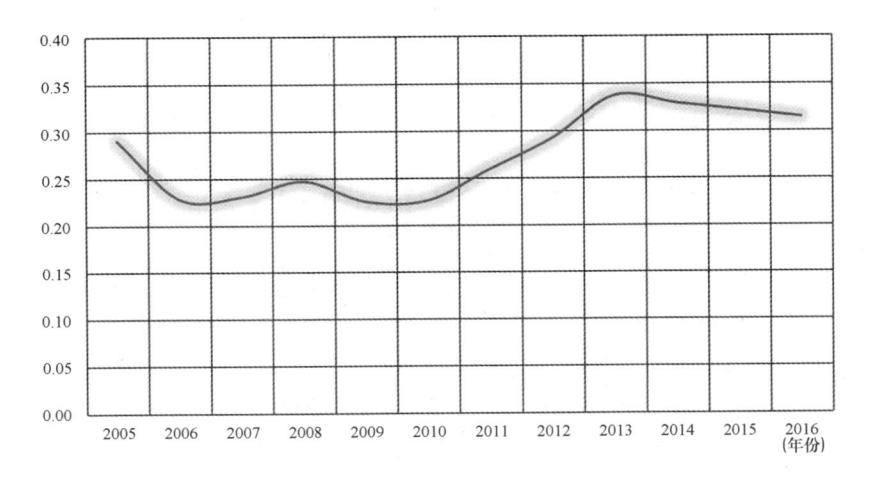

图 2—41　惠州市创新指数变化趋势

三个二级指数的贡献程度而言,对创新指数贡献最大的是可持续创新发展指数。第三,惠州近十年的创新驱动指数与创新贡献指数呈现低水平上涨趋势。而可持续创新发展指数发展停滞。从十二个细项指标来看,近几年惠州市的高科技产业产值、新产品产值较高,值得肯定与保持继续发展。但其创业活跃度则相比较低。另外,对于专利方面,仍有待加强。(见图2—41、图2—42、图2—43)

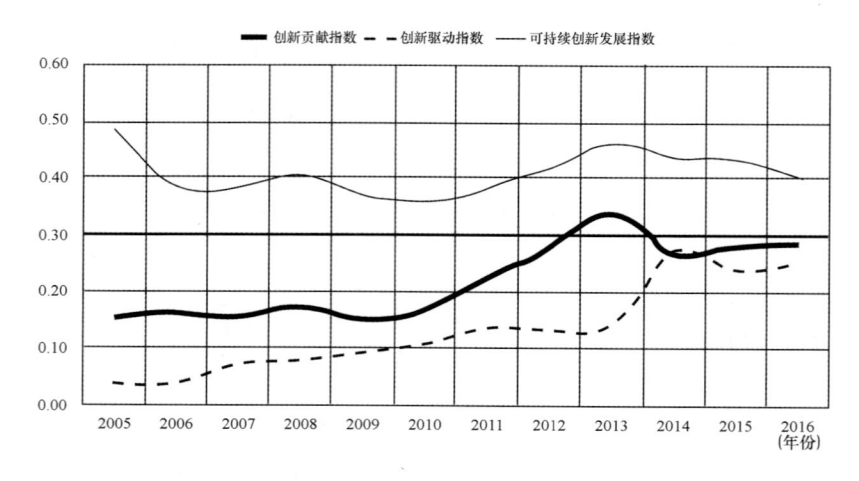

图2—42 惠州市三个二级创新指数变化趋势

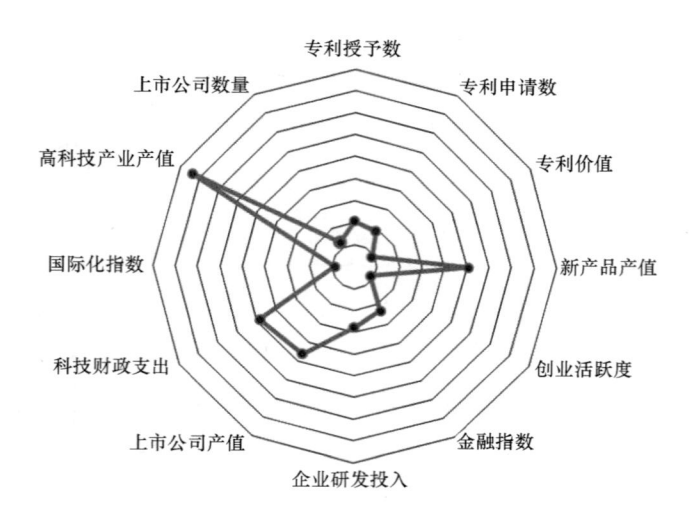

图2—43 惠州市十二个指标近三年详细情况

七 江门市

从江门市的创新指数以及三个二级指数变化趋势图来看,可以发现:第一,江门市2005—2016年的创新指数呈低速波动上升趋势。第二,就三个二级创新指数变化趋势而言,创新贡献指数与创新驱动呈现出增长趋势,但可持续创新发展指数增长较慢。就三个二级指数的贡献程度而

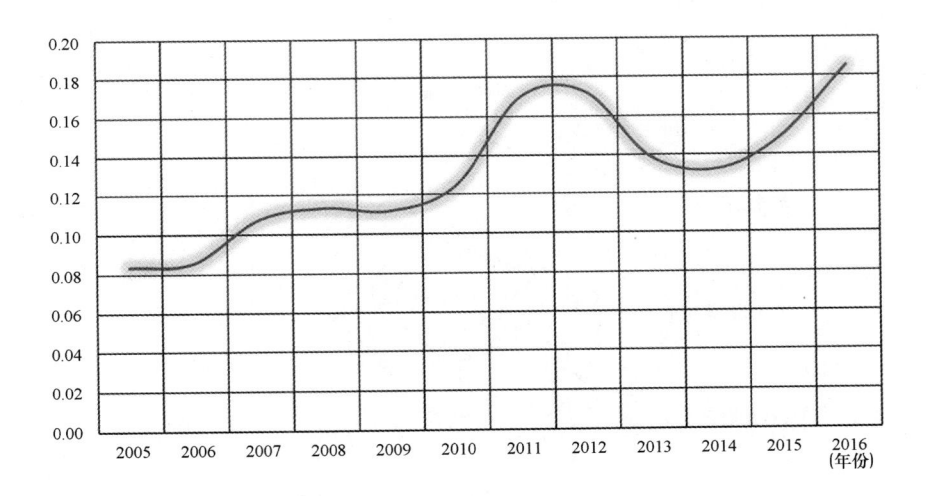

图 2—44 江门市创新指数变化趋势

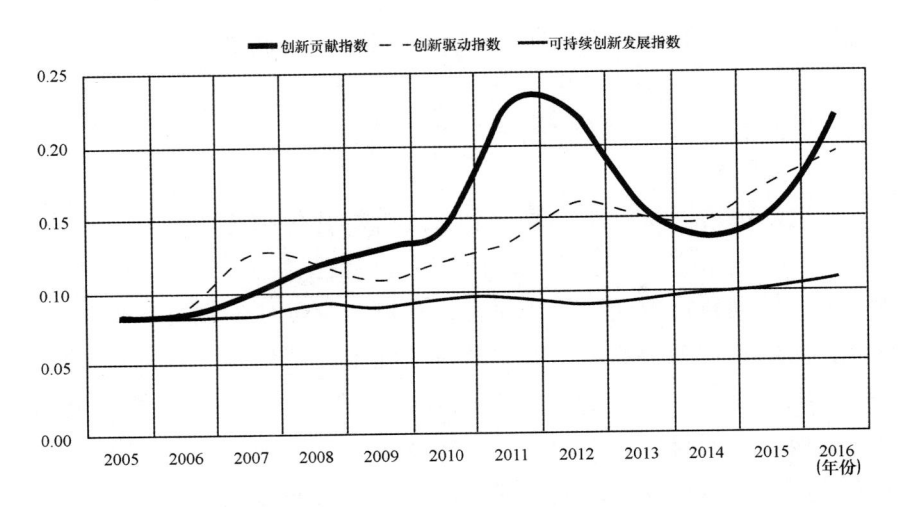

图 2—45 江门市三个二级创新指数变化趋势

言，对创新指数贡献最大的是创新驱动指数与创新贡献指数。第三，江门市的创新驱动指数呈现缓慢上涨趋势。其中可持续创新发展指数几乎在 10 年间没有发生变动，创新驱动指数波动缓慢上涨。创新贡献指数于 2011 年呈现出一个较高水平，但随后又很快恢复至低水平状态。从十二个指标细项来看，相比其他指标，上市公司产值占了较大一部分。虽其财政科技支出较高，但笔者认为该地区的企业研发投入仍存在不足。（见图 2—44、图 2—45、图 2—46）

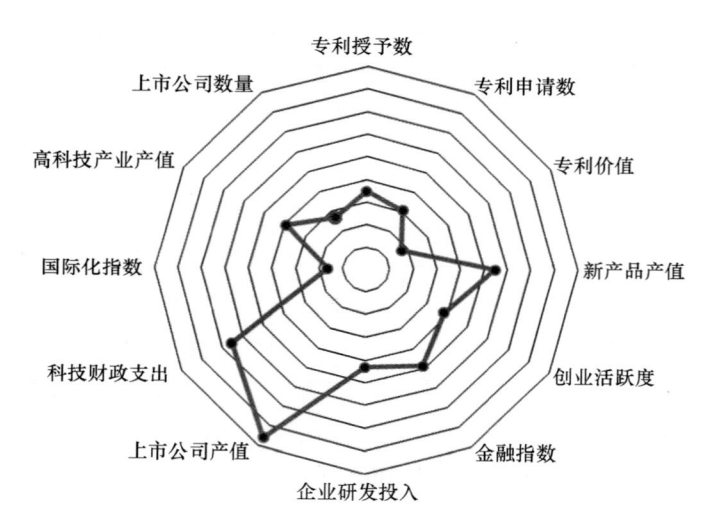

图 2—46 江门市十二个指标近三年详细情况

八 揭阳市

从揭阳市的创新指数以及三个二级指数变化趋势图来看，可以发现：第一，揭阳市 2005—2016 年的创新指数呈缓慢上升趋势。第二，就三个二级创新指数变化趋势而言，总可持续创新发展指数增长相对较快，而创新贡献指数与创新驱动指数几乎无所增长。就三个二级指数的贡献程度而言，对创新指数贡献最大的是可持续创新发展指数。第三，揭阳市创新指数近十年并未突破 0.2 这一低水平。其创新驱动指数与创新贡献指数仍无法呈现上涨态势。其创新指数的增长也是由可持续创新发展指数所带动。其创新发展与河源市相近。从十二个指标细项来看,其可持续创新指数保持较高水平的原因是其上市公司产值较高。对于专利及创业部分仍有待加强。(见图2—47、图2—48、图2—49)

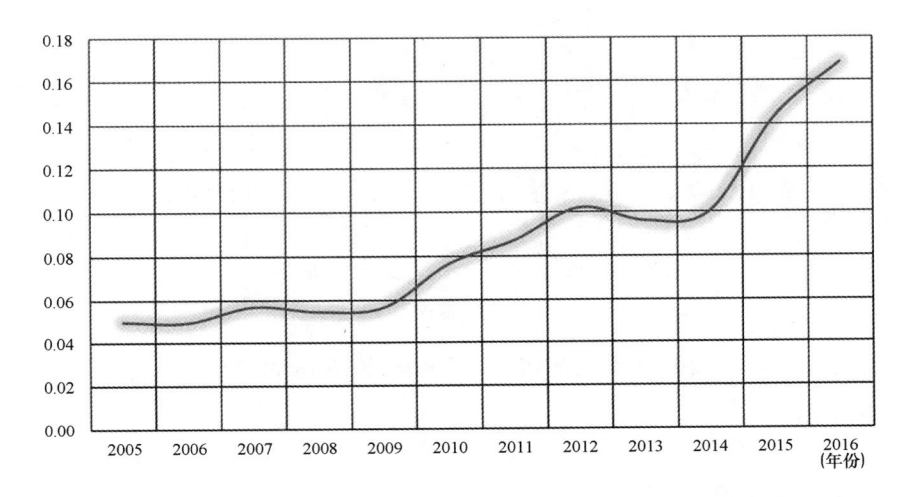

图2—47　揭阳市创新指数变化趋势

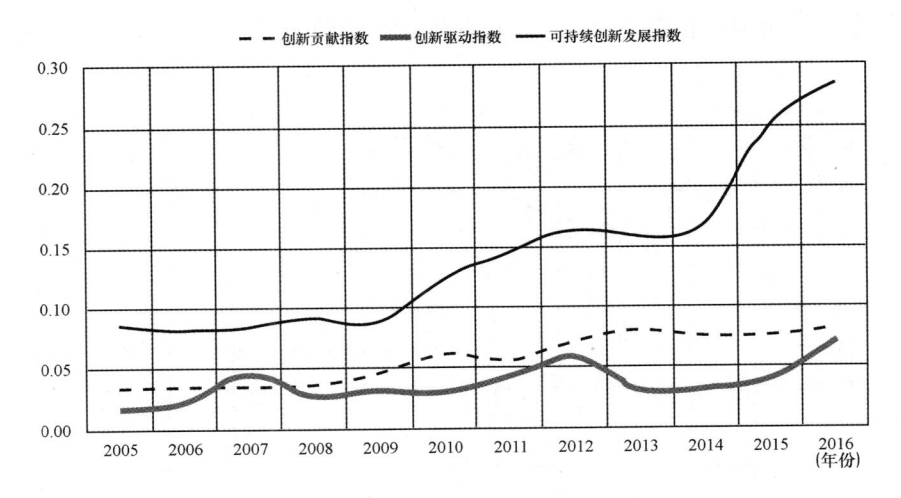

图2—48　揭阳市三个二级创新指数变化趋势

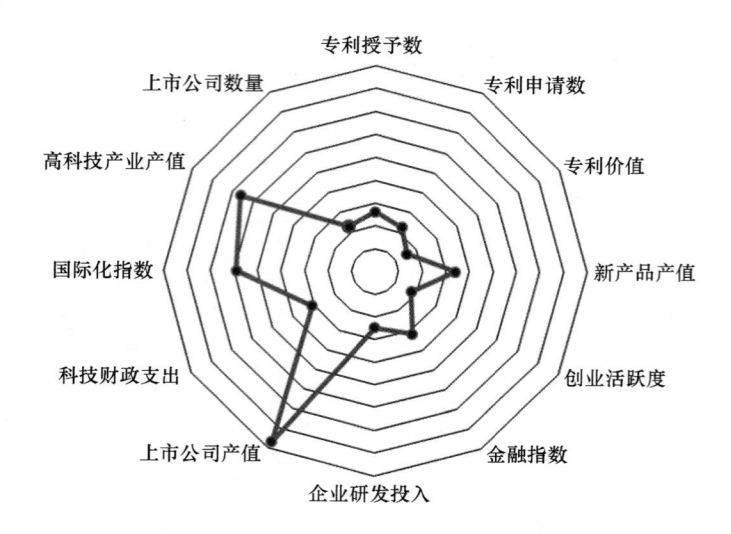

图2—49 揭阳市十二个指标近三年详细情况

九 茂名市

从茂名市的创新指数以及三个二级指数变化趋势图来看,可以发现:第一,揭阳市2005—2016年的创新指数保持在较低水平。第二,就三个二级创新指数变化趋势而言,总体并无增长趋势。就三个二级指数的贡

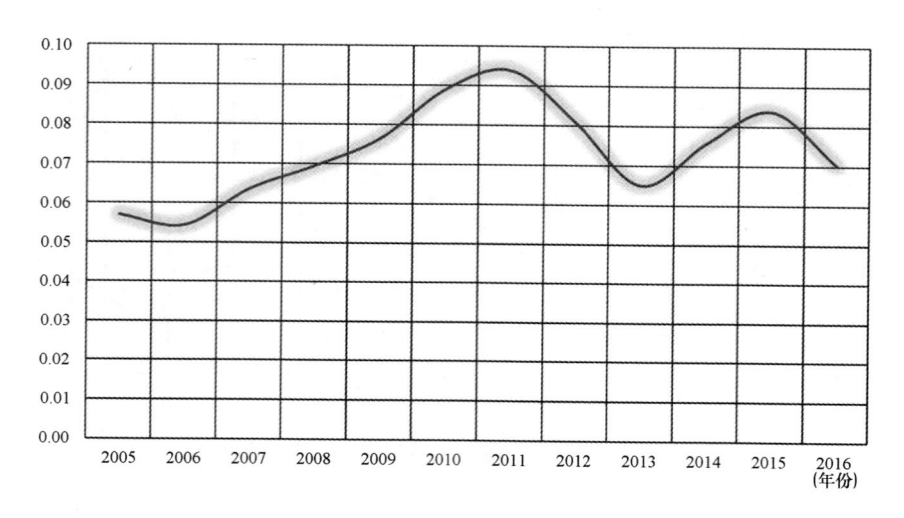

图2—50 茂名市创新指数变化趋势

献程度而言，对创新指数贡献最大的是创新贡献指数。第三，茂名市的创新指数在2005—2016年间的发展极为缓慢，并未突破0.1。同时，其创新贡献指数、创新驱动指数与可持续创新发展指数呈现一个低水平协调状态。从十二个指标细项来看，专利部分及创业、企业研发投入、科技财政支出仍然不足。其创新指数构成主要来自于上市公司产值部分。这应当引起相关部门的重视。（见图2—50、图2—51、图2—52）

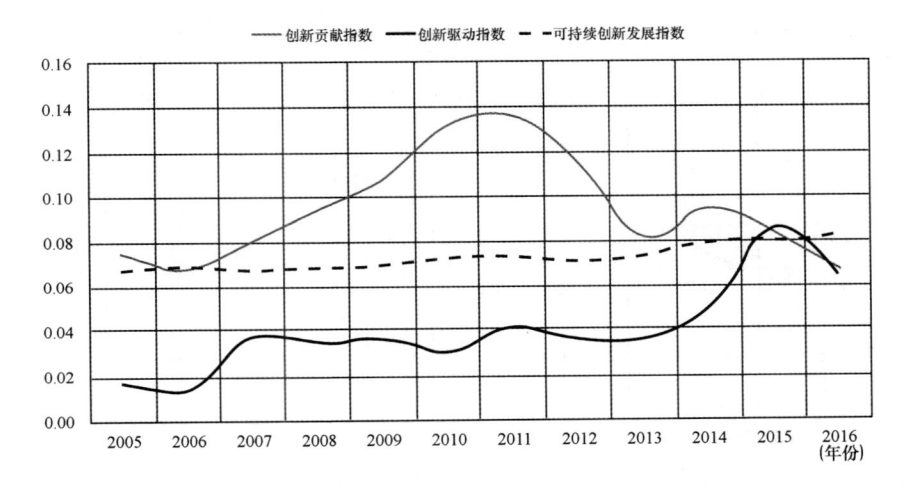

图2—51　茂名市三个二级创新指数变化趋势

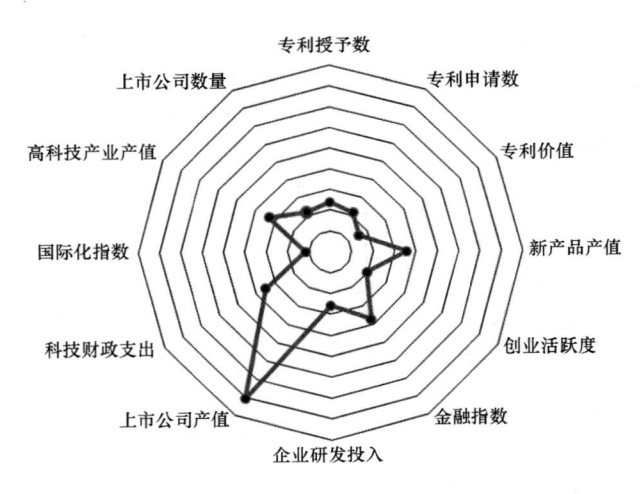

图2—52　茂名市十二个指标近三年详细情况

十 梅州市

从梅州市的创新指数以及三个二级指数变化趋势图来看,可以发现:第一,梅州市 2005—2016 年的创新指数保持在低速增长。第二,就三个二级创新指数变化趋势而言,创新驱动指数与创新贡献指数几乎无所增长,可持续创新发展指数增长缓慢。就三个二级指数的贡献程度而言,

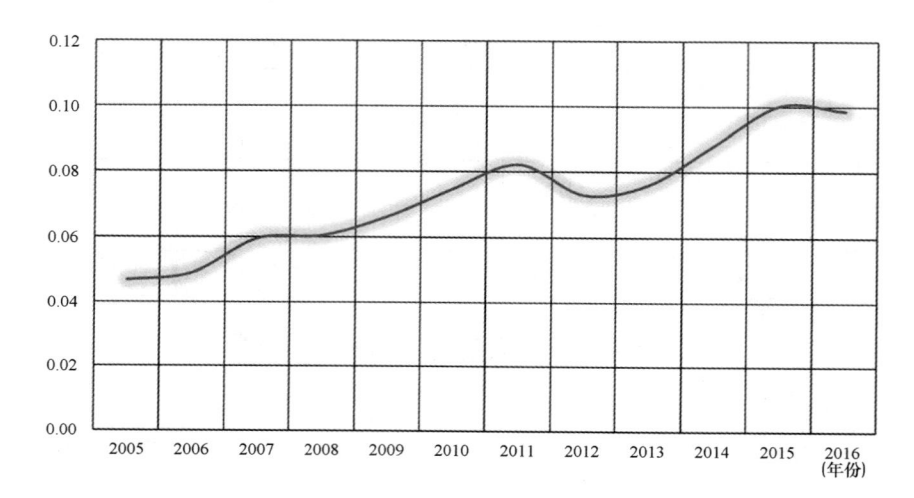

图 2—53 梅州市创新指数变化趋势

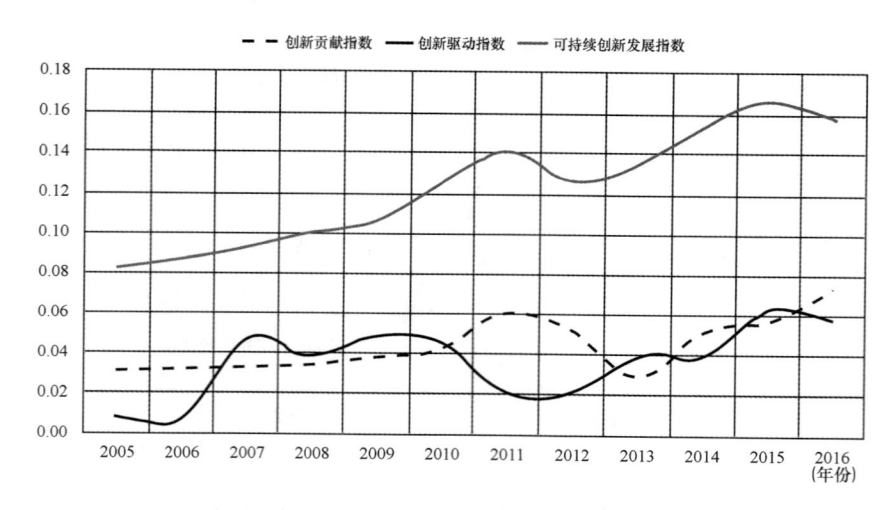

图 2—54 梅州市三个二级创新指数变化趋势

对创新指数贡献最大的是可持续创新发展指数。第三，梅州市的创新指数发展由可持续创新发展指数带动。其创新贡献指数与创新驱动指数增长速度极为缓慢，是其创新指数无法实现上涨的主要原因。从十二个指标细项来看，虽然高科技产业产值表现优异，但除此之后仅有上市公司产值。其他部分仍然是较低水平，可能是其创新指数发展相对缓慢的原因。（见图2—53、图2—54、图2—55）

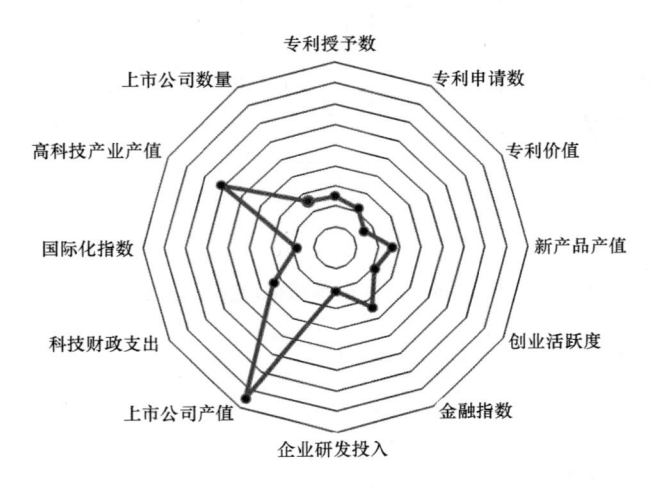

图 2—55　梅州市十二个指标近三年详细情况

十一　清远市

从清远市的创新指数以及三个二级指数变化趋势图来看，可以发现：第一，清远市2005—2016年的创新指数保持在较低水平。第二，就三个二级创新指数变化趋势而言，总体并无增长趋势。就三个二级指数的贡献程度而言，2010年之前，对创新指数贡献最大的是可持续创新发展指数。2010年之后贡献最大的是创新驱动指数与创新贡献指数。第三，清远市的创新指数仍未突破0.1。其可持续创新发展指数在2010年出现大幅度下跌的原因可能为上市企业搬迁等。其创新贡献指数与创新驱动指数增长较为平缓，约隔5年才实现一次较大幅度上涨。从十二个指标细项来看，清远的专利部分发展仍然是短板。虽然金融指数和科技财政支出较高，可能也因此带动了高科技产业及新产品产值，但还是无法带动

专利的发展。(见图2—56、图2—57、图2—58)

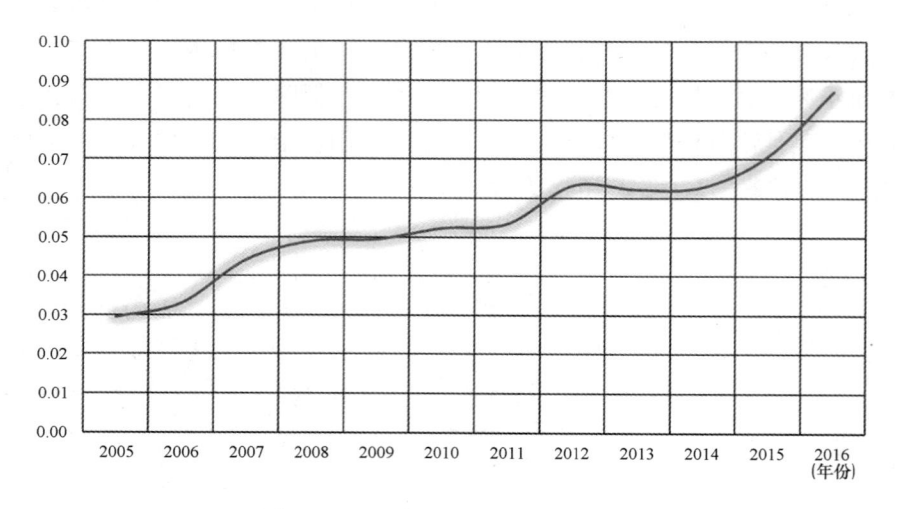

图2—56 清远市创新指数变化趋势

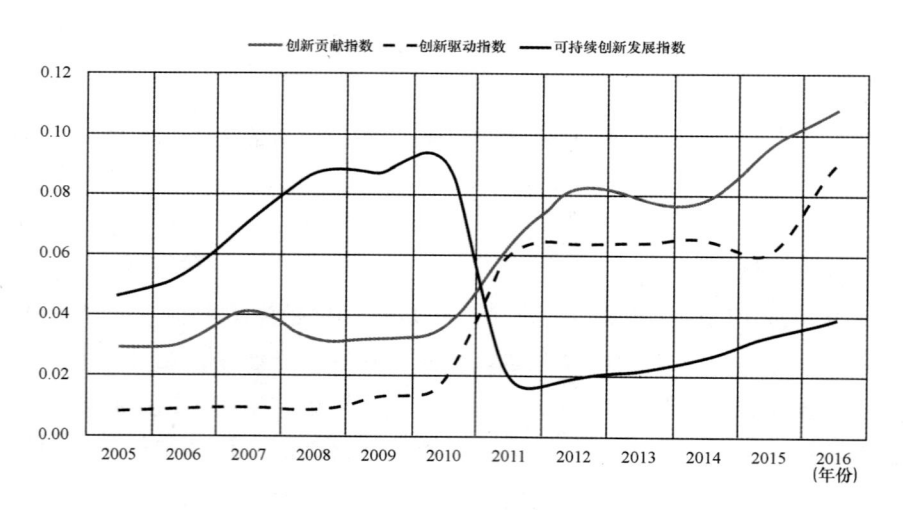

图2—57 清远市三个二级创新指数变化趋势

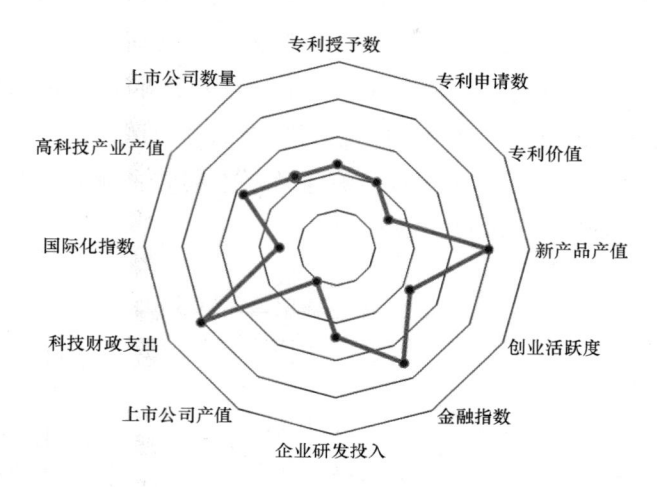

图 2—58　清远市十二个指标近三年详细情况

十二　汕头市

从汕头市的创新指数以及三个二级指数变化趋势图来看，可以发现：第一，汕头市 2005—2016 年的创新指数保持在较低水平。第二，就三个二级创新指数变化趋势而言，总体增长较慢。就三个二级指数的贡献程

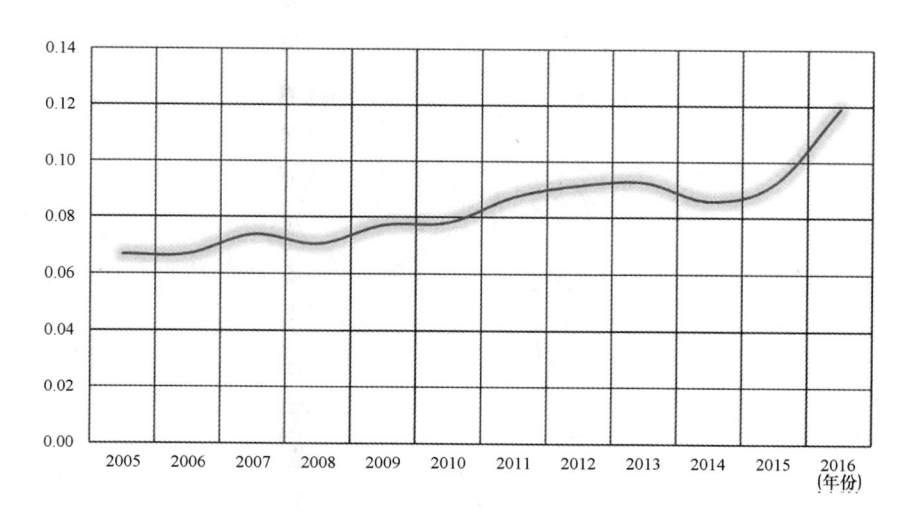

图 2—59　汕头市创新指数变化趋势

度而言，对创新指数贡献最大的是可持续创新发展指数。第三，汕头市三个指数发展较为均衡。其中可持续创新发展指数所占比例较大。其创新指数的发展也较为缓慢。原因在于三个指数发展并未实现突破性增长。从十二个指标细项来看，汕头的创新指数较高的原因，是上市公司产值及专利授予数在支撑。金融行业仍有待发展。同时企业研发投入相对不足。（见图2—59、图2—60、图2—61）

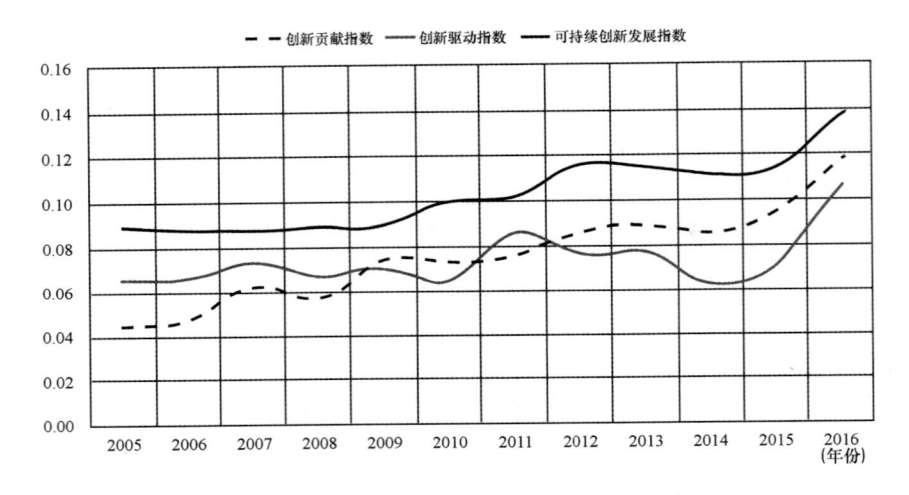

图2—60　汕头市三个二级创新指数变化趋势

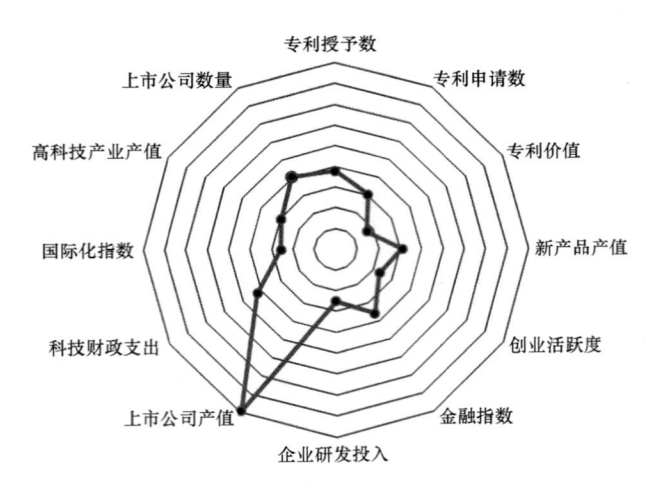

图2—61　汕头市十二个指标近三年详细情况

十三 汕尾市

从汕尾市的创新指数以及三个二级指数变化趋势图来看，可以发现：第一，汕尾市2005—2016年的创新指数保持在较低水平。第二，就三个二级创新指数变化趋势而言，总体并无增长趋势，仅创新贡献指数稍有增长。就三个二级指数的贡献程度而言，对创新指数贡献最大的是可持

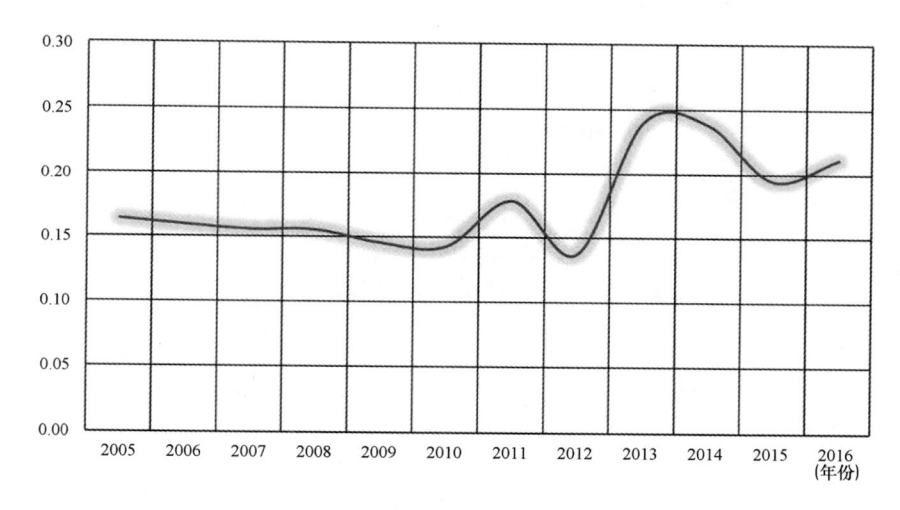

图2—62 汕尾市创新指数变化趋势

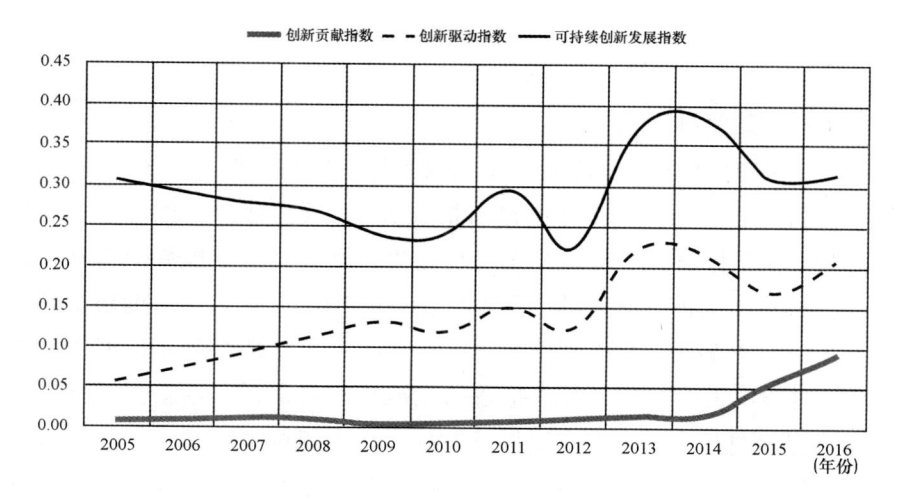

图2—63 汕尾市三个二级创新指数变化趋势

续创新发展指数。第三，汕尾市的创新驱动指数应当引起当地政府重视。其在 2005—2014 年间的创新驱动指数几乎为 0。虽然其在 2013 年创新指数达到一个较高水平，但仍无法保持，其原因是创新贡献指数与可持续创新发展指数无法保持上涨趋势。从十二个指标细项来看，汕尾市的创新指数的构成比较奇怪。其创新指数的构成主要来自高科技产业产值及新产品产值。其他指标仍保持在一个相对较低的水平。（见图 2—62、图 2—63、图 2—64）

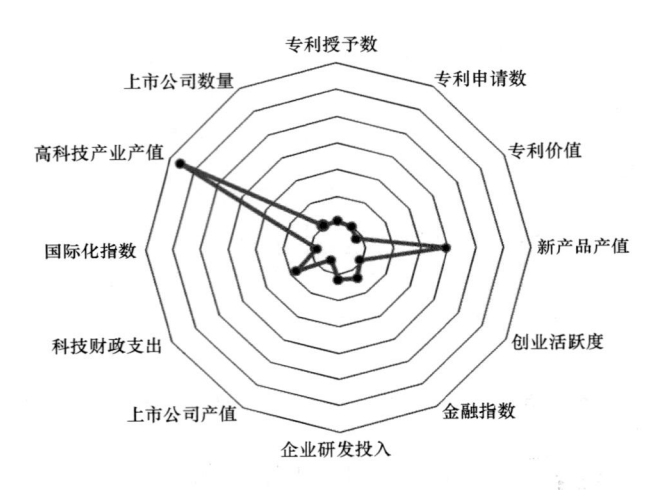

图 2—64　汕尾市十二个指标近三年详细情况

十四　韶关市

从韶关市的创新指数以及三个二级指数变化趋势图来看，可以发现：第一，韶关市 2005—2016 年的创新指数增长缓慢。第二，就三个二级创新指数变化趋势而言，总体并无增长趋势。就三个二级指数的贡献程度而言，2008 年之前为可持续创新发展指数，2008—2014 年是创新贡献指数，2014 年之后为创新驱动指数。第三，韶关市可持续创新发展指数近十年来并没有发生变化，其余指数的发展也相对缓慢，创新贡献指数在 2011 年达到峰值之后，并未能保持。从十二个指标细项来看，韶关市的创新指数的支撑部分仍是上市公司产值。其金融行业、企业研发投入等仍处于较低水平。（见图 2—65、图 2—66、图 2—67）

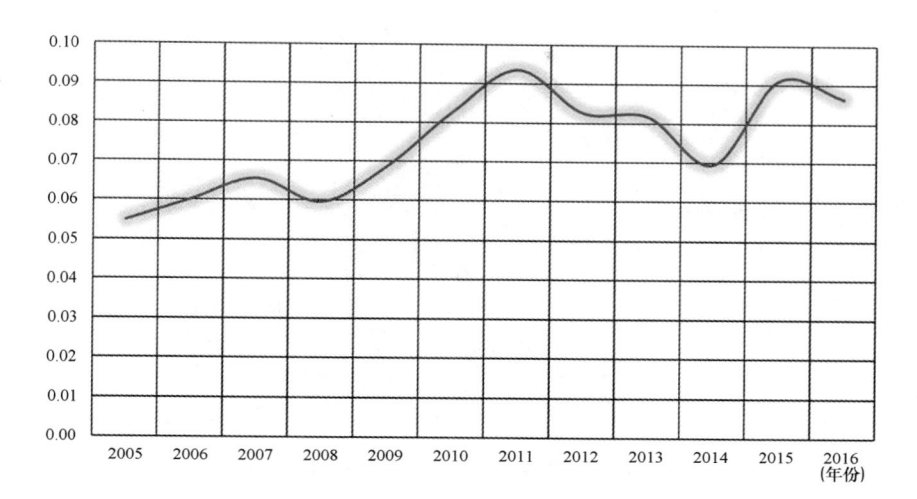

图 2—65　韶关市创新指数变化趋势

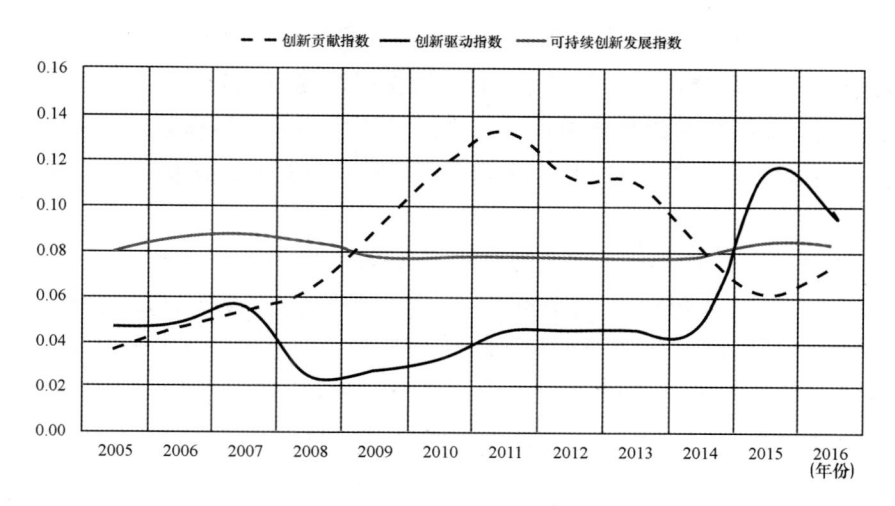

图 2—66　韶关市三个二级创新指数变化趋势

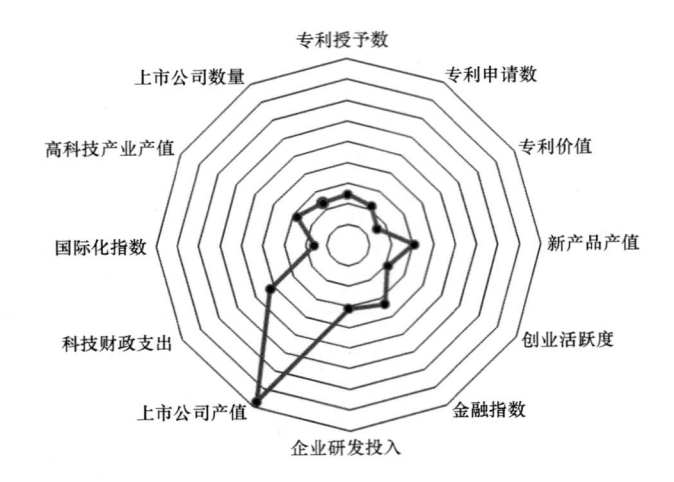

图2—67　韶关市十二个指标近三年详细情况

十五　深圳市

从深圳市的创新指数以及三个二级指数变化趋势图来看，可以发现：第一，深圳市2005—2016年的创新指数保持高速增长趋势。第二，就三个二级创新指数变化趋势而言，总体增长较快。而可持续创新发展指数增长相对较慢。就三个指数的贡献程度来看，创新贡献指数的影响作用

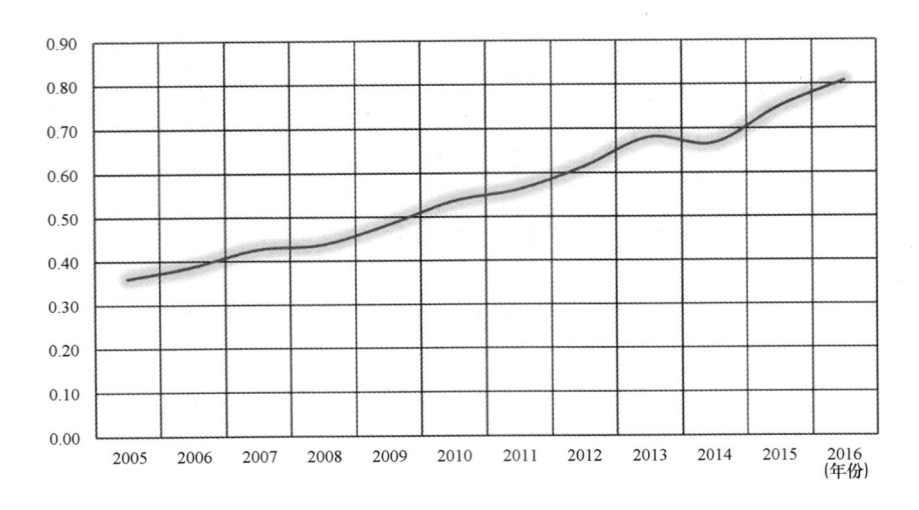

图2—68　深圳市创新指数变化趋势

最小。在2012年之前，可持续创新发展指数的贡献程度最大，在2012年之后，创新驱动指数的贡献程度开始超过其他两个指数，并且差距慢慢拉大。第三，深圳市的创新贡献指数与创新驱动指数实现了高速的健康增长。三个指数发展相对均衡。总体而言，无论是创新指数还是三个二级创新指数，2005—2016年间都呈现出稳步增长的趋势，并且在2008年后增长速度加快。从十二个指标细项来看，深圳市的创新发展相对均衡。其存在的短板是创业活跃度较低，其原因可能是深圳的创业竞争相对激烈。（见图2—68、图2—69、图2—70）

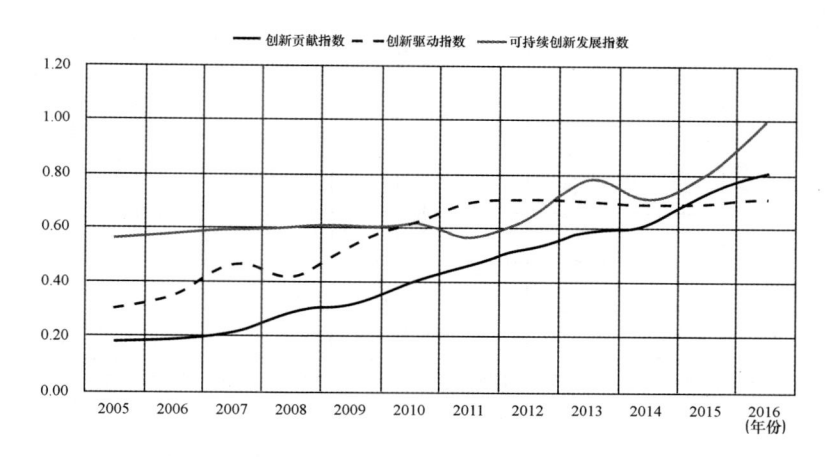

图2—69　深圳市三个二级创新指数变化趋势

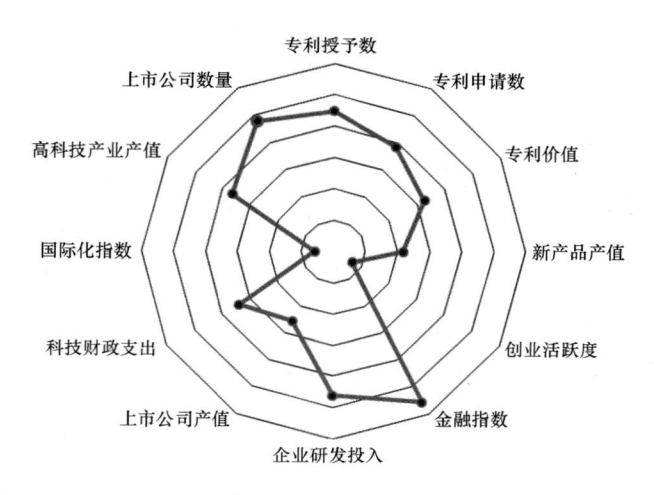

图2—70　深圳市十二个指标近三年详细情况

十六 阳江市

从阳江市的创新指数以及三个二级指数变化趋势图来看，可以发现：第一，阳江市2005—2016年的创新指数保持在较低水平的增长。第二，就三个二级创新指数变化趋势而言，实际上并无增长趋势，仍保持低于0.10的水平。就三个二级指数的贡献程度而言，对创新指数贡献最大的

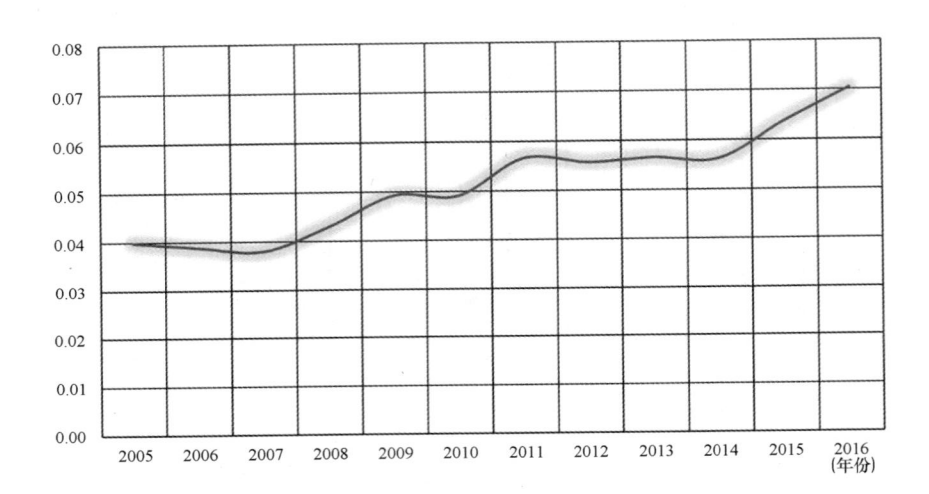

图2—71 阳江市创新指数变化趋势

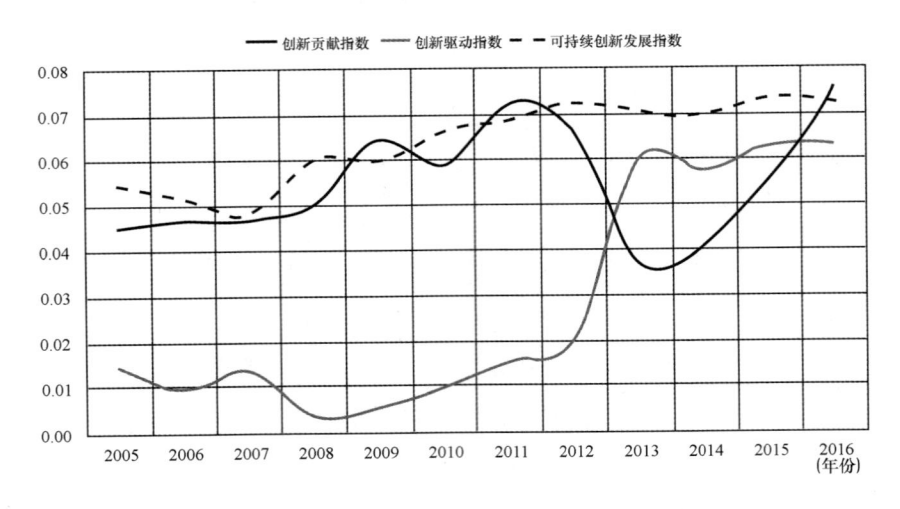

图2—72 阳江市三个二级创新指数变化趋势

是可持续创新发展指数。第三，2011年之后，创新驱动指数的上涨较快，同时仍能保持增长后的水平，但仍然无法保持增长态势。从十二个指标细项来看，阳江市除上市公司产值及科技财政支出相对较高之外，其他仍保持较低水平。（见图2—71、图2—72、图2—73）

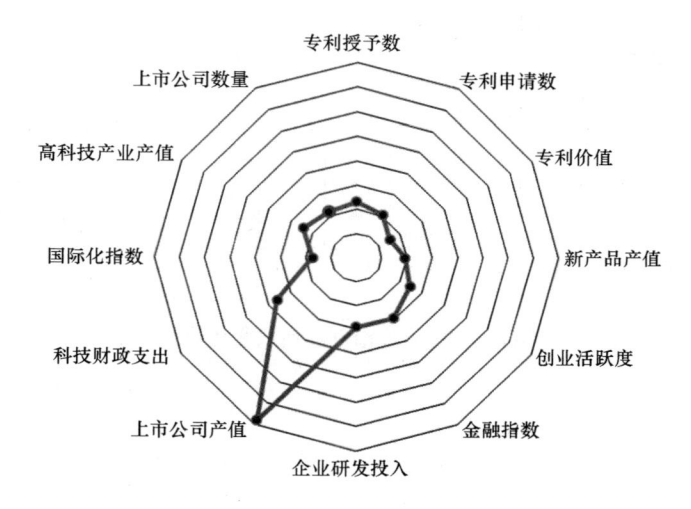

图2—73 阳江市十二个指标近三年详细情况

十七 云浮市

从云浮市的创新指数以及三个二级指数变化趋势图来看，可以发现：第一，云浮市2005—2016年的创新指数保持在较低水平。第二，就三个二级创新指数变化趋势而言，总体并无增长趋势。就三个二级指数的贡献程度而言，对创新指数贡献最大的是可持续创新发展指数。第三，云浮市的创新贡献指数与创新驱动指数于2005—2013年几乎为0。在2014年时，其创新驱动指数实现一个较大幅度上涨，但仍未带动创新指数的增长趋势。其创新贡献指数及可持续创新发展指数仍处于低水平状态。从十二个指标细项来看，云浮市的高科技产业产值及科技财政支出相比其他指标更为突出。但其创新指数构成，上市公司产值仍占较大部分。（见图2—74、图2—75、图2—76）

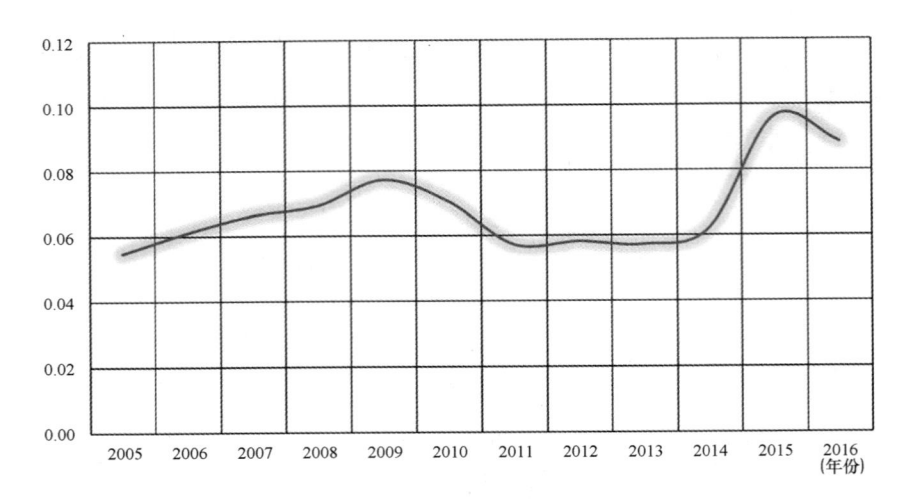

图 2—74 云浮市创新指数变化趋势

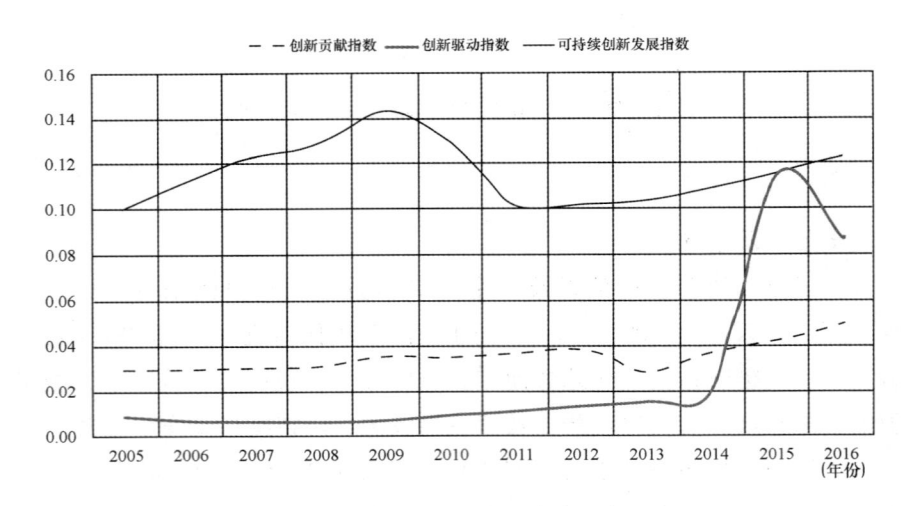

图 2—75 云浮市三个二级创新指数变化趋势

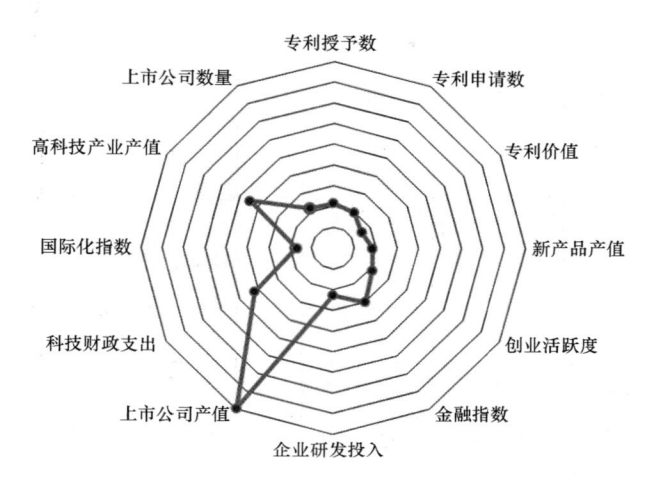

图2—76　云浮市十二个指标近三年详细情况

十八　湛江市

从湛江市的创新指数以及三个二级指数变化趋势图来看，可以发现：第一，湛江市2005—2016年的创新指数呈现出总体下降的趋势，尤其是2006—2007年间，下降趋势明显。2007年以后，总体创新指数有所回升，但仍不及2005年和2006年。第二，就三个二级创新指数变化趋势而言，总体并无增长趋势，而创新贡献指数在2006—2007年间出现了大幅下跌。就三个二级指数的贡献程度而言，对创新指数贡献相对较大的是创新贡献指数，可持续创新发展指数次之，最后是创新驱动指数。第三，湛江市的创新指数总体下跌，原因是创新贡献指数在2006—2007年期间大幅度下跌，之后则呈现出一个低水平趋势。而同时，创新驱动指数与可持续创新发展指数增长缓慢，几乎没有增长。总体而言，湛江市在2005—2016年间创新水平呈现出先下降后上升的趋势。从十二个指标细项来看，值得肯定的是湛江市的金融行业指数和创业活跃度处于比较高的水平。对于高科技产业及新产品仍有待加强。其创新指数的构成主要部分也是上市公司产值。（见图2—77、图2—78、图2—79）

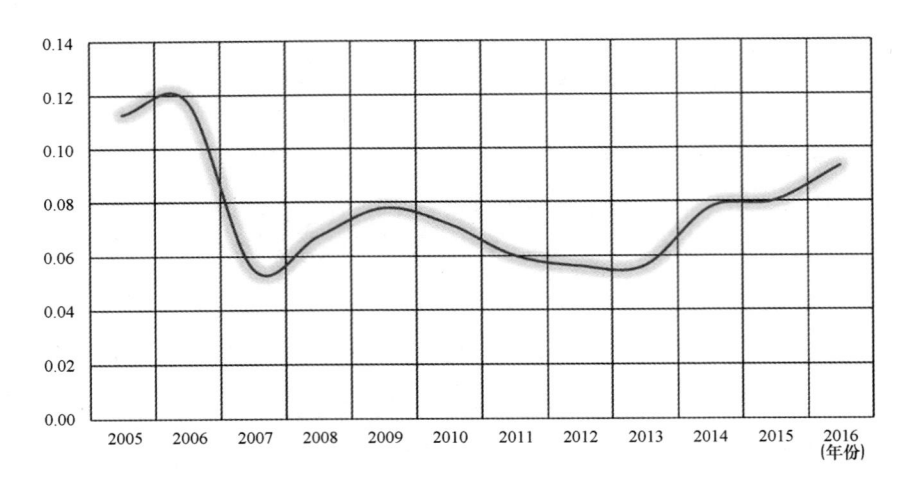

图 2—77 湛江市创新指数变化趋势

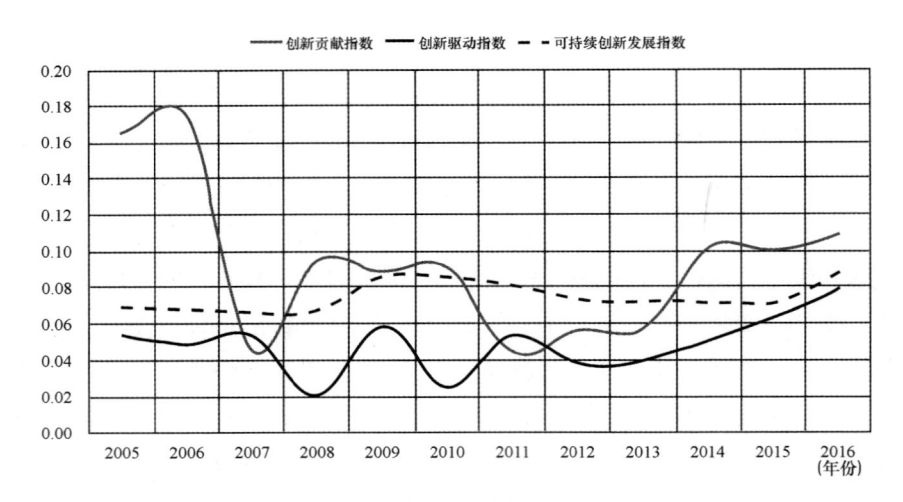

图 2—78 湛江市三个二级创新指数变化趋势

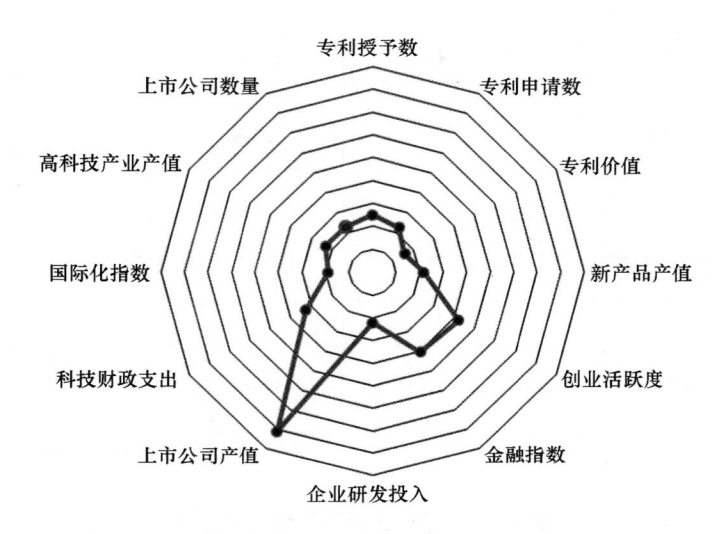

图 2—79　湛江市十二个指标近三年详细情况

十九　肇庆市

从肇庆市的创新指数以及三个二级指数变化趋势图来看，可以发现：第一，肇庆市 2005—2016 年的创新指数总体呈现出上升的趋势，尤其在 2015 年以后，开始加速上升。第二，就三个二级创新指数变化趋势而言，总体也表现出不同的增长幅度。其中，创新驱动指数在 2006—2007 年间有一个大幅度的上涨，之后则无明显的变化趋势。可持续创新发展指数在 2008 年以后持续上升，2015—2016 年上升幅度较大。就三个二级指数的贡献程度而言，对创新指数贡献相对较大的是可持续创新发展指数。在 2010 年之前，创新驱动指数的贡献程度较大，2010 年后创新贡献指数的贡献程度较大。第三，湛江市整体创新指数在 2006—2007 年和 2015—2016 年间有过两次明显的上升态势，前者主要是因为创新驱动指数的大幅提升，后者则是因为创新贡献指数的暴涨所致。从十二个指标细项来看，肇庆市在上市公司产值、高科技产业产值和新产品产值方面表现出较高的水平，而在专利申请、专利授予、专利价值和上市公司数量方面则需要进一步提升。（见图 2—80、图 2—81、图 2—82）

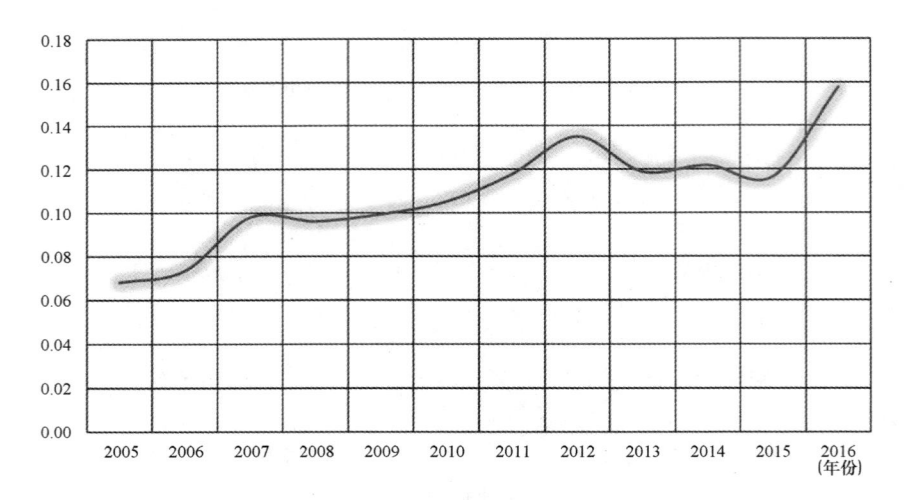

图 2—80　肇庆市创新指数变化趋势

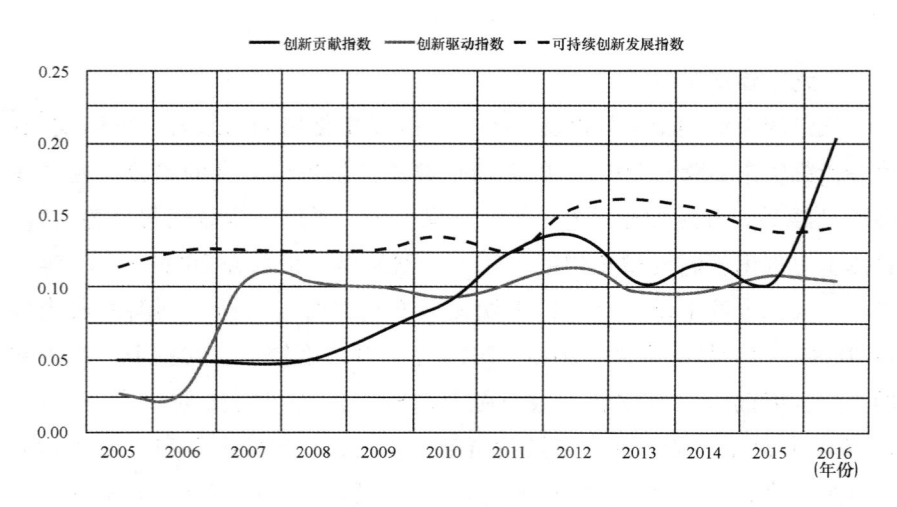

图 2—81　肇庆市三个二级创新指数变化趋势

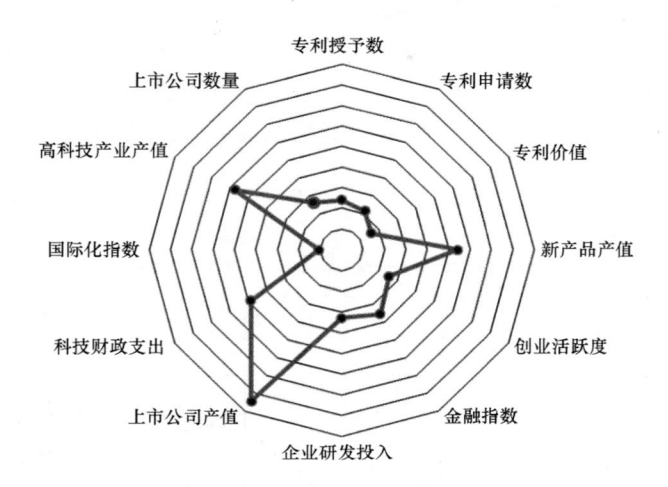

图 2—82　肇庆市十二个指标近三年详细情况

二十　中山市

从中山市的创新指数以及三个二级指数变化趋势图来看，可以发现：第一，中山市 2005—2016 年的创新指数保持在匀速增长。第二，就三个二级创新指数变化趋势而言，总体呈现增长趋势。就三个二级指

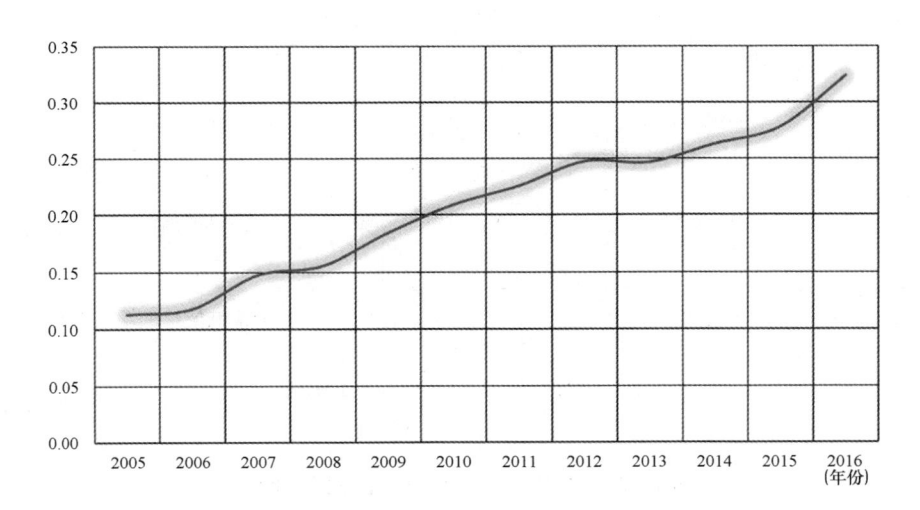

图 2—83　中山市创新指数变化趋势

数的贡献程度而言，2007年之后对创新指数贡献最大的是创新驱动指数。第三，中山市三个指数发展较为均衡，共同带动中山市的创新指数增长。从十二个指标细项来看，其科技财政支出占了很大一部分，高科技产业产值表现良好。美中不足的是其创业活跃度及金融行业指数相对较低。（见图2—83、图2—84、图2—85）

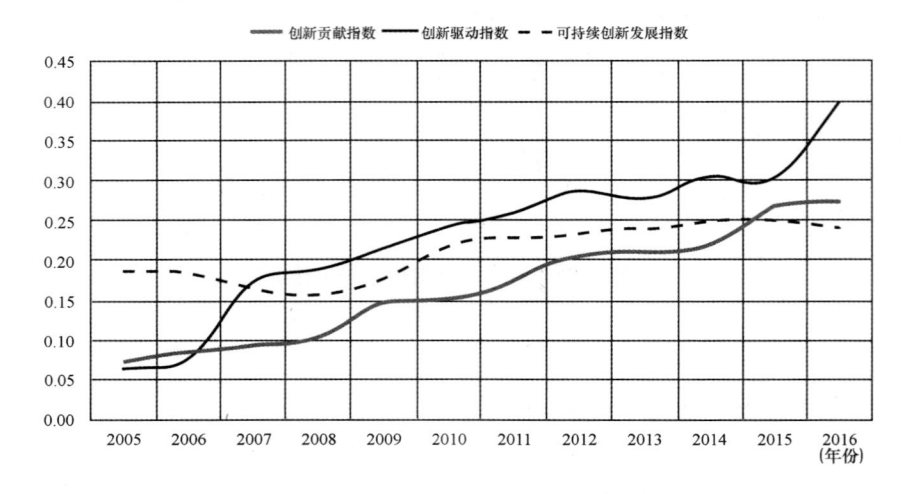

图2—84　中山市三个二级创新指数变化趋势

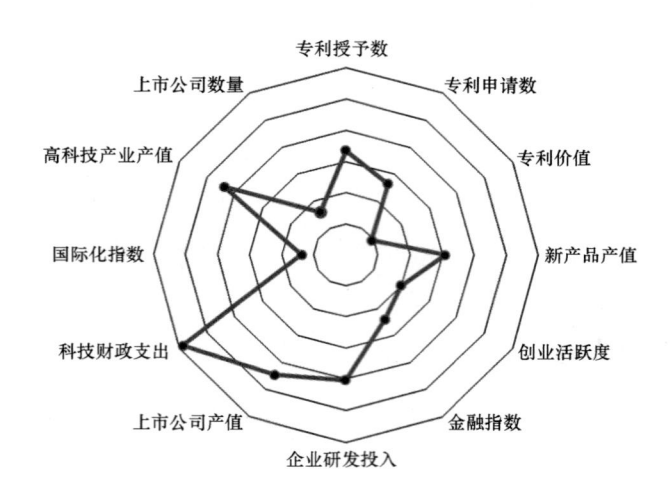

图2—85　中山市十二个指标近三年详细情况

二十一 珠海市

从珠海市的创新指数以及三个二级指数变化趋势图来看,可以发现:第一,珠海市2005—2016年的创新指数保持增长趋势。第二,就三个二级创新指数变化趋势而言,除了创新驱动指数外,总体并无增长趋势。就三个二级指数的贡献程度而言,2010年之前,对创新指数贡献最大的

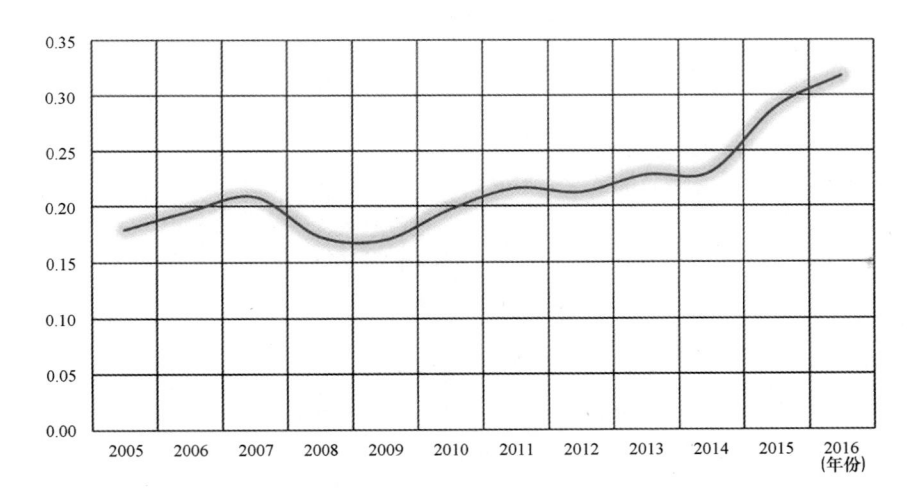

图2—86 珠海市创新指数变化趋势

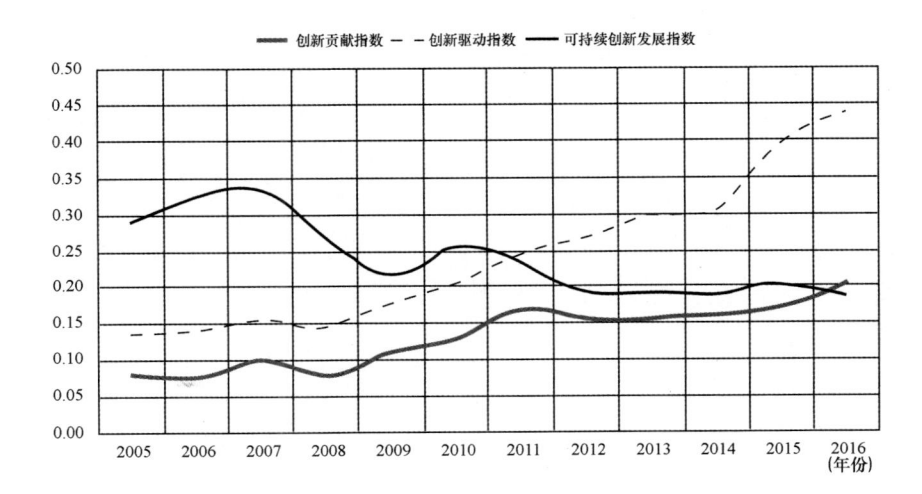

图2—87 珠海市三个二级创新指数变化趋势

是可持续发展创新指数，而2010年之后贡献程度较大的是创新驱动指数。第三，珠海市的可持续创新发展指数呈现下跌趋势。而创新贡献指数近十年间几乎保持不变。而创新指数的增长主要依靠创新驱动指数的拉升。从十二个指标细项来看，其科技财政支出、企业研发投入占大部分。可能因此其高科技产业、新产品指数表现良好。值得警惕的是其创业活跃度仍较低。（见图2—86、图2—87、图2—88）

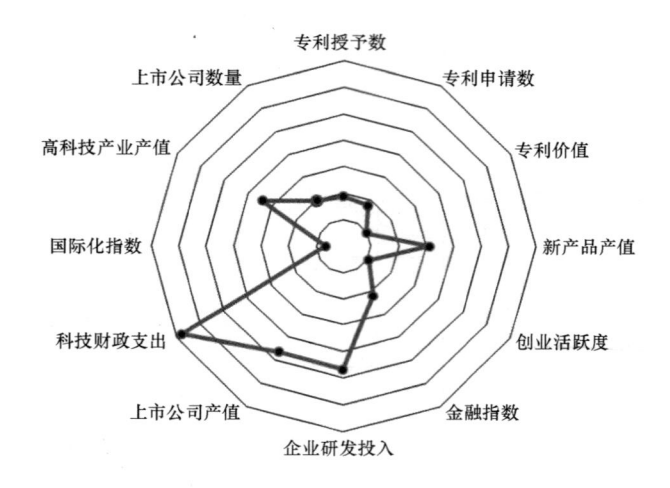

图2—88 珠海市十二个指标近三年详细情况

第 五 章

结论与政策建议

第一节　总体结论

本书基于广东统计年鉴（2006—2017）、广东各个城市统计年鉴（2006—2017）、广东省产业发展数据库以及万德（Wind）数据库，构造了一系列反映广东省创新水平的指数。具体而言，本书结合广东省21个地级市宏观层面和微观层面的数据，选择企业、行业和政府三个层次的创新驱动因素，运用TOPSIS熵权法，通过12个三级指标（企业研发投入、科技财政支出、金融行业指数、专利申请、专利授予、专利价值、新产品产值、创业活跃度、高科技产业产值、上市公司数量、上市公司产值、国际化水平）构建3个二级创新指标（创新驱动指数、创新贡献指数和可持续创新发展指数），最终形成一个总的城市创新指数及排名。本书主要有以下结论：

第一，广东省创新水平的总体情况。2005年至2016年，广东省各个城市的创新指数呈现出稳步提升的态势，从指数排名来看，深圳、广州、惠州、东莞、珠海、佛山、中山、汕尾、江门和河源分别位列前十。在排名前十的城市中，主要来自于广佛经济圈（广州和佛山）、深莞惠经济圈（深圳、东莞和惠州）和珠中江经济圈（珠海、中山和江门）这三大经济圈。这一结果也与地区经济发展水平排名相吻合。由此，广东省整体创新水平的提高仍然是由三大经济圈带动的。此外，汕尾和河源在总体创新水平上也处于广东省中上游位置。进一步，尽管传统观点认为，深圳和广州是广东省创新驱动的两个领导者，但本书发现，深圳的创新水平远比广州的创新水平高（虽然这一差距在逐年缩小）。创新指数排在后十名的城市分别是，揭阳、汕头、湛江、韶关、茂名、潮州、梅州、云浮、清远和阳江，这些地区也是传统的经济发展相对落后的地区。总体而言，无论是从创新存量还是创新增量来看，广东省内不同城市（群）的创新水平参差不齐，并且分化较为严重，区域创新不平衡现象仍然没有得到有效解决，甚至有扩大的趋势。由此，本书认为，近年来，广东省整体创新水平较高，但区域发展极不平衡，并且有两极分化的趋势，这是需要重点关注的一个问题。尽管在过去已经有不少政策试图来缩小地区之间的差距，但从本书来看，这些政策的作用仍然有限，今后需要进一步对这一问题进行研究。

第二，广东省创新水平的二级驱动力（三个二级创新指数）情况。就总体情况而言，权重最大的是创新贡献指数，其次是创新驱动指数，最后是可持续创新发展指数。具体而言，创新贡献指数方面，排名前十的城市分别是深圳、广州、惠州、佛山、东莞、中山、江门、汕尾、珠海、湛江；创新驱动指数方面，排名前十的城市分别是深圳、广州、佛山、珠海、东莞、中山、江门、惠州、肇庆、汕头；可持续创新发展指数方面，排名前十的城市分别是深圳、惠州、东莞、汕尾、珠海、河源、中山、广州、揭阳、肇庆。三个二级创新指数的排名表明，深圳市在创新贡献指数、创新驱动指数和可持续发展指数方面都遥遥领先于其他城市，这也是深圳能够在总体创新能力上取得绝对性优势的原因所在；广州仅在创新贡献指数和创新驱动指数方面排名第2，而在可持续创新发展指数方面仅排名第8；相对地，惠州在创新贡献指数、创新驱动指数和可持续创新发展指数中分别排名第3、第8和第2位。以上排名也解释了，为何深圳和广州的整体创新水平差距如此之大，以及为何广州与惠州在整体创新水平上差距并不大，这都是源于广州在可持续创新发展指数方面表现得不尽如人意。

第三，广东省创新水平的三级驱动力（十二个三级创新因子）情况。从十二个三级因子的权重来看，总体而言，对一个城市创新水平贡献最大的是金融行业指数，紧随其后的分别是企业研发投入、高科技产业产值、上市公司数量、专利授予数、科技财政支出、专利申请数、新产品产值、专利价值、国际化、创业活跃度、上市公司产值。以上结果表明：首先，金融行业发展水平和企业研发投入是提升一个城市创新水平的最重要的两项推动因素，其分别是政策创新驱动因素和市场化创新驱动因素。而政府科技财政支出作为另外一个创新驱动指数因子，其重要性也不可忽视。其次，作为可持续创新发展指数因子的高科技产业产值和上市公司数量的权重分别排名第3和第4，而作为创新贡献指数因子的专利情况（包括专利申请、专利授予、专利价值）和新产品产值的权重则位于中下游水平。由此，综合来看，创新驱动指数对于城市创新总指数的贡献是最大的，其次是可持续创新发展指数，最后是创新贡献指数。

第四，各城市创新指数分布。2005—2016年，除了湛江（主要是因为创新贡献指数在2006—2007年期间大幅度下跌，之后则呈现出一个低水平趋势）外，其他各个城市的创新指数均有所提升。其中，深圳、广州、东莞、佛山、珠海、中山、河源、揭阳、梅州、清远、阳江和肇庆的创新指数表现出逐年提升的稳定态势；江门、汕头和汕尾表现出较大的波动性增长趋势；惠州、潮州、茂名、韶关和云浮在2011年之前创新指数表现出稳步增长的趋势，但在2011年后，不同程度地出现了一定幅度的下滑。就三个二级创新指数而言，各个城市在创新驱动指数方面表现较好，在2005—2016年间都有了不同程度的提升；在创新贡献指数方面，茂名和湛江在2005—2016年间出现了明显的下滑，而其他城市都有不同程度的提升；在可持续创新发展指数方面，惠州、珠海和清远在2005—2016年间出现了明显的下滑，而其他城市都有不同程度的提升。

第二节　政策建议

2005年至2016年，在深圳和广州双引擎的带动下，广东省的整体创新水平呈现出高速增长的态势。其中，珠三角地区（三大经济圈）是我国改革开放的先行区和重要的经济中心，是创新资源最密集、产业发展最先进、创业孵化最活跃的发展高地。尤其是作为改革开放领头羊的深圳，无论是创新水平总量还是增量，都遥遥领先于其他城市，并且具有明显的创新溢出效应。但不可忽视的事实是，粤东西北地区在创新水平和创新速度上都与珠三角地区相去甚远，并且分化较为严重。同时，不同城市在不同阶段的创新驱动因素也存在差异。为落实创新驱动和创新引领战略，实现从"中国制造"到"中国智造"的转型，各地政府需要通过一系列积极有效的政策措施培育良好的创新环境，为地区创新提供活力。根据本书的统计分析结果，我们提出以下政策建议：

第一，本书发现，金融行业指数（包括金融机构数量和金融行业增加值）是推动地区创新水平提升最重要的因素，这一变量衡量的是政府的政策创新驱动力。银行、证券、保险等金融体系的健全和稳定发展，是影响地区创新水平，尤其是企业创新能力的重要因素。可以看到的是，深圳近些年来企业和地区创新水平的提升，相当一部分原因就是金融业的高度发达和繁荣发展，比如深圳的福田区，金融业是其支柱产业。事实上，高投入、高风险的创新活动离不开各类层次的金融资本服务体系，这不仅包括为高科技机构服务的中小板、创业板的证券市场，同时也包括天使投资基金、风险投资基金、产业投资基金以及私募基金等为高科技产业发展不同阶段提供金融服务的多层次、多元化的资本市场，还需要有高质量的法律、审计、投行等专业服务体系。因此，各级政府需要对地区金融业的发展引起高度重视，通过各个类型、层次的金融体系的建立和发展，有效引导地区创新水平的增量提质。

第二，政府的科技财政支出对于地区创新水平的提高也具有积极的推动作用，这也是过去各级政府都在大力推进的举措。但需要注意的是，长期以来，各级政府对于行业或企业的财政支持，主要是通过财政补贴或税收减免来实现，尽管这些政策能够降低相关主体的研发成本和风险，但实际效果可能并不尽如人意。比如，市场和技术环境的高度不确定和快速变化，政府很难精确定位并遴选出真正具有发展前景的产业和企业。尤其是，不少企业甚至通过非实证性创新（实用新型专利和外观设计专利）来"骗取"补贴，或为了获得补贴而从事很多与创新活动无关的非生产性活动。由此，政府需要更加重视创新产出端的激励，比如根据发明专利或新产品开发情况来进行财政支持，而不仅仅是关注创新的投入端。

第三，与地区科技财政支出紧密相关的是财政支持的对象——企业。本书发现，在推动地区创新水平的影响因素中，各类企业的研发投入水平是仅次于地区金融行业发展水平的第二重要的影响因素，这一变量衡量的是市场化的创新驱动力，同时也反映了企业对自身及其外部经济环境的预期和信心。可以发现的事实是，深圳之所以能够在创新水平上遥遥领先于其他城市，与企业的创新和研发投入是分不开的。其中不仅包括华为、大疆、比亚迪等大型创新型企业，还包括一系列独角兽企业和数量庞大的中小型创新创业企业。此外，地区企业的专利申请数量、专利授予数量、专利价值、新产品开发等都是通过高水平的创新投入来实现的。在这一过程中，各级政府不仅要制定相关的政策法规作为强制性的保护手段，更为重要的是如何有效地执行和实施相关法律规范。在我国，一个重要的问题是，专利持有者在面对潜在的侵权者时难以应用正规的法律手段来维护自己的合法权益。一方面是诉讼程序烦琐且成本高，另一方面则是胜诉以后的执行问题。因此，地方政府不仅要在企业创新投入上给予企业支持，同时还需要在企业创新产出上给予必要的帮助，比如降低诉讼成本、加快诉讼程序、提高执行效率等。

第四，作为可持续创新发展指数中的一个关键因素，高科技产业产值在推动创新水平提升上仅次于金融行业指数和企业研发投入。高科技产业是运用当代尖端技术（主要指信息技术、生物工程和新材料等领域）生产高技术产品的产业群，其在发展的同时，还能够对其他传统产业产生明显的溢出效应。由此，高科技产业发展水平成为地区创新驱动的重要因素。同样以深圳为例，高科技产业是深圳的支柱产业之一，2017年国家级高科技企业有1.12万家，全年高科技产业增加值7359亿元，占GDP的32%。在我们的调研中发现，深圳高科技产业蓬勃发展的一个重要原因是优胜劣汰、公平竞争的市场体制机制，而非更多地依靠政府提供的产业政策和行政手段，政府更多地发挥"守门人"的角色。由此，一个重要的启示在于，各地政府在制定产业规划、产业政策时需要时刻遵守基本的市场运行规律，处理好市场和政府的关系，致力于形成公平竞争、优胜劣汰的市场机制。

第五，各地区在创新水平上存在着显著的差异，创新水平较高的城市主要集中在广佛经济圈、深莞惠经济圈、珠中江经济圈这三大城市群。一方面，创新水平处于领先地位的城市需要进一步巩固和稳定创新水平发展，同时通过本书的三个二级创新指数找到自身的薄弱环节。比如，虽然广州在创新驱动指数和创新贡献指数方面表现得较好，但其在可持续创新发展指数上表现得较为平庸，故今后应该注意这方面的提升。而惠州、佛山、东莞、中山、江门、珠海等城市，各自都有自己较为薄弱的创新驱动环节，需要充分利用自主创新示范区建设、粤港澳大湾区建设以及广深科技创新走廊和"一带一路"等的发展机遇和政策红利不断拓展时机，扩大对外开放。同时通过提升企业自主创新能力，加强创新型企业培育和壮大，推动区域新兴产业差异化发展。总体而言，三大经济圈要加强创新政策先行先试，加快推动地区一体化建设，全面提升地区的综合创新实力。另一方面，在创新水平较为落后的地区（主要是粤东西北地区），首先，应以高新区、产业园区等创新载体建设为契机，加大创新投入，突破资源依赖和要素驱动的传统发展路径，营造良好的创新创业环境，培育一批创新主体。其次，借助三大经济圈的创新辐射作用，吸引并消化其他地区的转移产业，加快新旧发展动能接续转换。最后，需要扬长补短，发现自身优势的同时找到自身的薄弱环节并加以改进（详见本书的"广东省各个城市历年创新指数变化趋势分析"部分）。

第 三 篇

创业者信心指数——创新精神与创业环境

张书军　傅　慧　朱仁宏
周　琦　伍兆祥

第一章

研究背景

第一节 创新创业活动的兴起和发展

一 政策支持和驱动创新创业活动在中国蓬勃发展

自2014年9月国务院总理李克强在达沃斯论坛上公开发出"大众创业、万众创新"号召以来,中国掀起了新一轮的创新创业浪潮,"大众创业、万众创新"成为近几年来对中国发展影响重大的国家战略之一。

"大众创业、万众创新"的提出具有深刻的历史背景和现实意义。一是响应实现稳增长、扩大就业的国家战略目标和部署,创新创业活动不仅能够创造大量的就业机会,还扮演着推动经济稳定发展的重要角色;二是创新驱动成为中国发展战略,创业者逐渐成为重要的创新主体,创业活动使得理论创新、技术创新得以真正落地实施和应用。随着"双创"提议的出台,从中央到地方政府不断推出扶持创新创业的政策,鼓励大众创业,万众创新(见表3—1、表3—2)。

自2014年"双创"提出后,国务院、人力资源和社会保障部、发展改革委、税务总局、科技部、财政部、工商总局等相关政府部门针对创新创业基地建设、创业用地、创新科技成果转化、行业创新发展、优化企业注册流程和注册资本改革、降低税费、融资等方面颁布了一系列政策支持,以从制度上为创新创业活动创造更为友善、宽松的环境(见表3—1)。

表 3—1　　　　　　　　部分中央政府相关创新创业政策

发文单位	时间	相关政策
国务院	2018 年 9 月 18 日	《关于推动创新创业高质量发展 打造"双创"升级版的意见》
	2017 年 7 月 27 日	《关于强化实施创新驱动发展战略 进一步推进大众创业万众创新深入发展的意见》
	2017 年 6 月 21 日	《关于建设第二批大众创业万众创新示范基地的实施意见》
	2016 年 5 月 12 日	《关于建设大众创业万众创新示范基地的实施意见》
	2015 年 7 月 4 日	《关于积极推进"互联网＋"行动的指导意见》
	2015 年 6 月 16 日	《关于大力推进大众创业万众创新若干政策措施的意见》
	2014 年 11 月 20 日	《关于扶持小型微型企业健康发展的意见》
	2014 年 5 月 13 日	《关于做好2014年全国普通高等学校毕业生就业创业工作的通知》
	2014 年 2 月 18 日	《关于印发注册资本登记制度改革方案的通知》
人力资源和社会保障部	2015 年 12 月 23 日	《关于进一步推进创业培训工作的指导意见》
发展改革委	2015 年 9 月 18 日	《关于支持新产业新业态发展促进大众创业万众创新用地的意见》（国土资源部、发展改革委、科技部、工业和信息化部、住房城乡建设部、商务部联合发布）
	2014 年 5 月 13 日	《关于进一步做好支持创业投资企业发展相关工作的通知》
税务总局	2015 年 9 月 9 日	《关于认真做好小型微利企业所得税优惠政策贯彻落实工作的通知》
科技部	2015 年 9 月 8 日	《关于印发发展众创空间工作指引的通知》
	2015 年 1 月 10 日	《关于进一步推动科技型中小企业创新发展的若干意见》
财政部	2015 年 9 月 2 日	《关于进一步扩大小型微利企业所得税优惠政策范围的通知》
工商总局	2014 年 2 月 18 日	《关于做好注册资本登记制度改革实施前后登记管理衔接工作的通知》

资料来源：根据相关政府网站整理。

中央政府不断推出有助于双创活动的制度支持的同时，地方政府也积极出台相关政策，支持双创事业的发展，其中，北京、上海、广东、浙江等地区的相关支持政策明显较多（见表3—2）。例如，北京中关村科技园区管理委员会推行相关政策，为中小企业投融资提供支持；上海市人民政府和浙江省人民政府分别出台政策促进跨境电商和电子商业的发展，希望培育新的经济增长点；广东省人民政府颁布相关政策促进中小企业投融资发展，广东省教育厅、人力资源和社会保障厅、科技厅等部门针对高校创新创业教育改革、创业孵化基地和众创空间建设等方面加大支持力度，营造良好的创新创业氛围（见表3—2）。

表3—2　　　　　　　　部分地方政府相关创新创业政策

发文单位	时间	相关政策
北京市人民政府	2015年10月19日	《关于大力推进大众创业万众创新的实施意见》
中关村科技园区管理委员会	2014年11月5日	《关于印发〈关于支持高等学校科技人员和学生科技创业专项资金管理办法（试行）〉的通知》
	2014年9月25日	《关于印发中关村国家自主创新示范区中小微企业银行信贷创新融资支持资金管理办法的通知》
广东省教育厅	2015年10月19日	《关于深化高等学校创新创业教育改革的若干意见》
广东省人力资源和社会保障厅、广东省财政厅	2015年9月11日	《关于进一步加强创业孵化基地建设的意见》
广东省人民政府	2015年8月7日	《关于进一步做好新形势下就业创业工作的实施意见》
	2015年7月3日	《关于创新完善中小微企业投融资机制的若干意见》
	2015年2月18日	《关于进一步促进创业带动就业的意见》
广东省科学技术厅、金融工作办公室	2015年7月17日	《关于印发关于发展科技股权众筹建设众创空间促进创新创业的意见的通知》
广东省财政厅	2015年7月7日	《关于印发广东省省级创业带动就业专项资金管理办法的通知》
上海市人民政府	2016年2月2日	《关于取消和调整一批行政审批等事项的决定》
	2015年11月5日	《关于印发〈关于进一步促进科技成果转移转化的实施意见〉的通知》
	2015年8月3日	《关于进一步做好新形势下本市就业创业工作的意见》
	2015年7月20日	《关于促进本市跨境电子商务发展的若干意见的通知》
浙江省人民政府办公厅	2016年1月14日	《关于推进高等学校创新创业教育的实施意见》
	2015年12月30日	《关于大力发展电子商务加快培育经济新动力的实施意见》
	2015年6月1日	《关于印发浙江省"小微企业三年成长计划"（2015—2017年）的通知》
浙江省人民政府	2015年11月30日	《关于大力推进大众创业万众创新的实施意见》

资料来源：根据相关政府网站整理。

中央政府和地方政府共同为创新创业活动提供政策支持。中央政府通过顶层设计,推动制度改革和设定总体战略规划,不仅为创新创业活动定下良好基调,还改善了创新创业活动的整体环境。地方政府执行中央政府的经济战略方针,使支持创新创业活动的具体政策落实,通过提供金融支持、孵化器平台、技术研发基地等具体措施为创新创业活动保驾护航。总体而言,相关政府政策的实施和推行为创新创业活动提供了有力的支持。

二 良好的经济发展态势推动创新创业活动发展

2018年中国经济稳定发展,稳中有进的态势持续保持。根据国家统计局数据,中国国民经济运行总体保持平稳态势,截至2018年前三季度,中国国内生产总值达6.5万亿元人民币,同比增长6.7%,中国国民经济运行保持在合理区间,国内经济的稳定增长推动创新创业活动持续发展(见图3—1)。

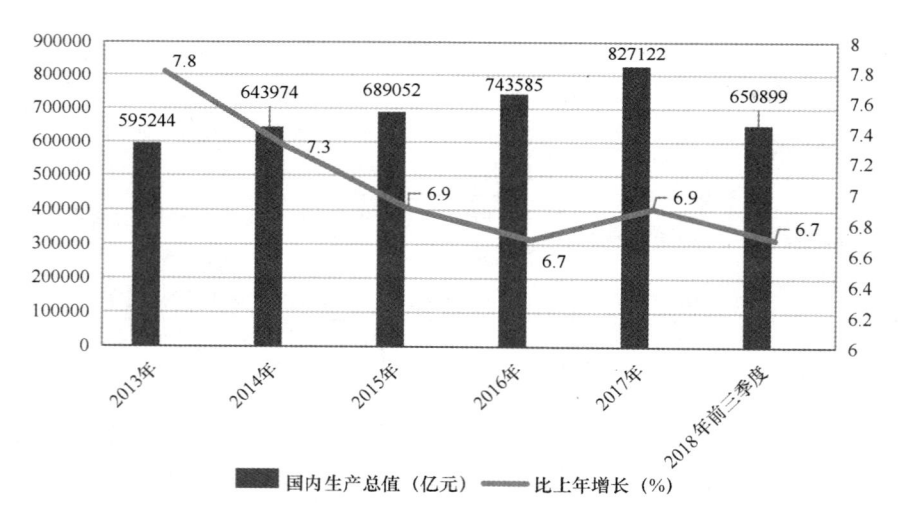

图3—1 2013—2018年前三季度中国国内生产总值及其增长速度

资料来源:国家统计局。

(一)中国需求结构不断优化

2018年前三季度社会消费品零售总额为27万亿元,社会消费品零售总额同比增长9.2%,中国社会消费品零售总额不断增长,这说明中国居民消费需求持续增加,整体社会消费环境向良好态势持续发展。中国2018年前三季度最终消费支出对国内生产总值增长贡献率累计值达78%,同比增加21%,说明中国经济结构不断改善,消费驱动在中国经济增长的地位愈加重要。社会消费总额的增长和经济结构的改善为中国创新创业的发展提供基础,具有创新性的创业项目往往能满足人们高消费和消费品多样化、个性化的需求。

(二)中国居民收入维持较快的增长

中国人均可支配收入的同比增长率一直维持在较高的水平(见图3—2),人均可支配收入的稳步增长对中国的居民消费形成有力的支撑,这不仅为中国经济结构转型和经济增长方式的转变提供了坚实的基础,而且扩大了消费基础和消费品的多样性需求,为创业者提供了良好的创新创业环境。

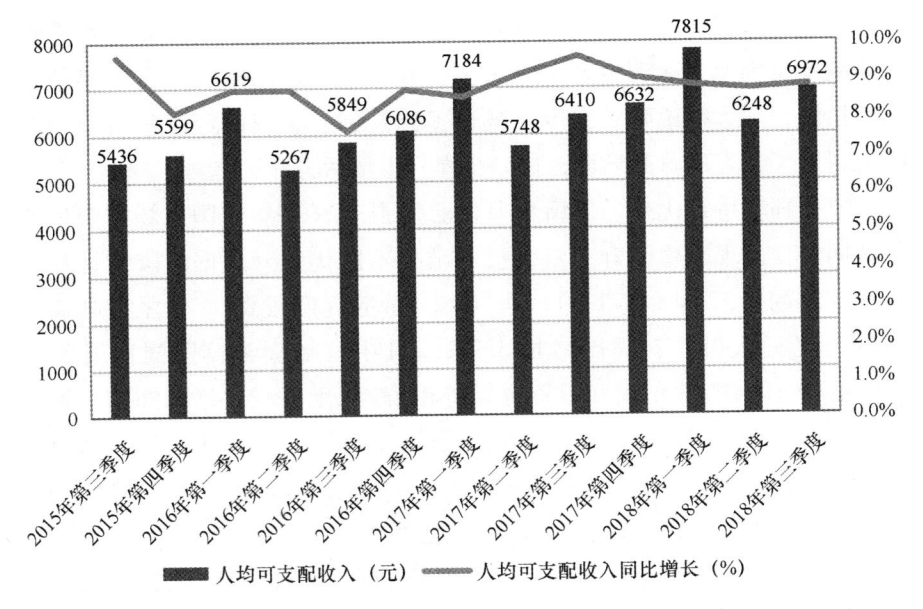

图3—2 中国近年人均可支配收入变化情况

资料来源:国家统计局。

（三）全球经济依然呈现出积极的复苏态势

2018年，主要发达经济体维持较良好的增长表现。美国经济增长相对强劲，2018年第二季度和第三季度的GDP环比增长率分别达4.2%和3.5%，失业率维持在低位，整体经济环境持续向好发展。欧元区和英国的经济增长有所放缓，欧元区和英国在第三季度的同比GDP增长率分别为1.7%和1.5%，仍然维持正向增长率。新兴市场经济体总体呈现较快的经济增长态势，但内部出现分化现象，印度和俄罗斯的经济增长向好发展，而巴西、南非等经济复苏态势持续低迷。总体而言，全球经济增长良好，为中国经济发展和企业对外投资提供了良好的外部环境。

三 市场和社会环境不断改善促进了创新创业活动的发展

注册资本登记制度和税务等制度改革进一步优化中国的营商环境。2014年3月起，全国全面推行注册资本登记制度改革，实行注册资本认缴登记制、简化住所（经营场所）登记手续、推行电子营业执照和全程电子化登记管理，在很大程度上降低了企业登记门槛，提升企业注册便利化程度，创业企业营商环境进一步优化。此外，国家持续深化增值税改革措施，加大减税降费力度，减轻了创新创业企业的经济税费负担成本，营造了良好的营商环境，进一步提升市场活力和创造力。

投资环境持续优化，创新创业信心增强。2018年中国市场投资增速继续回升，出现企稳回升态势，投资结构不断优化。根据国家统计局最新发布的数据，2018年1—11月，全国固定资产投资（不含农户）为60.9万亿元人民币，同比增长5.9%。其中，制造业投资同比增长达9.5%，2019年以来的民间投资也保持在8%以上的较快增长速度。第一产业、第二产业和第三产业的投资比重逐年增长，2018年1—11月第一产业、第二产业和第三产业投资同比增长分别达12.2%、6.2%和5.6%，投资结构的不断优化，促进创新创业信心增强。

创业氛围和创业观念转变，人们对创新创业活动的认识和认可进一步加深，驱使更多潜在创业者加入创新创业领域。以往，创业活动往往被视为失业者的最后出路，同时由于创业活动具有高风险和不稳定的特性，使其难以得到认可。现今，由于国家不断出台创新创业的相关支持政策，为创新创业活动正名和推广，一定程度上破除了人们对其的曲解，驱使更多的潜在创业者愿意加入创业领域。

人们的消费心理逐渐发生变化，多样化和个性化的消费需求涌现，这为创业者提供了良好的市场基础和机会。随着经济发展和个人收入的增加，人们的消费需求越发往多样化和个性化的趋势发展，而大型企业往往会为了占据较大的市场份额而推出符合大众口味的产品，往往忽视了小众市场的需求。而创新创业活动恰好能够弥补小众市场的需求，创业者往往具有较小的主体规模和良好的市场触觉，能够挖掘和满足人们多样化和个性化的需求。

四 科学技术的发展为创新创业活动提供技术支撑

科学技术发展在促进中国创新创业发展方面起到了举足轻重的作用，不仅为中国创新创业活动提供了重要的技术工具，还成为创新创业活动的重要主体，并进一步拓宽了市场。

大数据应用和云计算等技术的发展和运用为企业精准挖掘和满足人们的消费需求提供了重要的技术基础。针对消费者群体进行大数据的收集、处理和分析，企业可以进一步挖掘消费者的潜在消费需求。初创企业可以利用大数据应用和云计算技术，获取大量的消费者信息，减少与大企业之间的信息量差异，不仅能够降低运营成本，还能开发小众消费市场，以较低的行业进入成本和经营成本攫取利润。

移动互联网和通信技术的发展不仅推动了新生行业的诞生和发展，而且优化了企业对消费者的服务，为企业巩固和稳定消费群体，进一步深化消费提供有力的支持和帮助。移动互联网和通信技术的发展提高了移动终端的网络连接速度，这催生了直播行业等依托移动互联网和通信技术的新兴行业。移动互联网和通信技术的发展还推动了移动终端软件的推广和应用，企业能够结合客户端类软件的推广，进一步开拓市场和优化对消费者的服务；凭借移动支付、即时通信等功能，提升了消费者进行消费的便利程度，并固化消费者的消费习惯，推动消费深化。

科学技术的发展进一步推动了技术提供方市场向细分化发展，催生了大量以提供技术支持的创业企业。大数据应用和云计算等技术对企业的经营有重要的帮助，企业对大数据应用和云计算等技术的需求也应运而生。同时，这类计算机技术的应用专业化的特点催生了大批以提供计算机技术进行谋利的创业公司。

第二节　创新创业活动面临的风险和挑战

一　中国经济的内部隐忧和外部环境的不确定性

中国经济增长已经由高速增长阶段进入中高速增长阶段，中国的经济发展开始进入"阵痛期"和"换挡期"。在中国经济从高速增长转向高质量增长以及经济发展方式从粗放型增长转变为集约型增长的过程中，许多企业面临着较大的经营问题，市场竞争将会更加激烈。在此背景下，初创公司难免会面临较大的经营挑战和困难。

去杠杆化和金融监管的背景下，初创企业面临较大的融资问题。由于初创企业往往同时具有高增长和高风险的特性，基于初创企业高风险的特点和信息不对称问题的存在，初创企业往往难以获得传统金融机构的贷款融资，而去杠杆化和金融监管不仅进一步加大了初创企业从传统融资渠道进行贷款的难度，而且还可能会阻碍风险资本对初创企业的支持，加剧了其融资难的问题。

外部不确定性因素可能会影响创新创业活动的正常运作。由于贸易摩擦的存在和加剧以及主要经济体货币政策的变化，加大了中国经济的外部不确定性，对外需和部分出口制造业企业的经营形成冲击，这可能会通过一定的传导机制影响国内经济稳定，从而不利于创新创业活动的正常运行。

二　现存的制度环境难以为创新创业活动提供全面保障

创业公司往往凭借核心技术和新型营运模式获得经营优势，但是其核心技术和新型营运模式有时候得不到有效的制度保护。部分创业公司通过科研活动探索、研发出新技术，但是部分新技术可能会被同行企业模仿或窃取，新技术的研发和应用得不到法律等制度层面的保护，这严重打击了创业公司研发新技术的积极性，影响了创业者开展创新创业活动的信心。

第三节 研究意义

在创新创业活动面临复杂多变的经济、社会环境背景下,研究企业家/创业者信心指数具有深刻的理论与现实意义。首先,创业者信心指数能够从客观上概括和反映创业者对开展创新创业活动的信心程度,直观地判明创业者对国家经济形势、创业政策、融资环境等各种影响创新创业活动因素的信心水平。其次,可以通过对创业者信心指数的纵向对比和地区间横向比较,发现影响创新创业活动因素的动态变化对创业者创业活动的信心程度影响,从而为决策者提供科学的管理分析工具,有利于决策者对支持创新创业活动的相关制度和政策进行评估和检讨,有利于创新创业活动的未来发展趋势和方向。最后,创业者信心指数的编制为国内外学者提供了新的分析指标和工具,开拓了新的研究视角,推动了创新创业活动相关研究的深化。

第 二 章

研究框架

第一节 创业者信心指数的主要脉络

创业者信心指数是一个国家或地区的创业者对宏观经济环境、社会环境、组织因素和内部因素的信心和满意程度的综合指数,其反映了创业者对创业的外部因素和内部因素认识、判断和预期,能够作为预测创业者创业行为和趋向的一个先行指标。

基于理论与现实考量,创业者信心指数理应根据创业者对影响创业行为的因素(包括外部因素和内部因素)的信心和满意水平进行编制。一般认为,创业者的创业信心和行为会受到宏观经济环境、社会环境、创业组织因素等外部因素的影响。如:部分研究将外部环境要素视为创业经历的决定要件,外部环境(包括宏观经济环境、制度环境)会对创业者行为产生深刻影响[1]。市场环境会对创业者的创业行为和创业信心产生影响,宽松的市场环境会促使地区创业行为的增多。[2] 融资环境同样是影响创业者信心的重要因素,在创业者开展创业活动的早期,新创企业资产较少往往会陷入现金流危机以及得不到足够资金进行扩大经营以获取规模经济效益,当地区的金融发展水平较高时,新创企业的融资环境

---

[1] 斯晓夫、王颂、傅颖,创业机会从何而来:发现,构建还是发现+构建?——创业机会的理论前沿研究 [J],管理世界,2016(03):115—127。

[2] Simsek, Zeki, J. F. Veiga, and M. H. Lubatkin. "The Impact of Managerial Environmental perceptions on Corporate Entrepreneurship: Towards understanding Discretionary slack's pivotal Role". Journal of Management Studies, 44.8 (2007): 1398—1424; Luo, Yadong, "Capability Exploitation and Building in a Foreign Market: Implications for Multinational Enterprise." Organiation Science, 13.1 (2005): 48—63.

得到改善，会改善新创企业的经营状况，提高创业者信心水平，金融环境的改善会提升潜在创业者的创业意识，金融支持水平提高对创业意愿有明显的积极影响。① 组织因素是另一个影响创业者行为和信心的重要因素，如产业环境是创业者在创业过程中重点关注和考量的外部因素，一般而言，一个产业或行业会存在企业的生产率临界点，只有高于临界点的企业才能进入市场②，这意味着新创公司会面临其所处产业或行业的进入门槛，当产业进入门槛较高或产业环境恶化时，新创公司将难以进入该行业或难以长期经营，这往往意味着创业者创业行为的失败。此外，创业者的创业行为和信心同样会受到创业项目前景和产品与服务质量等内部因素的影响。当创业者对创业项目产品的市场规模和市场前景具有积极正面的预期时，创业者信心往往会有所提升。

通过建立创业者信心指数的指标体系和编制创业者信心指数，指数使用者可以通过该指标指数直观地观察创业者信心水平及其变化趋势，以及创业者对宏观环境、社会环境、组织因素和创业前景等外部因素和内部因素的主观感知程度，创业者信心指数的编制和研究具有合理性和重要性。

第二节　创业者信心指数研究的研究基础

目前，关于如何衡量创业者信心水平的研究相对较少。部分学者通过调查问卷的形式，以简单的问题答案选项测量创业者或企业家的信心水平③，这种方法难以全面衡量创业者的信心水平，缺乏一定的科学性和合理性。目前尚没有学者、企业或政府部门将创业者信心水平进行指数化研究。与之相类似的是，中国人民银行和国家统计局编制的企业家信

---

① 刘伟、黄紫微、丁志慧，商业孵化器商业模式创新描述性框架——基于技术与资本市场的创新 [J] 科学学与科学技术管理，2014，35（05）：110—119；张苏、杨筠，金融与创新意愿：来自中国大学生调查数据的经验发现 [J] 金融研究，2010（11）：19—33.

② 朱奕蒙、徐现祥，创业的宏观环境对企业的长期影响：中国工业企业的证据 [J]，世界经济，2017，40（12）：27—51. Hopenhayn, Hugo A. "Entry, Exit, and Firm Dynamics in Long Run Equilibrium." Econometrica，60.5（1992）：1127—1150.

③ 楼尊，高校创业教育对大学生创业态度和信心的影响 [J] 上海金融学院学报，2008（06）：67—71. 于海云；赵增耀、李晓钟，民营企业创新绩效影响因素研究——企业家信心的研究视角 [J]，科研管理，2013，34（09）：97—104.

心指数。但是，央行和国统局编制的企业家信心指数都是以调查问卷的形式，通过比较简单的问卷提问调查企业家对宏观经济的信心，以计算信心指数，这种方法同样存在科学性和合理性缺失的问题。此外，它们仅公开了国家层面的企业家信心指数，没有公布行业层面和地区层面的指数数据，指数数据具有单一性问题；而且采用问卷调查的研究方法，将经验丰富的企业家作为调研主体，难以体现创业者的信心水平。

本书在编制创业者信心指数的过程中，使用了国内外前沿的文本挖掘和网络爬虫技术。近年来，已有部分学者分别或同时使用以上两种方法编制不同的指数。① 使用这两种方法进行指数编制，不仅具有信息量大且全面的优点，还能获取更具有客观性的数据、反映真实情况。同时，能够根据研究的需求，分别计算、编制各行业和各地区的创业者信心指数，分析不同行业和不同地区的创业者信心水平及其变化趋势。

第三节　创业者信心指数的基本框架

本书基于国内外专家学者对影响创业者信心的权威研究、结合中国环境的实际语境，建立了创业者信心指数指标体系。指标体系是从外部因素和内部因素两个层面，具体而言，内部因素分为创业项目前景和产品与服务质量，外部层面分为经济因素（国家经济形势、融资环境）和社会环境（创业政策支持、创业氛围、产业环境）两个维度。

一　经济因素

国家宏观经济环境被广泛地列为企业家/创业者信心指数评判标准，《中国企业家发展信心指数调查报告》均将"宏观经济环境信心"列入其二级指标。诸多学者通过构建 VAR 模型分析了企业家信心和经济波动之间的关系，发现企业家信心对经济发展起着促进作用。综合以往研究，

---

① 孙毅、吕本富、陈航、薛添基于网络搜索行为的消费者信心指数构建及应用研究［J］管理评论，2014，26（10）：117—125；陈柯、韩清、孟美侠、戴蔚，一种新的利用网络爬虫技术的土地价格指数编制方法［J］数量经济技术经济研究，2017，34（03）：128—144. Choi，Jaepi，H. wang, "Research Notes and Commentaries: Stakeholder Relations and The Persistence of Corporate Financial Performance", Strategic Management Journal. 30, 8（2009）：895—907.

创业者信心指数的表现之一为对国家宏观经济走势的乐观预期程度①，本研究以国家经济形势的评价来加以衡量，具体是通过"挑战""经济向好/低迷""企稳回升""改革红利""快车道"等为关键词进行检索。

二 社会环境

（一）创业政策支持

创业政策体系具有系统性，由多个存在内在联系的指标按照一定的逻辑构建指标体系构建而成。为提高社会整体福利水平，达到帕累托最优，政府有必要采取扶持和补贴政策激励创业。政府对创业的补贴激励包括对创业进行直接或间接补贴、税收优惠、资金扶持等。此外，整个创业过程中，健全创业机制体制，整合社会力量，以及进行创新资源共享平台建设显得尤为重要，由此就需要政府出台政策牵头创业公共服务建设。因此，本研究的创业政策支持量表指标设计借鉴了全球创业观察（GEM）的研究量表，包括创业补贴、税费优惠、资金扶持和创业公共服务四个指标。

1. 创业补贴

以"无息贷款""低息贷款""创业补助""租金补贴"为关键词检索，发现，创业补贴包括房租补贴、宽带网络以及公共软件等指标都会影响到创业者的创业活动。

2. 税费优惠

税费优惠也是影响创业活动的重要指标之一。以"税费减免""税收优惠"为关键词检索，研究发现，创业者信心指数受企业的纳税减免情况影响。

3. 资金扶持

资金为创业的基础条件。以"财政优惠""政策红利"为关键词检索，研究发现，政府等对创业者的资金扶持力度也会直接影响创业活动。

4. 创业公共服务

以"基础设施建设""基础设施投资""众创空间"和"孵化器"为关键词检索，发现创业者进行创业活动时会较为关注众创空间、办事效

---

① L. Busenitz, Tang, Jinting, K. M. Kacmar, "Entrepreneurial alertness in the pursuit of new opportunities." Journal of Business Venturing. 27.1 (2012): 0—94.

率和孵化器等外部环境。

（二）融资环境

一般认为，企业获得融资能使企业获得技术、管理、信息等方面的支持，进而提升企业发展速度，不同类型的融资对企业发展的影响具有深远的影响。本研究将融资环境划分为银行贷款难易程度、资本市场融资难易程度、民间融资难易程度三个方面。

1. 银行贷款难易程度

以"利息""银行贷款""小额贷款""房产抵押""担保"和"质押"为关键词检索，发现创业者的创业信心指数高低与否和政府部门是否出台了缓解私营企业融资困难的政策、是否及时公布与企业融资有关的政策信息和企业在银行贷款的过程中政府部门是否提供必要的帮助等方面有较强的关联性。

2. 资本市场融资难易程度

以"股权""股票""债券""私募"等为关键词检索，发现创业者的创业信心指数高低与否也与资本市场融资门槛的高低、是否有完善的股票市场和规范的债券市场、是否有完善的创业投资退出渠道和资本市场法律体系是否健全有关。

3. 民间融资难易程度

以"草根金融""民间借贷""内部集资""众筹""小额借贷"等为关键词检索，发现，企业能否较为容易地从民间渠道筹得资金、当地是否拥有一个较为诚信的营商环境和企业间合同是否能正常履行等方面构成了影响创业信心指数的融资环境的第三大指标。

三 组织因素

（一）创业氛围

创业实践的发展显示，政府在强化监督管理、增强外部宣传、营造空间内容创新创业氛围、为创客提供切实需要的创业服务等方面，能极大完善创业者的创业环境，提升创业者的创业积极性。在文献研究过程中，我们以"创业大赛""创业活动""创业热潮""创客文化"等为关键词检索，再根据相关研究发现，高度的社会支持、创业活动的鼓励以及创业活跃度等良好的创业氛围会提升创业者的创业信心。

（二）产业环境

在产业环境形成战略性新兴产业集群的环境下，创业人才能更加便利地发现机会，创业人才获取资源也相对于集群外的创业人才有更大优势。本研究依据产业环境类型划分，将产业环境划分为技术、市场、政策等维度。

1. 产业政策

以"入选重点行业目录""政府引导基金""产业规划"等为关键词检索，相关研究中表明，国家对相关产业发展的政策激励会直接影响到创业者的信心指数。

2. 产业技术

以"产业分工细致明确""产品标准化""技术成熟"等为关键词检索，研究表明，创业者信心指数也与产业的模块化程度、技术成熟程度和需求本地化程度有关联。

3. 市场竞争

以"进入壁垒""退出壁垒""门槛""行业集中"等为关键词检索，研究表明，行业集中度、产业结构与竞争强度等指标在一定程度上影响创业者的信心指数。

四　内部环境

（一）创业项目前景

创业项目是否具有广阔的市场发展空间影响创业者信心指数的高低。以往研究发现，演化经济学意义下的"竞争机制"和"选择机制"的双重作用，能使经济在动态竞争中演绎"演化产生多样性，多样性推动演化"的经济社会变迁，而能使经济动态演化的重要条件之一就是市场要达到规模。

（二）产品与服务质量

由于创业投资是处在不断变化的环境之中，来自企业内部的管理、技术、财务等因素均会给创业项目带来风险，相应拥有优秀的管理团队、健全的财务制度、新技术在新产品商业化过程可行性的考察机制的企业，能有效降低经营风险，提升市场竞争力。以"市场""客户""技术""服务"等为关键词检索，研究发现，创业者信心指数（见表3—3）与产品和服务的市场竞争力相关。

表 3—3　　　　　　　　　创业者信心指数指标体系

创业者信心指数	国家经济形势	对国家宏观经济走势的乐观预期程度
	创业政策支持	创业补贴
		税费优惠
		资金扶持
		创业公共服务
	融资环境	银行贷款难易程度
		资本市场融资难易程度
		民间融资难易程度
创业者信心指数	创业氛围	创业者感受到创业的社会支持、创业活动的鼓励程度、创业活跃度
	产业环境	产业政策
		产业技术
		市场竞争
	创业项目前景	企业利润、规模的增长率
	产品与服务质量	产品和服务的市场竞争力
企业家进取心指数	积极进取性	测量企业家是否积极主动发现机会形成先发优势以及积极主动利用资源的能力和态度
	战略前瞻性	衡量企业家是否积极主动寻找未来机会和可能存在的问题并提前做出准备
	创业坚持性	衡量对追求目标的坚持程度以及提供解决办法和克服困难的积极程度

第 三 章

研究方法

随着大数据应用的不断成熟，大数据研究方法已经被广泛应用于社会科学的基础研究和政策研究。自2008年9月《科学》杂志发表文章提出大数据的概念以来，大数据研究本身和大数据的研究方法都被广泛应用于社会科学的基础研究和政策研究。截至2018年，中国知网收录的"大数据"相关期刊论文达到86564篇，涉及信息科学、社会学、心理学、传播学等跨学科范畴。艾媒大数据舆情管控系统能明确针对各个固定网络、网站（范围覆盖微博等）进行动态监测，并采用多模块、跨级别的方式对所监测对象进行智能分析和相关性判定。

第一节 数据库建构

一 创新创业语料知识库

为保证本书的大数据挖掘和分析流程顺利进行，首先，研究团队建立了创新创业语料知识库。创新创业语料知识库以国家新闻言论广电总局提供的敏感关键词库为基础，主动获取并储存与创新、创业相关的关键词、关键短语、关键句子、关键段落，以便能够识别网络相关舆情言论，并进行更广泛的关联词识别、抓取和聚类等后续研究。

在初步建立创新创业语料知识库后，系统通过海量数据网络文本的自动学习，不断丰富信息知识库内容；同时，知识库系统设有人机交互接口，可以经过人工编辑、校验知识库的内容，确保机器学习的精准度。

二 训练样本知识库

创新创业语料知识库系统实现主动学习和分析的另一支撑基础为训练样本知识库的建立。训练样本知识库同样依据国家新闻言论广电总局提供的敏感关键词库，主动获取并储存与创新、创业高度相关的句子、段落和篇章，从而向创新创业语料知识库提供自动分析和学习的素材。

此外，在实际建设过程中，研究团队还安排了人工训练的方式，丰富和完善训练样本知识库的建设。具体表现为，具有丰富经验的研究人员通过人工审读、校验，补充与创新、创业、创业者、企业家等具有高度相关性的词汇、短语、句子、段落，补充、训练及完善创新创业语料知识库。

为了通过网络言论信心指数进一步研究企业家群体的差异性，研究团队还将创业者依据地区和创业所属行业进行分类。地区上，以全国34个省市为研究对象，具体通过广东、北京、上海和浙江等创业活动较为活跃的地区进行纵向对比；行业上，分为教育培训、生活休闲、金融投资、汽车交通、房产置业、医疗健康、网络电商、非营利组织和文化传媒九个行业（见图3—3），涵盖了教育、培训、金融、投资、理财、证券、汽车、航空、交通、房产服务、医疗、健康、旅游、酒店、本地生活服务、影视、娱乐、演艺、游戏、电商、服饰、时尚、审计、招聘、人资、体育、运动、健身、食品、农业、生鲜、政务、公益、学术、数码软件、新闻、传媒、广告、营销、艺术和文创等多个产业。

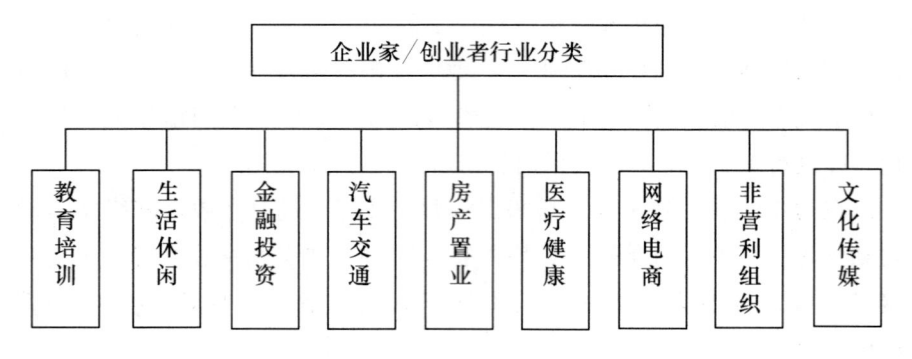

图3—3 企业家/创业家行业分类

三 分类模型知识库

分类模型知识库以创新创业语料知识库和训练样本知识库为基础构建，分类模型知识库运用机器学习分类算法，对创新创业语料知识库和训练样本知识库所主动获取并存储的与创新、创业、企业家等相关的关键词、关键句子、关键段落和关键篇章等文本进行智能分析、判断和分级处理，对相同主题和立场的文本言论内容进行分类和合并，以便进一步对所获取的与创新、创业、企业家等相关文本内容进行结果分析。

第二节 基于微博文本的企业家创新创业议题情感分析

一 监测对象判定及文本库建构

依据研究团队建立的创新创业语料知识库与训练样本知识库中所主动获取的创新创业相关的关键词、关键短语、关键句子、关键段落等文本，艾媒大数据舆情管控系统对其进行动态监测，监测过程中发现企业家发表的微博文本与创新创业等关键词具有高度关联度，因此，研究团队将企业家发表的微博文本确立为最终的研究对象。

具体而言，研究团队通过官方途径获取了40855位企业家及创业者微博账号，每一个账号为一个单位样本。此后，使用大数据爬虫脚本，爬取了2017年1月至2018年10月（共22个月）共12325391条微博言论，作为总体样本。

二 数据清洗

数据清洗是目前常见的对数据进行审查和校验，删除重复数据、纠正错误数据的数据处理方法。运用数理统计、数据挖掘和预定义的清理规则等对数据进行清洗，能够去除不相关或不合适的数据文本，便于数据的进一步挖掘和分析。

中文分词是中文自然语言处理的重要组成部分，国际上常用的NLP（自然语言处理）算法，通常都是以词作为基本单位进行深层次的语法语义分析，因此在许多中文的自然语言处理中，需要一个预处理的过程，把连续的汉字分隔成具有意义的词。而在进行自然语言数据或者文本的处理过程中,为了确保获取的数据和文本更加有效,就要筛选过滤使用频率高但无实际意义的词,这个过程即去噪、去停用词的过程。

为了确保本书的研究和分析顺利进行,研究团队以获取的企业家微博文本为基础,构建企业家微博文本数据库,并根据创业者信心指数指标体系二级指标中的国家经济形势、创业政策支持、融资环境、创业氛围、产业环境、创业项目前景和产品与服务质量七个维度,对企业家微博文本进行切词,得出与创业者信心指数指标体系高度相关的词,并对其余无意义的微博文本进行清洗、去噪和去停用词,经过研究团队筛选,最终获得有效文本量 683 万条。

三 聚类分析

聚类分析又称群分析,是目前较为常用的研究分类问题的统计分析方法,同时也是一个数据挖掘的重要算法。聚类分析以相似性为基础,可以作为单独的算法工具挖掘数据库中的深层信息,概括特点,并对特定数据类别做进一步分析。

自然语言文本组合成文档的形式具有多样性,但综合一定量级的文档看,词语的排列形式、词句和语法构成具有一定的内在逻辑。因此,艾媒大数据舆情监控系统采用聚类分析算法,对特定的文本进行话题聚类,并将语义相似的文档或文章归为一类,进行话题级的统计分析。

研究团队依据所抓取的企业家微博文本组建的数据库,经过数据清洗、去噪、去停用词等步骤后得到的有效创业者或企业家的微博文本,通过 400 多维的词向量关联性的计算,并将结果降维,得到各月份、企业家分组 N 的言论内容与各二级指标 M 的关联度 α_{nm}(α 取值范围为 0 到 1)(见图 3—4)。

其次,经由建立的各个二级指标正负向情感词向量组,再次计算、结果降维,得到各月份、企业家分组 N 的言论内容与三级指标 M 的信心情感偏向值 β_{nm}(β 取值范围为 –1 到 1)。

则各月份中,企业家分组 N 在三级指标 M 方向上的信心指数 F_{nm} 计算为:

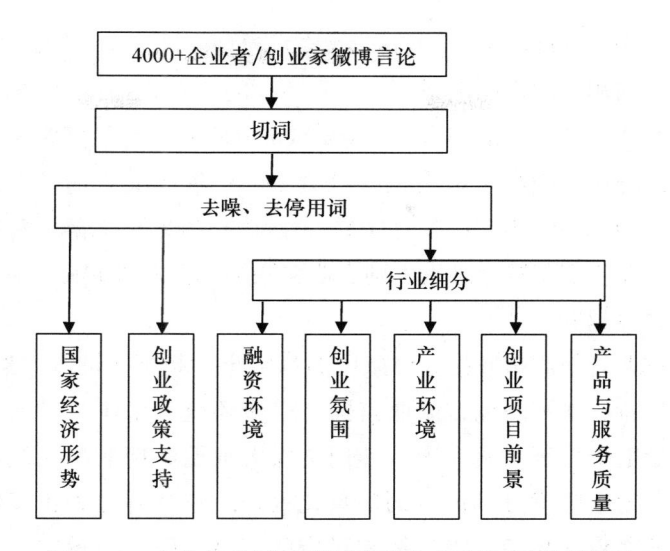

```
                    ┌─────────────────────────┐
                    │ 4000+企业者/创业家微博言论 │
                    └────────────┬────────────┘
                                 ↓
                          ┌──────────┐
                          │   切词   │
                          └─────┬────┘
                                ↓
                       ┌────────────────┐
                       │  去噪、去停用词  │
                       └────────┬───────┘
                                ↓
                          ┌──────────┐
                          │  行业细分 │
                          └──────────┘
```

图3—4 企业家/创业者微博言论文本聚类分析逻辑图

备注：根据二级指标聚类，获得多个言论文本集合。

$$Fnm = F_{nm} = \alpha_{nm} \times \beta_{nm}$$

注：为归一化展示，将结果范围在（-1，1）的 Fnm 结果值等比放大、位移到（0，200）范围。

在此基础上，得到各月份、各行业和地区的企业家分组相对各二级、三级信心指标的信心指数结果。信心指数的取值结果范围是0—200，信心程度与取值大小成正比。

取值>100时，表示对二级、三级指标有正面情绪、较有信心；取值<100时，表示对二级、三级指标有负面情绪、信心缺乏；取值等于或接近100时，表示言论评价相对中立，没有明显的关注度或正面、负面情绪信心表露。

四 基于Word2vec的词向量转化及关联词计算

既有研究应用中，通过NNLM（Neural Network Language Model）、LBL（Log-Bilinear Language Model）等神经网络训练语言模型可以将文字（如中文、英文、拉丁文等）从抽象的符号嵌入数学空间，转化为具有数值意义的词向量；在将词向量化之后，可以进一步通过CBOW（Continuous Bagof-Words）和 Skip-gram 等统计语言模型，计算单个词的出现概率，以及与某个词相关的词的出现概率，及所谓的"关联词"。Word2vec 是得到学界和专业领域认可的词嵌入（word embedding）神经网络机器学习算法模型，这种算法模型可以自动提取算法、扩展语义查询，并得到最终的"模型参数"，即神经网络的权重。关联词的权重对应的系数范围为 0—1，基础关联度系数越接近 1 则表明关联词的关联性越强，而越接近 0 则表明关联性越弱。

依据创业者信心指数指标体系中的二级定性指标，即国家经济形势、创业政策支持、融资环境、创业氛围、产业环境、创业项目前景和产品与服务质量七个维度，研究团队使用艾媒大数据舆情监测系统的词向量工具，将这七个维度分别进行词向量化处理，将其拆分为正面情感相近的词组，从而得到与各二级指标相对应的三级、四级向量关联词和对应权重（见图 3—5、图 3—6）。

```
┌─────────────────┐      ┌─────────────────┐
│  三级检索词关联度 │      │    检索词备选    │
└─────────────────┘      └─────────────────┘
                  三级检索词
┌─────────────────┐      ┌─────────────────┐
│      发展       │      │      确定       │
└─────────────────┘      └─────────────────┘
```

相关备选词	关联度
建设	0.670087099075
创新	0.591729044914
可持续发展	0.579780459404
产业	0.574362635612
发展	0.569782495499
转型发展	0.559031724933
推动	0.5461191535
蓬勃发展	0.519834041595
改革	0.519608259201
企业	0.515434205532
经济	0.515423178673
推进	0.513028979301
战略	0.511966526508
稳步发展	0.495113223791
转型	0.491490006447
增长	0.490068882704

图 3—5　神经网络机器学习算法模型案例

指标	三级检索关键词	关联度
	政府	0.49
	发达国家	0.49
	企业	0.46
	发展	0.49
	发展中国家	0.41
	GDP	0.53
	实体经济	0.49
	中国经济增长	0.40
国家经济形势	经济危机	0.38
	内需	0.44
	金融	0.44
	国际形势	0.60
	安全形势	0.54
	经济新常态	0.40
	新挑战	0.39
	政策	0.35
	市场需求	0.33
	自主创业	0.61
	大学生创业	0.51
	孵化	0.47
	开店	0.46
	赚钱	0.45
	白手起家	0.40
	专项资金	0.38
	投资	0.39
	扶持	0.37
	商机	0.37
创业政策支持　　创业补贴	补助	0.70
	财政补贴	0.49
	国家补贴	0.49
	住房补贴	0.46
	优惠政策	0.45
	扶持	0.44
	经费	0.39
	税收	0.50
	所得税	0.43
	增值税	0.37

图3—6　创业者信心指数二级指标权重

第三节　案例展示

一　词向量量化分析示例

在长期积累的自然语言经验学习中，艾媒大数据舆情监测系统积累了庞大的长期语料和言论（词汇）之间的定性逻辑关系，并将其有效地转化为可以用数值表达的定量关系，应用于多种计算场景之中（见图3—7）。

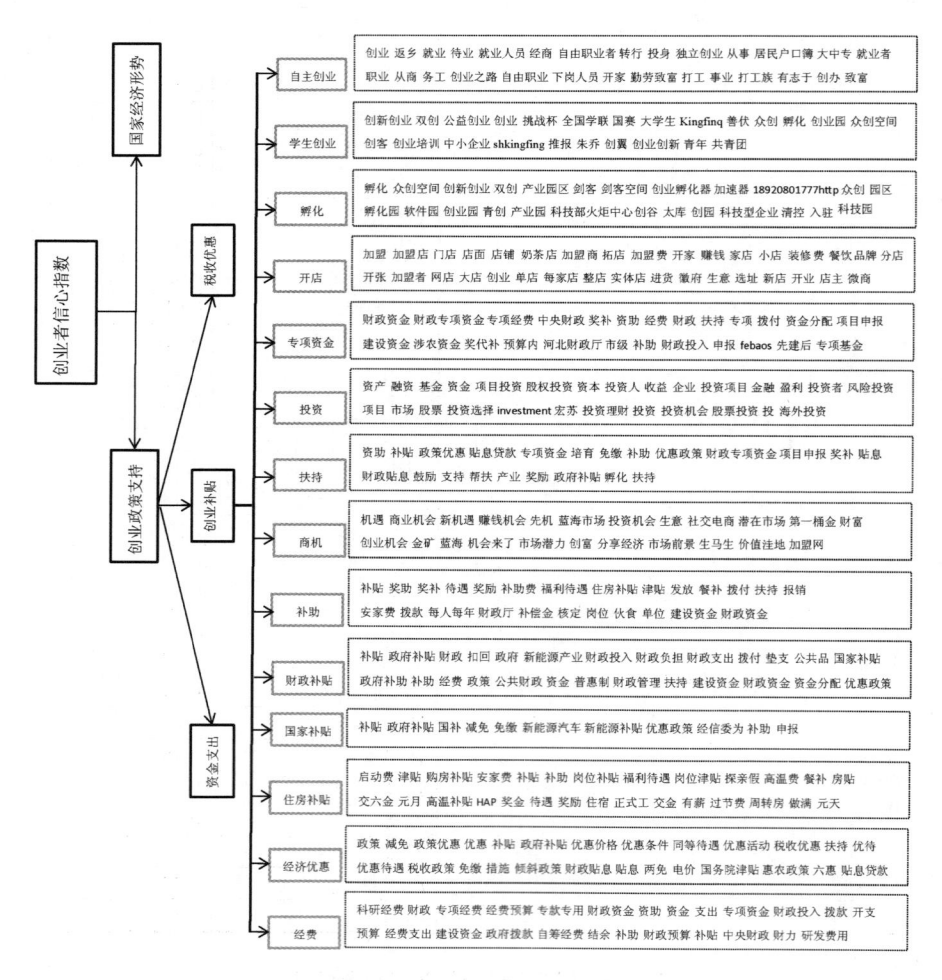

图3—7　创业者信心指数词向量量化分析语库

（1）快速提取同类型内容（对象）聚类结果：

a. 创新创业　　　　　　　　b. 人工智能

创新创业、人工智能与相关备选词关联度如图3—8所示：

```
                        三级检索词

           创新创业                      人工智能

    相关备选词    关联度           相关备选词    关联度
        双创     0.753517210484        AI        0.768465220928
      创业创新   0.696662545204    人工智能技术   0.68975520134
      科技创新   0.568612098694       机器人      0.610822916031
       孵化器    0.552880644798      机器学习    0.594632744789
        创新     0.54597389698        腾玛       0.543014764786
        孵化     0.52370351553       智能技术    0.53762948513
        创业     0.517488956451       物联网     0.536545395851
      众创空间   0.504141330719       算法       0.521823346615
        创客     0.499336361885       区块链     0.505448937416
       创业园    0.46716889739      机器人技术   0.504665434361
      大学生创业  0.442798435688      智能时代    0.5024330616
       创客空间  0.439871609211       云计算     0.499488323927
       人才培养  0.433859318495       思尔福     0.493392586708
       创业教育  0.431766331196       万聪智     0.492320537567
       创新人才  0.425750076771       吴恩达     0.492131352425
         青年    0.423986792564   微软亚洲研究院 0.48365855217
       创业孵化器 0.423439532518       技术      0.481459856033
         众创    0.415523946285       深度学习   0.480763137341
      科技成果转化 0.415007531643      智能      0.479573071003
       大众创业   0.41298854351       计算技术   0.475531369448
       88867566  0.411480814219      人工智慧   0.475498199463
         青创    0.40989202261        前沿技术   0.472661614418
         人才    0.408502757549      智察智察   0.464950740337
         三创    0.402991712093
       高层次人才 0.401634097099
       科技创业   0.401080727577
```

图3—8　创新创业、人工智能与相关备选词关联度

（2）查看指标词与某类别词汇的关联度强弱（定量体现）：

a. 指标词：【创业】（可知近期各相关因素与创业的驱动关系）
创业驱动关系相关因素关联度如图 3—9 所示：

相关备选词	关联度
经济	0.158847800946
补贴	0.0896238556521
租房	0.0962735705344
政策	0.139580268373
激情	0.229255149804
理想	0.183058698426

图 3—9　创业驱动关系相关因素关联度

b. 指标词：【创业】（可知不同地区的创业舆论氛围）
不同地区的创业舆论氛围关联度如图 3—10 所示：

相关备选词	关联度
北京	0.0528711763088
上海	0.0713089173503
广州	0.0859245594708
深圳	0.158916903432
天津	0.0376501295768

图 3—10　不同地区的创业舆论氛围关联度

c. 指标词：【内容创业】（可知内容创业受不同因素影响程度）
创业不同影响因素的关联度如图 3—11 所示：

相关备选词	关联度
政策	0.0154229229046
努力	0823090334672
激情	0340648799092
融资	130003355693
创新	144781371474

图 3—11　创业不同影响因素的关联度

二 言论计算示例

具体计算中，通过对企业家/创业者2017—2018年的微博言论文本进行词性分析、实体识别、依存文法、情感分析和言论相关性计算等数据处理步骤，计算得出企业家/创业者微博文本与国家经济形势、创业政策支持、融资环境、创业氛围、产业环境、创业项目前景、产品与服务质量七个维度的相关性和情感态度，进而量化衡量出2017—2018年企业家/创业者针对这七个维度的信心程度。

为了能更好地理解本研究如何通过构建的企业家/创业者信心指数指标体系，科学计算得出企业家/创业者，在此以创业者蒋晖（男，80后，江苏南京，在线教育创业者）2017—2018年的微博文本为例，进行微博文本处理流程的说明（见图3—12、图3—13）。

蒋晖微博文本节选：

> 要创业，除了本身的能力资源资金外，我觉得有一条，是更加难具备的，就是抗压力。我10多年的创业经历中，几乎每一两年会有一回濒临绝境的危机。有的问题是很长时间解决不了的，一直在这种压力下顶着，很难很难。想创业，就要有这种觉悟，都会遇到的。我运气算好的，每次逢凶化吉，感恩。对于创业来说，机遇重要还是能力重要？其实是机遇，只有碰到机会，才有创业。那么为什么还要提升能力呢？因为只有能力提升，才能够提升你碰到好机遇的概率。每个机会，都匹配各种能力的人。所以，有足够能力的人，不缺机会。说缺机会的人，其实本身是能力不够。创业者要不要有梦想？肯定要有。但是梦想要不要对外多说？成功学有一个说法，梦想要多讲，讲了自己更加相信，然后又相当于不给自己留退路，然后会更加努力……我自己也经历过这个过程，要说好处，的确有。但是坏处也不少，因为很多梦想讲的时候是很轻率的，很少考虑自己能不能实现（梦想一般讲的不就是……打工和创业的区别。打工，往往需要的是解决单项问题的能力，比如你负责数据分析，职能很细致，不需要你做别的。而创业，所需……）

;逼格;短视频;猫;课;更新;这套;新课程;出来;猜;亮点;狮友会;会友;深
便;哦;想;杨;可是;选择;呢;到底;弱;竞争;答案;前者;就是;不能;首先
换;一辆;口才;大富大贵;毕竟;少数;人有;命;努力;结果;生活;比;更女
挣;一万;多久;以为;淘宝;用心;搞能;一个月;万把;没想到;艰难;原理;
是;准备;网络;流传;一张;达;收入;图片;震惊;年收入;百万;上百人;相信
以为;一飞冲天;其实;这种;七八千;小微;中;主力;掌握;卖货;即便如此
待遇;一周;六天;配;笔记本;配车;随叫随到;还配;听;记录;共享单车;
大家;搞;来说;爆款;继续;卖;差款;当;赠品;送;帮着;新款;销量;新手
下;怎么回事;今晚;传统;合伙;项目;各;财务;由;管理;看不到;钱;而且
利润;核算;每月;按照;股份;分红;当月;结算;经过;相对;对外;推特;推
其;营销;出身;会卖;品控;难度;小二;原话;翻译;不再;大众;时代;消费
分析;打造;学把;卖贵;便宜;谁;本事;如何;工作;哪些方面;干货;如图;
额;你加;没加;做好;几个;步骤;竞品;代表;调研;购买;理由;优先;确保
本;设备;操作;较;ps;软件;修图;算是;极限;够;读书;打牌;为什么;拍;

图3—12　蒋晖微博文本——切词结果示例

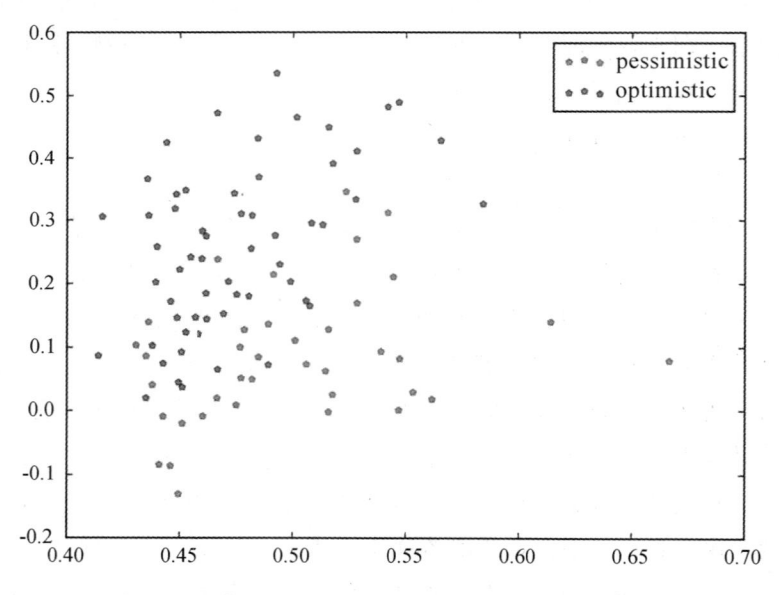

图3—13　蒋晖微博文本——切词正负面情感聚类示例

（一）词性分析

在自然语言处理领域中，词性分析是最基本的文本分析处理步骤，可以将文本单词归类为名词、专有名词、形容词、动词、介词、连词、助词、副词、量词、时间词、方位词等词性类别。每个词都可以传递信息，而通过对文本单词的词性分析，我们可以从中快速提取信息含量较大的词，以提升文本的处理质量与效率。

以选取的创业家蒋晖 2017—2018 年全部的微博言论作为待处理长文本，研究团队首先对其进行词性分析，将企业家的微博文本进行词性类别归类，筛选掉没有传递与研究团队构建的企业家/创业者信心指数指标体系信息的单词，提升文本的处理质量，便于接下来的处理步骤（见图3—14）。

词性分析：

要	创业	，	除了	本身	的	能力
一	条	，	是	更加	难	具备	的
1	多	年	的	创业	经历	中	，
回	濒临	绝境	的	危机	。	有的
了	的	，	一直	在	这种	压力	下
。	想	创业	，	就要	有	这种	觉
我	运气	算	好	的	，	每次	逢凶
来说	，	机遇	重要	还是	能力	重要
碰到	机会	，	才	有	创业	。	那
？	因为	只有	能力	提升	，	才
的	概率	。	每个	机会	，	都	匹配
，	有	足够	能力	的	人	，	不
人	其实	本次	是	能力	不够
，	肯定	要	有	。	但是	梦想	要

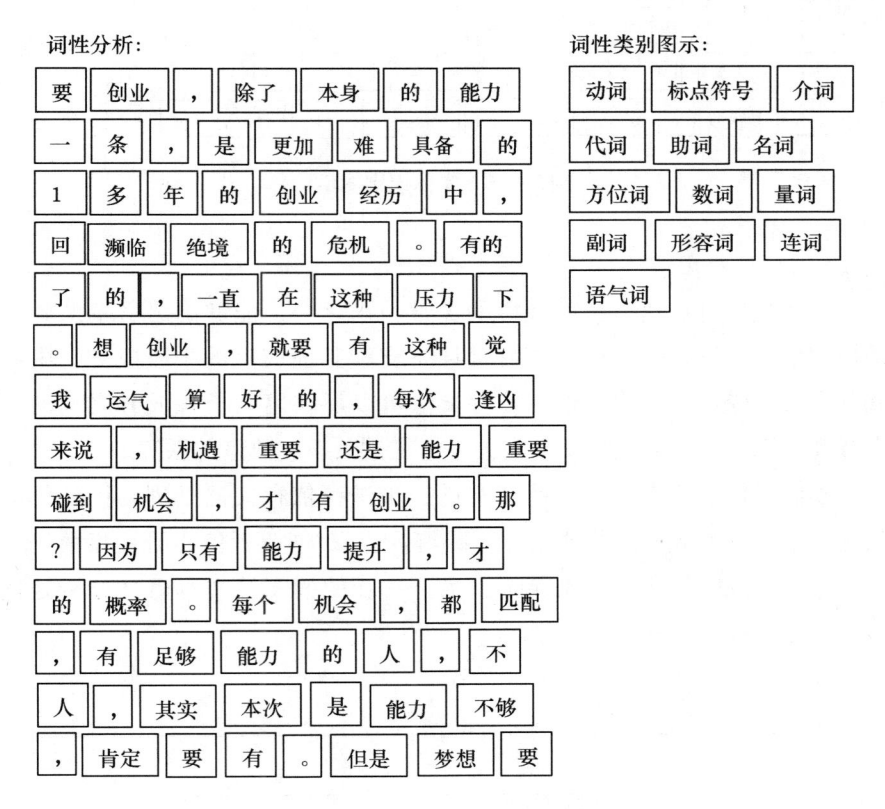

词性类别图示：

动词	标点符号	介词
代词	助词	名词
方位词	数词	量词
副词	形容词	连词
语气词

图 3—14　词性分析及类别图例

（二）实体识别

实体识别技术在自然语言处理中应用广泛，是指识别文本中具有特定意义的实体，主要包括人名、地名、机构名和专有名词等。

将经过词性分析步骤的创业者蒋晖微博文本进行实体识别处理，进一步筛选过滤出传递了有效信息的实体信息（见图 3—15）。

实体识别

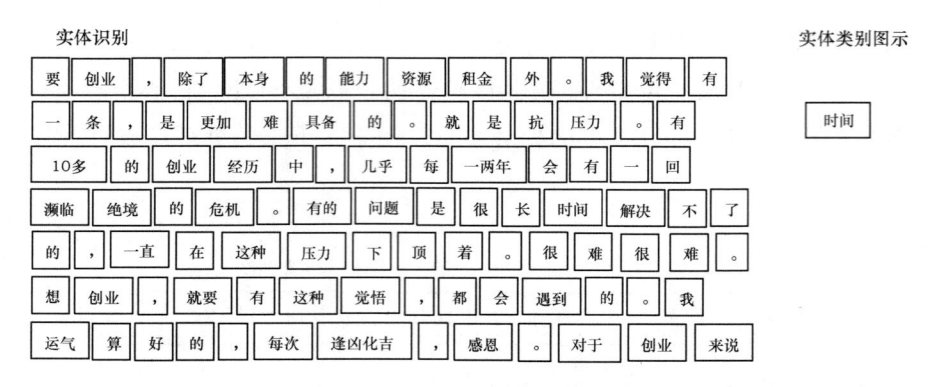

要	创业	，	除了	本身	的	能力	资源	租金	外	。	我	觉得	有
一	条	，	是	更加	难	具备	的	。	就是	抗	压力	。	有
10多	的	创业	经历	中	，	几乎	每	一两年	会	有	一	回	
濒临	绝境	的	危机	。	有的	问题	是	很	长	时间	解决	不	了
的	，	一直	在	这种	压力	下	顶	着	很	难	很	难	。
想	创业	，	就要	有	这种	觉悟	，	都	会	遇到	的	。	我
	运气	算	好	的	，	每次	逢凶化吉	，	感恩	。	对于	创业	来说

实体类别图示

| 时间 |

图 3—15 实体识别图示

（三）依存文法

依存文法是自然语言处理中的关键技术之一，能够确定文本的句法结构和依存关系，文本中的核心动词是支配其他成分的中心成分，中心成分本身不受任何因素影响。依存文法可以反映出句子各成分之间的语义修饰关系，如并列关系、动宾关系、主谓关系、数量关系等。

我们对创业者蒋晖的微博文本进一步进行依存文法处理，得到传递关键信息的核心成分和其他成分，即与企业家/创业者信心研究指数指标体系中七个维度的相关文本单词，为下一步的摘要等文本语义分析处理做准备（见图 3—16）。

依存文法：

| 要 | 创业 | ， | 除了 | 本身 | 的 | 能力 | 资源 | 资金 | 外 | 。 |
| 0\|VV | 1\|VV | 2\|PU | 3\|P | 4\|PN | 5\|DEG | 6\|NN | 7\|NN | 8\|NN | 9\|LC | 10\|PU |

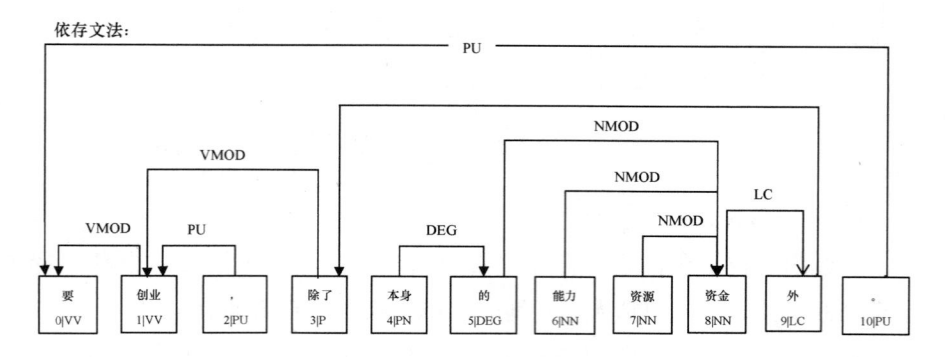

图 3—16 依存文法图示

（四）言论摘要

由于言论长文本信息量较大，难以阅读，因此根据词频等提取言论内容关键词，对长文本言论内容进行自动缩编，按照正常文法重新组合、生成言论内容摘要，帮助研究人员阅读和检验（见图3—17、图3—18）。

关键词提取：

名称	权重	名称	权重
创业	46	打工	17
梦想	34	机会	17
能力	33	碰到	17
机遇	24	轻率	14
逢凶化吉	17	提升	14

图3—17　言论文本关键词提取示意图

摘要：

要创业，除了本身的能力资源资金外，想创业，就要有这种觉悟，都会遇到的。对于创业来说碰到机会，才有创业。所以，有足够能力的人，不缺机会。但是梦想要不要对外多说？

图3—18　言论文本摘要示意图

其中，文本摘要结果不参与实际创业指标计算，仅供后期计算结果做参考判断依据。

（五）言论相关度计算

为了验证企业家的言论是否与某个主题相关（如创业主题），研究团队在使用词向量工具对"创业"一词进行言论相关度计算后，根据词汇相关性判断创业者蒋晖的言论与"创业"方向的相近程度。在确定其言论相关性程度的基础上，再量化、计算其言论在"创业"方向上的积极与消极情绪。

至此，后期可通过情感分析算法挖掘企业家微博文本的态度倾向，将其拆分为七个维度得到的关联词和对应权重相匹配，从而科学计算得出创业者蒋晖的言论文本情感倾向与这七个维度拆分关联词情感倾向的相关性（见图 3—19）。

关键词：创业

名称	相关性
创业	1.0000
跳槽	0.4036
求职	0.3997
打工	0.3836
创新	0.3832
就业	0.3705
务虚	0.3608
求学	0.3588
融资	0.3536
理财	0.3525

图 3—19　"创业"一词言论相关度

（六）情感分析

情感分析是自然语言处理中的常见场景，一些单词、词语、句子等通常包含态度和权重，如"即将、将要"（偏正面）或者"马上、立马"（偏负面）。结合依存文法分析和情感聚类算法，我们可以挖掘文本单词、句子等传达的正面、中性、负面信息和态度。

经过相关度处理，在确定创业者蒋晖微博言论与"经济""融资""免税"三个主题量化相关的基础上，研究团队通过正负情感倾向的量化计算，挖掘出其言论对"经济""融资""免税"三个方向上的情感态度倾向，即信心指数模型的构成因子——言论在各指标维度上的情感倾向度（见图 3—20、图 3—21、图 3—22）。

在实际研究过程中，研究团队使用艾媒大数据舆情监测系统的词向量工具，将企业家/创业者信心研究指数指标体系中的国家经济形势、创业政策支持、融资环境、创业氛围、产业环境、创业项目与前景、产品服务与质量七个维度分别进行词向量化处理，将其拆分为正面情感相近的词组，从而得到了与各二级指标相对应的三级、四级向量关联词和对应权重。

第三章 研究方法 / 201

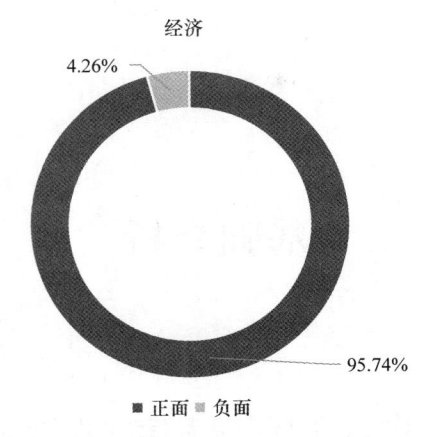

经济

4.26%

95.74%

■ 正面 ■ 负面

图 3—20　经济词类正负面情感倾向图

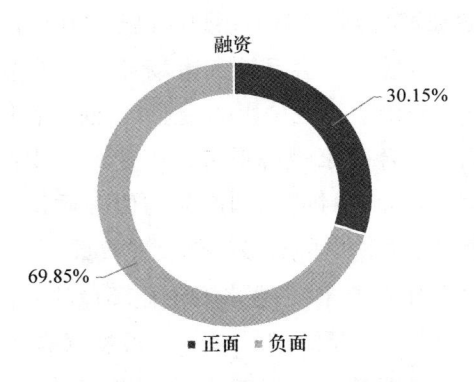

融资

30.15%

69.85%

■ 正面 ■ 负面

图 3—21　融资词类正负面情感倾向图

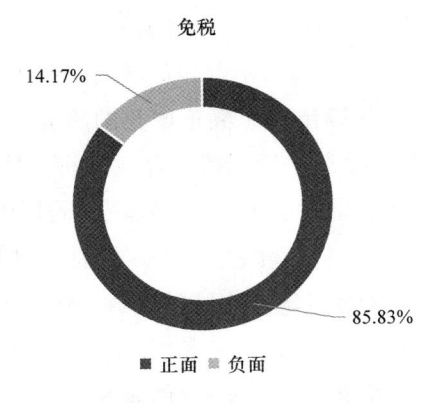

免税

14.17%

85.83%

■ 正面 ■ 负面

图 3—22　免税词类正负面情感倾向图

第四章

基础分析

第一节 企业家/创业者信心指数总体情况

一 2017年企业家/创业者信心指数略高于2018年

政策环境、经济环境、社会环境、市场环境和产业环境等是影响创新创业活动发展的重要因素,也是影响企业家/创业者信心指数高低变化的重要原因。因此,综合国家经济形势、创业政策支持、融资环境、创业氛围、产业环境、创业项目前景和产品与服务质量七个维度,本研究根据各个维度在企业家微博中的有效比例设置权重。

总体来看,2017年企业家/创业者对创业环境的总体信心指数略高于2018年(见图3—23)。从经济增长来看,根据联合国最新发布数据显示,2017年全球经济增长速度达到3%,增速明显提升,世界主要经济体如美国、日本和欧洲等也呈现增速回升迹象,新兴市场如东南亚地区继续保持增长活力。从贸易来看,根据世界贸易组织(WTO)发布的数据,世界货物出口总额由2014年第四季度的负增长,到2016年第四季度转负为正,2017年世界货物延续出口总额正增长的趋势。中国方面,2017年中国经济增长达6.9%,运行继续保持在合理区间,且在制造业、固定资产投资、国内贸易和对外经济等方面分别实现了同比增长7.2%、7.0%、10.2%和14.2%。随着"一带一路"的深入开展,加上自由贸易试验区、沿边开发开放试验区、跨境经济合作区的开放,中国与沿线国家在政治、经济、贸易等方面的合作愈加友好和密切,在国内外宏观经济、政治和贸易等方面持续向好的情况下,企业家/创业者信心指数有所增强。

2018年,世界经济形势复杂严峻、风险和不确定性增多。包括中美等国家在内的贸易摩擦冲突不断，各经济体之间的贸易纠纷以及经贸关系的重新定位引起了贸易格局的变化。此外，美联储和英国央行加息、欧洲央行决定结束购债、英国脱欧等多重因素都影响了世界经济的发展，增加了中国经济发展的外部不确定因素。中国方面，根据国家统计局公布数据，2018年前三季度，中国国内生产总值达6.5万亿元人民币，同比增长6.7%，经济运行虽然继续保持在合理区间，但一些主要指标如工业、社会消费品零售总额的增速均有所回落，经济下行压力大。在复杂多变的经济发展格局下，2018年企业家/创业者信心指数略有降低。

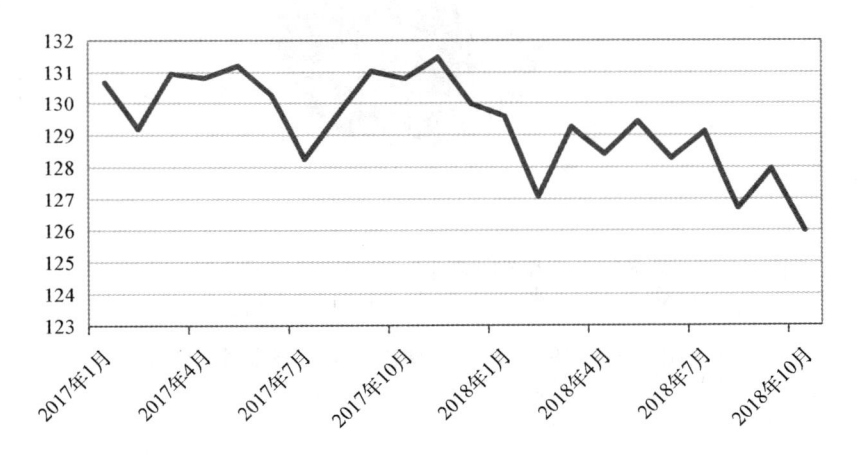

图3—23 2017—2018年中国企业家/创业者信心指数

资料来源：国家统计局，联合国，《2018年世界经济形势与展望》，世界贸易组织。

二 企业家/创业者最看好创新创业融资环境

从国家经济形势、创业政策、融资环境、创业氛围、产业环境、创业项目前景、产品与服务质量七个维度来看（见图3—24），2017—2018年企业家/创业者最看好融资环境（166.7），其次是创业政策（136.8）和国家经济形势（131.5），企业家/创业者也较为关注和看重产业环境（125.7）和创业氛围（119.3）。而针对创业项目前景和产品与服务质量，企业家/创业者的关注度很低，或因资本在很大程度上掌握了企业发展壮大的命脉，而国家政策和国家经济发展、产业环境、创业氛围影响企业发展机遇，因此企业家/创业者也较为看重这些外部影响因素。企业家/创业者对创业项目前景和产品与服务质量关注度较小，或与企业本身的理念和管理模式等内部机制有关。

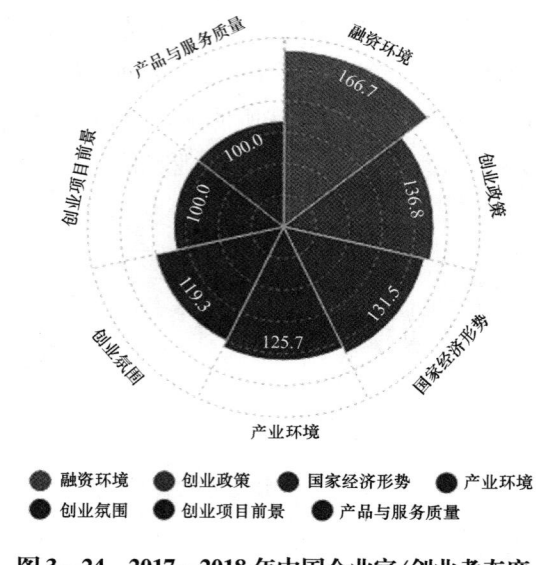

图 3—24　2017—2018 年中国企业家/创业者态度

第二节　主要行业企业家/创业者信心指数

一　行业总体情况

综合各行业的情况看，生活休闲行业企业家/创业者信心指数更高（见图 3—25）。

2017—2018 年，生活休闲行业的企业家/创业者信心指数最高（129.5），其次是汽车交通行业（118.0）、房产置业行业（115.7）和非营利组织行业（113.7），再次是教育培训行业（113.5）、网络电商行业（111.7）和文化传媒行业（108.6）。而在这九个行业中，金融投资行业的企业家/创业者信心指数最低（89.4），而医疗健康行业的企业家/创业者信心指数也偏低，为 91.0。

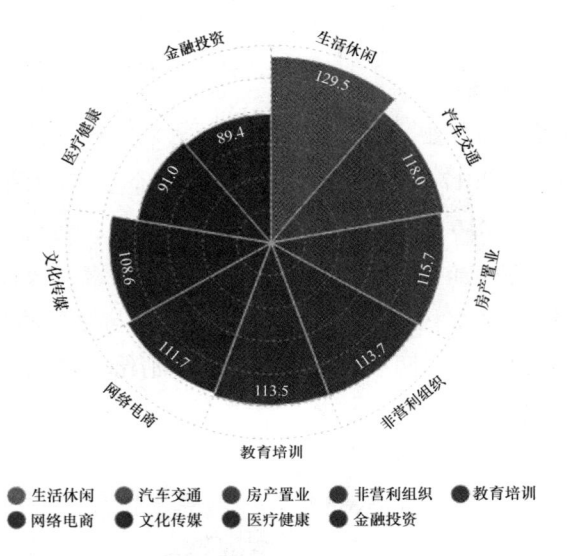

图 3—25　2017—2018 年中国各行业企业家/创业者行业信心指数

为了进一步促进消费结构升级，推动中国经济转型发展，国务院接连出台扶持政策，优化生活性服务业、健身休闲产业、旅游休闲产业环境，促进生活休闲行业快速发展。受政策因素影响，生活休闲行业的企业家/创业者的信心指数提升。

2017—2018 年以来，随着中国经济进入转型升级的关键时机，各个行业也面临转型升级的发展难题。在新兴技术的不断发展和应用下，在企业行业和企业的创新探索下，新的经济增长点不断涌现，共享经济、新能源汽车、无人驾驶、在线教育、无人零售等纷纷站上经济发展的风口。汽车交通、教育培训和网络电商等行业迎来新的发展机遇。

但受主要经济体如美国、英国等相关政策变动影响，国际经济形势更加复杂严峻，中国包括贸易进出口、资本市场信心、企业生产在内的诸多方面均有影响。在一定程度上影响了汽车交通、教育培训和网络电商行业的发展，因此这些行业的企业家/创业者信心指数略低于生活休闲行业。

受相关监管政策趋严、行业问题频发和国际金融形势不佳等因素的影响，金融行业和医疗健康行业企业家/创业者的信心明显受到影响，显得较为消沉。

二 行业具体情况

（一）教育培训行业

相比较而言，2017—2018年教育培训行业企业家/创业者最关注、最看好融资环境（140.6），而国家经济形势（115.7）、创业政策（111.2）、产业环境（108.5）、创业氛围（108.0）等外部因素，教育培训行业企业家/创业者的关注度较小（见图3—26）。而产品与服务质量（100.3）和创业项目前景（100.0）两项内部因素引起的情绪性讨论不多，即讨论得不多或讨论的性质较为中性。

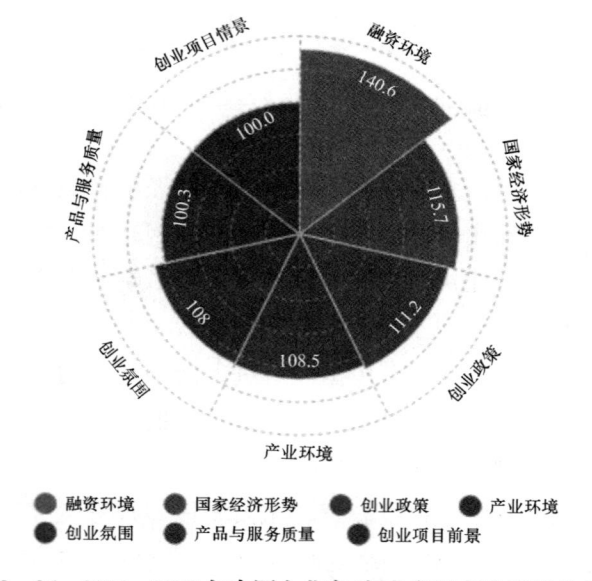

图3—26 2017—2018年中国企业家/创业者教育培训行业态度

随着中国经济持续发展，国民收入水平增加，二胎政策的颁布实施、自我发展的需要等方面不断促进教育消费升级，早教、素质教育、职业教育等成为"刚需"，相关教育培训行业迎来快速发展时期，行业发展潜力大，频频获得资本市场的青睐，因此教育培训行业企业家/创业者最关注、最看好融资环境。另外，当前中国的教育体系依然是以公办教育为主，短期内不会出现重大改革，因此教育培训行业企业家/创业者对国家经济形势、创业政策、产业环境、创业氛围等外部因素相对关注较少。

（二）金融投资行业

整体而言，金融投资行业企业家/创业者的信心指数较低迷。他们最不看好融资环境（75.6）。同时也不看好国家经济形势（80.8）、产业环境（86.7）、创业政策（88.3）等因素，仅对产品与服务质量（100.0）和创业前景（92.0）两项因素的关注度偏中立（见图3—27）。其或与自2017年以来国家不断出台政策加强对金融行业的监管力度、众多金融企业面临发展危机有关。2018年中的P2P爆雷事件凸显了国家对金融行业加强管控力度的必要性，可以预见短期内政府对金融行业监管力度不会放松。再加之中美贸易纠纷不断升级，全球金融投资行业普遍处在动荡期，因此金融投资行业企业家/创业者的信心指数较低迷也属正常情况。另外，动荡当中总是蕴含着机遇，虽然企业家/创业者对行业宏观环境并不看好，但随着金融市场优胜劣汰，会产生新的创业机会，可能影响企业家/创业者对创业前景和产品与服务质量态度的中立态度。

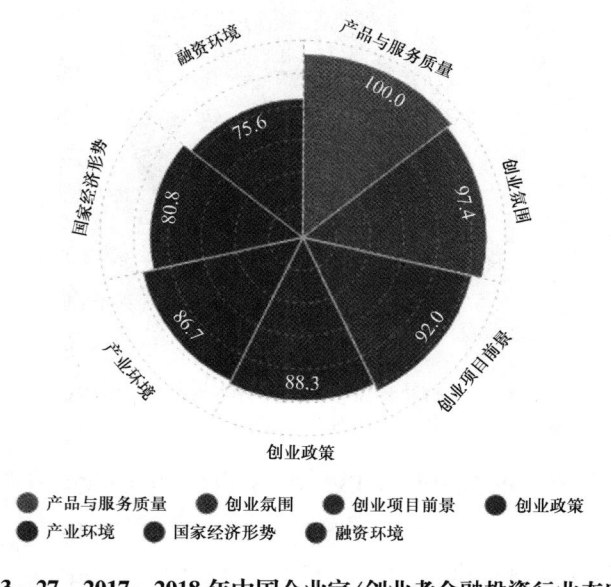

图3—27　2017—2018年中国企业家/创业者金融投资行业态度

(三) 生活休闲行业

2017—2018年生活休闲行业企业家/创业者最关注、看好融资环境（158.6），其次是国家经济形势（133.8）、产业环境（132.0）和创业项目前景（123.8），再次是创业氛围（117.8）、产业与服务质量（114.6）和创业政策（114.2），提及国家经济形势、创业政策、融资环境、创业氛围、产业环境、创业项目前景和产品与服务质量七个方面时企业家/创业者态度均较为积极（见图3—28）。随着中国经济持续高速发展，人民的生活水平普遍提升，人们对精神文化高生活品质的需求和不断增长，生活休闲行业中的旅游、体育运动、影视娱乐等子行业的发展整体态势向好，且为促进消费结构升级，针对生活休闲行业，国家出台了较多扶持政策，提升了生活休闲行业的企业家/创业者对企业发展各个维度的看好程度。

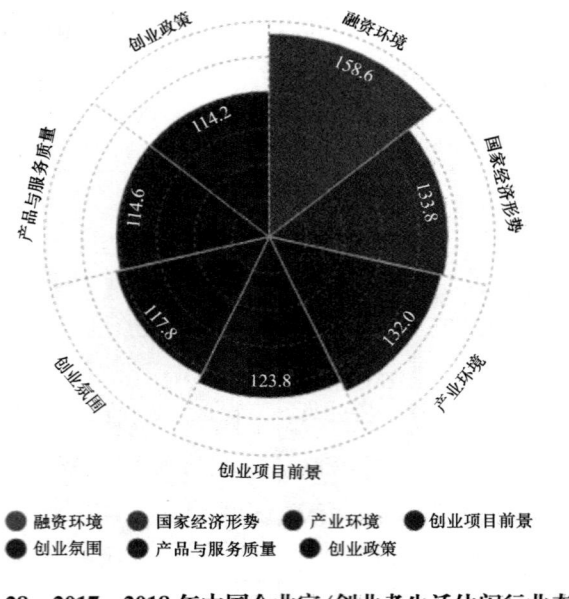

图3—28　2017—2018年中国企业家/创业者生活休闲行业态度

(四) 汽车交通行业

2017—2018年汽车交通行业企业家/创业者明显最为看好融资环境（152.5），或因资本直接影响汽车交通行业的发展。其他外部因素方面相对看好国家经济形势（123.1）和产业环境（119.5），针对创业政策（108.8）和创业氛围（103.5），企业家/创业者的关注度较小。而产品与服务质量（100.0）和创业项目前景（100.0）两项内部因素引起的情绪性讨论不多，即讨论得不多或讨论的性质较为中性（见图3—29）。

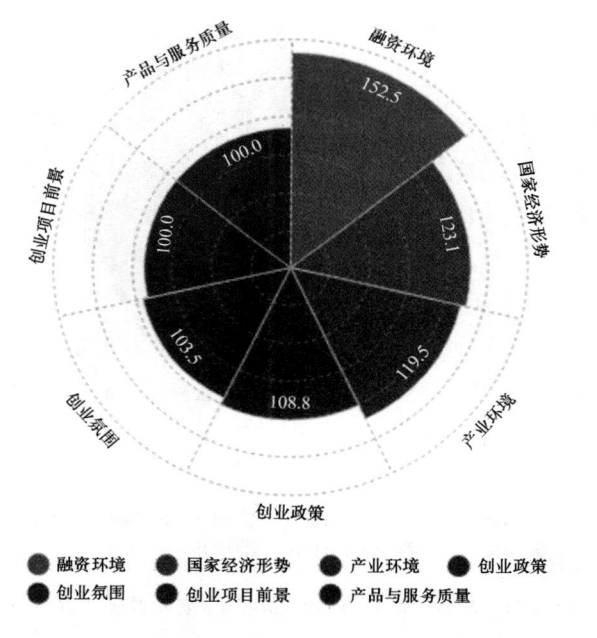

图3—29 2017—2018年中国企业家/创业者汽车交通行业态度

汽车交通行业当前也处在转型升级的关键阶段，新能源汽车品牌层出不穷，无人驾驶技术、共享单车、短时租赁等站上风口，汽车交通行业正处于新兴产能的风头之上，受资本市场青睐，这是汽车交通行业企业家/创业者最为看好融资环境（152.5）的原因所在。

针对创业政策、创业氛围和创业项目前景，企业家/创业者态度相对保持中立，主要是由于汽车行业需要长年累月的技术积累，有较高的准入门槛，尽管当前资本十分看好，但创业者想要进入这一领域还十分困难。

（五）房产置业行业

相比较而言，2017—2018年房产置业行业企业家/创业者最看好融资环境（136.3）；其次，也较看好国家经济形势（127.7）、创业政策

(115.3) 和产业环境（114.4），对创业氛围（103.7）、创业项目前景（102.3）和产品与服务质量（100.0）方面，房产置业行业企业家/创业者的关注度较小（见图3—30）。

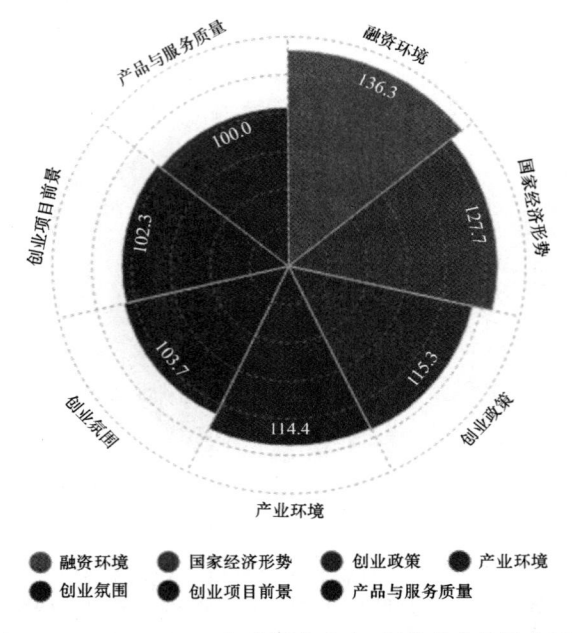

图3—30　2017—2018年中国企业家/创业者房产置业行业

房地产作为我国经济的支柱产业之一，依然是国内发展最好的行业之一。虽然受到国家相关调控政策的影响，房地产行业的发展受到一定冲击，但与此同时也在引导房地产行业更加规范和健康发展，倒逼房地产企业的投资趋于理性。这也是房地产业内人士所说的从"黄金时代"到"白银时代"的转变过程。作为资金密集型产业，在房地产的"白银时代"，房地产置业行业的企业家/创业者依然对融资环境和国家经济形势十分看好，但对创业氛围、创业项目前景和产品与服务质量方面，房地产置业行业的企业家/创业者并没有太多关注。

（六）医疗健康行业

2017—2018年医疗健康行业企业家/创业者的态度相对消极。他们最不看好融资环境（61.2），其次是国家经济形势（81.2）、创业政策

(90.2)和产业环境(90.7)(见图3—31)。

随着人民生活水平的提高和对医疗保健需求的不断增长,医药工业一直保持较快的发展速度,在国民经济中的地位稳步提高。但医疗健康行业问题频发,投资市场趋于谨慎,医疗科技的资本投资市场相对薄弱。政策方面,国家也出台了针对医疗健康行业加强监管的政策,医疗健康行业企业家/创业者对于影响行业发展多个外部因素的态度相对消极。

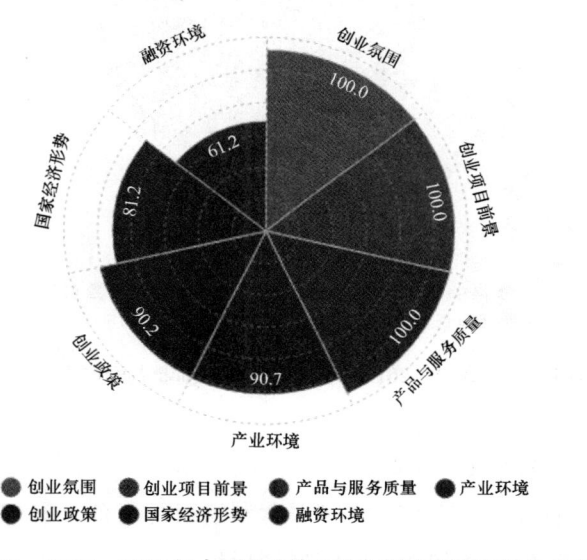

图3—31 2017—2018年中国企业家/创业者医疗健康行业态度

(七)网络电商行业

2017—2018年网络电商行业企业家/创业者最看好融资环境(138.0),但对产业环境(109.3)、国家经济形势(109.0)、创业政策(108.7)、创业氛围(107.9)这些其他外部因素和创业项目前景(100.0)和产品与服务质量(100.0)两项内部因素的观点较为中性,关注度一般(见图3—32)。

2018年以来我国网络电商淘宝和京东两极分化的局面被逐渐打破,社交电商如拼多多、小红书快速崛起,网易严选、小米有品等新兴精品电商也在不断壮大,网络电商行业群雄纷争,而资本正是行业发展的命脉。另外,我国电商的经营模式趋于多样化、成熟化,因此更受资本青睐。

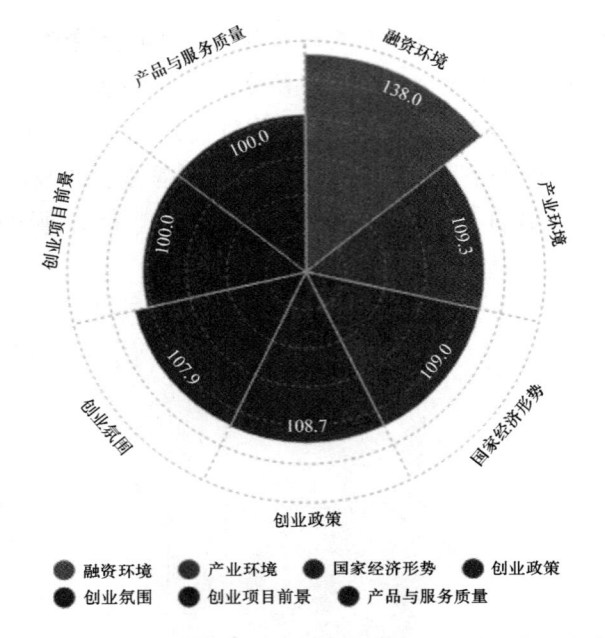

图 3—32　2017—2018 年中国企业家/创业者网络电商行业态度

（八）非营利组织行业

相比较而言，2017—2018 年非营利组织行业企业家/创业者最看好融资环境（138.4），也较看好国家经济形势（121.5）（见图3—33）。或因在老龄化和地区经济发展不平衡等社会问题日益严重的背景下，非营利组织在解决这些社会问题的过程中发挥着不可忽视的作用。非营利组织所关注的长者养老问题、地区间的经济发展不平衡问题、贫困地区教育和医疗问题等社会问题也是国家关注的问题，因此受到政府扶持的力度较大，在税收优惠上获得较强的支持。此外，向非营利组织提供资金援助也是部分企业为了承担社会责任和提升品牌效益的渠道之一。因此非营利组织行业企业家/创业者看好融资环境和国家经济形势。对创业政策（110.7）、产业环境（108.6）、创业氛围（106.8）方面关注度较低；提及创业项目前景（100.0）和产品与服务质量（100.0），非营利组织行业企业家/创业者的观点较为中性，或因非营利组织自身行业特点导致。非营利组织最大的特点在于其经营不以营利为目的，因此企业家或创业者不深耕这一领域，导致创业政策、产业环境、创业氛围、创业项目前景的受关注度较低；由于不以营利为目的，项目可能会缺乏足够动力以长期经营，导致产品和服务质量难以得到有效保障。

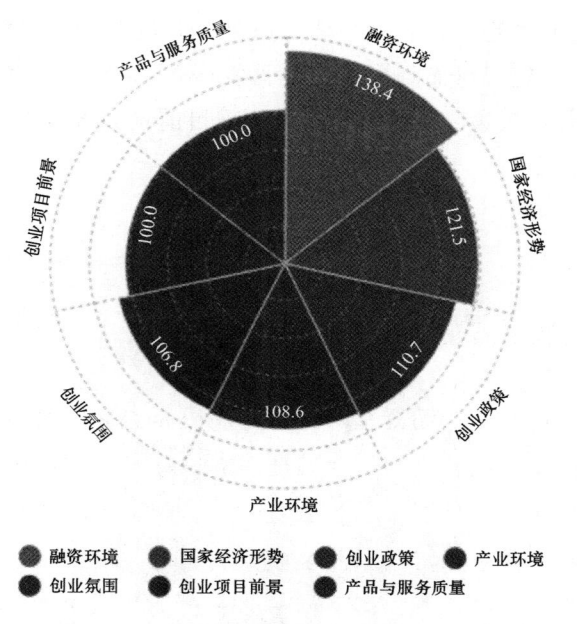

图 3—33　2017—2018 年中国企业家/创业者非营利组织行业态度

（九）文化传媒行业

2017—2018 年文化传媒行业企业家/创业者最看好融资环境（125.3），其次是国家经济形势（110.6）（见图 3—34）。或因自党的十八大以来，国家重视对文化产业建设的推动和扶持。党的十八大报告中明确强调"建设社会主义文化强国，关键是增强全民族文化创造活力"，提振了企业家/创业者对文化传媒行业发展的信心。

在经济增长和居民可支配收入增长的背景下，人们对精神文化方面的需求越来越大，这为我国文化产业提供了有利的发展基础和环境。与此同时，金融部门看好文化传媒行业，诸多因素使得文化传媒行业企业家/创业者最看好融资环境和国家经济形势的主要原因。

针对文化传媒行业的创业政策（106.4）、创业氛围（106.4）和产业环境（106.0）方面，企业家/创业者的看好程度一般。提及创业项目前景和产品与服务质量，文化传媒行业企业家/创业者的观点较为中性。或因文化传媒行业仍以内容导向为主，文化传媒公司的经营和发展依托于充足的人力资源，没有优质内容的文化传媒公司往往难以维持长期经营，行业进入门槛较高导致创业公司往往由于没有足够的人力资源以及足够优质、创新的内容卖点而难以长期经营发展。这些原因导致了我国企业家/创业者对创业政策、创业氛围、创业项目前景和服务质量等方面态度呈一般或中性。

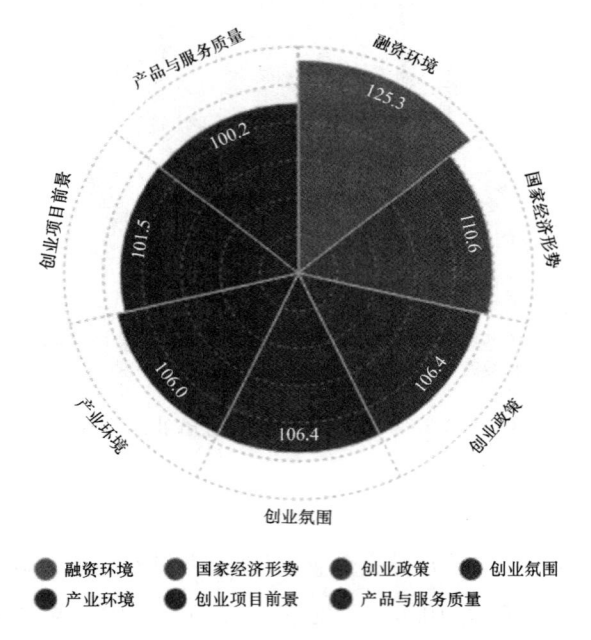

图3—34 2017—2018年中国企业家/创业者文化传媒行业态度

第三节　不同地区企业家/创业者信心指数

一　广东、北京、上海和浙江地区总体信心指数对比

与北京、上海和浙江地区相比，2017—2018年广东地区企业家/创业者总体信心指数（111.5）最低，上海地区企业家/创业者总体信心

指数（120.7）最高，其次是北京（119.9）和浙江（114.2）（见图3—35）。

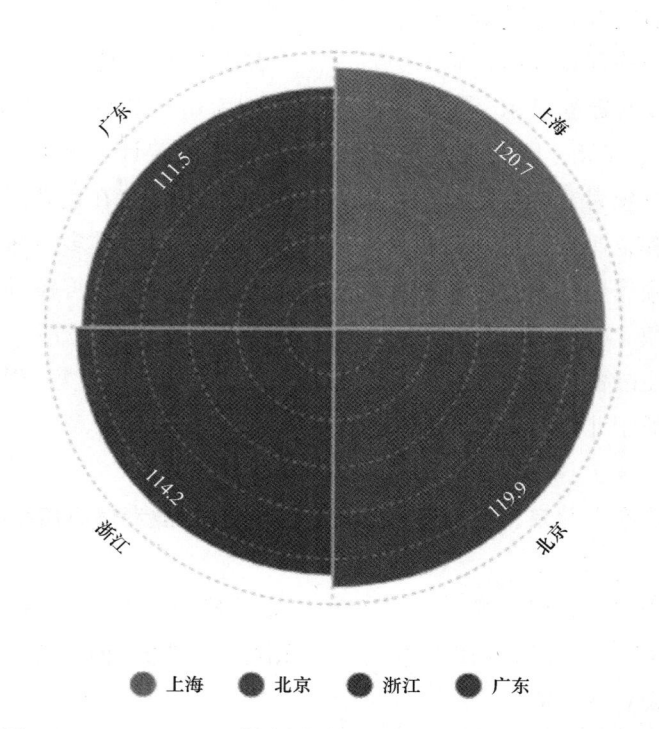

图3—35　2017—2018年中国不同地区企业家/创业者信心指数

总体来看，根据广东省统计局数据，2017年广东地区生产总值约为9.0万亿元，同比增长7.5%，经济运行的稳定性虽增强，但一些经济主要发展指标如规模以上工业增加值、固定资产投资额、社会消费品零售总额和进出口总额增速在全国的排名分别仅为第16位、第7位、第18位和第26位，尤其是进出口总额，与上年相比排名后退了14位。2018年以来中美贸易争端不断升级，对中国的资本市场、出口企业和对外投资并购产生诸多不利影响。2017年对美国出口占广东出口总额的17.4%，而2018年上半年，广东对美国进出口下降0.2%，且增速连续放缓。此外，2017—2018年以来，广东经济发展不平衡不充分的矛盾依然存在，尤其是城乡区域经济发展差距大，工业投资增速不高后劲不足。

相比较而言，2017—2018年以来，北京、上海和浙江地区的经济发展保持稳中有进的良好态势，具体表现在工业生产、投资、市场销售和进出口贸易等方面发展不断增速。

在利用外资和进出口贸易方面，上海地区实现快速增长。根据上海市统计局发布数据显示，2018年上半年，上海市外商直接投资合同金额达215.04亿美元，同期增长18.1%。据上海海关统计，上半年上海市货物进出口总额为1.6万亿元人民币，同期增长3.8%。在创新战略的驱动下，行业和企业效益也不断提升。随着研发经费投入增多，并且在中关村等的引领作用下，北京市的企业创新表现活跃，新经济蓬勃发展；浙江地区的数字经济核心产业增加值也达0.4万亿元人民币，同比增长14.8%。在诸多经济发展因素的影响下，广东地区的企业家/创业者的信心指数略低于北京、上海和浙江地区。

二　广东、北京、上海和浙江地区企业家/创业者信心指数

（一）广东地区

总体来看，2017—2018年广东地区企业家/创业者信心指数波动不大。在2017年7月和2018年9月，广东地区企业家/创业者信心指数有所降低（见图3—36）。

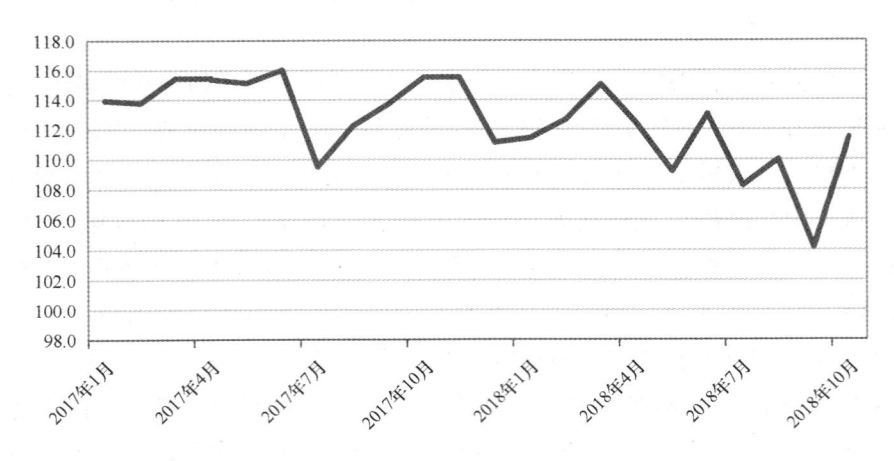

图3—36　2017—2018年广东地区企业家/创业者信心指数

从经济层面看，2017年上半年广东地区经济运行总体虽保持平稳，但第三产业的增速放缓，经济发展中存在不确定和不稳定因素。主要表现为工业投资项目推进缓慢、经济金融局部风险依然存在，包括非法集资、互联网金融等领域存在风险。再加上工业企业成本压力上升、房地产行业政策调控以及受国外主要经济体政策变化所带来的进出口贸易扰动和冲击，2017年上半年过后企业家/创业者对国内外经济发展形势预期不容乐观。因此7月份广东地区企业家/创业者信心指数有所下跌。

2018年前三季度，广东地区主要经济指标运行趋缓，规模以上工业增加值、服务业增加值等的增速回落，社会消费品零售总额增速下滑、工业投资增速持续低迷，到了三季度后期，伴随着中美贸易纠纷不断升级，对广东地区对美进出口贸易产生直接影响，并间接影响了企业生产、投资信心等方面，受这些因素影响，2018年9月广东地区企业家/创业者信心指数也有所下降。同年10月份，广东地区的工业增加值同比增长出现显著的提高，在一定程度上提振了企业家/创业者的信心。

相比较而言，2017—2018年广东地区企业家/创业者最看好融资环境（132.6）；也较为看好国家经济形势（118.3）、创业政策（112.9）和产业环境（111.0）。提及创业氛围（105.4）、创业项目前景（100.1）和产品与服务质量（100.0）方面企业家/创业者的态度较为中立（见图3—37）。广东地区的金融服务体系相对完善，市场化程度较高。根据中国人民银行数据，2017年广东地区社会融资规模增量达2.2万亿元人民币，在全国排名第一，2018年上半年，广东地区社会融资规模增量达1.1万亿元人民币，在金融体系对本地区企业支持力度不断增大，政府在降低企业融资成本方面也提供政策支持，融资环境的优化使得广东地区企业家/创业者最看好融资环境。

此外，广东省地方政府重视对创业活动的培育，不断出台政策鼓励和支持创新创业活动，显著改善当地的创业环境和产业环境。但是，由于创业公司具有高风险的特点，企业家/创业者对创新创业活动仍然抱有相对谨慎的态度。

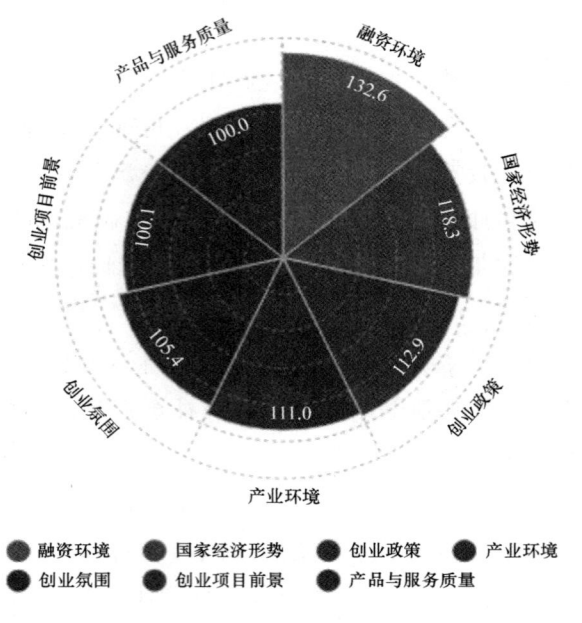

图3—37 2017—2018年中国广东地区企业家/创业者态度

（二）北京地区

总体来看，2017—2018年北京地区企业家/创业者总体信心指数整体处于较高水平，2018年北京地区创业家/创业者总体信心指数呈现波动下降趋势，一方面，由于中美贸易摩擦的影响，企业家/创业者对经济外部环境抱有较谨慎的态度；另一方面，2018年下半年北京地区的工业增加值同比增长显著下滑，2018年9月和10月的工业增加值同比增长分别为1.1%和0.5%，经济增长放缓迹象明显。受此影响，北京地区企业家/创业者总体信心指数随之下降（见图3—38）。

相比较而言，2017—2018年北京地区企业家/创业者最看好创业政策（148.3）；也较为看好国家经济形势（126.5）、融资环境（121.3）、产业环境（117.3）和创业氛围（111.7）；提及创业项目前景（100.0）和产品与服务质量（100.0）方面企业家/创业者的态度较为中立。或与北京市处于政治中心地位有关，企业家/创业者更关注政治因素对企业发展的影响（见图3—39）。

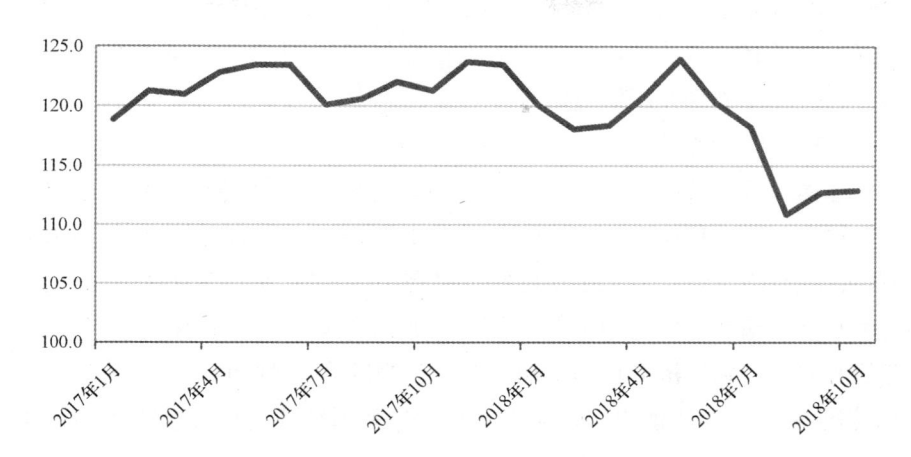

图 3—38 2017—2018 年北京地区企业家/创业者态度

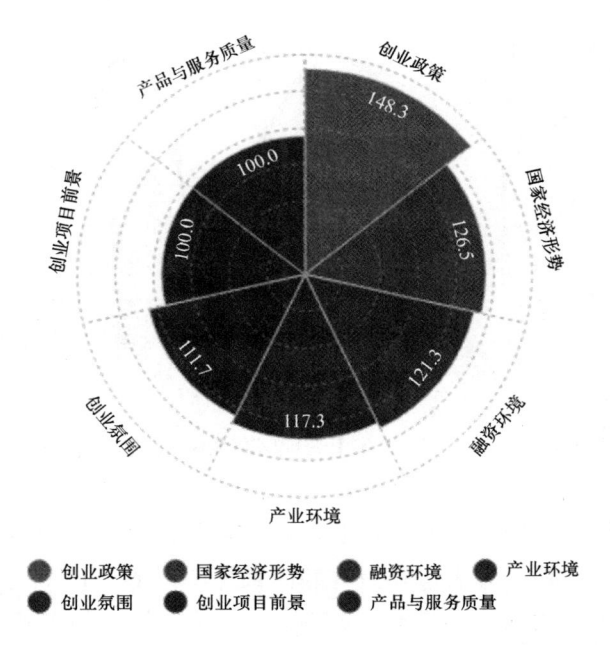

图 3—39 2017—2018 年中国北京地区企业家/创业者态度

此外，北京市在全国占据重要的经济地位，同时具有众多高校和科研院所，具有充足的人才储备和科研资源。北京市政府重视对创新创业活动的鼓励和支持，推动中关村科技园等科技创业园区的发展，而且北京的金融服务业发达，集聚了众多金融类公司总部，为初创企业的早期融资提供了有力帮助，这些都使得北京企业家/创业者对创业政策、经济形势、融资环境等方面抱有信心。

（三）上海地区

总体来看，2017—2018年上海地区企业家/创业者总体信心指数整体处于较高水平，具体来看，2017年3月上海地区企业家/创业者信心指数最高，或与当时经济增长出现良好态势有关。而2018年2月企业家/创业者信心指数最低，可能与中美贸易摩擦加剧有关，上海地区企业家/创业者信心明显受到经济形势的影响。此外，2017年4月和2017年8月企业家/创业者信心指数也明显降低，主要也是受到经济增长放缓的影响（见图3—40）。

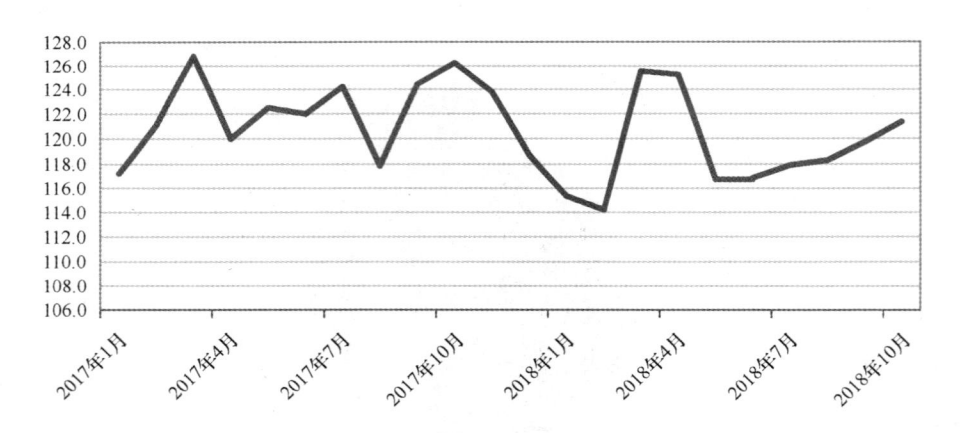

图3—40　2017—2018年上海地区企业家/创业者信心指数

相比较而言，2017—2018年上海地区企业家/创业者更看好融资环境（154.5）；企业家/创业者也较为看好国家经济形势（127.2）、创业政策（118.1）和产业环境（117.0）、创业氛围（110.3），这是由于上海市的金融服务业发展相对完善，上海市风险资本的发展为初创公司提供了充足的融资资本供给，同时上海不断出台政策改善中小企业融资环境，加大企业融资力度，使得创业公司对上海市的融资环境抱有较强的信心（见图3—41）。此外，上海市在全国范围内仍然表现出较为强劲的经济增长态势，上海市政府也鼓励具有创新性质的创业公司进驻上海，为上海市培育了良好的创业环境和产业环境。提及创业项目前景（100.3）和产品与服务质量（100.0）方面企业家/创业者的态度较为中立，这可能是受到创业的特性影响，企业家/创业者对创业的前景保持谨慎态度。

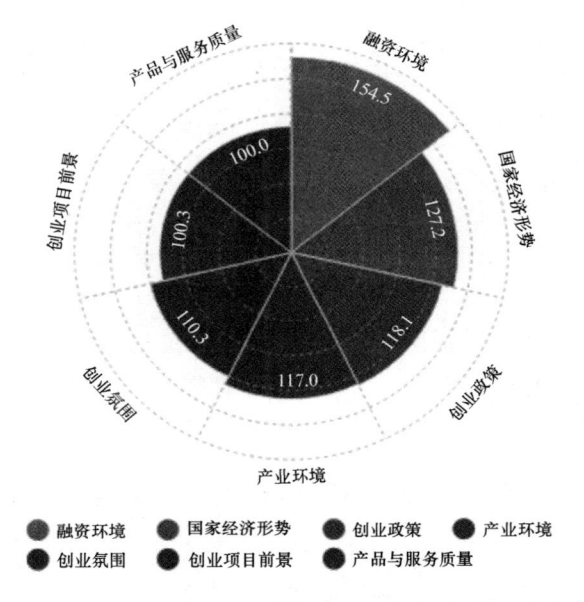

图3—41　2017—2018年中国上海地区企业家/创业者态度

（四）浙江地区

总体来看，2017—2018年浙江地区企业家/创业者总体信心指数波动较大（见图3—42），具体来看，主要是受到经济增长形势和外部环境的影响，2017年3月浙江地区企业家/创业者信心指数最高，2017年5月、2017年8月、2018年2月和2018年7月企业家/创业者信心指数明显降低。2017年5月和2018年7月企业家/创业者信心指数出现明显降低主要是由于这两个时间节点的前一个月浙江省的经济增长出现较明显的放缓趋势，2018年2月企业家/创业者信心指数降低主要是由于中美贸易摩擦加剧，而浙江省作为制造业出口大省，其贸易进出口和经济增长势必受到不利影响，这导致企业家/创业者的信心出现明显的波动。

相比较而言，2017—2018年上海地区企业家/创业者更看好融资环境（142.1），这是因为浙江省的金融服务业发展较快，金融服务环境良好，而企业家/创业者也较为看好国家经济形势（116.0），这是由于浙江省的整体经济增长在全国的表现较为良好，为浙江省的企业家/创业者树立经营企业的信心（见图3—43）。提及创业项目前景和产品与服务质量方面，企业家/创业者的态度较为中立，这很可能是受到创业的大环境影响，企业家/创业者对创业前景保持谨慎态度。

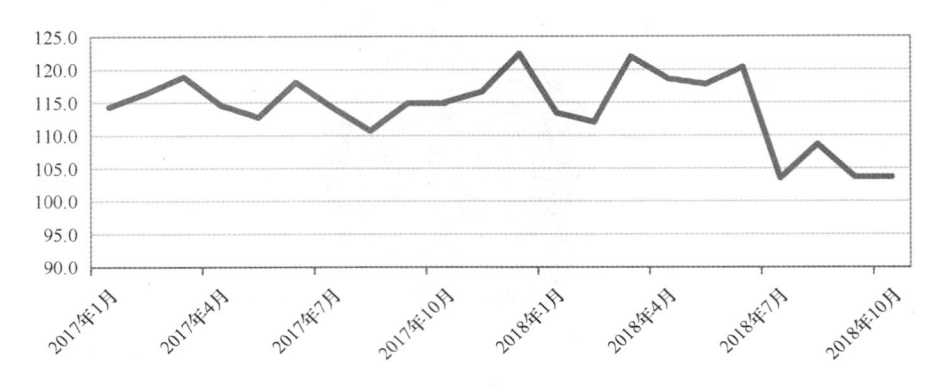

图3—42 2017—2018年浙江地区企业家/创业者信心指数

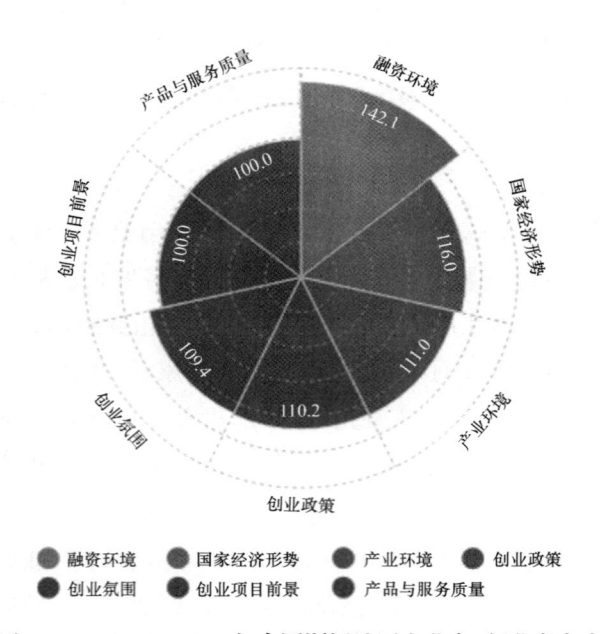

图3—43 2017—2018年中国浙江地区企业家/创业者态度

第五章

初步结论

第一节 企业家/创业者信心指数总体平稳但略有下降

总体来看，中国企业家/创业者的总体信心保持平稳，但2018年的信心指数略有下降。这与2018年的宏观政治环境、经济环境、社会环境等都有一定关联，例如，中美等国家贸易摩擦冲突不断、英国脱欧的不确定性、股市震荡等多重因素都对企业家/创业者信心指数有负面影响。

第二节 企业家/创业者更注重"外功"而忽略"内功"

从具体维度看，企业家/创业者最看好融资环境、创业政策和国家经济形势，而针对创业项目前景和产品与服务质量的关注度很低。这虽然反映出资本与政策在很大程度上掌握了企业发展壮大的命脉和机遇，但也一定程度地表现出企业家/创业者更看重外部因素，但对创业项目前景和产品与服务质量的"内功"因素关注度较小，或与企业本身的理念和管理模式等内部机制有关。

第三节 金融投资及医药健康行业的信心指数相对消极

从具体行业看，金融投资和医药健康行业的企业家/创业者的信心指数表现最为消极，两个行业都最不看好融资环境和国家经济形势的负面态度。或与 2018 年 P2P、区块链等金融行业问题以及长生生物、疫苗等医药健康行业的大量负面问题有关。

第四节　北京地区的企业家/创业者是"政策导向"而其他地区则是"资本导向"

从具体地区看，上海地区的企业家/创业者创业信心指数最高。其中，仅北京地区的企业家/创业者最关注创业政策，而上海、广州、浙江等地区则均更关注融资环境维度。

第四篇

创新引领——上市公司创新发展

汪建成

张 涵 杨 梅

第一章

引 言

自1999年以来，中华人民共和国科技部已经连续19年对全国31个省（自治区、直辖市）创新能力进行评价分析，该报告是国家创新制度系列报告之一（见图4—1）。《中国区域创新能力评价报告》是以中国区域创新体系建设为主题的综合性、连续性的权威发布年度研究报告。2017年度广东区域创新能力跃居全国第一，2018年度广东蝉联全国第一。从分项指标来看，广东省企业创新能力、创新环境、创新绩效均排名全国首位；广东省知识创造、知识获取分别排名全国第4位、第3位。

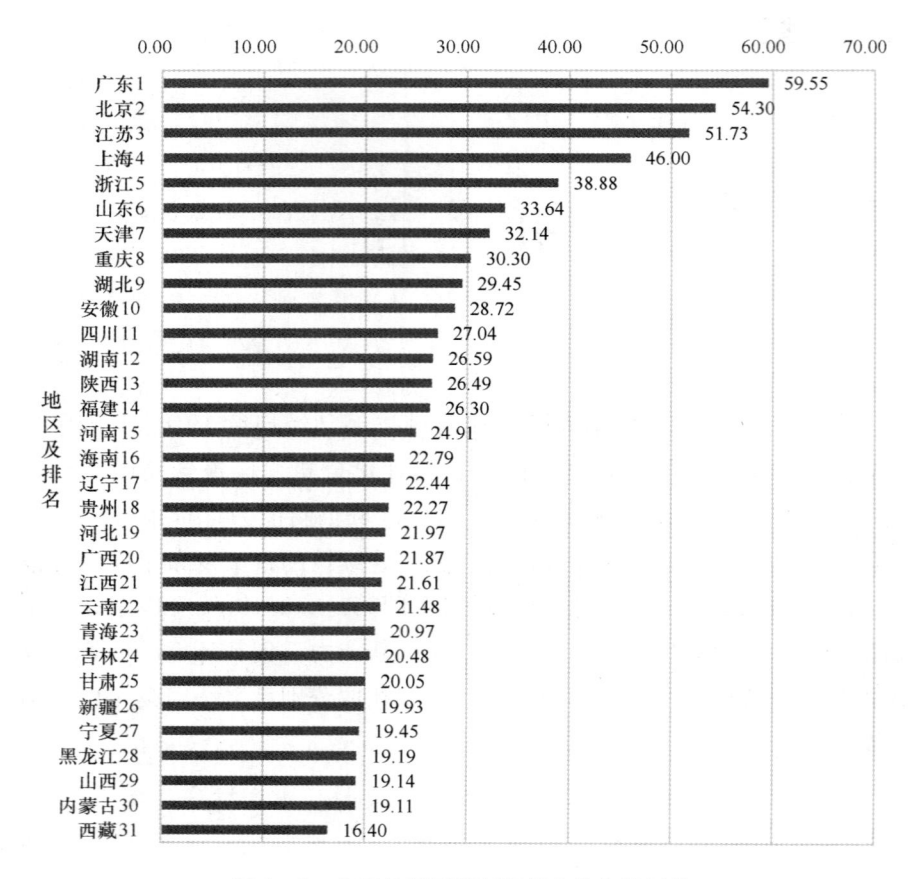

地区及排名	值
广东 1	59.55
北京 2	54.30
江苏 3	51.73
上海 4	46.00
浙江 5	38.88
山东 6	33.64
天津 7	32.14
重庆 8	30.30
湖北 9	29.45
安徽 10	28.72
四川 11	27.04
湖南 12	26.59
陕西 13	26.49
福建 14	26.30
河南 15	24.91
海南 16	22.79
辽宁 17	22.44
贵州 18	22.27
河北 19	21.97
广西 20	21.87
江西 21	21.61
云南 22	21.48
青海 23	20.97
吉林 24	20.48
甘肃 25	20.05
新疆 26	19.93
宁夏 27	19.45
黑龙江 28	19.19
山西 29	19.14
内蒙古 30	19.11
西藏 31	16.40

图4—1　全国各省区域创新能力综合效用值

作为广东企业的代表群体，对上市公司的研究具有典型意义。本部分基于万德和国泰安数据库，以我国披露R&D投入的上市公司为样本，对我国特别是广东省上市公司的创新投入数据进行了全面深入的分析，并选择若干典型企业进行案例研究。

第 二 章

广东上市公司 R&D 投入分析

第一节　我国上市公司 R&D 投入总体情况

从我国上市公司的地域分布来看，上市公司的数量与我国各省的经济发达程度基本一致，即东南沿海地区上市公司分布数量最多，西北地区分布较少。具体来看，图中颜色最深的省（市、区），拥有的上市公司数量最多（见图4—2、图4—3）。不难看出，沿海省（市、区）的广东、浙江、江苏上市公司最多，分别拥有上市公司 422 家、298 家、286 家；中部

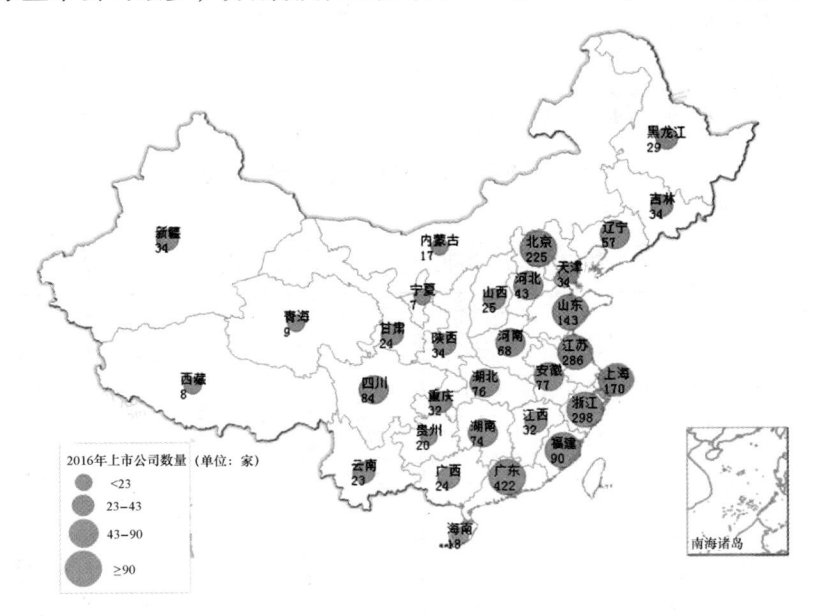

图4—2　2016年我国上市公司各省（市、区）分布情况

省（市、区）居中，比如安徽、湖北分别有77家、76家；西部省（市、区）拥有的上市公司数量明显偏少，青海、西藏、宁夏少于10家。各个省（市、区）拥有上市公司数量不均，这侧面反映了我国区域经济发展的巨大差距，也说明了广东省的上市公司在我国上市公司中居于主体地位，进一步证明了本研究的价值（见表4—1）。

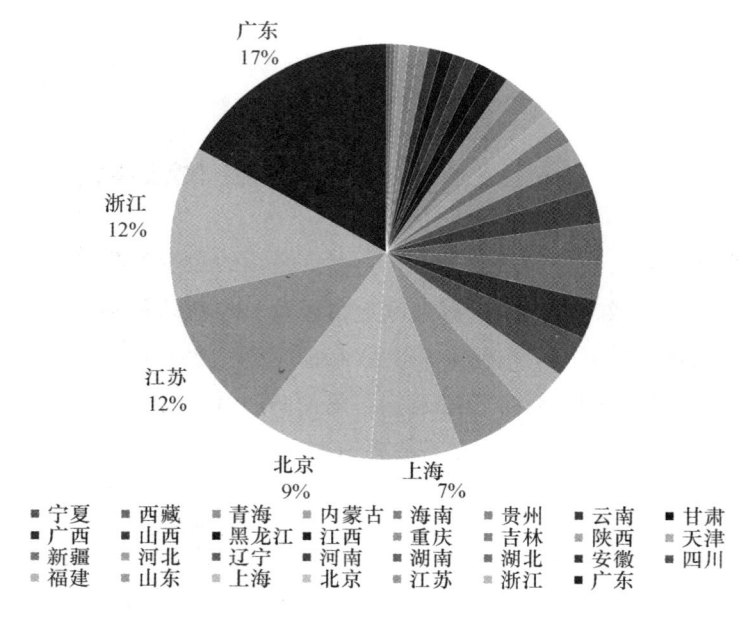

图4—3 2016年我国上市公司省份构成

表4—1　　　　　2012—2017年我国上市公司数量情况　　　（单位：家）

省（市、区）	2017年	2016年	2015年	2014年	2013年	2012年
广东省	568	447	352	308	279	269
浙江省	414	309	255	231	209	201
江苏省	380	294	247	221	206	194
北京市	307	272	203	182	160	152
上海市	275	227	149	139	136	127
山东省	194	166	129	120	118	115
福建省	131	105	74	67	64	64

续表

省（市、区）	2017年	2016年	2015年	2014年	2013年	2012年
四川省	115	109	78	67	64	62
安徽省	102	90	70	61	57	55
湖北省	96	89	65	65	58	57
湖南省	101	84	66	60	58	54
河南省	78	74	66	61	61	59
辽宁省	74	73	53	47	41	41
河北省	55	52	43	41	40	37
吉林省	42	40	28	26	24	25
陕西省	47	44	29	29	27	26
天津市	49	42	30	28	24	23
新疆维吾尔自治区	52	46	28	23	22	22
江西省	39	35	30	27	25	26
重庆市	49	43	27	26	23	23
黑龙江省	36	35	27	25	25	23
山西省	38	37	25	21	21	22
甘肃省	33	28	19	20	19	13
广西壮族自治区	36	36	22	19	19	16
云南省	34	31	20	17	16	18
贵州省	27	21	19	18	18	17
海南省	30	29	15	15	14	14
内蒙古自治区	25	25	17	16	14	15
青海省	12	11	8	7	7	7
西藏自治区	15	12	6	4	4	3
宁夏回族自治区	13	12	7	7	7	8

从我国上市公司研发投入的省（市、区）分布来看，各省（市、区）上市公司的研发投入与各省（市、区）的经济发达程度和上市公司数量密切相关。排名第一的是北京，其次是广东、上海，从图4—4可以看出北广上遥遥领先于其他省（市、区）；接下来居中省（市、区）是安徽、湖北、湖南；青海、西藏、宁夏分别排名后三位。这相对清晰地呈现出东部、中部、西部递减的区域经济发展格局（见图4—5）。

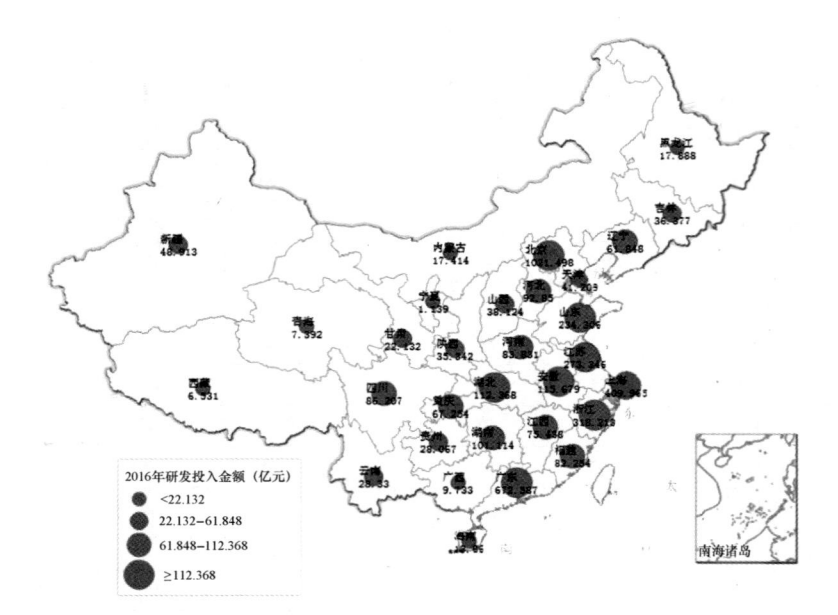

图 4—4　2016 年我国上市公司研发投入各省分布情况

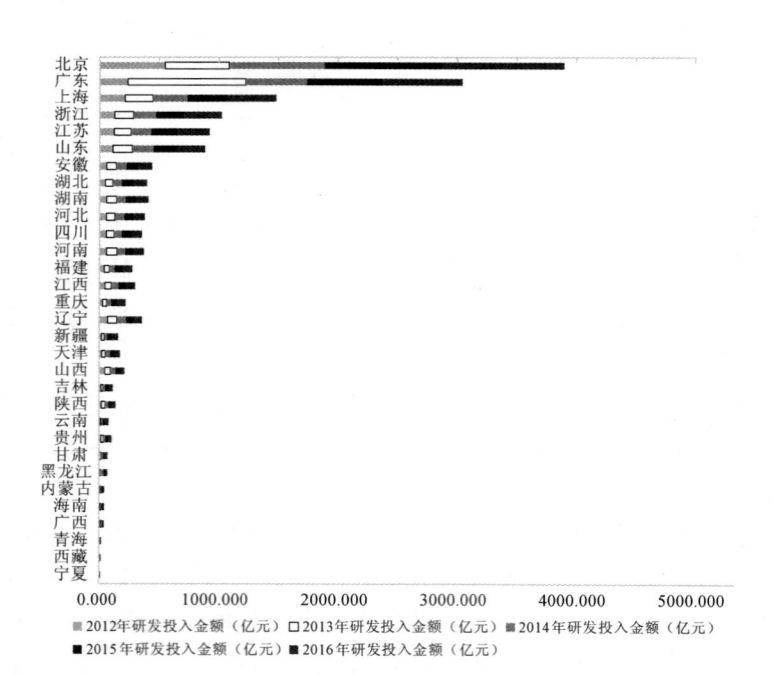

图 4—5　2012—2016 年我国上市公司研发投入省份分布

同时，2012—2016年，我国上市公司不断加大研发投入，呈现稳步增长的态势。从研发投入的绝对量来看，在样本企业中，2012年我国上市公司的研发总投入为2120.123亿元，2013年、2014年、2015年继续增长，到2016年增长到4161.209亿元，是2012年的196.3%，即五年之内研发投入增长近1倍（见图4—6、表4—2）。

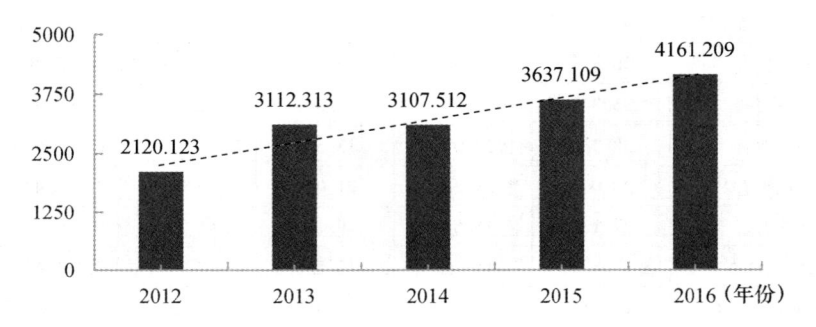

图4—6　2012—2016年我国上市公司研发投入总体情况
（单位：亿元）

表4—2　　　　　　2012—2016年我国上市公司研发投入情况　　（单位：亿元）

省（市、区）	2016年	2015年	2014年	2013年	2012年
北京市	1021.498	989.505	801.303	534.434	551.406
广东省	672.587	630.478	514.491	986.472	238.915
上海市	409.965	334.296	290.466	232.654	214.859
浙江省	318.213	230.083	188.168	156.433	130.855
江苏省	273.346	213.471	170.926	138.360	126.499
山东省	234.306	196.929	179.483	159.875	115.517
安徽省	115.679	97.157	87.255	78.453	63.655
湖北省	112.368	95.556	80.300	62.629	49.283
湖南省	101.114	87.810	78.986	81.927	62.611
河北省	92.850	77.863	78.820	72.628	60.312
四川省	86.207	81.035	66.543	64.342	60.385
河南省	83.831	70.697	69.276	88.957	62.692
福建省	82.254	64.171	45.736	45.661	40.850
江西省	75.438	62.855	60.726	53.445	50.833

续表

省（市、区）	2016 年	2015 年	2014 年	2013 年	2012 年
重庆市	67.254	50.164	40.067	36.742	27.948
辽宁省	61.848	68.332	78.984	78.418	73.563
新疆维吾尔自治区	48.913	41.161	29.953	24.681	19.460
天津市	41.209	42.847	42.980	30.971	21.558
山西省	38.124	33.616	45.673	47.472	49.193
吉林省	36.377	26.042	22.351	17.754	15.405
陕西省	35.342	26.026	30.803	30.490	19.259
云南省	28.330	22.076	13.552	9.791	8.847
贵州省	28.067	24.282	21.099	20.123	16.449
甘肃省	22.132	15.644	19.145	14.228	3.124
黑龙江省	17.888	15.768	15.558	14.194	11.659
内蒙古自治区	17.414	10.409	9.580	6.664	5.940
海南省	13.860	9.779	9.926	9.316	5.394
广西壮族自治区	9.733	7.833	9.128	9.134	8.783
青海省	7.392	3.790	2.877	3.123	2.267
西藏自治区	6.531	6.539	2.147	1.624	1.008
宁夏回族自治区	1.139	0.895	1.210	1.318	1.594

第二节 广东省上市公司 R&D 投入总体情况

一 广东省上市公司研发投入年份趋势

经国家统计局核定，2017 年广东 R&D 经费投入 2343.63 亿元，同比增长 15.2%，总量连续两年保持全国首位。R&D 人员 87.99 万人，增长 19.7%，位居全国第一位。R&D 经费投入占地区生产总值（GDP）比重 2.61%，比上年同口径提高 0.09 个百分点（见图 4—7）。

广东省规模以上企业 R&D 经费投入总量大。2017 年，全省企业 R&D 经费投入 2083.01 亿元，同比增长 14.1%，占全部 R&D 经费投入的 88.9%；其中，规模以上工业企业 R&D 经费投入为 1865.03 亿元，同比增长 11.3%。

2012—2016 年，广东省上市公司研发投入不断增加，呈现波动增长的态势。特别是 2013 年，广东省上市公司的研发投入达到顶峰，为 986.471 亿元，2014 年明显下降至 368.511 亿元，随后逐年稳步上升。在上市公司研发投入方面，广东一马当先，这说明广东市场经济配置在企业技术研发中发挥了关键作用，企业有动力加大研发投入，通过研发拉动企业长远持续发展，增强企业核心竞争力。

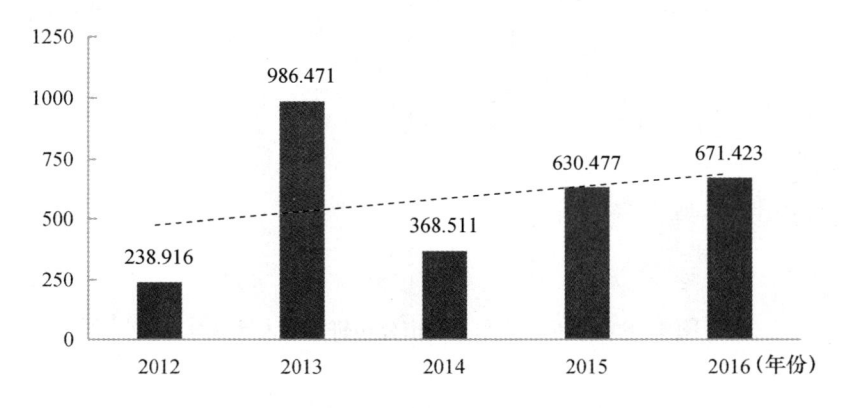

图 4—7　2012—2016 年广东省上市公司研发投入总体情况（单位：亿元）

二　广东省上市公司研发投入地区分布

2017 年，全省主要的研发活动集中在珠三角核心区。从分区域来看，珠三角核心区研发经费达 2226.60 亿元，同比增长 15.3%，占全省的 95.0%，较上年提高 0.1 个百分点。而沿海经济带（东西两翼）R&D 经费 84.85 亿元，同比增长 13.8%，占全省的 3.6%；北部生态发展区 R&D 经费 32.17 亿元，同比增长 11.6%，占全省的 1.4%。

从广东省上市公司研发投入的地区分布来看，以深圳、广州为龙头的珠三角地区的上市公司数量和研发投入大幅领先于粤东西北地区（见图 4—8）。特别是深圳，2016 年上市公司数量占全省上市公司的 48.5%，而研发投入占全省上市公司研发投入的 60.4%，为 405.725 亿元，高于全国大多数省（市、区）上市公司的总研发投入，仅次于浙江、江苏、北京。由此可见，广东省内珠三角地区创新投入最大，而整个珠三角地区中深圳的创新优势最明显（见图4—9、表4—3、表4—4）。

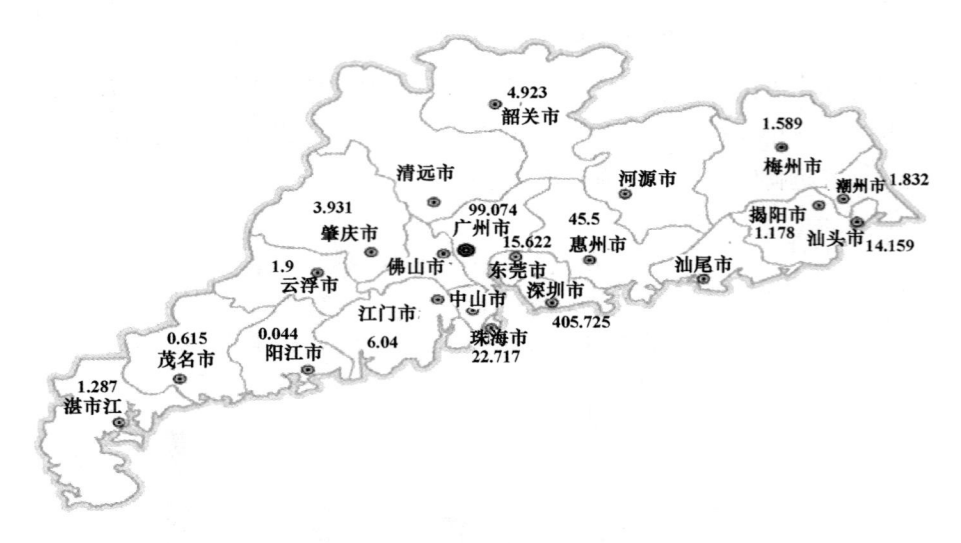

图4—8　2016年广东省上市公司研发投入地区分布

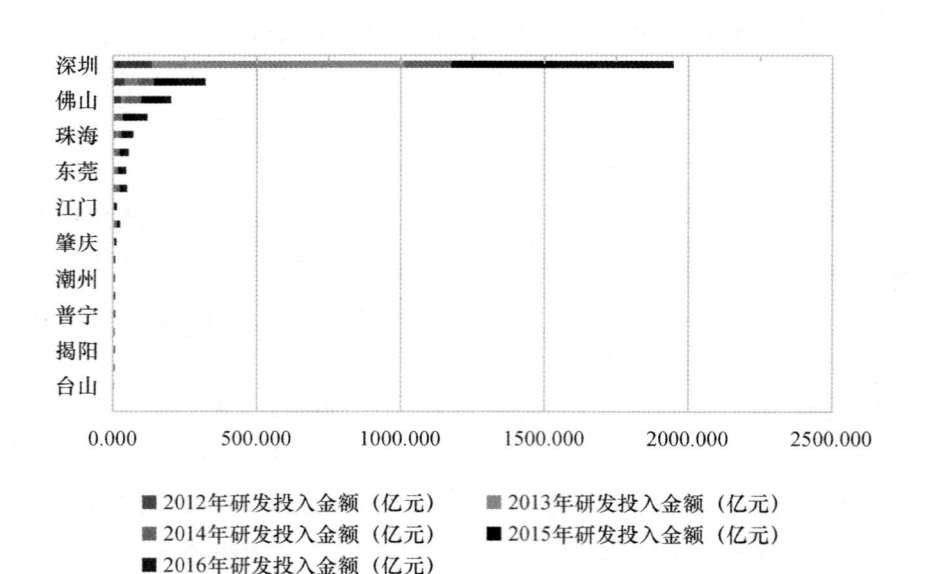

图4—9　2012—2016年广东省上市公司研发投入地区分布

表 4—3　　2012—2016 年广东省各地区上市公司数量　（单位：家）

城市	2016 年	2015 年	2014 年	2013 年	2012 年
深圳市	204	165	113	135	133
广州市	64	54	40	39	38
佛山市	27	26	24	21	20
汕头市	25	23	19	18	17
东莞市	19	15	12	10	10
珠海市	17	15	14	14	13
中山市	16	13	12	10	9
江门市	9	8	9	7	5
惠州市	7	5	4	3	3
肇庆市	7	6	6	6	5
潮州市	6	4	2	1	1
梅州市	5	4	5	5	5
揭阳市	3	3	2	2	2
普宁市	3	3	3	3	3
茂名市	2	2	2	2	2
韶关市	2	2	2	2	1
湛江市	2	2	2	1	1
台山市	1	1	1	—	—
阳江市	1	—	—	—	—
云浮市	1	1	1	1	1

表 4—4　　2012—2016 年广东省各地区上市公司研发投入　（单位：亿元）

城市	2016 年	2015 年	2014 年	2013 年	2012 年
深圳市	405.725	365.424	162.566	878.756	136.101
广州市	99.074	79.373	56.122	45.475	40.860
惠州市	45.500	40.194	32.381	1.068	0.749
佛山市	26.300	75.337	57.799	13.337	28.727
珠海市	22.717	16.928	12.185	11.200	7.809
中山市	17.335	13.200	11.233	7.305	5.638
东莞市	15.622	10.620	7.955	6.315	4.724
汕头市	14.159	11.085	10.025	8.053	6.034
江门市	6.040	3.004	2.397	1.738	1.623
韶关市	4.923	4.976	7.531	7.375	0.093

续表

城市	2016 年	2015 年	2014 年	2013 年	2012 年
肇庆市	3.531	2.754	2.613	2.344	2.030
云浮市	1.900	1.827	0.548	0.498	0.419
潮州市	1.832	1.224	0.797	0.122	0.105
梅州市	1.589	0.933	0.663	0.867	0.975
普宁市	1.519	1.035	0.846	0.858	0.835
湛江市	1.287	0.797	0.663	0.318	0.312
揭阳市	1.178	0.957	0.824	0.814	0.765
茂名市	0.615	0.525	1.183	0.028	1.117
台山市	0.533	0.284	0.180	—	—
阳江市	0.044	—	—	—	—

广东研发投入的快速增长，得益于广东从 2008 年以后开始就大力进行转型升级、创新驱动有关。在"双转移""腾笼换鸟"的战略下，企业在转型过程中纷纷加大了研发投入。另外在外需不是很强劲的情况下，广东尤其是珠三角的企业必须通过提高附加值、提高产业层次来增强竞争力。广东尤其是珠三角的转型升级起步较早，也较早体现出成效。比如珠江西岸的装备制造业、家电业的智能化成效明显，以美的为代表的家电业的智能化走在全国前列。而在东岸，东莞的智能手机产业发展迅速，集中了华为、OPPO 和 vivo 等手机巨头，转型成效十分明显。

三 广东省上市公司研发投入行业分布

根据证监会的行业分类标准，通过分析广东省上市公司研发投入的行业分布可以发现（见图 4—10），在 2016 年广东省上市公司的研发投入量中，制造业遥遥领先，位列第一；信息技术类行业紧随其后，位列第二；位列第三的行业是建筑业，但也仅为信息技术的 9.2%。由此可见，制造业和信息技术类是广东省上市公司创新研发的主要支出型行业，特别是制造业占比达 64.9%，说明发达的实体经济是广东研发投入快速增长的重要基础。近年来，广东省各个行业的研发投入都在稳步增长，特别是制造业和信息技术行业的研发投入在五年间快速增长，更是说明了广东省当下正处在高质量发展的阶段，逐渐摆脱过去对重化工业及资源型产业的路径依赖,汽车、电子设备、医药等先进制造业正成为其经济发展的支柱(见图 4—11、表 4—5、表 4—6)。

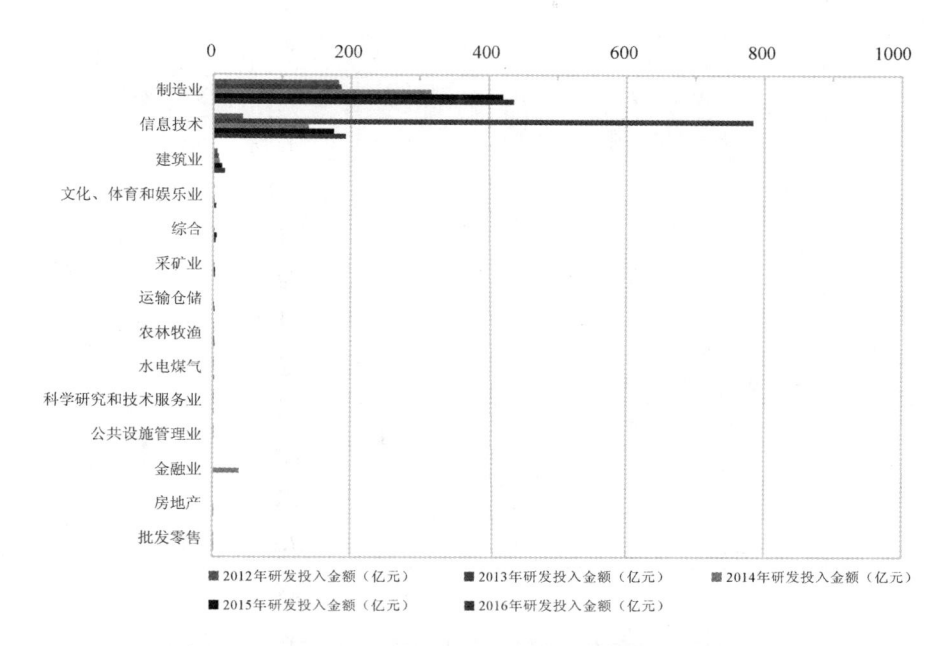

图 4—10 2012—2016 年广东省上市公司研发投入行业分布

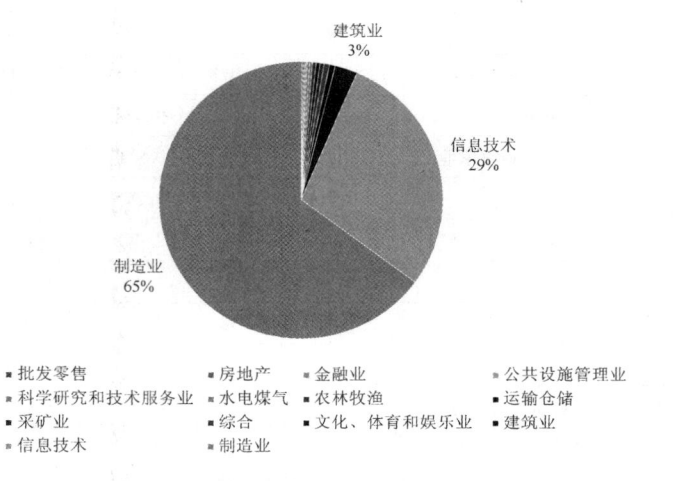

图 4—11 2016 年广东省上市公司研发投入行业构成

表4—5　　2012—2016年广东省各行业上市公司数量　　（单位：家）

行业代码	行业	2016年	2015年	2014年	2013年	2012年
C	制造业	306	257	226	201	194
I	信息技术	51	44	41	39	37
E	建筑业	16	14	9	9	8
R	文化、体育和娱乐业	9	3	4	4	5
S	综合	6	4	4	4	4
B	采矿业	2	2	2	2	2
G	运输仓储	8	5	4	3	2
A	农林牧渔	4	3	3	3	4
D	水电煤气	7	5	5	5	5
M	科学研究和技术服务业	3	3	1	1	1
N	公共设施管理业	1	1	1	1	1
J	金融业	2	1	1	—	1
K	房地产	4	3	3	2	1
F	批发零售	4	4	4	5	4

表4—6　　2012—2016年广东省各行业上市公司研发投入　　（单位：亿元）

行业代码	行业	2016年	2015年	2014年	2013年	2012年
C	制造业	436.797	421.012	316.445	185.908	182.301
I	信息技术	192.467	175.073	138.519	783.815	43.135
E	建筑业	17.622	13.494	9.466	8.190	6.317
R	文化、体育和娱乐业	4.473	2.000	0.976	1.104	0.794
S	综合	4.079	5.509	2.255	1.475	1.202
B	采矿业	3.209	2.973	2.440	1.501	1.216
G	运输仓储	2.915	1.928	1.252	0.482	0.259
A	农林牧渔	2.767	2.238	0.902	0.894	0.834
D	水电煤气	2.216	1.069	0.689	0.596	0.665
M	科学研究和技术服务业	1.822	1.368	0.784	0.828	0.816
N	公共设施管理业	1.324	1.163	0.958	0.807	0.731
J	金融业	1.099	1.275	38.740	—	0.034
K	房地产	0.964	0.718	0.570	0.358	0.164
F	批发零售	0.832	0.689	0.496	0.513	0.447

第三节 北京、上海、广州、深圳的研发投入比较分析

一 年份趋势比较

北上广深作为京津冀区域核心，长江经济带之首，以及粤港澳大湾区的重心城市，将引领三大区域共同发展，促进城市群的形成和壮大，这对中国经济成长和社会进步具有战略意义。上市公司的多寡，是衡量一个城市经济活力的重要指标。近几年北上广深四大一线城市的上市公司都呈现出上升状态，北京的上市公司数量排名一直处于首位，并以较快的速度持续增长，2017年达到296家。上海和深圳的上市公司也以相差不多的数量和增长速度不断上升，尤其是深圳自2014年以来增长速度最快。相比之下，广州的上市公司数量相差较远，且2013—2015年数量增长不大（见图4—12）。这几个城市的主要行业分布于软件和信息技术服务业，计算机通信和其他电子设备制造业、房地产业等。

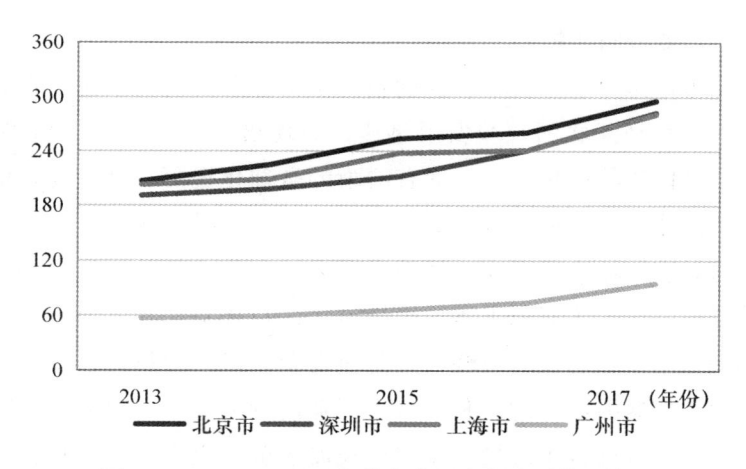

图4—12　2013—2017年北上广深上市公司数量情况

北京上市公司的研发投入在四座城市中整体领先，这与北京地区集中大量的高校和科研院所密切相关（见图4—13）。2016年投入1021.498

亿元，同比增长 21.42%，其中 2013—2015 年研发投入整体速度上升最快。相比之下，上海和广州都处于缓慢平稳上升之中，分别从 214.859 亿元、40.86 亿元上升到 409.965 亿元、99.074 亿元。广州的上市公司数量和研发投入总量在北上广深四个城市中居于明显的弱势地位。深圳市上市公司的研发投入在 2013 年达到了顶峰 878.756 亿元，并在次年又回归到了原来的水平，2016 年总体投入 405.725 亿元。

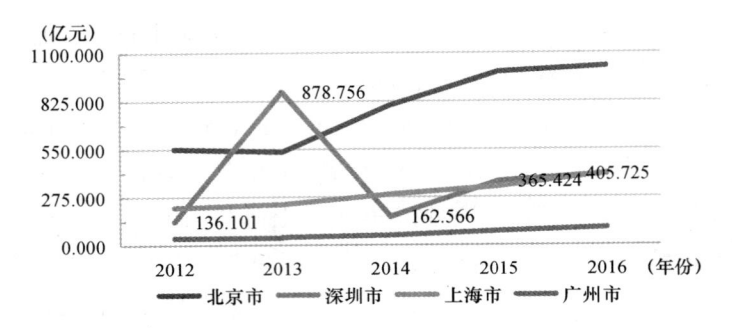

图 4—13　2013—2016 年北上广深上市公司研发投入情况

二　行业分布比较

北京市作为一个科学驱动的创新型城市，大量的科学技术在北京萌芽发展，尤其是互联网领域发展迅速，涌现出一批又一批的新兴企业。北京市凭借优势的地理位置，拥有清晰的全球化视野，具备充足的资金和明显的人才优势（见图 4—14）。

上海具有国际化程度高、经济发展水平和产业结构层次较高、科技基础设施完备、人才资源丰富，以及城市区位优势明显等特点，在国内较早实施了创新驱动发展战略，具备建设全球影响力科技创新中心的基础和潜力。根据国家的定位和上海市产业规划的要求，上海对未来重点发展的产业行业进行了规划，按照科技需求确定重点发展战略性新兴行业、先进制造业和高端科技服务业三大领域。

深圳经济基础雄厚，思想观念开放，对外贸易发达，重视电子信息产业，是中国重要的重点电子信息产品制造基地。随着互联网的普及及其创新应用，广东省越来越重视技术和人才培养，以用户体验为导向，

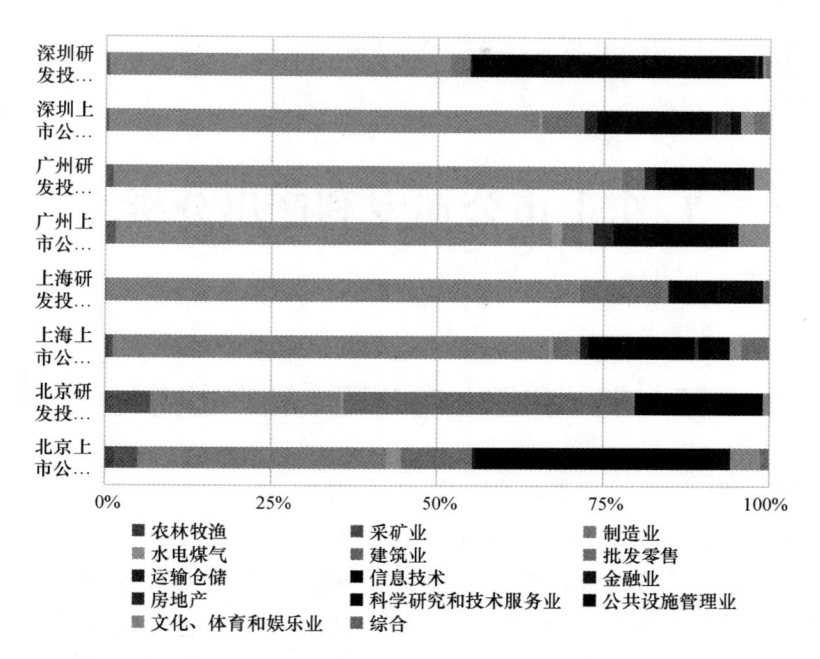

图 4—14 2016 年北上广深上市公司数量和研发投入行业分布

强调效率驱动和创新驱动，成为中国创新能力最强的地区之一。但是与北京、上海相比，由于历史原因，深圳的高等院校和科研机构并不多，创新源头动力不足、基础研究人才缺乏，高端创新资源集聚能力也有待提升。

广州虽与深圳同处于珠三角地区，但是上市公司数量和研发投入均处于明显落后位置。在珠三角地区，广州不仅长期落后于深圳，而且不及东莞、佛山等地级城市，与其在珠三角国家创新示范区建设中赋予的"龙头"和"引擎"战略定位严重背离。2015 年广州市开始实施创新驱动发展战略，推出了政府财政科技投入倍增计划，试图扭转长期以来困扰广州自主创新能力不足的问题。但是由于发力晚，起步低，与北京、上海、深圳的差距依然在短期内无法弥补。此外，广州长期以来推行跟跑型科技政策，其引以为傲的科技资源优势存在巨大衰减风险。

第三章

广东上市公司专利产出分析

第一节 我国上市公司专利产出情况

一 我国上市公司专利产出数量年份分析

随着知识经济和经济全球化的深入发展，专利日益成为国家发展的战略性资源，与经济融合日趋紧密，对国民经济发展的支撑作用日渐凸显。知识产权战略是经济社会发展的一项基本战略，以推动技术创新和技术扩散为目的，其中专利为知识产权的核心构成要素，专利因涵盖科技信息的90%—95%而被作为科技创新的重要表征形式，加之专利数据的地域性、时间性和可获取性等优势，使专利信息成为集聚科技创新成果的智库。国际上许多国家的知识产权机构都从专利指标层面评价科技创新，包括日本的《知识产权管理评估指标》、美国的 CHI 专利评价指标和瑞士的《世界竞争力年鉴》专利评价指标等，国内外学者在衡量地区科技创新实力和核心竞争力时，以专利数量类、质量类、价值类为主的指标被作为重要参考。国家层面对科技创新的重视使得科技创新研究具备现实意义，地区科技发展的差异凸显了评价不同区域科技发展水平的重要性。

我国的专利共分为三种，即发明专利、实用新型专利和外观设计专利。发明专利是指产品、方法或者其改进所提出的新的技术方案，可以形成具有自主知识产权的产品，因此发明最能代表创新水平。实用新型专利是指对产品的形状、构造或者它们的结合所提出的适合于实用的新的技术方案。外观设计专利是指产品的形状、图案、色彩或者结合所做出的富有美感并适合于工业上应用的新设计。一般来说，实用新型专利和外观设计专利较发明专利的创新程度低。

对于我们选择专利申请了作为专利产出的衡量指标，而不是专利授权量，原因有三：一是专利授权量同专利申请量之间存在较强的线性相关，专利申请量所包含的信息在很大程度上已经覆盖了专利授权量；二是专利授权量同专利申请量相比时间滞后性更大，以其作为分析指标，更易引起信息失真；三是专利申请量与授权量之间的缺口，在很大程度上是由于专利申请时本身技术还未成熟、专利申请中介组织功能不完善、专利授权机关办事效率较低等方面的原因所致。随着市场中介机构功能的完善和政府有关部门工作效率的提高，申请量和授权量之间的缺口将会减小，专利授权占申请量的比重将不断提高。本节主要以全国A股上市公司的各类专利数据为参考，分析全国的专利情况以及广东省专利情况在全国中的重要地位。

我国2012—2017年全国A股上市公司已申请专利数量如图4—15所示。由图中的发明专利申请量统计图可见，A股上市公司的已申请专利总量、已申请发明专利总量、已申请实用新型专利总量以及已申请外观设计专利总量总体上呈上升趋势且增势明显。全国A股上市公司的全部已申请专利从2012年的35307件上升到2017年的77996件，尤其是2015年的94143件历史新高数据，这不仅与上市公司的数量增加有着不可忽视的关系，也与中国上市公司对于创新的重视，创新的投入有着密不可分的联系。

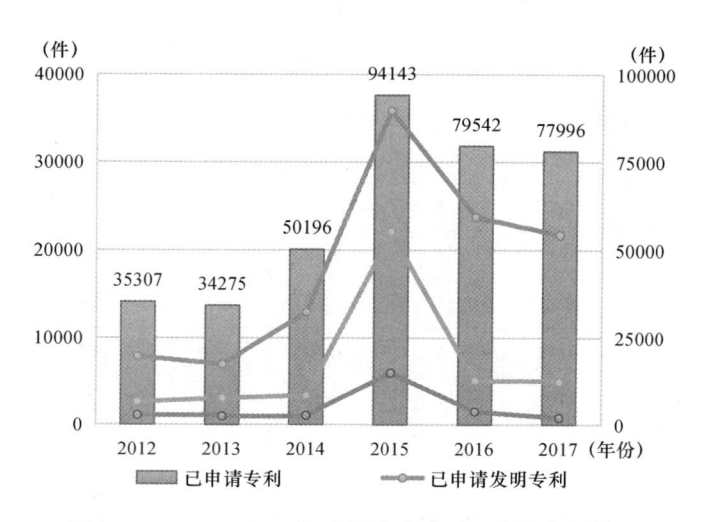

图4—15　2012—2017年全国上市公司已申请专利数量

同样地，在三类专利中，已申请发明专利的总量较另外两种专利的数量比例大，由于它是具有知识产权的产品，且最能代表最新创新水平，也表明我国的已申请专利的总体质量较高。

二 我国上市公司专利产出地区分布

随着广东经济的发展和自主创新意识的增强，科技的创新与发展呈现快速增长的态势。近年来广东省的研发投入水平不断提高，区域创新能力得到快速提升，表4—7是2012—2017年中国各省（市、区）A股上市公司累计已申请发明专利数量、已申请实用新型专利数量、已申请外观设计专利数量及其相应排名。明显看出，广东省在近十年已申请发明专利总量、已申请实用新型专利总量以及已申请外观设计专利总量上均排名第一，分别为43347件、16334件、4684件。在已申请发明专利方面，相比于排名第二的北京市高出184.09%，在已申请实用新型专利方面，总量为排名第二的山东省的464.17%（见表4—7）。

表4—7 2012—2017年中国各省（市、区）上市公司累计已申请专利数量　（单位：件）

省（市、区）	已申请发明专利	已申请发明专利数量排名	已申请实用新型专利	已申请实用新型专利数量排名	已申请外观设计专利	已申请外观设计专利数量排名
广东省	43347	1	16334	1	4684	1
北京市	15258	2	3007	4	1002	4
山东省	10671	3	3519	2	1043	3
江苏省	5927	4	3132	3	655	5
浙江省	5701	5	2913	5	1724	2
福建省	3118	6	1059	10	261	8
安徽省	2792	7	1816	6	182	11
河南省	2730	8	892	11	227	9
上海市	2599	9	1130	9	305	7

续表

省（市、区）	已申请发明专利	已申请发明专利数量排名	已申请实用新型专利	已申请实用新型专利数量排名	已申请外观设计专利	已申请外观设计专利数量排名
辽宁省	2307	10	1195	8	29	17
四川省	2296	11	1491	7	323	6
湖南省	1914	12	688	13	132	14
天津市	1600	13	268	18	27	18
湖北省	1558	14	871	12	156	13
吉林省	1052	15	348	16	1	26
贵州省	941	16	102	23	20	20
河北省	873	17	300	17	119	15
重庆市	781	18	688	14	194	10
广西壮族自治区	690	19	231	20	17	22
山西省	529	20	22	28	7	23
云南省	364	21	246	19	26	19
黑龙江省	316	22	53	26	171	12
西藏自治区	302	23	8	30	0	30
新疆维吾尔自治区	295	24	108	22	0	27
江西省	288	25	376	15	71	16
海南省	237	26	5	31	0	31
内蒙古自治区	182	27	69	24	20	21
陕西省	177	28	163	21	3	25
甘肃省	130	29	10	29	0	29
青海省	90	30	56	25	4	24
宁夏回族自治区	27	31	26	27	0	28

在2017年，广东省A股上市公司也在专利产出方面达到了不错的成绩，如下图2017年各省（市、区）A股上市公司已申请发明专利数量、2017年各省（市、区）A股上市公司已申请实用新型专利数量、2017年各省（市、区）A股上市公司已申请外观设计专利数量。在最具有创新代表性的已申请发明专利数量上，广东省A股上市公司已申请发明专利数量为6631件，占全国总量的31%，山东省与北京市紧随其后，以3909

件（占比 18%）与 2106 件（占比 10%）位于第二名与第三名。同样地，2017 年广东省 A 股上市公司在已申请实用新型专利数量与已申请外观设计专利数量上仍具有绝对优势，分别占全国总量为 20% 与 18%（见图 4—16、图 4—17、图 4—18）。

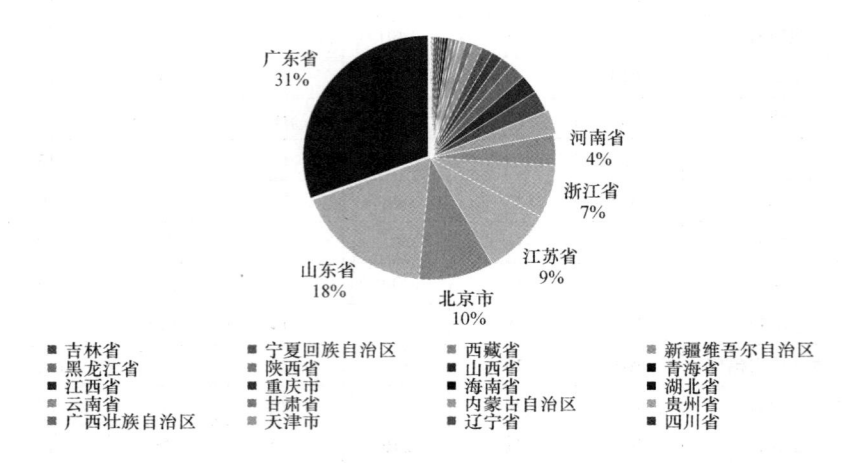

图 4—16　2017 年各省（市、区）上市公司已申请发明专利所占百分比

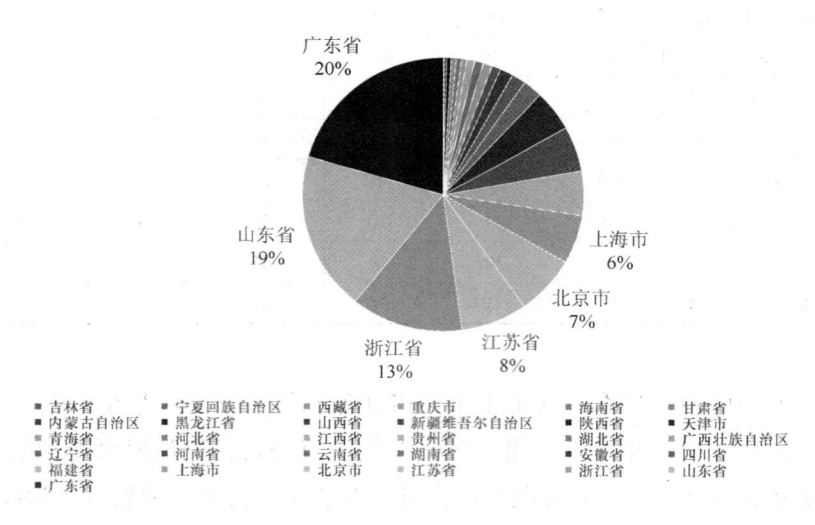

图 4—17　2017 年各省（市、区）上市公司已申请实用新型专利所占百分比

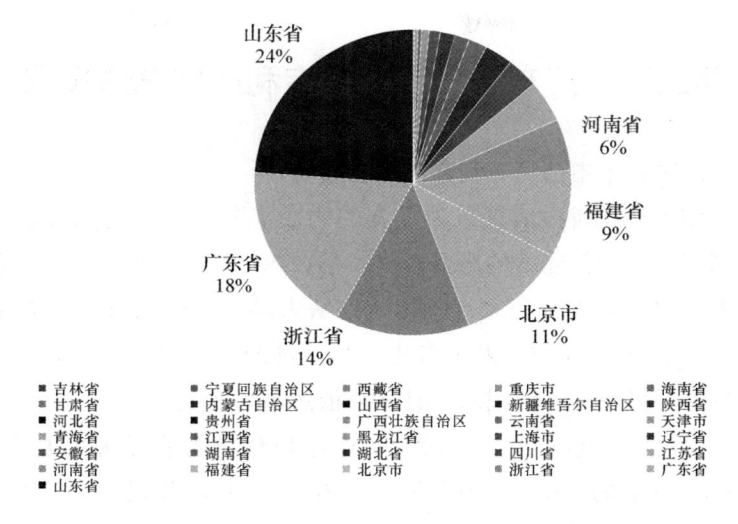

图 4—18　2017 年各省（市、区）上市公司已申请外观设计专利所占百分比

专利产出是衡量科技创新的重要组成部分，而研发产出省（市、区）差距主要是由研发投入、经济发展水平、区域经济结构、经济开放水平、政府作用以及 R&D 人力资本投入等有关。比如研发投入因素，当研发投入导致研发产出增加时，会对研发投入有一个反向的正向作用。而广东省作为中国东南沿海经济其中的一分子，经济发展水平位居全国前列，同时又是中国改革的试验田、先行兵，在经济与制度上，都为研发产出营造了良好的环境。广东省孕育着大量的民营企业，它们是中国最具活力的经济带头者。而在政府方面，广东根据自身特点对国家创新政策的配套和落实是广东省自主创新促进政策的重要内容。特别当前我国的税收、海关等管理都是垂直管理，地方政府没有税收优惠的权限，海关通关免税等也必须由海关总署明确。而税收、通关等优惠是促进企业自主创新的最实惠的政策，也是最具直接推动力的政策，广东结合自身需求，形成相关配套文件和贯彻措施，为改善广东自主创新政策环境提供了重要保障。因此，广东省在专利产出方面位居全国前位是一系列综合因素的结果，而研究广东省的创新成效也对全国其他地区的创新发展具有重要意义。

第二节　广东省上市公司专利产出总体情况

一　广东省上市公司专利产出年份趋势

专利作为科技情报信息最为重要的构成部分，其状况是衡量一个地区乃至国家科技创新能力的重要根据。早在20世纪90年代中，广东已被国家有关部门肯定为专利大省，其地位从未动摇。广东省的专利申请量与授权量在于1995年双双跃上各省、市、自治区首位后，创造了连续十多年保持全国第一的不俗纪录，且至今依然名列前茅。

纵向来看，广东省上市公司专利产出数量也有着显著上升的特征。如图4—19所示的2012—2017年广东省A股上市公司专利产出情况，广东省上市公司的专利申请量在2014年之前一直处于缓慢平稳上升状态，平均增长幅度为94.91%。2015年是增长幅度最大的一个阶段，达到了281.11%的上升幅度，这与当时政府相关政策以及创新环境等因素是分不开的。在2015年后广东省上市公司已申请专利方面又有所回落。

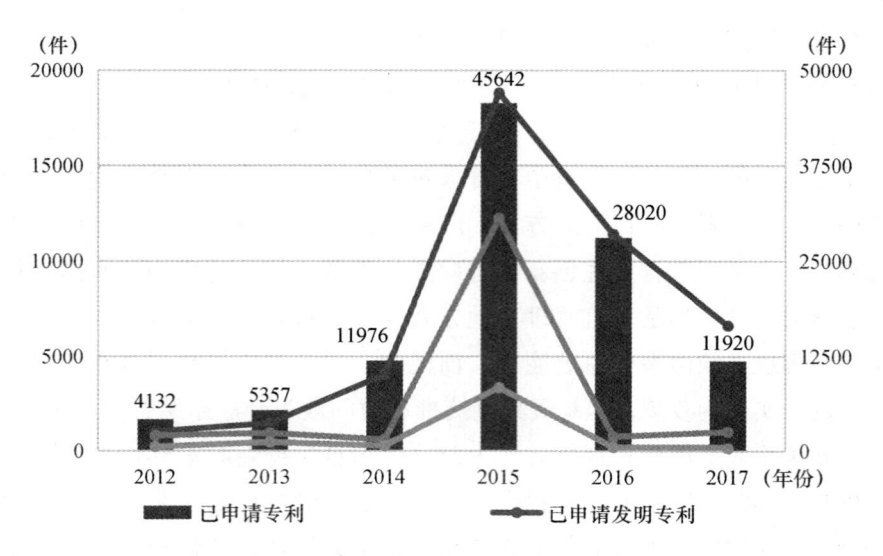

图4—19　2012—2017年广东省A股上市公司专利产出情况

二 广东省上市公司专利产出行业分布

改革开放以来,广东省凭借自身地处沿海地区、毗邻港澳的得天独厚的地理优势,加之丰富的土地和廉价的劳动力等比较优势,成功承接了港澳台劳动密集型产业的转移,使广东省制造业发展取得了举世瞩目的成就,极大地促进了广东经济社会成长阶段的转换。

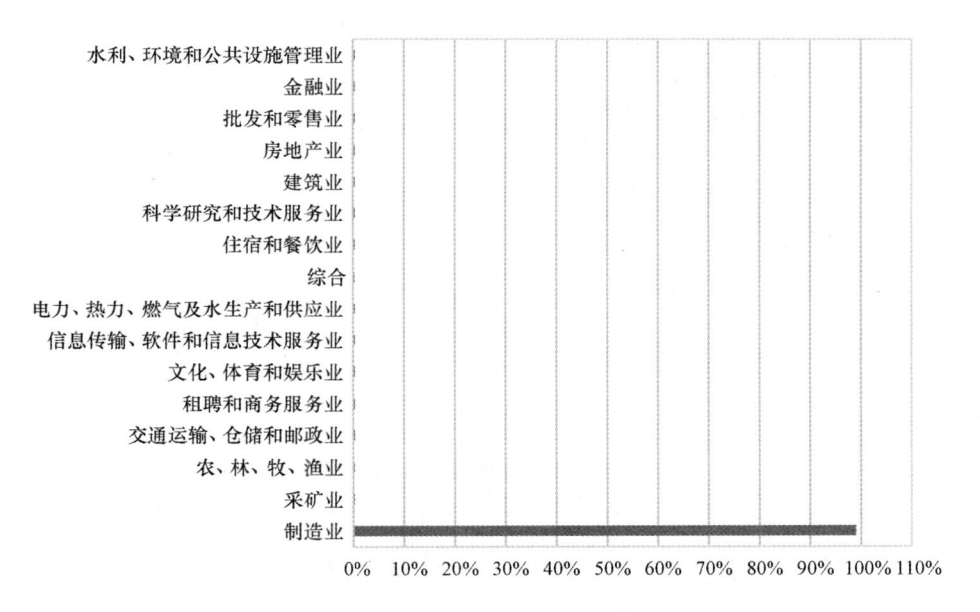

图 4—20 2012—2017 年广东省已申请发明专利数量行业分布百分比

广东省上市公司申请专利数量在行业方面也有着明显的集中分布,由图 4—20 所示的 2012—2017 年广东省上市公司已申请专利数量行业分布可以看出,已申请专利数量有 99% 集中于制造业。这与广东省上市公司的行业分布特点是有着密不可分的联系的。

然而,现阶段的广东制造业面临稳增长和调结构的双重任务,受发达国家和新兴经济体的双重挤压,面临着低成本的优势快速递减和新的竞争优势尚未形成的两难局面,制造业发展进入了爬坡的关键时期。由于制造业较长时间处于全球价值分工的低端,价值实现主要集中在劳动密集、技术水平较低的生产加工环节,较少涉及产品设计、高端制造、品牌经营等高附加值的环节。制造业升级也包括价值链"微笑曲线"的低端延伸，从制造过程中衍生出研发、设计、营销、售后等其他环节，帮助制造业提高竞争力。所以想要在全球价值链中占据一席之地，创新仍是重中之重。

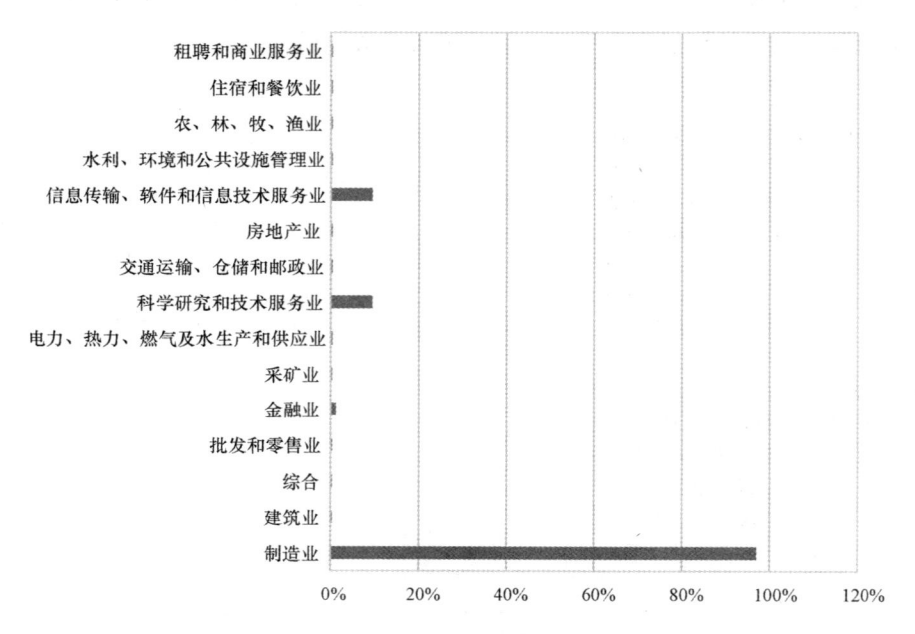

图4—21 广东省上市公司数量行业分布百分比

尽管广东省制造业上市公司坐拥省内97%的专利数量，传统产业面临的转型压力依然要求企业迎接挑战，积极创新，提高专利产出质量而不仅仅在于数量。比如加快专利和产业产品标准体系建设，打造国家质检中心、产业计量测试中心、技术标准创新基地等公共服务平台，促进技术、专利、标准的协同。

三 广东省上市公司专利产出地区分布

广东省的创新能力地域分布有着区域发展不平衡的特点，比如珠三角综合创新能力遥遥领先于其他地区，大多数上市公司多集中于此，更加倾向性地造成广东省上市公司的专利产出集中分布在珠三角地区。而粤东、粤北、粤西地区综合创新能力较弱、发展相对不平衡，但是有较大的发展潜力。我们从广东省上市公司专利产出地区分布的角度来具体阐述部分城市上市公司的技术创新能力（见图4—22、图4—23、图4—24、图4—25、图4—26、图4—27、图4—28、图4—29、图4—30）。

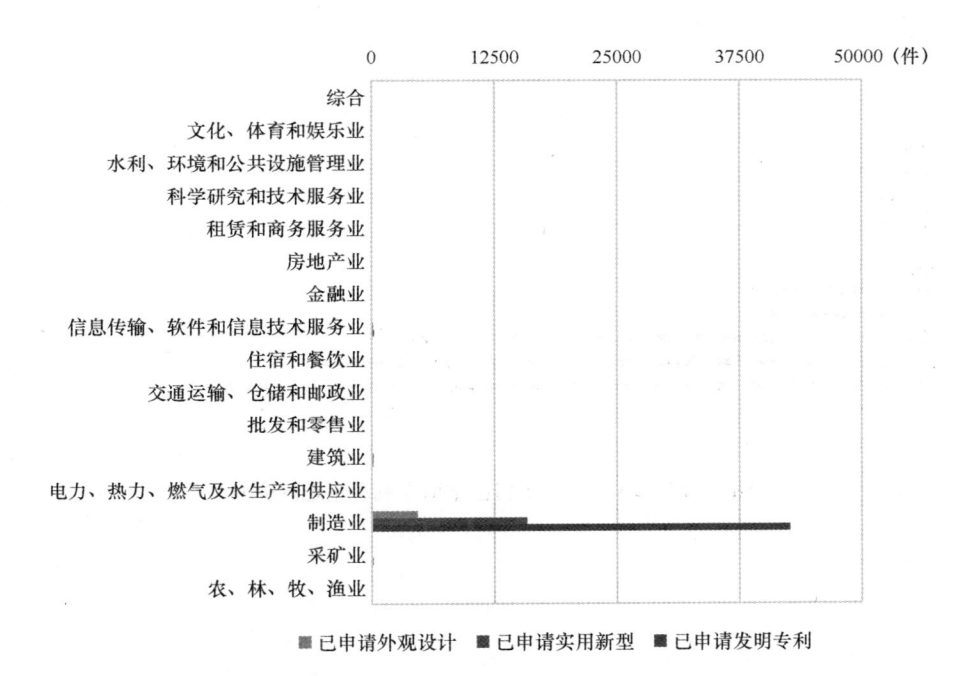

图4—22　2012—2017年广东省已申请三种专利数量行业分布

2017年，深圳市、珠海市、惠州市、广州市、汕头市为广东省上市公司已申请专利数量排名前五的城市，分别为5354件、4209件、3719件、998件、976件。这五座城市上市公司已申请专利数量占广东省的95.06%，出现了严重的向珠三角偏斜的状态。其中，深圳市上市公司以5354件的专利数量广东省第一，这也符合深圳创新城市的形象。同样地，在三类专利申请数量上，深圳市在发明专利与实用新型专利上保持绝对领先，占广东省总体申请量的44.63%与36.75%，为广东省创新发展的第一大增长极。另外，汕头市在上市公司已申请专利总量上排名第五，但是在已申请外观设计专利数量居于全省第一。

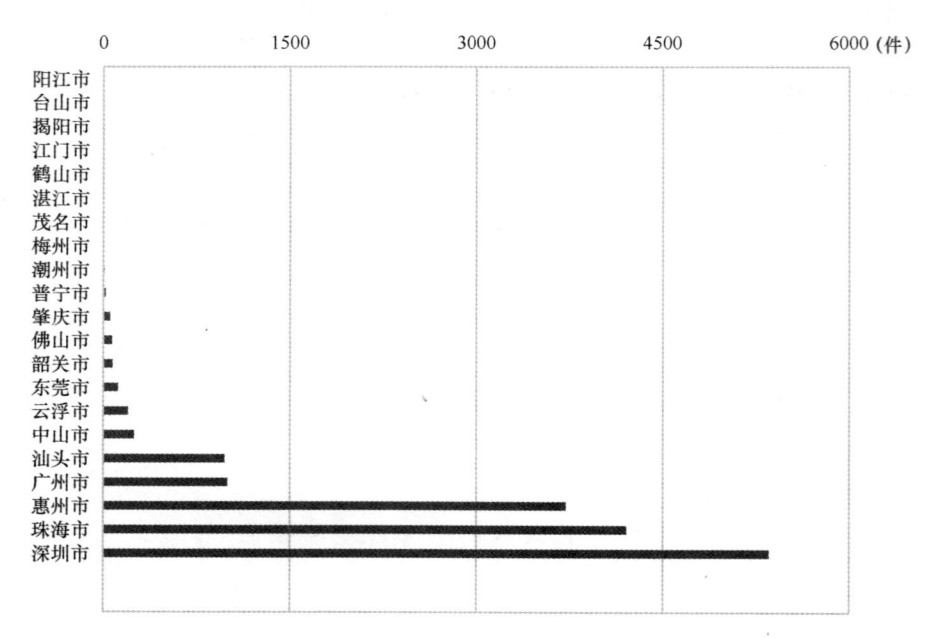

图4—23　2017年广东省已申请专利数量地区分布

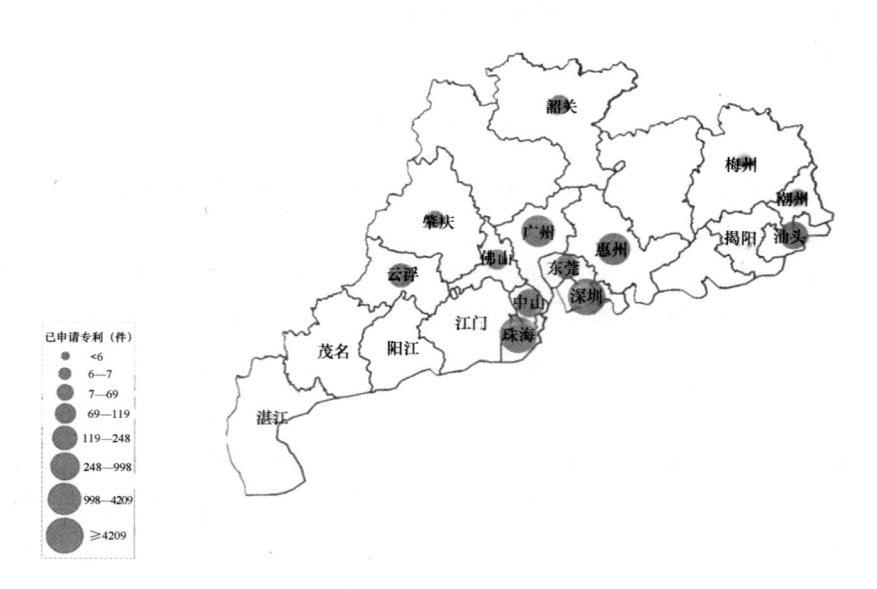

图4—24　2017年广东省已申请专利数量地区分布

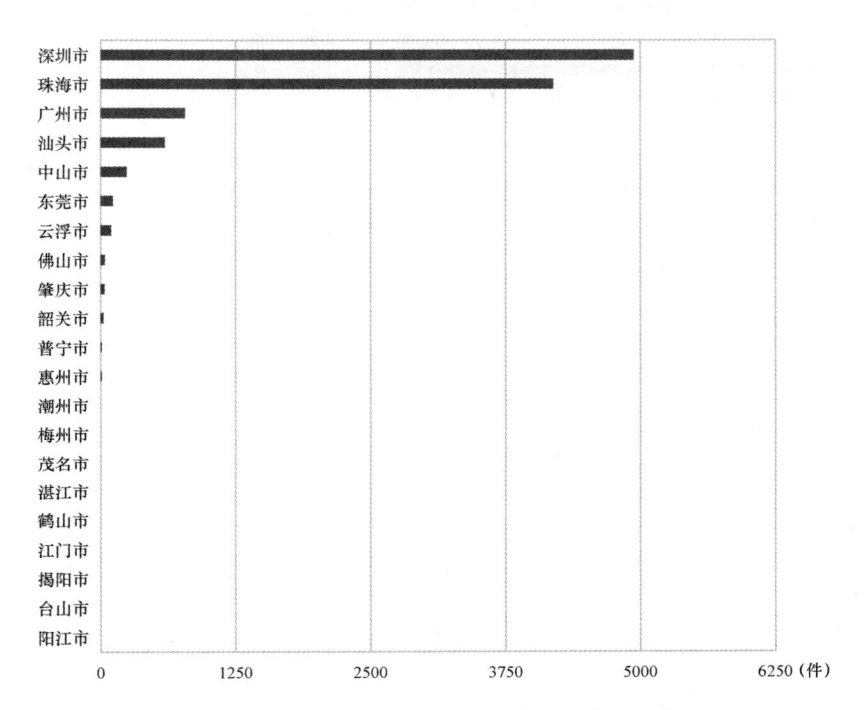

图4—25 2017年广东省已申请发明专利数量地区分布

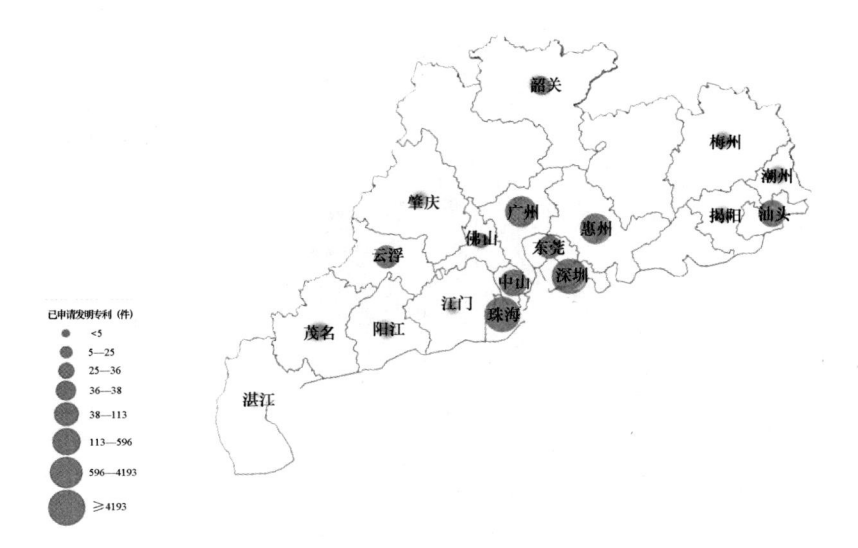

图4—26 2017年广东省已申请发明专利数量地区分布

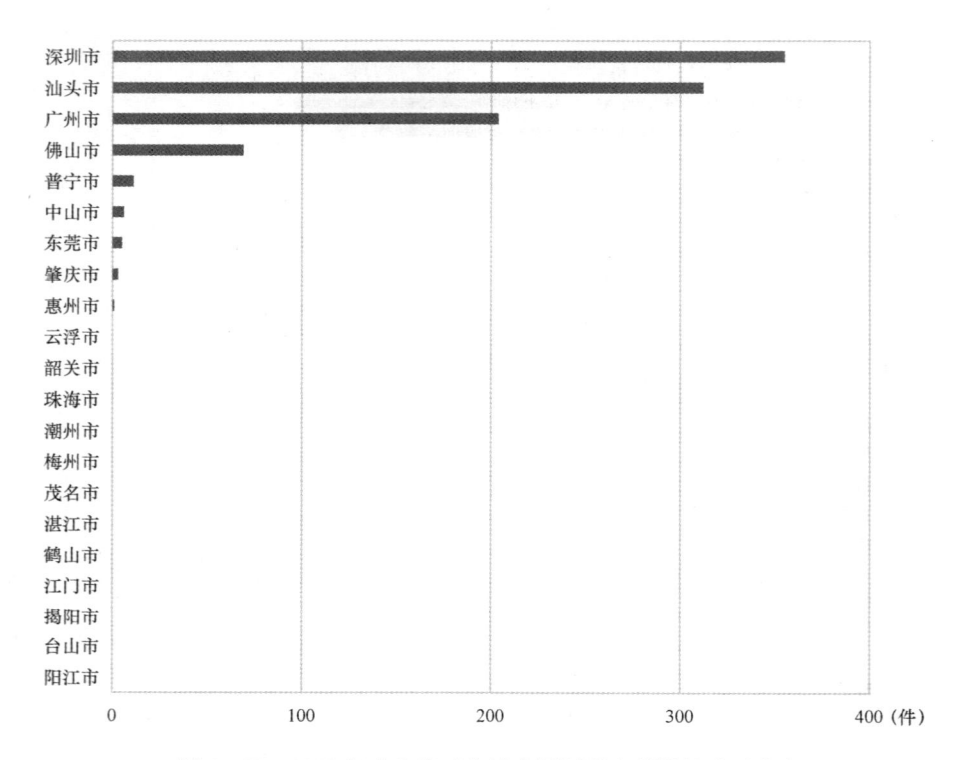

图 4—27　2017 年广东省已申请实用新型专利数量地区分布

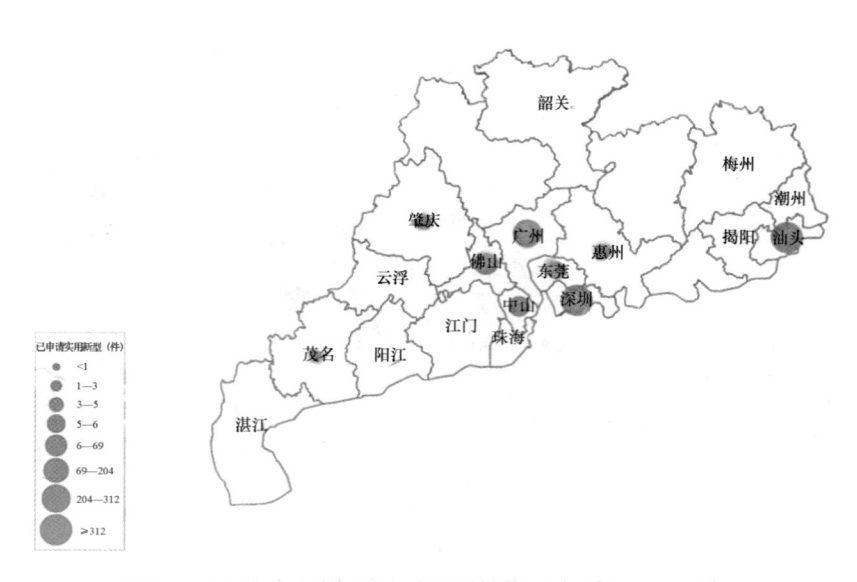

图 4—28　2017 年广东省已申请实用新型专利数量地区分布

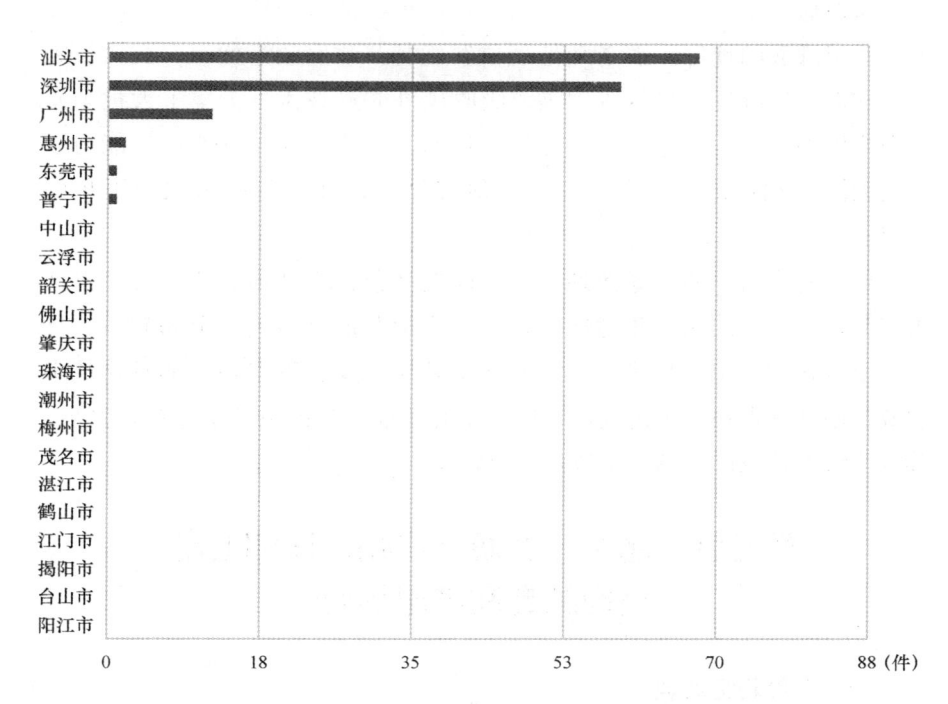

图 4—29 2017 年广东省已申请外观设计专利数量地区分布

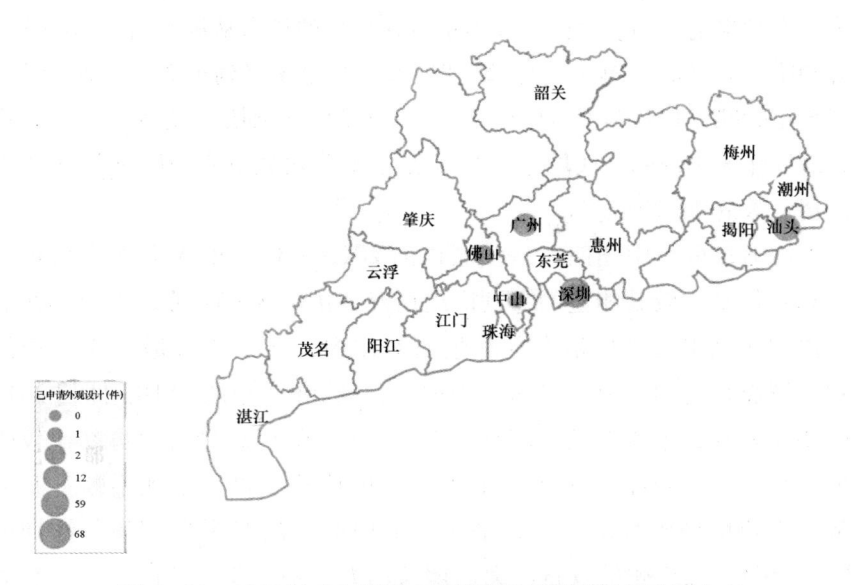

图 4—30 2017 年广东省已申请外观设计专利数量地区分布

从总体分布上来看，珠三角地区是广东省地区经济最发达，经济技术交流最开放的地区。由于其地理位置优越，政府政策优惠，交通设施便捷和对外经济发展良好等因素，吸收国外先进技术，汇集了大批全省乃至全国的人才、信息、资金等优势资源，具有很强的创新产出能力以及更大的专利产出量，而广东省其他市都面临着专利产出相对不足的情况。

形成鲜明对比的是粤西地区，粤西地区包括阳江市、茂名市和湛江市，与广东发达的珠三角地区相比，粤西地区的上市公司分布较少，且湛江重点在钢铁制造技术及轻工业技术领域，茂名重点在石油石化技术领域，阳江重点在手工艺技术领域，相对于珠三角的电子信息技术产业，其行业特点造成的专利产出数量相对较少。

第三节 北京、上海、广州、深圳上市公司的专利产出情况

一 年份趋势比较

近年来我国专利申请数量迅速，中国在 2011 年已经超过美国成为世界第一专利申请大国。中国专利申请量在世界的排名从第 6 名（1985 年）上升到第 3 名（2005 年）花了 20 年时间，从第 3 名到第 2 名（2010 年）花了 5 年时间，再到第 1 名仅仅花了 1 年时间。特别地，北京、上海、广州、深圳作为中国的一线城市，其 A 股上市公司数量占中国全部 A 股上市公司总数的 26.90%。

下面通过分析中国四大一线城市的 2012—2017 年 A 股上市公司申请专利数量来比较其相应的专利产出情况。由图 4—31 可以看出，在北上广深四大城市的已申请专利总量的对比中，北京的 A 股上市公司的专利申请总量远超上海、广州、深圳，并从 2012 年的 11186 件到 2017 年的 28468 件，平均增长幅度高达 25.75%。除了总量与增势都比较明显的北京外，广州深圳的 A 股上市公司申请总量也都呈现不断上升的趋势。广州增势相对来说较为平缓，平均增长幅度为 8.62%。深圳的 A 股上市公司较广州的具备较大的增长动力，是除北京外已申请专利数量增长最快的地区，平均增长幅度为 18.59%。上海 A 股上市公司相对

于其他三个城市相对来说增长趋势并不明显，2012 年其 A 股上市公司已申请专利数量为 2008 件，而 2017 年其专利申请数量也仅为 1989 件（见图 4—31）。

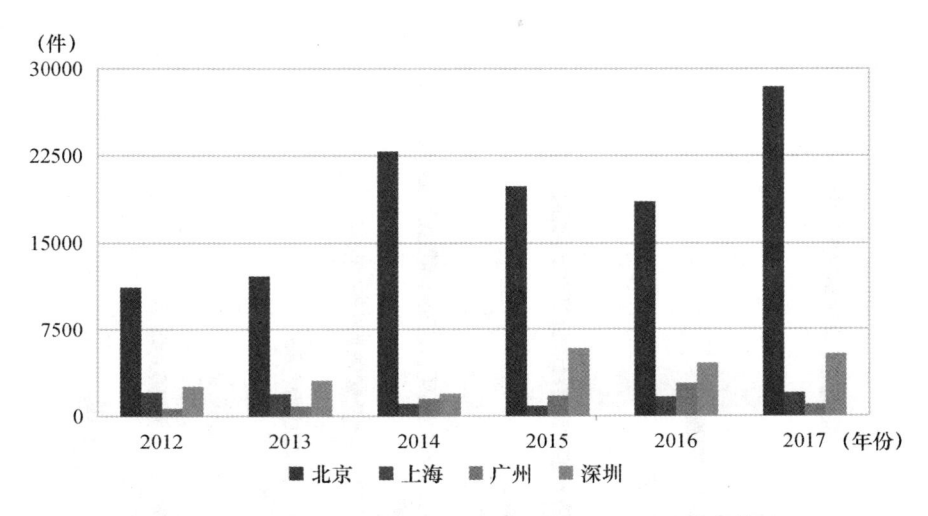

图 4—31 2012—2017 年北上广深上市公司已申请专利数量

对于四个城市 A 股上市公司最具有创新代表性的发明专利已申请数量，如图 4—32 所示，北京地区 A 股上市公司的已申请发明专利历来都排在首位，这与北京地区的创新意识普及程度、创新环境相对宽松是密不可分的。其在 2014 年之前以平均 118.59% 的速度急剧增长，不过在 2015 年与 2016 年已申请发明专利的数量稍有下跌。增长最明显的是深圳，在 2014 年之后，深圳 A 股上市公司的已申请专利数量实现了"大跃进"，由 2013 年的 428 件，跨越式上升到 2014 年的 2874 件。接下来两年又有稍许滑落，但总体上已进入创新的新阶段。对于广州和上海两个城市，增长趋势没有深圳和北京的明显。上海在近几年间专利申请数量上实现了稳定增长，在 2017 年，上海 A 股上市公司已申请发明专利数量平均为 613.1 件。

值得注意的是，北京和深圳地区 A 股上市公司在 2015 年以后出现了负增长情况，广州的专利申请数量比较平稳，这在一定程度上表明了广州的技术发展是在稳定中不断前进的，而北京和深圳的专利成长速度比较相似，这表明这两个地区的技术活动发展越来越趋于一致，一定程度上也为两个地区上市公司今后在技术发展和技术创新方面相互借鉴成功经验和探讨发展模式提供了理论依据。

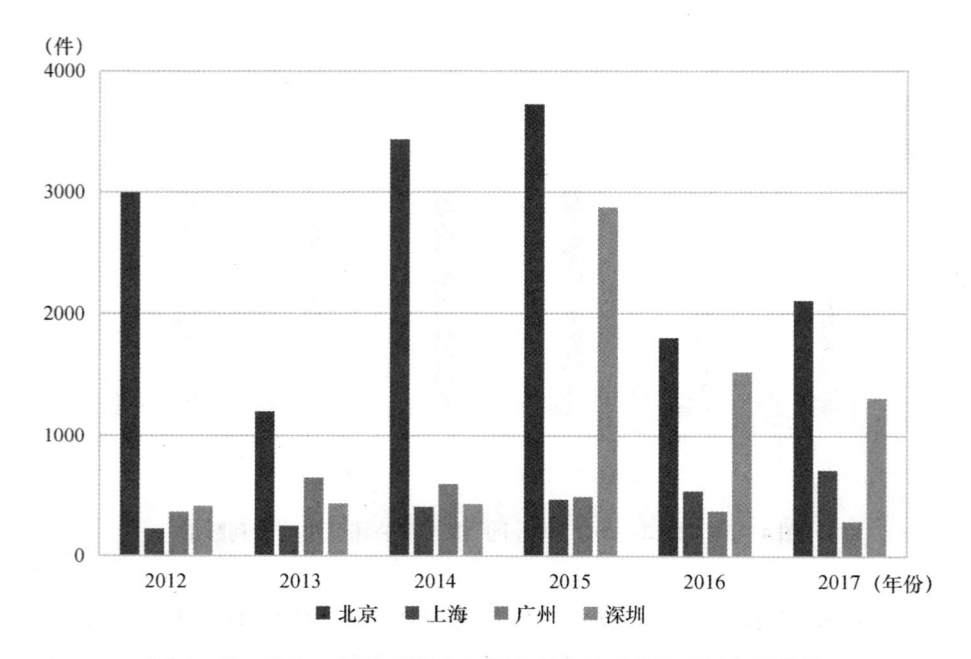

图4—32　2012—2017年北上广深上市公司已申请发明专利数量

二　行业分布比较

对于北上广深四大城市上市公司的专利申请数量分布，如图4—33所示，总体上来看，北京在四个城市中保持着遥遥领先的趋势，在已申请专利总量上，制造业、采矿业、建筑业、信息传输软件和信息技术服务业以69228件、41005件、23731件、8050件占据北京前四。同样地，制造业、建筑业、信息传输软件和信息技术服务业三个行业也是以绝对领先的趋势占据了北京上市公司已申请发明专利的前三名。另外，上海的制造业以19340件的已申请专利数量和5782件的已申请发明专利数量排名第二，与第一名北京的差距较大。但在已申请外观设计专利上，制造业以372件的数量排名第一。广州在四个城市的专利数量对比分析中略显乏力，而深圳也在制造业上有所收获，2017年深圳制造业已申请专利数量为4237件，结合深圳近年来创新城市的定位，其专利产出的增长还有很大的潜力（见图4—33、图4—34、图4—35、图4—36）。

总体上可以看出，这四大城市大多数优势产业多集中于制造业，比如据全国企业创新调查显示，北京市工业企业创新活力位居全国首位，各类创新活动广泛开展，高端制造业创新活力凸显，技术创新投入强度有所加大，新产品国内外市场开拓能力逐步增强。不过同时也面临着传统制造业有产品创新、工艺创新、组织创新和营销创新的企业比重明显低于制造业平均水平的情况，因此还需要北京市政府及企业在传统制造业企业转型上加大建设。

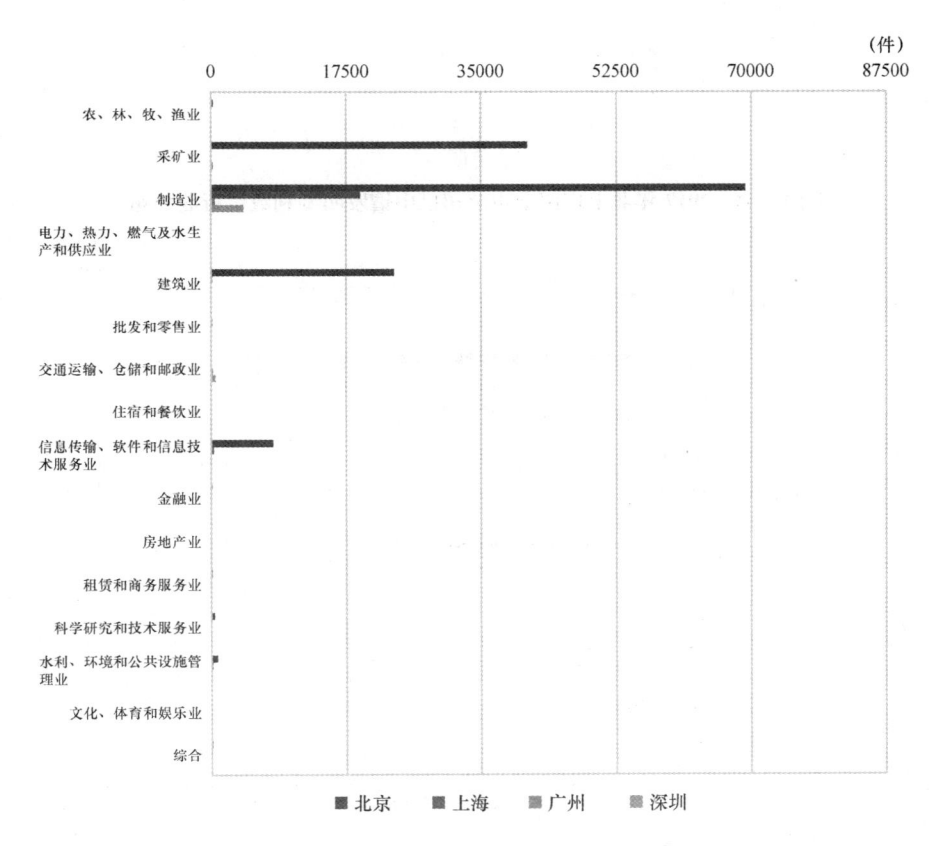

图4—33　2017年北上广深上市公司已申请专利数量行业分布

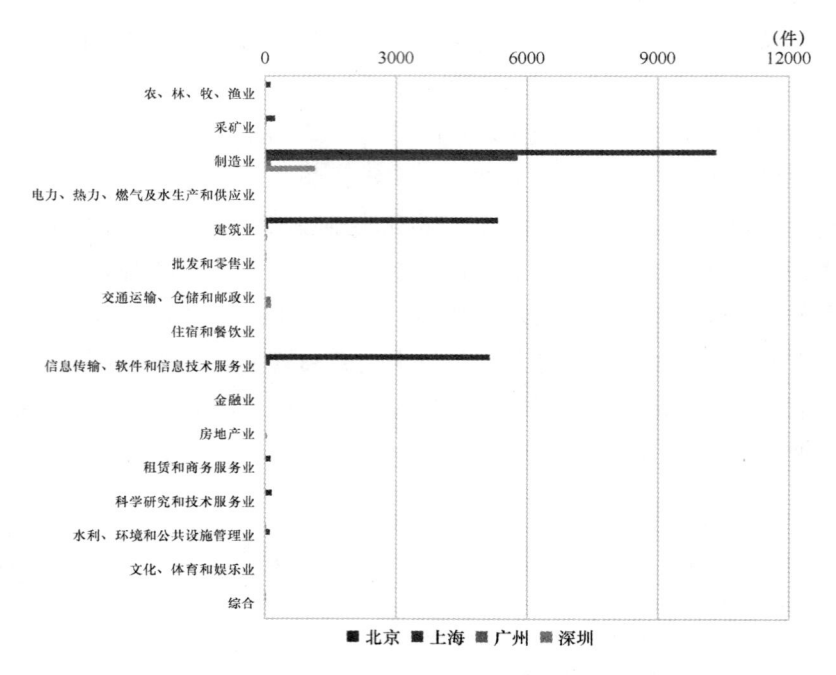

图 4—34　2017 年北上广深上市公司已申请发明专利数量行业分布

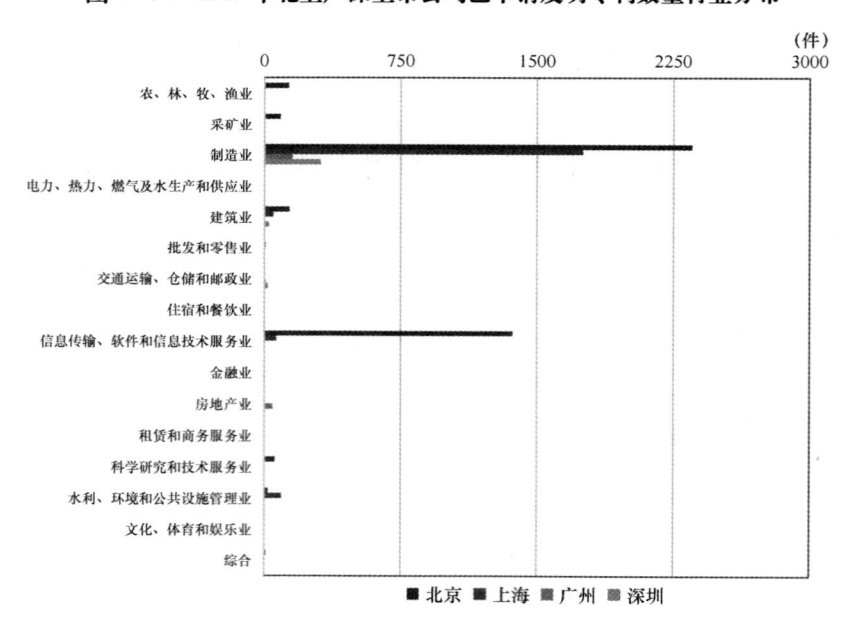

图 4—35　2017 年北上广深上市公司已申请实用新型专利数量行业分布

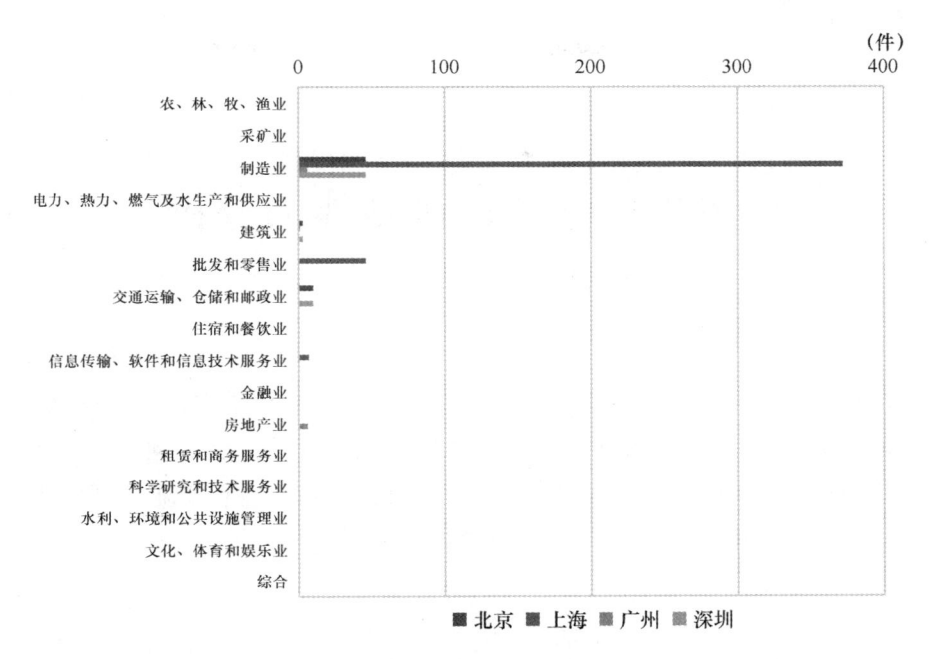

图 4—36　2017 年北上广深上市公司已申请外观设计专利数量行业分布

形成对比的是，深圳作为我国年轻的城市，在教育科研资源、工业历史积淀、金融贸易体量等创新基础条件方面并无优势地位，但却以高质量的专利产出、领先的制造业产业集群印证其国内"创新创业之都"的美誉。比如立志"聚焦主航道、打密集型战斗"的华为、追求"精益求精、只做业界第一"的大疆、深耕"三大绿色梦想"的比亚迪。这也与深圳制造业"需求导向的创新"特点是有着密不可分的关系的，其针对市场反馈的快速响应能力，形成了敏捷制造和垂直分工的制造优势，拥有着产业链的高端集成环节，而且零配件制造环节的厂商非常多，这种配套齐全的产业链集聚有效降低了创新成本，有利于规模化生产。

第四章

广东省典型城市创新能力分析

从地市一级来看，广东省专利申请量几乎全部集中于广州、深圳、佛山、珠海、东莞五个城市，占据了广东全省的95.06%的专利申请数量多集中在珠三角地区，本章则从具有代表性的城市的特色产业的创新能力入手，分析其创新能力来源以及发展趋势。

第一节 广州

改革开放以来，广州科技创新取得了巨大成就，国家创新中心城市地位日益凸显，对经济社会发展形成有力支撑。当前，广州正围绕国家创新中心城市的目标，通过实施国际人才战略、突出企业创新主体、完善优势转化机制、建设知识产权枢纽、完善创新驱动制度，积极探索推动科技创新的具体路径。未来，广州将深入贯彻落实习近平新时代中国特色社会主义思想和党的十九大精神，加快建设国际科技创新枢纽，为广州迈向引领型全球城市提供动力源泉，为全国实施创新驱动发展战略提供强大支撑。

广州科技创新大体上可划分为四个阶段。第一阶段是1978年到1990年，广州科技创新工作得以全面恢复；第二阶段是1991年到2004年，广州确立了"科技兴市"目标；第三阶段是2005年到2011年，广州正式提出建设创新型城市；第四阶段是2012年以来，在新发展理念指引下，广州围绕国家创新中心城市建设，国际科技创新枢纽建设大幕就此拉开。

以石化、交通运输设备制造业等为代表的广州传统工业，门类齐全，综合配套能力强，重化工业化和信息化特征明显，不仅在过去对广州国民经济的发展起着举足轻重的作用，而且目前仍构成广州工业经济发展的主力军。

不过就目前而言，广州制造业发展还存在着一些问题。制造业规模不断扩大，但增长后劲不足。近年来，随着全市工业转型升级，制造业规模不断扩大，全市营业收入超过千亿元和百亿元的制造类企业分别为1家和18家。全市工业投资持续低迷，行业龙头企业和新增制造业大项目较少，规模以上工业总产值增速有所回落，工业增长略显疲态。

制造业格局趋于高端化，但产业结构仍需优化。通过扶持培育先进制造业，全市制造业从以汽车、石化、电子信息为主的传统优势产业格局，进入汽车、石化、电子信息、重大装备、船舶、新材料、生物医药齐头并进、竞相发展的崭新阶段。

制造业集群规模化，但集聚功能仍需加强。目前，广州已发展成为华南地区工业门类最齐全的城市，拥有全国41个工业行业大类中的35个，形成了汽车、电子、石化、电力4个千亿元级产业集群，电气机械及器材制造、通用设备制造、船舶、冶金等27个百亿元级产业集群。但全市实力超强企业少。

生产要素集约扩大化，但节约水平仍需提高。制造业劳动力的低成本比较优势正逐渐下降，跨国公司在广州的投资规模和速度也正在下降，制约着制造业进一步吸引外资。同时，劳动力、土地、原材料等价格持续上涨，生产要素成本加大。创新能力与北京、深圳等地相比较仍有一定差距。

产业技术创新能力不强，主要表现在企业对引进技术的消化吸收能力不强，传统行业中具有自主知识产权的名牌产品不多，掌握关键核心技术的产业缺乏等方面，这使得广州传统产业呈现出明显的大而不强的状况。高级和专业技术人才缺乏，技术型人才培养滞后。高级技术人才的短缺是广东传统产业改造目前遇到的一个瓶颈性问题。长期以来社会对人才的定位偏差，对技术工人的教育、培训工作的忽视，致使广州技术工人尤其是高级技工严重短缺。

为了贯彻落实好制造强国战略，广州市从2016年以来，根据《中国制造2025》的总体要求、战略目标、重点任务，结合广州的资源要素禀赋、已有产业基础与发展的新变化，陆续出台了一系列关乎广州先进制造业未来发展的重大战略规划和计划，对广州先进制造业发展的产业布局、重点领域、战略目标、保障机制等逐步厘清和明确，这些规划计划主要是：2016年2月26日发布了《广州制造2025战略规划》；2017年1月14日发布了《广州市先进制造业发展及布局第十三个五年规划（2016—2020年）》；2017年4月进一步提出要着力实施"IAB"计划（新一代信息技术Information、人工智能ArtificiaI、生物医药Biology），之后又提出要着重发展NEM（新能源、新材料）产业。

2015年9月，国家制造强国建设战略咨询委员会发布了"中国制造2025重点领域技术路线图"，进一步指明了《中国制造2025》十大重点领域的发展趋势、发展重点。广州市的上述规划、计划提出的发展重点同"中国制造2025重点领域技术路线图"的十大重点领域基本一致，但在发展的优先顺序、重点产品、关键技术等方面存在一定差异。特别是在发展的优先顺序上，广州的思路也在不断调整和明确。广州2016年《广州制造2025战略规划》提出的十大重点领域与"中国制造2025重点领域技术路线图"基本相同，两相比较，只是前者用"都市消费工业"将后者的"农业装备"进行了替换调整，还有就是在发展的优先排序上存在较大不同。此外，与《广州制造2025战略规划》相比，《广州市先进制造业发展及布局第十三个五年规划（2016—2020年）》提出的十大重点领域，主要是将广州三大传统支柱产业——汽车、电子信息、石油化工融合进去，在发展优先顺序上重新进行了调整，在每个重点领域的具体细分上更加明确（见表4—8）。

表4—8　　　　广州先进制造业发展的重点领域

中国制造2025重点领域技术路线图（2015年9月）	广州制造2025战略规划（2016年2月）	广州市先进制造业发展及布局"十三五"规划（2017年1月）
一、新一代信息产业技术 集成电路及专用设备、信息通信设备、操作系统与工业软件、智能制造核心信息设备	一、智能装备及机器人 智能成套装备、机器人、智能模块等	一、汽车 节能汽车、新能源汽车、智能网联汽车

续表

中国制造 2025 重点领域技术路线图（2015 年 9 月）	广州制造 2025 战略规划（2016 年 2 月）	广州市先进制造业发展及布局"十三五"规划（2017 年 1 月）
二、高档数控机床和机器人 高档数控机床与基础制造装备、机器人	二、新一代信息技术 大数据、工业软件、集成电路及关键元器件、移动通信二、新一代信息技术等	二、电子信息 新型显示、集成电路、信息通信设备、操作系统与工业软件等
三、航空航天装备 飞机、航空发动机、航空机载设备与系统、航天装备	三、节能与新能源汽车 整车、关键汽车零部件、智能网联汽车	三、新材料与精细化工 石化产品及材料、精细及日用化学品、先进基础材料、关键材料等
四、海洋工程装备及高技术船舶 海洋工程装备及高技术船舶	四、新材料与精细化工 先进高分子材料、先进非金属材料、先进合金材料、精细化工	四、智能装备及机器人 机器人、智能装备
五、先进轨道交通装备	五、生物医药与健康医疗 生物技术与制药、高性能医疗器械、智能健康管理系统及设备	五、生物医药及健康医疗 生物医药、生物医用材料、高性能医疗器械
六、节能与新能源汽车 节能汽车、新能源汽车、智能网联汽车	六、能源及环保装备 电力及电网及装备、节能环保设备	六、能源及环保装备 发电、输变电装备、节能环保设备
七、电子装备 发电装备、输变电装备	七、轨道交通 先进轨道交通整车、关键设备及系统等	七、高端船舶与海洋工程装备 高端船舶、海洋工程装备
八、农业装备	八、高端船舶与海洋工程装备 高附加值船舶、海工装备等	八、轨道交通装备 轨道交通车辆、关键配套设备和系统
九、新材料 先进基础材料、关键战略材料、前沿新材料	九、航空与卫星应用 航空装备及维修、无人机等	九、航空与卫星应用 航空装备、卫星应用

续表

中国制造 2025 重点领域技术路线图（2015 年 9 月）	广州制造 2025 战略规划（2016 年 2 月）	广州市先进制造业发展及布局"十三五"规划（2017 年 1 月）
十、生物医药及高性能医疗器械 生物医药、高性能医疗器械	十、都市消费工业 智能家居、绿色食品、时尚服饰	十、都市消费工业 智能家居、绿色食品、时尚服饰、灯光音响、文体用品

2017 年以来，广州着眼于进一步提升城市吸引力、创造力、竞争力，大力实施"IAB"计划，即发展新一代信息技术（information）、人工智能（artificial）、生物科技（biology）等战略性新兴产业，打造若干个千亿元级产业集群，随后又提出要着力发展 NEM（新能源、新材料）产业，把广州先进制造业发展聚焦于新一代信息技术（I）、人工智能（A）、生物医药（B）、新能源（NE）、新材料（NM）五大重点领域。

创新是引领发展的第一动力，经济发展迈向高质量阶段离不开创新的引领作用。具体来讲，经济质量变革、效率变革、动力变革依赖于全要素生产率的提升。从经济学理论看，全要素生产率提升包含的内容很多，最主要的方面是技术进步。黄埔区、广州开发区是广州国际科技创新枢纽核心区，2017 年以来，认真贯彻落实广州市"IAB"计划，着力发展 NEM 产业，主动对标相关产业技术的世界领先水平，下大力气吸引集聚相关创新要素，如新一代信息技术（I）方面引进粤芯 12 英寸芯片制造项目；人工智能（A）方面，建设装备智能制造总部基地；生物医药方面（B）陆续引进百济神州、绿叶、赛默飞、冷泉港等国际领先企业和创新团队；新能源新材料方面（NWM）推动中德氢能源合作项目、中英能源与气候变化创新和融资平台等。此外，据统计，截至 2018 年 3 月，黄埔区、开发区集聚诺贝尔奖获得者 1 人，两院院士 33 人；国家"千人计划"专家 83 人，国家"万人计划"专家 7 人，区创新创业领军人才 98 人，全区各类高层次人才总量达 287 人，高层次人才总量位居全市各区第一、全省前列。

第二节 深圳

自 2008 年国际金融危机以来，深圳率先在全国相继制定了新一代信息技术、互联网、新材料、生物、新能源、节能环保、文化创意产业七大战略性新兴产业振兴发展规划和专项扶持政策，深圳战略性新兴产业获得了快速发展，产业规模全国居首。战略性新兴产业已成为深圳在新常态下实现有质量、可持续发展的动力源和增长点。

深圳信息技术产业不仅基础雄厚，而且聚集了大批优秀的企业，是全球重要的信息技术产业基地。深圳在信息技术领域形成了从集成电路设计、制造、封装到大软件的完整产业链。但是新一代信息技术产业发展的总体水平与深圳新时期使命要求仍有较大差距，制造业偏重、不均衡发展的惯性较大，创新提升任重道远。未来几十年，新一代信息技术是最具创新性、带动性、渗透性、深远性的一项技术领域。信息技术集成创新将更加活跃，软件技术日益网络化、智能化，计算处理能力将成指数增长，网络技术继续沿着宽带、无线和智能方向发展。未来深圳新一代信息技术的主攻方向是多媒体技术、语言、文字识别等领域，重点使信息技术往研发和服务方向发展。

深圳互联网产业起步早、基础好、发展快，在移动互联网、网络游戏、物联网、云计算、电子商务、网络视频、数字音乐等领域，均走在全国前列，优势领域内企业发展加速。作为现代服务业发展的重要支撑，互联网产业已形成以电子商务为龙头带动第三方支付以及移动互联网等新兴互联网服务领域快速发展的态势，深圳互联网新经济日臻成熟。虽然，深圳在政府政策扶持、产业环境构建、产业支撑体系方面全国领先，但在如何利用互联网对传统产业进行重构、如何发展互联网新兴业态方面还有很多问题亟待解决。深圳应进一步加强信息基础设施建设，促进互联网模式创新和技术创新，以电子商务、移动互联网和互联网内容三大领域为重点，完善互联网产业公共服务体系、信用服务体系和投融资体系，大力支持腾讯、A8、迅雷等企业发展，以新应用带动新增长，加快打造互联网产业新优势。

自 2005 年深圳被国家发改委认定为第一批国家生物产业基地以来，

深圳生物医药产业发展迅猛，逐步向规模化、市场化和国际化发展。产业环境不断完善，产业特色日益突出，产业集聚效应快速提升，正在从战略产业向支柱产业迅速发展。目前，深圳在基因工程药物、生物技术服务、健康治疗等专业领域具有较强的技术基础和优势，并逐步形成了疫苗、基因药物、血液制品、多肽药物等特色细分行业。然而，深圳基础生物医学研究与临床医学研究落后，不仅缺乏强有力的基础医学研究，而且缺乏足够的临床基地。深圳生物医药产业新药生产能力虽然在国内处于前列，拥有一定的研发能力，但新药的早期研发资源不足，企业更多的是从事制剂研究、质量优化等后期的研发工作。除迈瑞、信立泰等少数龙头企业每年有10%销售收入的投入外，深圳大多数生物医药企业研发投入不大。研发投入的不足限制了医药企业的新药开发和技术创新能力，导致大多医药企业产品只能进行低水平、低利润的竞争。深圳未来要围绕生物医药产业发展的重点，发挥深圳在基因组学、生物治疗等领域的基础科研领先优势，充分依托国家基因库、干细胞库等重要平台，聚合全球创新资源，加快生命信息资源向优势产业的转化，提升生物医药产业源头创新能力，打造具有国际竞争力的生物医药产业体系。

新材料是带动传统产业升级的重要力量，历史上每一次重大科技发现和新产品的研制成功都离不开新材料的发现和应用。新材料技术的研发水平及其产业化发展规模，将直接决定深圳市高新技术产业未来发展与升级转型。深圳的新材料产业尽管在行业相关的专业人才、自然资源等方面不具有优势，但在电子信息材料、结构功能一体化材料、新型功能材料、高性能功能陶瓷、高性能膜材料和功能高分子材料、特种玻璃等领域具有比较优势。其中，新型功能材料是21世纪信息、生物、能源、环保、空间等高技术领域的关键材料，也是深圳新材料领域研究发展的重点。深圳光启高等理工研究院、南玻集团、格林美、长园集团、嘉达集团、通产丽星等科研机构和企业已经成为深圳新材料领域申请专利大户。目前，深圳新材料产业最大的问题是缺少核心竞争力。培育深圳新材料产业创新能力既要加大对专利引进和研发环节的政策资金支持，也要加大消化吸收相关专利的能力和力度，在他人专利的基础上不断研发创新专利。

新能源产业规模及新能源装机应用规模居全国大中城市前列。太阳能薄膜电池生产规模全国领先，并诞生了全国第一个大型商用核电站、第一台插入式双模电动车、第一个现代化垃圾焚烧发电厂、第一个兆瓦级太阳能并网发电站、第一台兆瓦级半直驱风力发电专用开关磁阻发电机、第一幢太阳能光伏发电玻璃幕墙。在太阳能领域，新型平板式太阳能集热器技术全国领先，掌握了薄膜太阳能电池、单晶硅、多晶硅关键技术。在核能领域，通过引进消化吸收再创新建成国内首个核级设备国产化技术研发平台。在生物质能领域，垃圾焚烧发电设备国产化技术全国领先。在风能领域，拥有多项风电控制技术和新型风电设备研发制造发明专利。然而，在发展新能源产业的同时，深圳也面临很大的不确定性，技术路线多样、市场需求多变、基础设施和服务体系不完善等都制约产业发展。大多数企业技术研发能力不足，位于产业链高端的企业少，组装加工企业占多数，难以形成带动和聚集效应。另外，新能源行业标准不完善，一些小企业以自己制定的企业标准为生产依据，造成市场产品技术和规格不统一。一些企业直接采用或者借鉴国外现有的技术标准，每年都要向国外缴纳大笔的费用。深圳要加大政府扶持力度，支持企业、行业协会参与制定行业标准和技术规范，引领行业发展。

产业创新能力是维持战略性新兴产业国际技术优势和竞争优势的源泉。从产业发展的角度看，政府政策可以通过支持部门创新系统、特定的金融中介机构以及研发基础设施的创建和发展等提升战略性新兴产业创新能力。国内外研究表明，不同产业部门技术变革的来源、轨迹及其突破范式都存在显著的差异。有的以产品创新为主，有的主要进行工艺创新；有的侧重于技术推动型创新，有的则依赖于市场拉动型创新。尽管不同行业的技术创新存在差异，但也有共性。任何一个产业创新系统都离不开创新主体、知识技术以及政策制度的培育和建设。

第三节 佛山

佛山地处广东省中部，珠三角腹地，毗邻港澳，南邻中山，是全国先进制造业基地、广东重要的制造业中心。在广东省经济发展过程中，无论是经济总量还是经济增速均处于领先地位。

2017 年全市生产总值 9549.60 亿元，比上年增长 8.5%，全国第 15

位，广东省第 3 位。其中第一产业 145.92 亿元，增长 1.9%；第二产业 5570.18 亿元，增长 8.2%；第三产业 3833.49 亿元，增长 9.1%。三产中，第二产业仍处于支柱地位，占比超过第一、第三产业总值之和，且第二产业的增速也是处于较高的水平，这与佛山市是传统制造业大市的历史背景相符。

近年来，佛山的装备制造行业已经逐渐取代金属、陶瓷和家电等传统产业，跃居佛山第一大支柱产业，与金属、家电一同构成佛山的三大支柱产业（见表4—9）。

表4—9　　　　佛山市产业分布现状及未来发展方向规划

地区	当下产业分布	未来发展定位	未来产业发展方向
顺德	家电、汽车零部件、化工	制造业中心	家电、装备制造业、机器人产业
禅城	电子与信息、光机电一体化、新材料	信息高地	信息产业
南海	有色金属加工、家用电器、汽车零部件、环保设备	创新型产业高地	智能制造、新能源汽车产业、数字经济产业和电子信息产业
高明	纺织、金属材料加工、食品	文创高地	旅游业、现代物流业、商务服务业
三水	医疗器械、汽车零部件、机械	智慧城市	大数据相关信息产业

装备制造行业——珠江西岸制造业的"半壁江山"。2014 年实现规模以上工业总产值 5168.26 亿元，约占珠江西岸总产值的一半。2016 年达到 6628.8 亿元，比 2014 年高出 1400 亿元。2016 年规模以上工业增加值为 1471.3 亿元，占珠西岸"八市一区"增加值的一半，2017 年装备制造完成工业增加值 1654.51 亿元，同比增长 13.5%，2018 年上半年机械装备行业增长 9.6%，高于全市工业整体增速，比第一季度提升 8%。

当然，整体上来说佛山的制造业仍还处于产业链的中低端环节，产品的附加值不高，但佛山的制造业在积极扩张的同时，也正在积极地进行转型升级。随着投资规模的不断扩大（2017 年上半年投资 272.3 亿元，同比增长22.3%），以及政府大力扶持（2018年4月，最高900万元扶持），佛山的制造业正在向更高附加值，更大的市场竞争力方向发展。

佛山的传统支柱产业包括陶瓷和纺织服装产业。佛山陶瓷在中国陶瓷行业中举足轻重。2016年，佛山陶瓷年产值超过1000亿元，产量占全国30%以上，出口占全国70%以上。近年来，环保加速陶瓷产业中小产能的出清，市场集中度大大提升。

2017年受益于北方产区环保压力的影响，佛山陶瓷总体增长超过20%。长远来看，佛山陶瓷面临着资源问题、环境问题、反倾销以及房地产行业不景气的瓶颈，产业地位已经远不如之前，有着转型和搬迁的趋势。

纺织服装产业是佛山市传统支柱产业之一，2011年发展达到顶峰，2012年以来由于激烈的市场竞争、环保压力、成本上升等因素，持续三年波动，2014年占全市工业总产值的6%；出口方面，稳中有升，2014年占全市出口的8.1%。2015年以来，一部分规模较小的服装企业面临土地、人力等的压力开始产业转移，但是一些较大的企业开始通过跨境电商发力，整个行业出口大大增加。2015年同比增长15%，2016年同比增长18.95%。

总体来说，佛山市产业存在的主要问题仍然是缺乏自主创新能力，即使是发展迅猛的装备制造业，也面临着低端产业比重较大，制造业大而不强的局面。

2018年，佛山市宣布不遗余力地通过财政政策（补助、投资、奖励）、税收支持（优惠、减免）以及政府采购（优先采购、强制采购、重点支持）等方面大力发展新能源汽车、生物医药、电子信息和数字经济四大新兴产业，为佛山未来经济的持续发展注入新动能。

新能源汽车——目前，佛山在新能源汽车产业上，已在混合动力、纯电动、氢能汽车等多个方向具备一定的产业基础，结合自身坚实的汽车制造业基础，2018年佛山已把新能源汽车产业作为重点扶持的新兴产业。

生物医药产业——目前100亿元左右产值，近年来不断通过内提外引快速发展。

电子信息产业和数字经济产业——与华为、阿里等科技巨头合作，共推智慧城市和工业互联网建设。

第四节　珠海

作为中国最早实行对外开放政策的四个经济特区之一，珠海，是习近平总书记2012年考察广东时到达的第二个城市。在广东省的"十三五"规划中，珠海被定位为"珠江西岸核心城市"，地理位置非常重要。

目前，珠海已经初步形成以海洋工程、航空航天、新能源汽车为重点的产业集群和以ABB、格力智造为代表的智能制造产业集群，高栏港区海洋工程装备基地成为国家新型工业化产业示范基地。

珠海已形成"海陆空"+智能制造的先进装备制造业发展格局。"海"的方面，依托以高栏港亿吨大港为支撑，通江达海，海铁联运的综合交通运输体系，集聚了中海福陆、三一海洋重工、瓦锡兰船舶动力等一大批企业，形成总装、配套、加工、服务协作完整的船舶与海洋工程装备制造产业链。"陆"的方面，集聚了银隆新能源、中兴智能汽车等企业，已经形成了从整车到电池、电机、电控等关键零部件和充电设备生产的产业链。"空"的方面，以中航工业通飞为龙头，聚集了德国摩天宇发动机维修，亚洲最大的南航翔翼飞行训练中心。智能制造方面，以ABB和格力智能装备为龙头，云州智能、运泰利自动化等一大批本地培育的智能制造企业茁壮成长。

但珠海市先进装备制造业存在一些问题，比如产业集群效应不突出。一方面，相对于深水海洋装备、新能源汽车与通用航空装备而言，珠海市在系统集成应用、核心零部件研发与新产品开发设计等先进装备制造业产业发展的核心环节仍有一定缺失，尚未形成一个健全、高水平的产业链；另一方面，多数产品处于产业分工价值链的中低端，本土化配套能力不足，不少企业只能选择从中国北方地区或国外引进核心装备的配套。如瓦锡兰船舶动力发动机的配套产品80%是来自广东省外。由于完整的产业生态系统尚未完全形成，园区相关基础设施、服务配套不完善，人才、创新资源等要素难以集聚，从而不利于产业资源的集中与优化配置。

第五节　东莞

　　东莞是"中国制造"的重要基地之一，自改革开放以来为中国的经济增长做出了重大贡献。其数量众多的中小加工企业解决了内地大量多余农村劳动力，以外贸为导向的出口加工业为国家创收了数以亿计的外汇盈余，大量的外商直接投资企业为国家引进先进生产技术管理经验等多项特色，曾经一度被冠以一个响亮的名字："东莞模式"。东莞经济的起飞始于20世纪70年代。东莞抓住亚洲"四小龙"进行产业转移和升级这一机遇，利用一系列适于加工工业的特点，如地盘大、劳动力廉价等吸引了大量的加工工业涌进。从那以后，东莞经济以平均每年22%的速度增长。全球知名企业如美国的杜邦、荷兰的飞利浦、芬兰的诺基亚、韩国的三星、日本的东芝等纷纷落户东莞。

　　总体来看，东莞的制造业拥有加工各种类型、各种层次产品的强大生产能力，形成了以电子及通信设备制造业、电气机械及器材制造业、服装及其他纤维制品制造业、纺织业、造纸及纸制品业、食品饮料加工制造业、电力蒸汽热水生产和供应业为支柱的现代化工业体系，加工产品种类达到数万种，拥有同行业上下游产品之间、不同行业之间完善的产业体系。

　　然而自从2008年国际金融危机以来，加上近几年随着"民工荒"、国外对中国工业品频频的反倾销致使出口受阻、工资租金成本上涨、技术外向依赖日益严重等问题的制约越来越大，东莞以廉价劳动力作为发展支柱的"三来一补"加工型制造业出现了很多新的问题，严重地影响着东莞经济的可持续发展。经济低迷、压力叠加致使东莞制造业转型，机器换人、技术嫁接、工业互联网、制度创新等再次激发了制造企业的创新热情。

　　《东莞市战略性新兴产业发展"十三五"规划》中提到东莞力争到2020年实现全市战略性新兴产业规模突破5000亿元。其中将构建"一核一环、组团发展"的机器人产业空间布局，全力将松山湖高新区打造成为东莞工业机器人智能装备产业的核心区。

　　目前，制造业产业进入"机器换人"的转型升级阶段。上述规划明确了东莞要加快发展高端装备制造业，着力攻克机器人制造核心技术，打造完整的工业机器人制造产业链，加强机器人产业基地建设。

其中，优先发展3C制造、焊接、搬运、加工等先进适用的搬运机器人（AGV）、清洁装配机器人、打磨机器人、抛光机器人等工业机器人。依托顺道智能制造协同创新研究院，重点推进巡逻机器人、家用警卫机器人、前台机器人、陪伴教育机器人、医疗机器人、变形机器人等智能成果的落地和产业化。注重发展无人机、无人艇、空间机器人等特种机器人。积极布局发展柔性机器人、微纳机器人等下一代机器人，抢占未来机器人产业制高点，避免高端产业低端化。

第 五 章

广东上市公司创新驱动力：基于区域的比较

第一节 广东省上市公司创新驱动力分析

广东地处我国华南经济圈的核心区，是我国参与经济全球化的主体区域和对外开放的重要窗口。改革开放后，广东利用历史时期形成的对外窗口及毗邻港澳的区位优势，一直充当着中国改革开放的实验区和排头兵的角色。作为全国经济首位度最高的地区，广东的产业结构变迁及工业化进程无疑是中国经济发展的一个缩影。改革开放40年来，广东从一个落后的农业省份转变为中国第一经济大省和全球制造基地。广东依靠家电、家具、五金、纺织服装、食品饮料、陶瓷、建材等传统行业的快速发展和规模壮大，实现了GDP年均13.6%的高增长率，奠定了全国第一经济大省的地位。

第一，广东省的创新驱动力来源于产业转型升级。广东改革开放40年来的产业转型升级是在多种因素的综合作用下实现的，通过比较优势的动态化调整，使要素资源从低附加值领域向资本、技术密集型的高附加值领域转移，实现持续的产业升级。2012年至今，广东省推动实体经济与互联网、数字经济融合发展，新经济、新业态成为引领经济增长的重要力量，广东经济正在转向高质量发展阶段。

第二，广东40年来的持续性产业升级，其驱动力主要来自于持续不断的动力转换以及比较优势的动态化调整，而这种动力转换是与供给和需求结构变动相适应的。2012年以来全面创新驱动，广东的产业发展从依托低端劳动力、土地等低成本要素红利转向依托人才、技术等高级要素红利和创新红利,逐渐摆脱"比较优势陷阱",开始迈向创新型增长之路,创新和技术进步成为动态比较优势形成的核心和关键。同时,广东的产业结构演变特别是主导产业的更迭,又是与国际产业转移及消费市场需求热点转换密切相关的。2012年以后的新一代信息技术产业、高端装备制造、文化创意、互联网+服务等高技术制造业和新兴服务业态,消费升级趋势日趋明显。

第三,实体经济特别是制造业领域一直是广东产业转型升级的主战场。从改革开放初期以加工贸易为主的劳动密集型产业逐渐向资本密集型和技术密集型产业转变,电子信息、家电等产业沿着价值链 OEM→ODM→OBM 不断攀升。在信息技术等新兴技术推动下,产业融合成为重塑产业结构、跨界创新的重要手段,传统产业与高新技术的融合,特别是互联网+制造、人工智能+制造、制造+服务等融合模式,推动了全链条产业升级及跨产业升级。

第四,政府在广东产业转型升级和创新驱动发展的进程中适度有为,营造了有利于产业发展的创新生态环境,为动态比较优势的建立创造条件。作为市场化程度较高的地区,广东省政府顺应市场发展规律及产业演变升级规律,做好产业发展顶层设计,适时释放政策红利,通过精准的产业政策引导产业升级方向,提升资源配置效率,激发产业创新活力,并帮助企业降低交易成本和创新成本,为产业持续升级提供了制度保障。

第五,广东作为全国开放度最高的省份,充分利用国际国内两个市场、两种资源,由被动的外向带动模式向"内外兼修"主动参与全球资源配置的模式转变,促进产业发展外循环与内循环的互动融合,从而实现持续创新。

目前,广东经济体量庞大,先后超越亚洲四小龙的新加坡、中国香港、中国台湾,逼近韩国,但发展后劲存在隐忧,自主创新能力弱、核心技术和关键零部件依赖进口等一些深层次问题与结构性矛盾开始凸显。我们必须清醒看到,广东的产业发展与结构调整发展还面临不少困难和挑战,经济体系的突出短板是产业体系,产业发展质量和创新能力仍显不足,新旧动能转换在加快但接续不力的矛盾较为突出,特别是新兴产业整体创新水平不高,发展层次有待提升。

第二节 广东省典型城市上市公司创新驱动力的比较分析

一 从"五华"现象看深圳的转型升级与创新发展

"五华"是指深圳华为、华大基因、华强集团、华侨城、华南城五家以"华"字开头的企业的合称,它们都是深圳经济发展的标杆企业,为深圳转型升级和创新发展起到了至关重要的作用,促进了深圳整体经济结构的优化。"五华"之所以能够屹立于行业之首,最重要的是坚持创新,以创新引领企业持续发展壮大。这些企业的成长与深圳的发展相辅相成,它们之所以能够做大做强,成为标杆企业,一方面是由于自身的努力,抓住了行业发展的趋势和方向;另一方面也离不开深圳为它们提供了适宜创新成长的环境。深圳市从改革开放之初的一个渔港起步,成长为广东全省乃至全国的创新驱动发展排头兵,有许多经验值得其他地市学习和借鉴。

(一)坚持市场化导向,让优秀企业在公平竞争中脱颖而出

"五华"从中小企业发展壮大成为行业领军企业,不是靠政府扶持和倾斜性政策,而是经历了充分的市场磨炼才脱颖而出,具备了强大的生命力。它们的成功是市场公平竞争的结果、企业奋斗的结果,也是深圳多年坚持市场化导向发展经济的结果。

(二)重视发挥龙头企业对转型升级的引领和支撑作用

改革开放以来,深圳坚持遵循市场经济和产业发展规律,从引进"三来一补"加工制造业,到发展以电子信息产业为龙头的高新技术产业,再到打造高新技术产业、金融业、物流产业和文化四大支柱产业,推动深圳产业发展和转型升级始终领先全国。

(三)以企业为创新主体,激发民间创新创业活力

区别于北京、上海、江苏等省市以政府主导的创新,深圳90%的创新都来自于企业,近年来,以"五华"为代表的一批具有国际竞争力的创新型企业迅速崛起,柴火创客空间、3W创新咖啡屋、牛津创新谷等草根创新孵化器也如雨后春笋般大量涌现,营造了大众创业、万众创新的生动局面。国际级创新企业和小微、草根创新企业之间构建了相互作用

的、独特的创新生态体系，形成了深圳浓厚的市场创新和科技创新氛围。在以企业为主的创新环境下，深圳市政府与市场保持步调一致、协同发展，充当"催化剂"和"加油站"，因势利导，甚至很多布局和思维都超前市场，比如机器人产业、"互联网+"等新兴产业刚刚有了发展苗头，深圳市政府就出台了相关的扶持政策。

（四）充分利用国内外优秀资源要素，为企业发展提供不竭动力

"五华"的成长，离不开开放的学习态度，在发展过程中充分学习港澳地区、发达国家的优秀经验，保持自身竞争力处于行业领先水平。广东的市场化程度高，对外开放力度大，经过多年的积累，已经拥有了较为丰富的资源要素。应当以更为开阔的胸怀，虚心学习其他国家、地区的成功经验，在学习借鉴过程中注重消化吸收和提高自主创新能力。

二 大力发展生产性服务业，助推"佛山制造"实现"佛山创造"

作为以工业为主导，"佛山制造"享誉海内外的制造业大市，近年来，佛山市委、市政府全力加快生产性服务业的发展，推动传统制造业服务化、智能化。佛山通过大力发展生产性服务业，提高了制造企业的创新能力，促进了两化深度融合，催生了新业态新商业模式，为新兴产业发展提供了智力支撑，有效助推了"佛山制造"实现"佛山创造"，为全省发展生产性服务业，形成与先进制造业双轮驱动提供了典范。

（一）大力发展研发设计服务，提高"佛山制造"创新能力

佛山通过积极开展研发设计服务抢占产业链、价值链前端，提高了佛山企业的自主创新能力。一是鼓励企业设立研究院和工程中心，发挥企业创新主体作用；二是与高等院校、科研机构共建新型创新平台，推进产学研成果转化；三是加强知识产权保护和服务体系建设，确保创新成果量质提升；四是创新财政资金对企业科技研发的支持方式，加快金融、科技、产业融合创新。

（二）全面发展信息技术服务，促进两化深度融合

佛山全面发展和提升信息服务业，大大推动了信息化和工业化深度融合，培育和发展了一批战略性新兴产业，从而加快了产业结构优化升级。一是推进信息基础设施建设和服务，扩大光纤入户和无线宽带覆盖范围；二是鼓励企业推行"互联网+"，推动传统产业嵌入互联网基因；

三是开展两化融合管理体系贯标试点，全面推进信息化和工业化进一步走向融合。

（三）全力发展电子商务，催生新业态新商业模式

佛山市将发展电子商务作为培育壮大新型经营管理模式和先进生产营销业态的重要抓手，推动产业结构优化升级，加快创造新的经济增长点。一是深化大中型企业电子商务应用，创新组织结构和经营模式；二是推动跨境电子商务发展规划；三是利用"三旧"改造电子商务示范区。

（四）着力拓展人力资源服务，为新兴产业发展提供智力支撑

佛山在工资成本接连上涨、劳动力供给日趋紧张的形势下，着力拓展人力资源服务，为劳动者提供专业化的服务，吸引、培育、留住人才。一是以领军型人才和重大平台为抓手，引进高端人才团队；二是与国内外著名高校和机构共建人才培育基地，增强内生动力；三是完善人才落户配套，实现人才落地生根。

三 探索"新东莞模式"，力促产业高水平崛起

以资源主导、外源驱动的"旧东莞模式"创造了东莞改革开放后30年的辉煌成绩。在"三期叠加"转型时间，东莞市委、市政府勇于改革创新，着力探索转型升级的"新东莞模式"，推动产业向集约型、创新型、智能型、生态型发展。近年来，东莞市坚定不移地推动加工贸易转型升级，在调结构、转方式上狠下功夫，通过狠抓"四重"建设、着力发展"三高"产业、优化"软硬"环境等举措探索"新东莞模式"，优化产业结构。

（一）狠抓"四重"建设，开拓转型升级新路径

东莞通过狠抓重大项目、重大产业集聚区、重大科技创新、重要镇村经济，壮大了产业规模，激发了产业创新活力。一是以重大项目引进壮大产业规模；二是以重大园区建设搭建产业平台；三是以重大科技创新激发产业发展活力；四是以重要镇村经济转型夯实产业发展基础。

（二）着力发展"三高"产业，形成转型升级新优势

东莞通过着重发展高端制造业、高技改制造业、高端服务业，实现了优化产业结构，提升产业层次和丰富产业形态。一是发展高端制造业优化产业机构；二是推动传统产业高端发展提升产业层次；三是发展跨

境电子商务高端服务业催生产业新业态。

（三）优化"软硬"环境，凝聚转型升级新力量

东莞通过大力推进项目投资建设审批体制、外商投资管理服务改革，推动网上办事大厅建设，精简审批事项，提高办事效率，营造法治化、国际化营商环境。一是推动项目投资建设审批体制改革，探索实施项目投资建设"直接落地"改革试点；二是推动外商投资管理服务改革，形成了一套"贯穿全程、管理到位"的事中事后监管体系；三是推动网上办事大厅建设，推动审批事项和服务事项上网办理。

四 科创作为广州发展核心驱动力不断增强

近年来，广州以新技术、新产业、新业态、新模式为核心，加快动能转换，积极探索经济结构转型升级新路径，取得了阶段性成效。广州拥有良好的制造业基础，一方面运用新技术改造提升传统产业，进行"智能升级"；另一方面通过 IAB（新一代信息技术、人工智能、生物医药）、NEM（新能源、新材料）等一批战略性新兴产业为广州未来发展注入后劲。广州有突出的服务业优势，通过促进产品和服务创新，正在逐步实现更高水平上的需求结构的匹配和优化。利用长期以来的对外开放优势，广州抓住世界新一轮科技革命和产业变革机遇，主动参与国际合作与竞争，积极拓展发展空间。

（一）传统产业"存量变革"，新兴产业"增量崛起"

新动能覆盖一二三产业。在发展新动能的过程中，广州坚持"增量崛起"与"存量变革"并举，既培育发展前景广阔的新兴产业，也运用新技术改造提升传统产业，实现"老树发新枝"，促进生产力整体跃升。黄埔区、广州开发区得益于过去的高速发展，已拥有较完善的工业体系，面向未来，正引入新动能，方向明确指向从"黄埔制造"向"黄埔质造""黄埔智造"转身，大力推进先进制造业和战略性新兴产业建设，实施 IAB、NEM 两大产业计划。

（二）科技融资与政府投入兼容并蓄

科技离不开资本助力。广州建立了 3000 家上市挂牌培育科技企业数据库，2018 年新增新三板挂牌企业 113 家，总数达 428 家，进入创新层企业 55 家。广州的科技创新投入在持续加强。广州从 2013 年开始实施一

般公共预算安排科技支出倍增计划，2017年全市一般公共预算安排科技支出114.6亿元，是2013年（54亿元）的2倍多。

（三）供需结构"逐步调整"，现代服务"高速增长"

广州拥有强大的服务业优势。近年来，广州现代服务业快速发展，实现了更高水平上供需结构的匹配和优化。从要素投入增长向创新驱动发展转变，由过去依靠劳动力数量和资本存量增长驱动，转变为主要依靠科学技术、人力资本增长，广州市以创新为主的新动能逐步增强。

五 珠海着力实施创新驱动发展战略，加快创新型城市建设

作为我国最早设立的经济特区之一，珠海一直是中国改革开放的前沿窗口。随着港珠澳大桥即将建成通车与粤港澳大湾区建设的深入推进，珠海如何在扩大开放中不断更新思想观念、创新体制机制、提高创新能力和产业实力，这既是机遇也是挑战。近几年，珠海高新技术企业在数量上呈现高速增长，在质量上呈现出向高、精、尖、特加速集聚趋势，在效益上更是带动了产业的提升和资本的融合。但也应该清醒地意识到，珠海目前面临一系列发展不平衡不充分的问题，在培育经济发展新动能、提升产业层级、促进企业创新能力、构建创新为引领的现代化经济体系等方面，还有较大提升空间。

（一）完善创新创业环境

制订推动创新驱动发展再提速行动计划，出台支持企业创新能力提升、科技成果转化、鼓励科技创新公共服务和资源共享等系列政策，修订创新相关扶持资金管理办法，提升政策的精准度和有效性，营造更加有利于创新要素集聚的环境。优化人才政策体系，加快实施人才卡、高层次人才"认定+评审+举荐"等人才新政，制定人才安居办法，加大人才公寓和共有产权房建设，着力解决人才尤其是青年人才对住房的后顾之忧。探索投贷结合、投债联动、投担联动等科技金融服务模式，发挥财政资金和珠海基金引导作用，发展天使投资、创业投资。开展标准国际化创新型城市试点、国家知识产权示范城市创建工作。

（二）加强创新载体建设

实施高新技术企业树标提质行动，瞄准国内外最具成长潜力、最具投资价值、最具创新力企业，开展精准招商。对接国家和省重大科技专项，组织实施一批市级重大技术攻关项目。扶持和培育新型研发机构，落实孵化器建设规划，建设大湾区博士和博士后（珠海）创新创业孵化基地。推动创新型应用型高校建设，完善"菁创荟"服务平台，支持青年创新创业。对接广深科技创新走廊建设，承接科技项目和研发成果转移。

（三）落实"双自联动"方案

支持高新区企业利用横琴保税融资租赁政策和与生产有关的进口免税政策，进口高价值科研设备。支持横琴企业利用高新区科技型企业集聚优势，开展研发设计、检测维修等保税业务。发挥创新主平台作用，主动融入国内外科技创新网络，推进粤澳合作产业园、中以加速器、中德人工智能研究院等项目建设。完善联动发展机制，打造横琴科学城、横琴国际科创中心等联动发展载体。

案例一

基于跨国并购的纳思达式创新

第一节 公司概况

纳思达股份有限公司专注打印显像行业，是优秀的成像和输出技术方案专家，全球前五大激光打印机厂商之一，全球领先的打印机耗材芯片设计企业与通用耗材企业。作为打印成像解决方案、硬件、商务流程和服务等领域公认的领先企业，纳思达是集打印复印整机、打印耗材、打印配件及打印管理服务于一体的打印综合解决方案提供商。公司为全球 150 多个国家和地区的客户提供一站式打印耗材、配件、芯片、设备采购服务。

纳思达 2016 年并购知名激光打印机品牌"利盟"，利盟以中高端产品技术和打印管理服务见长。纳思达迅速成为全球顶尖的打印机厂商，在欧美市场具有很强的品牌影响力。

珠海赛纳集团是纳思达股份的控股母公司，研发和销售工业级 3D 打印机，产品适用于彩色多材料的医疗教育培训模型和手术规划模型、珠宝首饰精铸模型和彩色多材料个性化定制产品。奔图电子是由纳思达股份托管的激光打印机厂商，拥有掌握中国自主核心技术的激光打印机品牌"奔图"。奔图打印机是"关键领域国产替代计划"的产品。目前，奔图激光打印机处于中国信息安全打印机领先地位，利盟激光打印机处于全球中高端激光打印机领先地位，兼容耗材处于全球细分行业领先的市场地位。

第二节 公司战略

纳思达坚持以打印机耗材芯片为核心的全产业链布局，力争成为打印行业领先的科技服务型企业。纳思达通过不断的发展和收购整合，实施相关约束型多元化战略与兼并战略，收购以芯片、耗材业务为主的多家国内公司，收购具有国际影响力的外企，如主营芯片与零部件的 SCC，主营激光打印机、耗材、打印管理服务的 Lexmark。纳思达通过资源整合，打造了全产业链竞争优势，取得了国际影响力，内销外销同步发展，在国外广泛布局。

第三节 主要业务

纳思达两大业务为打印机全产业链业务和集成电路业务。企业内容管理软件业务（利盟 ES 业务）已于 2017 年出售，旨在专注于主营业务，减轻公司的融资成本。

纳思达所属打印行业为全球垄断性行业，属于蓝海市场，是专利技术壁垒极高的行业，也是技术专利最多且密集度最高的行业之一。该行业的商业模式类似于剃须刀模式，即不依靠主产品（剃须刀）盈利，而是通过耗材（刀片）获取主要利润，打印耗材是核心利润来源。由于耗材是消耗品，该行业也属于消费品行业。

第四节 近五年收入情况

表 4—10　　　　　　　　主要会计数据　　　　　　（单位：百万元）

主要会计数据	2018 年 1—9 月	2017 年	2016 年	2015 年	2014 年	2013 年
营业收入	15893	21323	5805	2049	479	463
归属于上市公司股东的净利润	495	949	610	281	202	167

续表

主要会计数据	2018年1—9月	2017年	2016年	2015年	2014年	2013年
归属于上市公司股东的扣除非经常性损益的净利润	647	-1381	40	179	193	149
经营活动产生的现金流量净额	1059	394	126	212	205	272
	2018年三季度末	2017年末	2016年末	2015年末	2014年末	2013年末
总资产	35792	35527	50771	3119	671	439
归属于上市公司股东的净资产	4558	4061	1777	1896	563	363

表4—11　　　　　　　　　主要财务指标　　　　　　　（单位：元）

主要财务指标	2018年1—9月	2017年	2016年	2015年	2014年	2013年
基本每股收益（元/股）	0.4700	0.9443	0.0613	0.2989	0.59	0.53
稀释每股收益（元/股）	0.4651	0.9339	0.0612	0.2989	0.59	0.53
加权平均净资产收益率	11.39%	41.31%	3.31%	23.75%	38.55%	36.56%

第五节　公司近年创新投入

表4—12　　　　　　　　　研发投入情况表　　　　　　（单位：百万元）

	2017	2016	2015	2014
本期费用化研发投入	1640	354	126	79
本期资本化研发投入	0	0	0	0
研发投入总额占营业收入比例（%）	7.69	6.11	6.17	4.71
公司研发人员的数量（人）	2413	3438	623	421
研发人员数量占公司总人数的比例（%）	13.25	17.58	11.56	11.50
研发投入资本化的比重（%）	0	0	0	0

截至 2018 年 6 月 30 日，公司全球员工总数达 18084 人，其中，大专及以上学历人员占比 54.97%，本科及以上学历人员占比 32.43%，硕士及以上学历人员占比 7.62%（见表 4—13）。

表 4—13　　　　　　　　　　员工学历情况表

教育程度分类	研究生学历及以上	本科学历	大专学历	中专及以下学历	合计
数量（人）	1378	4487	4075	8144	18084
比例	7.62%	24.81%	22.53%	45.03%	100.00%

第六节　公司历年创新成效

截至 2017 年底，纳思达拥有已获得授权的专利 3660 项，在已获得授权的专利中：发明专利 2680 项，实用新型专利 769 项，外观设计专利 211 项，软件著作权与集成电路布图设计 78 项。同时，另有 1078 项专利正在申请中（见表 4—14）。

表 4—14　　　　　　　　　各业务板块专利情况表

业务主体	申请中的专利数量	已授权的专利总数（含软著与集成电路布图）	发明专利		实用新型		外观设计		PCT国际阶段	软件著作权	集成电路布图设计
			申请中	授权	申请中	授权	申请中	授权			
集成电路业务	120	316	101	150	8	113	11	53	51	27	30
打印耗材业务	383	1112	227	372	148	656	8	84	94	—	1
SCC	12	123	12	108	—	—	—	15	125	—	—
利盟Lexmark	563	2109	543	2050	—	—	20	59	15	20	—
合计	1078	3660	883	2680	156	769	39	211	285	47	31

第七节　创新路径与特点总结

纳思达源起于"珠海万力达电气股份有限公司",主营业务为水电自动化、计算机信息系统集成及软件开发。2014年,万力达置入了艾派克电子96.67%的股权,艾派克电子借壳上市,公司更名为"珠海艾派克科技股份有限公司",实现了产业与资本的共赢。自2014年开始,主营业务为通用打印耗材芯片(包括Soc芯片与ASIC芯片)。2015年通过重大资产重组与收购,新增了通用打印耗材(包括其他核心耗材零配件)和再生打印耗材业务。2016年收购利盟后,新增了激光打印机及打印管理服务业务,利盟的企业内容管理软件业务于2017年剥离出售。2017年公司更名为"纳思达股份有限公司",收购了主营业务为通用打印墨盒、硒鼓的三家公司,艾派克成为纳思达旗下专注耗材芯片生产的品牌。

一　纳思达基本创新路径

2000年:从事喷墨打印机通用墨盒生产。

2002年:行业内第一个研发成功通用墨盒加密芯片,奠定了通用墨盒产业可持续发展的基础。研发出耗材兼容芯片,全面进军芯片业务。

2003年:发明墨盒微压阀供墨技术,解决行业内墨盒残墨的环境污染问题。

2004年:研发兼容硒鼓技术,诞生了中国兼容硒鼓产业。

2007年:研发成功能使图像保存百年不褪色的颜料型墨水技术,使墨水制造技术达到世界先进水平。

2008年:独家推出Unismart创建系统,为兼容行业的回收做出了贡献。

2009年:研发的激光静电成像技术,可使碳粉运转率高达95%,被称为世界领先的环保激光打印技术。

2010:获得国家级高新技术企业认定;成立爱丽达电子科技有限公司,发展色带业务。

2012年:研发基于国产CPU的专用SOC芯片技术,使国产打印机真正实现安全可控。

2015年：研发成功自主全彩色光固化直喷式3D打印技术，使3D打印技术推向世界最先进的水平。完成了智能化生产改造项目、美国再生耗材生产基地项目、美国研发中心项目的申报与反馈。

2018：规划激光打印机高端装备智能制造项目。

二　纳思达基本收购路径

2015：完成重大资产重组。收购Static Control Components，Inc.（SCC），打造全产业链竞争优势。完成了对芯片业务竞争对手香港晟碟科技的并购。完成了对杭州朔天（源于浙江大学的芯片设计公司）的绝对控股。完成了母公司赛纳科技的耗材资产包装与上市公司及配套募集资金事宜。

2016：完成对美国利盟Lexmark 100%股权的重大资产收购。完成对Nihon Ninestar Company Limited 100%股权、Ninestar Technology Company，Ltd. 100%股权的收购。

2017：完成对珠海拓佳、珠海欣威、中润靖杰三家公司的收购，将在全球兼容墨盒市场保持绝对领先优势，提升并稳固在全球兼容硒鼓市场的地位。出售利盟ES业务。完成对"奔图Pantum"激光打印机的制造商珠海奔图电子有限公司的托管经营。

三　纳思达创新路径特点

（一）并购重组扩大主营业务范围

并购与重组战略首先是扩大了纳思达的主营业务范围，经多次资本运作，纳思达主营业务已由芯片扩展至通用耗材、配件，进而扩展至打印机整机、原装耗材及打印管理服务领域，由零部件扩展至全产业链布局。其次，并购重组提升了纳思达的技术水平与核心竞争力。2015年的重大资产重组是纳思达的重要转折点，收购利盟标志着纳思达进军激光打印机业务，且利盟的中高端打印机技术可以提升奔图打印机的水准。最后，并购重组扩大了客户群，使纳思达具有国际知名度，广泛服务于全球客户。纳思达近年来近九成的营业收入均来自于境外。跨国收购使纳思达越过贸易壁垒，接触到全球消费者，并得以在美国设立生产基地与研发中心。由表4—15可见，自2015年实施跨国收购后，境外营业收入保持逐年稳定增长,尤其是在 2016 年收购利盟后,境外营业收入比上年增加 218.87%。

表 4—15　　　　　　　营业收入分地区情况　　　　　　（百万元）

年份	中国境外（含出口）	中国境内	境外收入占比	境内收入占比
2018 年 1—6 月	9550	869	91.66%	8.34%
2017	20032	1291	93.95%	6.05%
2016	4945	860	85.19%	14.81%
2015	1550	498	75.68%	24.32%
2014	1188	490	70.80%	29.20%

收购利盟、接管奔图标志着纳思达进入打印机整机业务,有助于纳思达避免被打印机巨头牵制,得以扩大产业规模。《办公自动化杂志》在 2010 年第 7 期《通用耗材全球老大纳思达》一文中指出:"在全球打印机和耗材领域,有一个众所周知的'潜规则',跨国原装打印机厂商依靠便宜的兼容耗材的销售,使打印机产品在低端市场上也得到了普及。但他们同时又限制兼容耗材规模的做大,一旦兼容耗材厂商的市场份额超过 30%,打印机原装厂商就会想尽办法打压。在这样的背景下,纳思达选择直接介入打印机行业。否则即使纳思达把耗材做得再大,也不可避免会遇到市场的天花板——那就是产业规模时刻受打印机的牵制。没有掌握核心产品,永远将处于被动局面。中国人只有拥有自己的打印机技术,才不会被打印机巨头牵着鼻子走。"

(二) 实施相关约束型多元化战略

据 2017 年年报显示,纳思达的打印业务、耗材、芯片是营业收入的三大来源,分别占比 66.00%、11.75%、4.06%。纳思达致力于发展相关约束型多元化,首先,有利于发挥协同效应、形成范围经济,即可以充分利用具有组装性能的零部件、提升设备利用率,可以分摊研发成本。纳思达沿着纵向一体化的产业链进行多产品生产时,可以减少在购买原材料、零部件、中间产品以及出售成品中的交易活动,即可以直接运用自主研发的零部件、耗材于打印机整机,形成闭环系统,以内部市场代替外部市场,从而节约交易费用。2017 年是利盟耗材工厂成功转移并投产的元年，纳思达在质量控制、生产出货、供应商管理、采购等环节，均实现了良好的协同效应。在耗材方面，纳思达得以扩大耗材生产线，提高交付能力，启动工艺优化方案，实现生产成本的进一步节降。在打印机硬件方面，纳思达成立联合工作小组，积极探讨、沟通新机型的生产方案，充分发挥双方团队在新产品开发方面的竞争优势，以期实现硬件生产成本的节降。在采购方面，双方启动了联合采购项目，建立上市公司与利盟双方工程师直接对接的降成项目小组，通过更完善的采购网络和资源，2017年实现生产成本下降超过千万美元。多点竞争可以传递核心竞争力，扩大竞争优势。各业务在战略上的协同性，有利于纳思达增强扩展资源、创造价值的能力。其次，可以充分利用企业无形资产（包括品牌优势与营销网络），有利于形成强势品牌组合，在各细分市场占据消费者心智。纳思达旗下产品包括艾派克、格之格、G&G、SCC、Lexmark、奔图等多个行业内的知名品牌。纳思达紧紧围绕中高端市场，优化提升产品品质，不断提供具有高附加值的产品。最后，打印机与耗材可以发挥互补品协同效应，表现为打印机销量的上升和原装耗材销售占比的提高。

纳思达如今呈现双业务、长链条的发展模式。在打印机全产业链业务方面，各类耗材形成了全方位耗材市场的合理布局，利盟、奔图打印机分别专注于不同的细分市场，双方充分发挥协同效应，充分实现资源共享。在集成电路业务方面，纳思达首先立足于在打印机行业的应用（耗材芯片、打印机主控 SoC 芯片），继而逐步扩展为打印机行业之外的应用（如通用 MCU、物联网等），公司有志于成为全球通用 MCU 设计解决方案的提供商。

（三）注重科研能力的不断提升

纳思达专注科研平台、专利体系的双方面建设。在平台方面，纳思达拥有三大国家级科技平台，一间企业联合实验室，承担国家核高基项目并得到集成电路产业基金的加持。纳思达与中国国家重点实验室和大连理工大学结成战略合作伙伴，建成了产、学、研合作研发的技术平台；与中国精细化工国家重点实验室组建了联合材料技术研究室，重点研究喷墨墨水材料技术，碳粉材料技术，激光光电材料技术；与中国三束材料改性国家重点实验室组建了联合表面处理技术研究室，重点研究打印机喷头表面处理技术；与中国工业装备结构分析国家重点实验室组建了联合结构技术研究室，重点研究新型打印机的结构技术；与大连理工大学微电子技术实验室组建了联合集成电路加工技术研究室，重点研究集成电路芯片加工技术；与大连理工大学精密与特种加工实验室组建了联合精密加工研究室，重点研究喷墨打印机喷头精密加工技术。在体系方面，纳思达搭建了行业内最大的专利系统平台，可以完成对全球行业专利的检索、下载、分析和管理，也可以对行业竞争对手的专利策略进行监控，对行业内的专利诉讼进行及时的查询和应对。公司可使用专利达20000多项，自主专利1000多项，建立了全球兼容耗材领域最大的打印机和耗材专利技术平台。

自主知识产权是纳思达核心竞争力的来源。由于通用耗材成本低于原装耗材，越来越多的客户倾向于购买通用耗材，但是销售和使用没有自主专利的产品会带来法律风险，因而客户很看重产品的自主专利。《办公自动化杂志》在2010年第7期《通用耗材全球老大纳思达》一文中指出："在早期发展阶段，纳思达技术研发采取的是分析、消化、吸收、改进的方式，力求回避打印机原厂商已有的技术专利。随着研发水平的提高，自有技术的积累，专利研究的成熟，纳思达改变了技术研发方向，转为对新型打印机技术的研究，设计出有自主创新技术的产品，建立起了自主专利体系。纳思达是目前国内少数几家掌握打印耗材最核心芯片技术的通用耗材企业，幕后英雄则是一支国家级的芯片集成电路研发团队。世界上主要品牌打印机厂商一旦有新品推出，纳思达研发团队就会立即跟进，最快可以在半个月研发出相匹配的通用耗材芯片。"

2007年，珠海纳思达与大连理工大学就开始了产学研的合作，随后创建了国家精细化工重点实验室珠海中心，并受到了广东省科技厅、珠海科技局的高度关注，且作为成功案例快速推广，全力支持纳思达完善"国家重点实验室珠海中心"的建设。

案例二

海天酱油的创新与国际化

第一节 公司概况

佛山市海天调味食品股份有限公司是中国调味品行业的龙头企业，专业的调味品生产和营销企业，溯源于清代的佛山酱园，是中华人民共和国商务部公布的首批"中华老字号"企业之一。目前生产的产品涵盖酱油、蚝油等几大系列百余品种，年产值过百亿元。

海天以"传扬美味事业，酿造美满生活"为己任，一直致力于用现代科研技术对传统酿造工艺的传承和创新，建有规模超大，面积超60万平方米的玻璃晒池和发酵大罐，专门用于高品质酱油的阳光酿晒。拥有多条世界领先的全自动包装生产线，以及行业领先的国家认可实验室，更严格地执行质量标准。并从国外引进成套科研检测设备，努力打造具有世界领先水平的调味品生产基地。

第二节 公司战略

海天将销售、管理、技术、品牌作为四大核心竞争优势，并在产能、人力资源等方面逐步拉大与同行业其他公司的差距。2017年海天提出了"科技立企"的未来五年发展战略定位。

2014年A股上市后，海天提出"力争五年再造一个新海天"，借助资本市场的力量，扩大经济规模和产能。海天着力于加快网络细化，加快多品种发展，通过收购兼并做大其他调味品领域。

2015年，海天多品类齐发力，并启动人力体系改革，开始推行"自主经营"模式。

2016年，海天推进智能车间打造。正式投入使用自主研发的包装车间纸箱自动拆垛项目，为实现生产线全自动化奠定了基础，进一步推动了智能化工厂的实现。并且，海天在生产、销售、品牌、人力资源方面提出了有针对性的"精品工程""渠道精耕""单品传播""工匠精神"等多项切实有效的措施。

2017年，海天入选首批国家绿色工厂，有助于海天在用地集约化、生产洁净化、废物资源化、能源低碳化等领域的可持续发展。在产品方面，海天着力打造了产品核心技术群；在设备方面，海天成功研制出自动压榨生产线、全自动化高效发酵圆盘、高效蒸煮生产线等具有自主知识产权的装备。

第三节 主要业务

海天的主营业务为调味品的生产和销售，公司调味品的产销量及收入连续多年名列行业第一，是全球最大的调味品行业生产销售企业。公司产品品类丰富，涵盖酱油、蚝油、酱、醋、鸡精、味精、料酒等调味品，其中酱油、调味酱和蚝油是目前最主要的产品。

酱油产销量连续20多年稳居全国第一，并遥遥领先。公司酱油产品品种众多，覆盖高、中、低各个层次、各种口味和多种烹调用途，有众多引领消费升级的高端酱油，也有经济实惠的大众化产品。蚝油历史悠久，技术领先，销量处于绝对领先地位，随着市场网络的逐步深入，海天蚝油呈现出从地方性向全国化、从餐饮向居民的快速发展势头。海天调味酱品种众多，一酱一特色。

第四节 近五年收入情况

海天近五年的收入情况如表4—16、表4—17所示：

表 4—16　　　　　　　　　　主要会计数据　　　　　　　　（单位：百万元）

主要会计数据	2018 年 1—9 月	2017 年	2016 年	2015 年	2014 年	2013 年
营业收入	12711	14584	12458	11294	9817	8401
归属于上市公司股东的净利润	3131	3531	2843	2509	2090	1606
归属于上市公司股东的扣除经常性损益的净利润	2938	3383	2768	2439	2007	1546
经营活动产生的现金流量净额	2799	47207	4074	2194	27391	1930
时间	2018 年三季度末	2017 年末	2016 年末	2015 年末	2014 年末	2013 年末
归属于上市公司股东的净资产	12601	11753	10013	8751	7487	3914
总资产	16587	16336	13463	11498	11000	6722

表 4—17　　　　　　　　　　主要财务指标　　　　　　　　　（单位：元）

主要财务指标	2018 年 1—9 月	2017 年	2016 年	2015 年	2014 年	2013 年
基本每股收益（元/股）	1.16	1.31	1.05	0.93	0.78	0.63
稀释每股收益（元/股）	1.16	1.31	1.05	0.93	0.78	0.63
扣除非经常性损益后的基本每股收益（元/股）	—	1.25	1.03	0.90	0.75	0.60
加权平均净资产收益率（%）	24.94	31.12	31.65	32	33	45
扣除非经常性损益后的加权平均净资产收益率（%）	—	29.82	30.81	31	32	43

第五节 公司近五年创新投入

海天近五年研发投入如表 4—18 所示：

表 4—18　　　　　　　　　研发投入情况表　　　　　　（单位：百万元）

项目名称	2017	2016	2015	2014	2013
本期费用化研发投入	401	332	314	300	284
本期资本化研发投入	0	0	0	0	0
研发投入合计	401	332	314	300	284
研发投入总额占营业收入比例（%）	2.75	2.67	2.79	3.06	3.39
公司研发人员的数量（人）	301	317	289	未披露	未披露
研发人员数量占公司总人数的比例（%）	14.35	14.36	11.87	未披露	未披露
研发投入资本化的比重（%）	0	0	0	0	0

海天 2013 年招股说明书显示，公司下设研发部门如下：酱油技术部和酱油研发部负责酱油产品的工艺技术、新产品等的研发和管理；调味技术部和调味研发部负责非酱油产品的工艺技术、新产品等的研发和管理；菌种部负责菌种的选育和新菌种开发；设备部负责自动化控制及设备研发；质控部负责包装检验技术的攻关和包装物研发；检验技术科负责检验方法的研发优化。

2015 年人力资源重大改革之后，自主经营模式在各个业务领域迅速推开，设立了调味事业本部、酱油酿造事业本部、产品开发研究院、多个营销公司等自主经营机构。通过以生产和销售为核心的工作模式改革，使目标更加一致，减少内耗。新业务的发展模式使员工能参与到企业发展中，也为其提供了更多的发展平台和机会。

海天自成立以来，坚持自主培养和引进高级人才并重的人才战略，一方面从高等院校招聘应届生进行长期培养，另一方面引进博士后、国外专家、科技特派员等高级人才，合理的研发人才结构有力促进了公司技术和产品的创新。同时海天为研发人员提供齐备的研发设备及展示个人才干的科研平台，建立有吸引力的创新激励机制，有效激发了研发人员的积极性和创造性。

第六节　创新研发机制

海天创新机制主要包括以下几个方面：

一　市场导向机制

海天重视新产品市场调查、新兴市场跟踪及未来行业发展分析，研发部门与业务部门的有效衔接，保证行业资讯在最短时间内传递至产品研发单位，保证公司研发产品及技术的市场领先地位。

二　研发保障机制

海天重视核心技术人才的引进与培育，持续加大研发设备的投入，建立业界一流的检测实验室。

三　员工激励机制

海天制定了《海天公司发明专利奖励办法》《海天员工金豆奖颁奖盛典暨员工年会方案》等一系列制度，对于在日常科研工作中做出突出贡献的课题组、部门和技术人员给予表彰和奖励。

四　人才培养机制

核心技术人员是公司持续发展的必要保证，海天每年针对技术人员安排定期教育培训，营造学习型和技术型组织的企业文化。

五　晋升机制

每年以专业技能和绩效成果为依据晋升员工。

第七节　公司历年创新成效

我国传统调味品的制造是对历史经验的传承，而现代调味品生产科技含量较高。调味品的生产过程涉及生物工程育种技术、高活性菌种培养技术、多因子调控制曲技术、多菌种发酵技术和高效分离技术，和调味品现代化所涉及的杀菌技术、超净灌装技术、全自动包装技术以及高压加工技术等。

海天在保留传统产品特色的基础上对生产工艺进行深入的研究和技术改造，并引入多项国内外先进的工艺技术和设备，通过科研攻关解决了众多影响行业发展的重大技术难题，形成了一系列行业领先的关键核心技术，使海天从众多的调味品生产企业中脱颖而出，成为行业内技术升级的典范，引领着国内调味品技术升级的发展方向。

海天于2013年前后开展了20多项重大技术研究，同时承担和参与了广东省火炬计划项目、省技术创新项目、省工业攻关项目、粤港关键领域重点突破招标项目、省院全面战略合作项目、"十一五"国家科技支撑计划项目、国家863项目、"十二五"国家科技支撑计划项目以及多个市、区科技计划项目。其中，公司率先将膜过滤技术应用于酱油的后处理过程，获得高澄清度的高品质酱油，并用于大规模的工业化生产，获得中国食品工业协会科学技术一等奖和佛山市科学技术奖一等奖；公司进行了酶工程技术的深度研究，获得了广东省科技进步一等奖和国家科技进步二等奖；公司开展的微生物快速检测技术项目，检测时间大大缩短，大幅提高了产品的流通速度；公司通过与国家卫生部营养与食品安全所合作，开展国家营养改善项目的铁强化酱油研究，使公司成为卫生部铁强化酱油项目的定点生产企业。

海天2013年的招股说明书显示（见表4—19、表4—20），海天酱油已掌握以下核心技术：

表4—19　　　　　　　　　　海天2013年招股说明书

技术名称	原理	效用
酱油高鲜菌种育种技术	酱油中的鲜味主要来自氨基酸，鲜味氨基酸主要由菌种中的酶将蛋白质分解而来。传统的菌种是通过自然繁殖保育下来的，保持原有特性的稳定已具有一定的困难。 海天一方面通过驯化菌种，以获得适合本公司各项生产条件的优良菌种，使发酵后生产出来的酱油营养更加丰富，味道更加鲜美；另一方面运用诱变、筛选、细胞融合等育种技术，获得高产的菌种。	提高氨基酸生成率、鲜味氨基酸含量，提高了酱油鲜味，提升原料利用率，降低生产成本。

续表

技术名称	原理	效用
增香菌种育种技术	酱油香气成分复杂、相互平衡制约，来源于原料成分和发酵过程中各种微生物分解代谢的产物，以及非酶化学反应生成物，由于原料、配比、菌种、生产工艺等因素不同，产生的香气有显著差异。	在长期生产的过程中精心筛选出合适的菌种，增加了固有的香气并改善了酱油的口感。
高密度菌种培养技术	明确了培养基的原料组成及科学的碳氮比，能够筛选出适合高密度培养的扩培专用培养基，解决了菌种培养环境的透气性和保湿性问题。研制出集灭菌、降温、接种、培养于一体的集成装置，便于深入地研究菌种培养的温度、氧气需求、通风量、冷却、风压等参数对菌种生长的影响。	保证了菌种在培养过程中处于最佳的无杂菌环境条件下，实现了酶系丰富、酶活力高、无杂菌污染的优质菌种的高效率、规模化扩培。
代谢调控制曲技术	制曲是制取曲菌中各种酶的生产工序，是在原料中培育曲菌的工程，只有酶系丰富、酶活力高的曲料才能酿造出优质酱油。 公司进行精细化参数研究，通过制曲的关键因素（水分、温度、pH值、氧气、制曲时间等）对曲菌分子的发芽、菌系的生育、曲菌的呼吸代谢、能量代谢、不同培养时间的酶系变化和酶活力变化的影响绘制了曲线图。并将培养参数固化，建立了整套的自动化控制模型，根据菌种生长不同阶段控制不同的温度和湿度。	研发了科学的全程全自动控温控湿制曲技术，保证了菌种的全程都在最佳的环境条件下生长发育。
多菌种发酵技术	传统酿造酱油是采用多菌竞争、群酶共酵的方式，利用混合菌株的发酵，但生产周期长达数月，存在季节性限制。 工业化后，多数企业采用单一菌种，虽然具有不受季节限制、质量稳定和酶活力高等有利条件，但难以酿成浓香优质酱油。 海天主要借助技术手段分离筛选出优良菌株，分别制成多菌种曲扩大培养接入发酵醪，利用各菌种在发酵过程中生长的盛衰交替产生种类繁多的酶系。	既继承了"多菌发酵"的传统又实现了酱油生产的产业化。各种酶系协同作用下，得到丰富的营养和风味成分。

续表

技术名称	原理	效用
酱油高效膜过滤技术	海天与中国科学院过程工程研究所合作,率先将膜过滤技术应用于酱油的后处理过程,常温条件下实现除菌与澄清同步完成。 海天综合运用国际先进的"临界通量"技术和流体力学控制技术,有效降低了供料泵和循环泵的功率,减少了膜的清洗次数。运用双向流技术和膜清洗技术,解决了超滤过程的通量下降速度和通量恢复等关键技术难题,有效控制膜污染和通量恢复,提高了膜过滤设备的运行效率,并降低了运行能耗。	有效保存酱油的独特风味,获得高澄清度的高品质酱油。

表4—20 海天2013年招股说明书中关于发酵酱和蚝油的核心科技

技术名称	原理	效用
豆酱发酵定向调控技术	传统豆酱经过长期发酵而导致豆粒软烂不完整,缺乏咀嚼感。 海天改进全自动恒压蒸煮工艺和黄豆酱专用制曲松曲设备,改进的"酱蒸煮设备"和"酱制曲设备"能够大大减少豆粒在前期的破损。海天通过调配熟制技术的改进,以及生产自动化控制设备的研究和应用,实现规模化、标准化生产。	开发出豆粒完整、酱香浓郁的新型发酵风味豆酱。
蛋白酶深度酶解技术	传统调味品发酵过程中,蛋白质、淀粉等在酶的作用下被分解为各种氨基酸、肽类、单糖、多糖、脂肪酸、有机酸等,其发酵周期长,原料利用率低、可控性较差。 海天与华南理工大学开展产学研合作,运用定向可控酶解、生化分离、美拉德反应生香和高效提取技术,充分利用水产品中的呈味和营养成分。	实现水产调味品鲜味的提高,解决了传统方法原料利用率低、成本高、难以实现产业化的问题。

续表

技术名称	原理	效用
蚝汁增香脱腥技术	现代脱腥技术包括微生物转化法、物理吸附法、酸碱盐处理法、溶剂萃取法、分子包埋法和掩蔽法，以及复合脱腥法。海天通过 GC-MS 等现代检测方法分析得出，蚝的腥味来源于有机酸、生物胺和小分子醛类等物质。海天综合采用了微生物转化法、物理吸附法等方法，并辅以分离技术、热反应增香技术。	很好地脱除蚝的腥味，获得风味天然的蚝汁原料。
蚝油体态调控技术	蚝油体态从源头上和原料的选择有关，海天深入研究了淀粉原料的种类、支链淀粉含量、直链淀粉含量、分子聚合度、水分、加工温度等因素对淀粉质量的影响，通过对多种淀粉糊化性能的研究，根据产品的特点合理选择淀粉品种，确定了最佳产品配方。另外通过工艺过程的控制结合流体学，分析加工过程中加热、搅拌、输送等对淀粉结构和产品流态的影响，确定了整个生产过程的关键工艺参数。	产品不但具有良好的裹附性能，而且体态均匀而流畅，在常温条件下能保持品质稳定。

在质量控制核心技术方面，海天在 2013 年已掌握了 ATP 发光法的酱油微生物快速检测技术、前置内标法的防腐剂快速检测技术、检测氨基酸的组成成分的风味检测技术，从科学角度精准定量分析，定向调控产品质量。海天在生产过程中综合运用了生物工程育种技术、高活性菌种培养技术、多因子调控制曲技术、多菌种发酵技术、高效分离技术、精确配兑技术、新型杀菌技术、超净灌装技术、全自动包装技术、一步包埋延香技术、热反应增香技术、高压加工技术等先进生产工艺。

截至 2017 年底，作为国内传统产业转型升级典范，海天已在业内形成了显著的研发优势。海天拥有被列入中国食品工业二十大科技进步成果的超滤技术，专门用于高品质酱油灭菌澄清。拥有时速达 48000 瓶的全自动智能包装生产线 10 余条，集结机器人码垛、无压力输送、十万级全封闭洁净灌装、高精度检测设备全程监控等高科技配置。拥有高度集约化、自动化的立体仓库 4 个，从下达指令到出仓完成只需 120 秒，并强制性做到"先进先出"，确保每箱产品的存放期最短。

第八节 竞争分析

调味品行业经过多年发展，竞争十分激烈，参与竞争的企业可以分为三类。

第一类是以海天为代表的中国本土的大型企业。该类企业对中国传统口味有深刻理解，建设了覆盖面广泛的销售网络，在产品风味以及渠道上具有较强竞争优势，成为调味品行业的领先企业。第二类是大型外资企业，主要通过合资和收购进入市场，拥有雄厚的资金、先进的管理水平和丰富的营销经验。第三类是本土中小企业，定位于低端产品，产品主要销往企业所在地的市场，在中小城市及农村市场拥有较大的市场份额。目前海天的主要竞争对手是日本龟甲万、香港李锦记。

影响调味品行业的五个核心方面是：（1）菌种的选育；（2）先进的原料处理和多因子调控制曲；（3）多菌种控温发酵；（4）后续加工；（5）核心技术研究和产品配方。海天在五个方面都达到了国内领先、国际一流的水平。前四项已在表格中呈现，而海天产品配方由技术中心和市场部为核心的研发团队制定，通过对消费者口味喜好、消费观念进行深入调研，反复创新、调整。公司有一支专业的鉴评队伍和消费者鉴评队伍，通过专业和消费者两方结合的方式进行研发创新；同时还通过先进的电子仪器（如气相液相色谱等）进行图谱分析，分析包括鲜味成分、香气成分、营养成分，以此固化配方，对产品的稳定和新产品的研发起到关键的作用。

第九节 创新路径与特点总结

从具有 300 多年制酱经验的传统品牌，走向具有世界领先水平的国际化调味品企业，技改创新之路是海天取得成功的根本。

第一，海天积极发展具有独立知识产权的核心生产技术，提高生产设备水平，实现调味品生产技术与设备的双方面升级换代。海天针对调味品生产的五个关键方面发展核心竞争力,从传统的依赖经验生产,转向科学化、标准化、批量化生产。将调味品生产各阶段涉及的化学物质均进行定量分析、定向调控,实现了对最优生产环境的精准把控,以达成原料利用率高、生产成本低、大规模生产、产品风味醇厚独特的优势。

第二,海天积极与国内外科研院所合作,充分利用社会资本开启"产学研"合作。海天与中科院过程工程研究所共同承担了国家"十一五"高技术研究发展计划,与华南理工大学、华中农业大学等机构共同承担了国家级、省级多项重点课题。海天充分利用各机构科研力量,广泛开展校企合作,资源共享的合作模式有利于不断实现科技攻关。

第三,海天重视科研人才队伍的建设。海天近年来都保持近14%的科研人员占比,且每年从高校吸收大量毕业生作为科研储备干部。海天2015年开展"自主经营"的人力资源管理新模式,更多地放权给员工,提升了公平性以及员工的积极性。

第四,海天注重与市场环境结合,不断推出新产品。作为老字号百年品牌,海天仍然长久焕发创新活力,不断拓展产品线。如专注白领与大学生市场的拌饭酱、麻辣鲜黄豆酱,专注专业烹调与新奇风味的海鲜酱、柱侯酱、冰梅酱、拌馅蚝油,符合不同细分市场的需求。

案例三

从模仿到创新的比亚迪

第一节 公司发展历史

比亚迪股份有限公司，总市值 1483.98 亿元，创立于 1995 年，是一家在香港上市的高新技术民营企业。比亚迪在广东、北京、陕西、上海、长沙等全国各地共有十一大工业园，占地面积逾 1264 万平方米；并在美国、欧洲、日本、韩国、印度、印度尼西亚、中国台湾、中国香港等地设有分公司或办事处。员工总数超过 20 万人，现拥有 IT、汽车和新能源三大产业群。比亚迪集团横跨汽车、IT、新能源三大领域，凭借各自领域的丰富技术积累和各领域间的综合协同优势，致力于新能源汽车技术的突破创新和产品的应用推广，积极推进传统汽车转向新能源汽车的产业变革。

比亚迪及其附属公司主要经营包含传统燃油汽车及新能源汽车在内的汽车业务、手机部件及组装业务、二次充电电池及光伏业务，并通过跨座式单轨"云轨"产品积极拓展城市轨道交通业务领域。形成了 IT 产业群、汽车产业群、新能源产业群共三大产业群。其中汽车业务占 53.46%；手机部件及组装等占 38.21%；二次充电电池占 8.28%；其他主营业务占 0.05%。

比亚迪及其附属公司近六年来收入状况如表 4—21 所示：

表 4—21　　比亚迪及其附属公司近六年来收入状况　（单位：百万元）

年份	2017	2016	2015	2014	2013	2012
营业总收入	10591	10347	8000	5819	5286	4690
同比（%）	2.36	29.33	37.49	10.08	12.71	-4.05
营业总成本	10137	9673	7806	5844	5270	4716

续表

年份	2017	2016	2015	2014	2013	2012
营业利润	541	598	317	179	106	93
同比（%）	-7.50	88.49	1873.14	-267.94	135.04	-121.58
利润总额	562	656	379	87	83	29
同比（%）	-14.33	73.09	335.63	4.82	186.21	-83.17
净利润	491	548	313	73	77	21
归属母公司股东的净利润	406	505	282	43	55	38
同比（%）	-19.51	78.94	551.28	-21.61	579.63	-94.12
非经常性损益	107	143	161	111	60	56
扣税后归属母公司股东的净利润	298	461	120	67	56	48
同比（%）	-35.26	282.34	278.16	-1089.67	88.23	-176.91
EBIT	686	812	351	125	133	61
EBITDA	1395	1515	892	557	495	276

由图4—37我们可以看到，自2014年到2016年的三年间，比亚迪的息税前利润便稳步上涨，从12亿元上涨至81亿元。

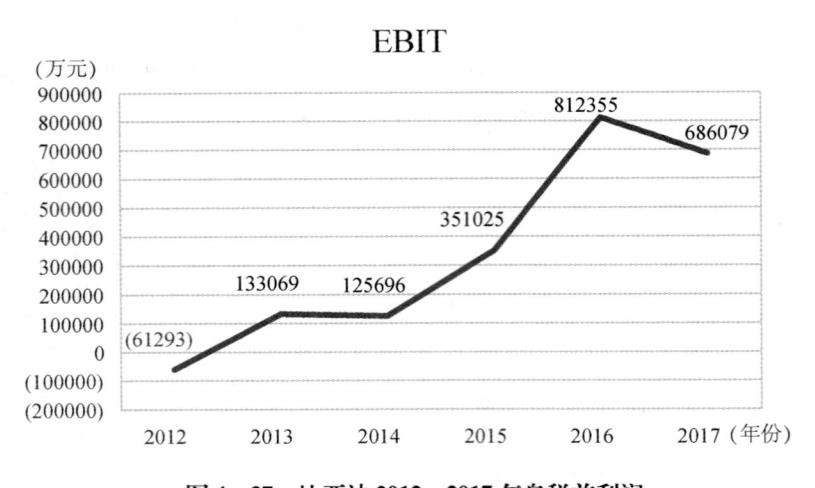

图4—37 比亚迪2012—2017年息税前利润

第二节 公司历年创新投入情况

一 研发人员数量

比亚迪研发人员数量如表4—22所示:

表4—22　　　　　　　　比亚迪研发人员数量

年份	2015	2016	2017
研发人员数量（人）	23814	21356	27488
研发人员数量占比	12.29%	10.89%	13.68%

二 研发投入

公司历年来对创新的投入如表4—23所示：

表4—23　　　　　比亚迪2010—2018年研发费用　　　（单位：万元）

年份	研发费用
2018（前三个季度）	348687.70
2017	626631.90
2016	452161.40
2015	367536.30
2014	367984.80
2013	287248.00
2012	257602.30
2011	277020.60
2010	200242.10

公司历来重视新产品和新技术的开发和创新工作，将新产品研发作为公司保持核心竞争力的重要保证，如表4—23所示，2010年至2012年度公司研发投入占当期营业收入的比例均保持在4%以上。2011—2013年为5%，2014—2016年为4%，2017年为5.92%。

即使在 2012 年公司营业亏损的情况下，2013 年的研发费用也没有因此而减少。

三 研发机构设立

2002 年 8 月 12 日，比亚迪注册成立了上海比亚迪有限公司，旨在研发锂离子电池。

2003 年 4 月 14 日，上海比亚迪电动车有限公司成立，从事电动汽车及汽车零部件的研发。

2004 年 10 月 15 日，比亚迪成立了深圳比亚迪微电子有限公司，致力于研发集成电路。

2005 年 3 月 10 日，比亚迪注册成立了深圳市比亚迪电子部品件有限公司，从事电池、柔性线路板等产品的研发。

2007 年 6 月 12 日，比亚迪注册成立了惠州比亚迪电池有限公司，主要研发锂电池及汽车零部件、手机及其他消费类电子产品零部件，注册资本 15000 万美元。

2007 年 10 月 31 日，深圳市比亚迪汽车研发有限公司成立，从事汽车技术、电动汽车技术、云轨的研究与开发。

2008 年 12 月 17 日，比亚迪注册成立了商洛比亚迪实业有限公司，旨在研发太阳能电池、太阳能电站及其相关产品。

2009 年 8 月 11 日，比亚迪注册成立了长沙市比亚迪汽车有限公司，从事汽车及零部件的研发。

2009 年 11 月，比亚迪成立了韶关比亚迪有限公司，致力于汽车、电动车及其零部件、汽车模具及相关附件等产品的研究开发。

2010 年 5 月 27 日，比亚迪与戴姆勒股份公司签署合同，在深圳成立比亚迪戴姆勒新技术有限公司（2016 年 12 月 7 日更名为深圳腾势新能源汽车有限公司），双方各占一半股权。该公司为比亚迪进军新能源汽车的主力研究公司，涉及的研究项目有：新能源汽车的发动机、新能源汽车的能源储存与利用、新能源汽车的性能技术、新能源汽车的设计与研发。

2010 年 12 月 30 日，腾势新能源汽车有限公司成立了，该公司致力于乘用车、电动车、汽车电动传动系统、车用动力系统及座位少于 9 个的乘用车零部件的设计和研发。

2012年3月27日，比亚迪成立了成都蜀都比亚迪新能源汽车有限公司，旨在研发新能源电动汽车及零配件。

2014年8月4日，广州广汽比亚迪新能源客车有限公司成立，主要研发项目有：新能源技术研究、技术开发。

2015年1月8日，西湖新能源汽车有限公司成立，比亚迪占股40%，该公司从事新能源汽车技术、互联网技术、新能源专用车及汽车零部件的研发。

四　公司历年主要研发项目

比亚迪2010—2018年主要研发项目如表4—24所示：

表4—24　　　　比亚迪2010—2018年主要研发项目

年份	项目名称	使用金额（万元）
2010	长沙汽车城项目生产研发	87418.40
2011	云轨项目	465000.00
2012	新型动力总成及零部件研发和产业化项目	7000.00
2012	深圳汽车研发生产基地项目	219240.00
2015	铁动力锂离子电池扩产和新能源汽车研发项目	1447300.00
2016	红草工业园项目	15000.00
2016	新能源汽车研发项目	500000.00
2018	太原汽车电池项目	36298.80

第三节　公司历年创新成效

比亚迪及其附属公司（以下简称"比亚迪"）通过自主研发，掌握了汽车、手机部件和电池三大产业的核心技术，拥有从研发到生产的全流程开发设计能力具备强大的新产品及新技术研发能力和设备开发能力。在电动汽车方面，本集团已掌握整车控制系统、电源及其控制系统、电机及其控制系统三大核心技术，并率先实现了全球首款双模电动车的商用化，逐步完成了比亚迪从成本领先向技术领先转变的目标。

比亚迪在新能源汽车上的研究与开发取得的巨大成效，主要体现在新产品发表、专利产出、汽车销量、新能源汽车的市场占有率等方面。

一　新产品发表

2013 年，比亚迪推出双模电动车"秦"，作为比亚迪的技术结晶，"秦"采用短途用电、长途用油的运行模式，不仅满足了续航里程的需求，同时也摆脱了对燃油的依赖。成为中国新能源汽车销售冠军，主导新能源汽车和私家车市场。

2014 年，比亚迪与戴姆勒联手推出的纯电动车"腾势 DENZA"结合了戴姆勒的尖端整车技术及百年品牌影响力和比亚迪在电池技术方面的领先优势。

2015 年比亚迪推出电式混合动力 SUV 车型"唐"。荣膺 2016 年中国新能源汽车销量冠军，2016 年销售近 2.5 万辆。

2017 年比亚迪推出"宋"车型的插电式混合动力版本"宋 DM"，备受市场欢迎，并推出了纯电动版本"宋 E V300"，进一步丰富了集团的新能源汽车产品线。

2018 年 5 月底比亚迪推出了 SUV 车型"元"车型的纯电动版本"元 EV360"，大大推进了新能源汽车对燃油汽车的平价进程，显著推动了新能源汽车在非限购城市的销售，为新能源汽车行业打开了更为广阔的市场空间。

2018 年 6 月底比亚迪推出了插电式混合动力版本的全新一代"唐" SUV 车型，作为集团新能源汽车产品线的高端旗舰车型，全新一代"唐"采用全新的 Dragon Face 外观设计并匹配强大的动力系统和智能配置。

二　专利产出

2012 年，比亚迪成功开发出全球领先的双模二代技术、双向逆变技术，进一步巩固了比亚迪于新能源汽车领域的全球领先地位。

2012 年，比亚迪在动力领域成功发布全球领先的 TID 技术，标志着比亚迪在汽车核心技术——动力总成领域取得巨大突破。

截至 2012 年 12 月 31 日，比亚迪已获得超过 6600 项专利权。

截至 2013 年 12 月 31 日，比亚迪拥有专利权价值 264110.8 万元。

截至2014年12月31日,比亚迪拥有专利权价值391153.8万元。
截至2015年12月31日,比亚迪拥有专利权价值385820.1万元。
截至2016年12月31日,比亚迪拥有专利权价值345567.6万元。
截至2017年12月31日,比亚迪拥有专利权价值386427.6万元。
截至2018年6月30日,比亚迪拥有专利权价值398933.4万元。
截至2018年12月5日,比亚迪获得专利权15279项。
比亚迪2013—2018年专利价值如图4—38所示:

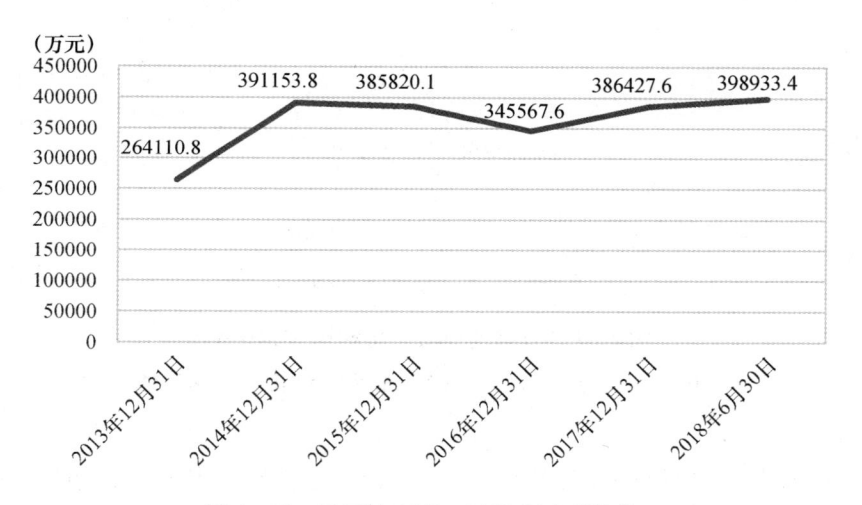

图4—38 比亚迪2013—2018年专利价值

三 汽车销量

比亚迪2012—2018年汽车销售量如表4—25所示:

表4—25　　　　比亚迪2012—2018年汽车销售量　　　（单位:万辆）

年份	2012	2013	2014	2015	2016	2017	2018
传统汽车	42	46.6	37.1	32.2	32.6	24.5	27.74
新能源汽车	0	0.19	1.88	5.8	9.9	11.4	15.16

此外,截至2018年9月31日的9个月,公司累计实现新能源汽车销

量为 171085 辆，燃油汽车销量为 228983 辆，合计销量为 400068 辆（见图 4—39）。

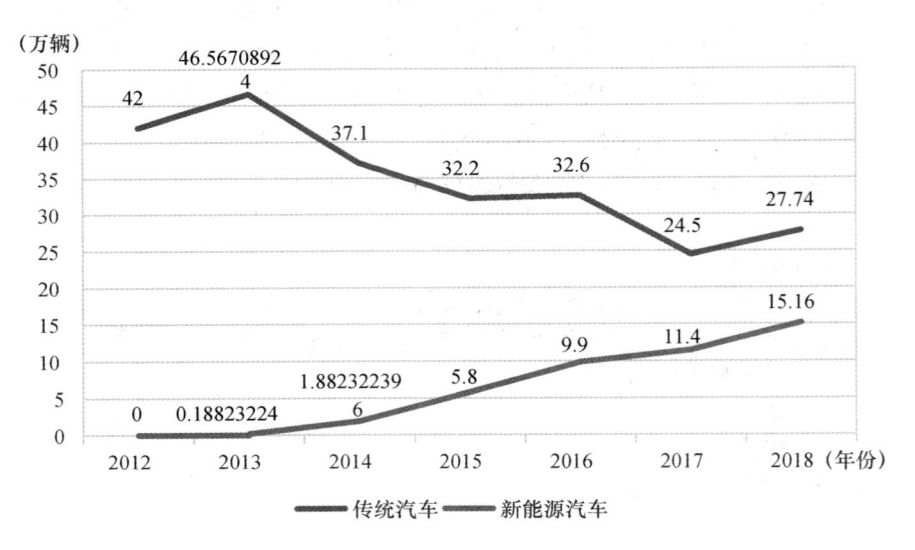

图 4—39　比亚迪 2012—2018 年汽车销售量

备注：2018 年全年销量是以 2018 年上半年年报中销售数量乘以 2 来预测的。

同时，比亚迪股份（01211.HK）公布，2018 年 10 月，公司实现新能源汽车销量为 27667 辆。其中，纯电动乘用车销量为 12980 辆，插混乘用车销量为 13086 辆；燃油汽车销量为 20830 辆；10 月份合计销量 48497 辆。

根据以上公布的信息，我们可知，截至 2018 年 10 月 30 日，比亚迪已经实现的新能源汽车销量为 198752 辆，已经超过了以半年年报预测的结果。以此数据进行全年预测，2018 年新能源汽车的总销量应为 238502 辆。

四　市场占有率

2013 年比亚迪在中国自主品牌乘用车市场占有率为 39.2%。

2014 年比亚迪在中国自主品牌乘用车市场占有率为 38.4%，在新能源汽车领域的市场份额达 27.9%，在插电式混合动力市场份额更高达

49.6%，于业内遥遥领先，稳占市场领导者地位。

2015 年比亚迪在中国自主品牌乘用车市场占有率为 42.4%。

2016 年比亚迪在中国自主品牌乘用车市场占有率为 43.2%，比亚迪新能源汽车全球市场份额已达到 13%，在中国的市场份额则达 23%，行业地位不断巩固。

截至 2018 年 6 月 30 日，比亚迪在新能源汽车领域的市场占有率约 18.3%，在新能源乘用车领域的市场占有率约 20.3%。

五 其他方面

从无形资产方面看，2015 年 12 月 31 日，比亚迪累计无形资产 1212861.5 万元，在累计摊销 376784.0 万元的情况下，2018 年 6 月 30 日公司累计无形资产 1757355.5 万元。反映出比亚迪坚持创新所带来的知识产权与社会认可。

比亚迪在整车制造、模具研发、车型开发等方面都达到了国际领先水平，产业格局日渐完善。汽车产品包括各种高、中、低端系列燃油轿车，以及汽车模具、汽车零部件、双模电动汽车及纯电动汽车等。代表车型包括 F3、F3R、F6、F0、S8、G3、M6、L3、G3R、S6、G6 等传统高品质燃油汽车，以及领先全球的 F3DM 双模电动汽车、e6 纯电动车及 K9 纯电动大巴等。至今，比亚迪汽车已成为最具创新力的新锐民族自主品牌。

第四节 公司创新的路径与特点

王传福一直坚持不断优化流程，通过自主设计来提高市场竞争力。集团秉持"技术、品质、责任"的发展理念，在技术、品质、成本和管理等方面打造出长期可持续的核心竞争优势。

一 虚心地学习与模仿

比亚迪以二次充电电池起始业务，在拓展新业务时，比亚迪往往选择和自己原有业务有关的领域，在新领域中利用自己原本的技术成果，并通过模仿与学习领域中其他企业的领先技术，占有属于自己的一隅之地。随后在不断追赶中，追平竞争对手，利用自己原有的技术优势将之反超，最后在新的领域中追求卓越。比亚迪先后成为 IT 配件供应商、手机制作供应商、汽油车制造商，最终成为新能源汽车的领军企业。

在初入汽车行业时，比亚迪先是收购了安晴川汽车有限责任公司，吸收在汽车行业中已经经营了一段时间的企业在该企业中的管理、制造、营销经验，并在不断学习与模仿中将之吸收为自己的知识与经验，并通过模仿制造成本上的优势，在该行业中迅速站稳脚跟。在 2010 年左右，比亚迪在中国国内汽车市场内表现一直并不出彩，给人的印象往往是利用极低的售价，销售低质量的、低品质设计、低创意的产品。

2008 年，比亚迪就开始尝试将自己有优势的领域——电池领域，与自己有劣势的领域——汽车领域相结合，推出了第一款电动车——比亚迪 F3DM 双模电动车。虽然这是在当时全世界第一款不依赖专业充电站的双模电动车，但是受限于比亚迪汽车技术仍不够成熟，再加上市场环境的限制，比亚迪这次尝试并没有取得成功。

比亚迪深知拥有属于自己技术的重要性。于是，在 2010 年，比亚迪股份有限公司与戴姆勒股份公司签署合同，在深圳成立比亚迪戴姆勒新技术有限公司。比亚迪期望通过与拥有高新技术的公司合作的方式，来增强自己在汽车制造业的技术能力，即使这样会让自己经营的利润受到损失，比亚迪也仍然虚心学习。

二　迅速转型

比亚迪创立于 1995 年，从二次充电电池制造起步，比亚迪团队也因为王传福的这个理念，成为手机制作供应商。

因为比亚迪有着电池行业的经验，在 2003 年选择投资项目的时候，收购相似的汽车制造商，进军汽油车领域。

在 2008 年比亚迪就有转型新能源汽车的想法，但是奈何时机不成熟，于是只好作罢。

2011 年，王传福觉得国产车已经接近饱和，转型成新能源汽车的时机已经成熟。比亚迪 2011 年这次关键的转型，让比亚迪早早地进入新能源汽车市场，占有了极大的市场份额，在新能源汽车市场上占尽了先机——比亚迪于 2011 年便开始了新能源汽车的研究与开发，相较于国内其他企业于2014年才开始的研发，比亚迪多出了3年的科研与准备时间。2012年，比亚迪便已经自主研发出并申请了新能源汽车许多关键技术的各项专利，在2013年首次推出混合动力乘用车时，国内许多其他企业仍未意识到新能源汽车的未来发展前景。

在我们看到第三次转型如此关键的同时，我们也必须认识到前两次转型为比亚迪提供的经验与技术也是不可或缺的——电池技术为比亚迪新能源汽车提供了更具实际意义的可能性，汽车的制造给比亚迪带来了乘用车生产与销售的经验与渠道。比亚迪正是通过这三次转型，形成现在的业务格局，成为世界500强企业。旗下拥有九大基地，20万员工的汽车龙头企业。至2016年11月，比亚迪在全球共建立了30个生产基地，总占地面积超过1800万平方米，员工总数达22万人。

三 持续创新

在比亚迪已经统领世界新能源汽车市场，占尽优势的今天，比亚迪戴姆勒新技术有限公司仍未解散，而是改名为深圳腾势新能源汽车有限公司，继续着比亚迪的研究工作，比亚迪也不断从中学习外国经验。

比亚迪戴姆勒新技术有限公司给予员工最高的福利与待遇：除了交通、话费、住房、伙食补助等常规福利外，还具有年度体检、全薪年休假（公司中所有员工均享受年假，年休假为10天，并随着服务年限增加而增加，上限15天）、全薪病假、结婚礼金、子女出生礼金、年资服务奖、有竞争力的商业保险、海外培训机会等福利，旨在为员工营造一个轻松、舒适的环境，激发员工的创造力。

比亚迪始终不忘创新是企业生存的基石。自2010年以来，无论本年度的利润是高是低，比亚迪给予研发的经费一直不低于企业利润的4%，持续对研发的经费支持让比亚迪在新能源汽车领域始终保持领先的地位。

案例四

广电运通的创新与转型

第一节 公司发展历史

广电运通前身系广州广电运通金融电子有限公司，于1999年7月8日正式创立，注册资金超过8.96亿元，2005年10月依法整体变更为广州广电运通金融电子股份有限公司，是一家国有资产控股的上市公司。

该公司股票简称为广电运通，股票代码为002152，股票上市交易所为深圳证券交易所，公司的中文名称为广州广电运通金融电子股份有限公司，简称为广电运通，公司的外文名称为GRG Banking Equipment Co., Ltd.，外文名称缩写为GRG Banking，公司的法定代表人为赵友永，注册地址为广州市萝岗区科学城科林路9号，注册地址的邮政编码510663，办公地址为广州市萝岗区科学城科林路9号，办公地址的邮政编码为510663，公司网址为www.grgbanking.com，公司电子信箱为securities@grgbanking.com。

广电运通是全球领先的货币处理设备及系统解决方案提供商，亦是中国ATM行业的领导者，国内最大规模的自助设备商，自助设备维保及智能化全托管服务商。

第二节 公司主要业务

广电运通是一家以自动银行柜员机（ATM）、远程视频柜员机（VTM）、清分机、智能交通自动检票售票系统（AFC）等自助设备产业为核心，融合自助设备维保服务及金融外包服务两大服务业，集自主研发、生产、销售及服务为一体的现代化高科技产业，同时，公司以人工智能技术为驱动，立足智慧金融核心优势，向智慧交通、智慧安防、智慧政务、智慧便民等领域延伸，推动传统产业转型升级。

报告期内公司主营业务：

传统领域：国内银行自助设备销售业务、海外销售业务和产品制造业务。

传统领域的任务和使命是持续提升公司传统现金设备市场竞争优势和行业地位，构建国际化核心竞争力，为其他领域的拓展、扩张提供支撑。

服务领域：自助设备维保业务和金融外包服务业务。

服务领域的任务和使命是加速外延扩张和战略布局，尽快成为公司核心业务和主要利润来源。

拓展领域：清分机业务、AFC业务、读卡器业务、环保业务、金融IT外包业务以及以研究院为孵化平台的人工智能创新业务。

探索公司转型升级的发展方向，以技术创新、体制机制创新和战略合作手段培育，推进未来业务，以资本运作手段加快转型速度并提升企业价值。

公司的智能金融装备解决方案已进入全球80多个国家和地区的1200多家银行客户，在俄罗斯、土耳其、德国等国家设立分支机构，全球ATM安装总量超过22万台，连续十年位居中国市场销售占有率首位，是我国同行业中经营规模最大、技术实力最强的ATM民族品牌供应商，是全球真正掌握ATM核心现金循环技术的少数几家企业之一，综合实力排名全球前四强。依托近2万人的专业金融服务团队，公司用"互联网+智能服务"整合银行外包业务，通过并购和投资快速切入智能安全领域，在全国超过40个城市整合安防企业，开展武装押运、智能安防、平安城市等智能安全业务。公司的智能交通解决方案已成功应用于中国超过30个城市的100多条地铁和高铁线路，并在南方航空上线了国内首个人脸识别智能登机系统。基于人工智能前沿探索，广电运通应用智能视频、智能语音、生物特征识别、智能人机交互等先进技术，在智慧金融、智慧政务、智慧安防等领域已成功落地多个应用场景。

在智能金融领域方面，广电运通连续多年位居中国ATM市场销售占有率第一。金融智能终端设备在全球布放量超过 30 万台，并为我国政府 60% 的财政性资金提供国库支付电子化方案，财政支付电子化应用市场占有率达 98%。公司正积极推进生物特征识别、智能语音、人机交互等核心技术在银行、财税等行业的应用，已形成智慧银行网点、智能财税平台等多个解决方案，并成功打造了中国首家"无人银行"标杆项目。公司将抓住金融行业转型及业务升级需求，拓展人工智能应用场景，成为国内智能金融综合解决方案提供商。

在智能交通领域方面，广电运通的智能售检票终端产品及系统软件平台已广泛应用于中国超过 30 个城市的 100 多条地铁、高铁和机场航班线路。当前正联合广州地铁推进重大科技项目攻关，并携手百度、腾讯推进"码上乘车""刷脸过闸"等场景创新，已在多个城市地铁实现批量应用。公司将利用技术和资本实力，纵向拓展轨道交通系统集成、弱电及智能安检等其他专业领域，横向拓展客运、航空、港口等领域，为便利人们交通出行提供一揽子解决方案。

在智能安全领域，广电运通已在全国范围内服务了近 400 家金融及泛金融客户，拥有 30 多家现金外包及武装押运子公司，形成现金安全服务全产业链，并积极拓展联网报警运营、贵重品安全押运等创新业务。同时，公司与华为等厂商展开全面合作，构建平安城市综合解决方案，已成功建设深圳市龙岗区雪亮工程、深圳市公安局龙岗分局智慧警务云平台、福州市公安局人脸识别大数据平台等多个在行业内具有标杆意义的样板项目，业务范围覆盖 29 个省市自治区。公司将发挥各地子公司的桥头堡作用，深入推进人工智能技术在安全运营领域应用，成为智慧城市公共安全骨干提供商。

从智能便民领域来看，广电运通已在全国范围内建立起集中智能设备监控调度指挥中心（AOC）、近千个服务站、拥有超 5.5 万人的网络认证工程师队伍，不仅为金融、泛金融领域近 20 万台智能设备提供运维服务，而且利用服务优势不断延伸扩张，快速切入智能新零售行业，正积极布局物理网点拓展零售营运业务。同时，公司自主研发的智能票务系统软件及终端产品应用于文化旅游等行业，并打造了长隆集团、贵州茅台古镇、金逸院线等标杆项目。公司将着力打造金融、政务、零售、文旅等细分行业的线上便民服务云平台和线下便民服务生态圈，提供更加便利的生产生活体验。

海外市场领域，广电运通已建立十大国际分支机构，产品及服务已进入全球80多个国家和地区，国际业务呈现多点并进的态势。同时，公司在国内市场的智慧银行网点等解决方案不断推广至国际市场，已助力俄罗斯、土耳其、新加坡、阿根廷、墨西哥、越南等国家和地区的智能金融服务快速升级。面向全球客户提供具有行业智能终端设备及综合解决方案。

第三节　公司战略

广电运通始终坚持市场导向，积极推动业务创新和战略变革。公司从国内银行ATM市场起步，自主研发钞票识别核心技术，并积极探索海外市场，横向拓展营运业务、轨道交通业务。围绕行业同心多元化，公司推动设备维保业务独立运作，并通过内延外购，形成金融服务外包全产业链。经过近二十年的发展，公司已成为集智能终端研发、制造、营运、服务为一体的行业龙头企业。随着新一代科技革命的兴起，公司主动变革，把人工智能技术作为提升客户业务运营效率和质量的关键，全面布局场景、数据、算法及算力四大人工智能要素，积极构建面向未来的竞争力，战略聚焦智能金融、智能交通、智能安全、智能便民四大领域，科技赋能并推动传统产业升级。

广电运通始终坚持自主科技创新驱动战略，每年研发投入占比超过营业收入的8%，已经建立起1个研究总院+6大专业研究分院的技术研究平台，拥有由院士领衔，包括博士、硕士在内的近2000人的专业研发团队，设立了国家级企业技术中心和国家级工业设计中心、博士后科研工作站、国家实验室、城市轨道交通系统安全与运维保障国家工程实验室、金融智能终端系统安全技术国家地方联合工程研究中心等研发机构，多款智能银行终端达到国际领先水平，并积极与斯坦福国际研究院、华为、腾讯、阿里等全球知名研发机构、生态伙伴开放合作，成立了北京研究院和硅谷研究院。有效授权专利超过1200项，主导、参与制定或修订多项国家标准，其中已发布并实施14项，主导完成7项，是国内首家完成全部主流生物特征识别国家标准布局的企业。公司在人工智能基础层、技术层及应用层方面,已具备深厚的技术实力,并积累了大量的行业应用案例。

第四节　近五年收入/利润情况

广电运通近五年的营业收入、归属于上市公司股东的净利润及归属与上市公司股东的扣除非经常性损益的净利润数据如表4—26所示:

表4—26　　广电运通2013—2018上半年收入及利润情况

年份	营业收入（元）	归属于上市公司股东的净利润（元）	归属于上市公司股东的扣除非经常性损益的净利润（元）
2013	2515897353.80	705076417.95	634057715.23
2014	3151910135.24	807445127.21	722976703.41
2015	3972941256.17	898465097.07	824279182.99
2016	4423649958.72	843972144.65	731522102.29
2017	4383577016.09	899485037.43	412661955.05
2018（上半年）	2119080162.85	344002131.70	285408501.04

第五节　公司历年创新投入情况

一　研发人员数量构成及研发投入情况

一直以来,公司高度重视技术研发,把研发放在战略高度,坚持研发高投入,以市场为导向,不断开发新产品,完善核心技术,升级产品结构,全面提升公司综合竞争力。

2013年

研发投入金额（元）182320562.00;

研发投入占营业收入比例7.25%;

占净资产的比例5.04%;

净资产（元）3620686011.46。

2014 年

研发人员数量（人）1044；

研发人员数量占比 11.17%；

研发投入金额（元）237153012.24；

研发投入占营业收入比例 7.52%；

研发投入资本化的金额（元）0.00；

资本化研发投入占研发投入的比例 0.00%。

2015 年

研发人员数量（人）1089；

研发人员数量占比 8.61%；

研发投入金额（元）333271209.50；

研发投入占营业收入比例 8.39%；

研发投入资本化的金额（元）0.00；

资本化研发投入占研发投入的比例 0.00%。

2016 年

研发人员数量（人）1097；

研发人员数量占比 5.15%；

研发投入金额（元）363746885.73；

研发投入占营业收入比例 8.22%；

研发投入资本化的金额（元）0.00；

资本化研发投入占研发投入的比例 0.00%。

2017 年

研发人员数量（人）1109；

研发人员数量占比 4.57%；

研发投入金额（元）369017475.84；

研发投入占营业收入比例 8.42%；

研发投入资本化的金额（元）0.00；

资本化研发投入占研发投入的比例 0.00%。

二 研发机构设立情况

广电运通拥有国家级企业技术中心和博士后科研工作站，分别在广州、北京、上海设立了研发中心，拥有国内最大的行业精英研发团队，同时还聘请了中科院等机构的知名专家担任顾问，并且于 2018 年 1 月 22 日，广电运通人工智能研究院正式成立。

第六节　公司历年创新成效

2017 年：

广电运通"基于多模态技术的高速货币智能鉴伪识别系统研究"获得第七届吴文俊人工智能科技进步奖"企业技术创新工程奖"。

广电运通荣获"2017 年度国家知识产权示范企业"，这是我国企业知识产权管理领域的最高荣誉。

"一种有价文件识别装置"荣获第四届广东专利金奖。

2016 年：

广电运通互联网售取票机获得第八届"省长杯"工业设计大赛铜奖。

2015 年：

工信部、财政部联合公布 2015 年 75 家"国家技术创新示范企业"名单，广电运通作为 ATM 行业为唯一入围企业。

硬件产品方面，广电运通自行设计的硬件模块有出钞机芯、存款机芯、识别模块、票卡发售模块、票卡回收模块、加密键盘模块等 30 多个。已申请专利共 57 项，在加密、打印、通信、光机电控制、接触式和非接触式 IC 卡读写应用等方面拥有核心技术。其中多项技术成果提升了整个 ATM 行业的质量和安全水平，例如：叠钞机构的弹性杠杆专利，大大提升了 ATM 出钞质量，降低了卡钞率；闸门反扣装置的发明，提高了 ATM 的安全性。

软件产品方面，广电运通自主开发了银行终端、前置端及其主机系统软件，包括自助设备统一软件平台 CATalyst、金融交易交换平台 FEEL Switch、自助设备监控管理系统 FEEL View、银行卡系统 CardElite 等十多个软件产品。拥有计算机软件著作权登记 20 项，计算机软件产品登记 15 项。其中，整合这些软件产品形成的自助设备经营管理解决方案，从监控、管理、经营三个层次提升了银行自助设备的投资回报。

第七节　公司创新路径与特点总结

一　积极与众多国内外知名单位结成合作伙伴关系

技术合作：广电运通全面开展技术合作，与清华大学、哈尔滨工业大学、IBM、ORACLE、SYBASE、DeLaRue、HITACHI、G&D、ERG 等众多国内外知名单位结成合作伙伴关系。

二　在探索创新与转型道路的同时坚持保证产品质量

品质保证：广电运通系列产品严格按照 ISO9000 质量保证体系和 CM-MI L3 级国际软件质量体系等国际质量管理要求，完全符合《自动柜员机（ATM）通用规范》和国际相关行业标准，并通过权威机构检测，包括：中国强制性产品认证制度（CCC）及 CE、FCC、UL、PCI、EMV 在内的众多认证。

三　重视科技研究，并为此大量投入

重视科研：广电运通拥有国家级企业技术中心和博士后科研工作站，分别在广州、北京、上海设立了研发中心，拥有国内最大的行业精英研发团队，同时还聘请了中科院等机构的知名专家担任顾问。广电运通是 ATM 国际行业协会和 CEN/XFS 组织的核心成员，并与 DeLaRue 公司、G&D 公司、日立、IBM、Oracle、Sybase 公司等多家国际大型企业建立起了紧密的国际性战略合作联盟。

四　坚持自主创新研究

在 2005 年 8 月，广电运通就自主研制出采样点比国外同类产品高出 60 多倍的钞票识别模块，并成功通过由中国信息产业部主持，中国人民银行、中国公安部以及工、农、中、建、交等机构组成的鉴定委员会的鉴定，改写了我国高端钞票识别技术一直依赖国外的历史。通过坚持独立自主，创新发展，不断提升广电运通的市场地位和竞争优势。

五 建立自己的人工智能研究院——广电运通人工智能研究院

于 2018 年 1 月 22 日，广电运通人工智能研究院揭牌成立。该研究院由 Aibee 创始人兼 CEO 林元庆博士担任院长，他将携 Aibee 团队与广电运通在人工智能领域展开深入合作，以人工智能赋能实体经济，共同推进人工智能产业化发展，助力广州"IAB 计划"的有效落地。广电运通人工智能研究院将下分大数据中心、算力中心等专业研发部门，以人工智能技术赋能传统产业。这是广电运通加速行业"人工智能+"战略升级的关键一步，是开展 AI 与实体经济深度融合的重要里程碑。

总体看来，广电运通在"有容、有衡、有序"的核心文化理念指引下，倡导"快乐工作，精彩生活"理念，建立"个人、企业、国家共同发展"的健康机制，朝着"成为具有全球竞争力的行业人工智能解决方案提供商"的愿景而奋进。通过一系列举措和改革，把握人工智能时代机会，坚持自主创新，重视科技研究，通过合理的创新与转型，竭力提升自己，以更好地服务于社会。

案例五

迈瑞医疗的突破创新之路

第一节 公司概况

迈瑞医疗是中国领先的高科技医疗设备研发制造厂商，同时也是全球医疗设备的创新领导者之一。公司成立于1991年，总部设立在中国深圳，主要从事医疗器械的研发、制造、营销及服务。历经多年的发展，公司已经成为全球领先的医疗器械以及解决方案供应商，为国内医疗器械龙头企业，也是创新研发和国际化标杆企业。

公司愿景：成为守护人类健康的核心力量。

公司使命：普及高端科技，让更多人分享优质生命关怀。

公司核心价值观：客户导向，以人为本，严谨务实，积极进取。

第二节 公司发展阶段

公司的发展阶段可主要分为三个阶段：

探索阶段：早期主要以代理监护仪为主要业务，积累原始资金后，公司开始尝试自主研发产品，于1992年推出公司第一台自主研发产品——血氧饱和度监护仪，为公司坚定自主研发路线奠定基础。

自主研发阶段：1996年公司被评为"国家火炬计划重点高新技术企业"，2001年公司成立背景研发中心，通过自主研发，先后推出中国第一台全自动血液细胞分析仪、中国第一台全自动生化分析仪和中国第一台全数字黑白超生等系列产品。

国际化与多元化阶段：2006年公司实现美国上市，开启全球化战略航程。2008 年公司于美国与瑞典成立研发中心，扩大其研发实力。同时在外延方面，国内外收购多家知名高端医疗产业企业，跻身全球监护领域第三大品牌和国内高端彩超第一品牌。2010 年新品牌战略全面启动，为未来发展塑造国际化品牌新形象。

第三节　公司战略

一　成本领先战略

迈瑞医疗在产品制造中，充分利用深圳和珠江三角洲来料加工企业群，将产品初级加工外包，本部致力于产品的研发，成功地降低了成本，并且提高了产品质量。通过成本控制，价格的降低不但未降低产品质量，甚至提升了产品的附加价值。

二　差异化战略

迈瑞实行的差异化战略有着很好的基础和优势。首先，其在产品宣传时，强调将迈瑞产品与国产其他品牌区别开来，实施差异化战略。其次，依据国际化标准设计产品，产品的安全性明显优于其他品牌，技术与性能水平达到国际领先水准。最后，其健全的售后服务体系形成了国内医疗器械最大的服务网络。

三　目标集中战略

作为成本领先战略与差异化战略的一种折中，将资源与能力集中于某些特殊的客户群体，在小客户群中获得竞争优势。迈瑞医疗在产品开发中，注重产品需求分析，针对不同目标客户的需求确定产品的功能性能。

四　国际化战略

迈瑞医疗凭借着初期代理国外产品所累积的资产与经验，随着自主研发产品的迅速发展，获得了融资支持，并且于 2006 年上市成功。公司希望未来的发展通过上市的契机更好地拓展国际市场和完善公司治理，以加速国际化步伐。

第四节 公司主要业务

公司早期由代理业务起家,通过长期的自主研发,打造了生命信息与支持、体外诊断、医学影像三大产品序列,均在行业内拥有较大的影响力。

生命信息与支持是包括监护仪、除颤仪、麻醉机、呼吸机等用于生命信息监测与支持的一系列仪器与解决方案的组合。其中监护仪作为公司的传统业务,公司于2008年对美国Datascope医护监控设备业务进行了并购,在获得其监护产品、技术和知识产权的同时,也打开了进军美国市场的渠道。公司监护仪在2016年全球和中国监护市场排名中分别为第三和第一位。除颤仪在迈瑞投放市场之前,国内市场一直依赖于进口。在2013年迈瑞投放除颤仪后,经过几年的推广,其在全球和国内除颤市场中的排名分别为第五位与第三位。

体外诊断作为全球医疗器械第一大细分领域,它是通过对人体的样本的监测,从而获取临床诊断信息的产品。迈瑞医疗作为国内体外诊断龙头企业,拥有相对完整的产品条线,覆盖了生化分析、血球分析、免疫分析、凝血分析等临床检验的主要领域。公司在生化仪方面先后推出BS-200系列、BS-300系列等多个型号的全自动生化分析系统,使得其成为全球少数几家能够提供全系列高性能生化检测系统的厂家。

医学影像业务产品包括超声诊断系统、数字X射线成像系统。迈瑞医疗作为国内超声影像龙头,国内企业中市场份额排名第一。公司持续对高端彩色多普勒超声诊断仪、便携式超声诊断仪高阶改进,推出的高端彩色多普勒超声诊断仪,占领了国内三甲医院和国际高端市场一定的份额。

第五节 公司近五年收入与利润情况

迈瑞医疗公司营业收入从2014年的78.36亿元增长到2017年的111.74亿元,年复合增长率约为112.56%;净利润从2014年的13.95亿元增长到2017年的26.01亿元,年复合增长率约为23.94%。2018年公司前三季度实现营收102.80亿元,同比增长23.19%;归母净利润29.02亿元,同比增长45.27%。

公司收入主要集中于公司的三大主营业务：生命信息支持、体外诊断以及医学影像。2017年公司三大产品线收入占比和毛利合计占比均达97.7%，为公司的核心业务。生命信息支持业务占比37%左右，体外诊断业务占比33%左右，医学影像业务占比27%左右。

图4—40、图4—41为公司2014—2018年第一至第三季度公司营业收入、净利润以及2014—2017年公司的收入结构：

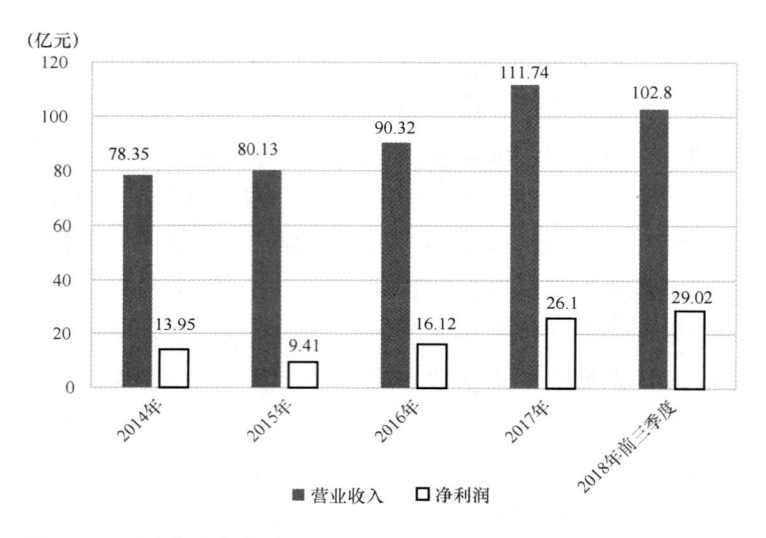

图4—40　迈瑞医疗公司2014—2018年前三季度营业收入及净利润

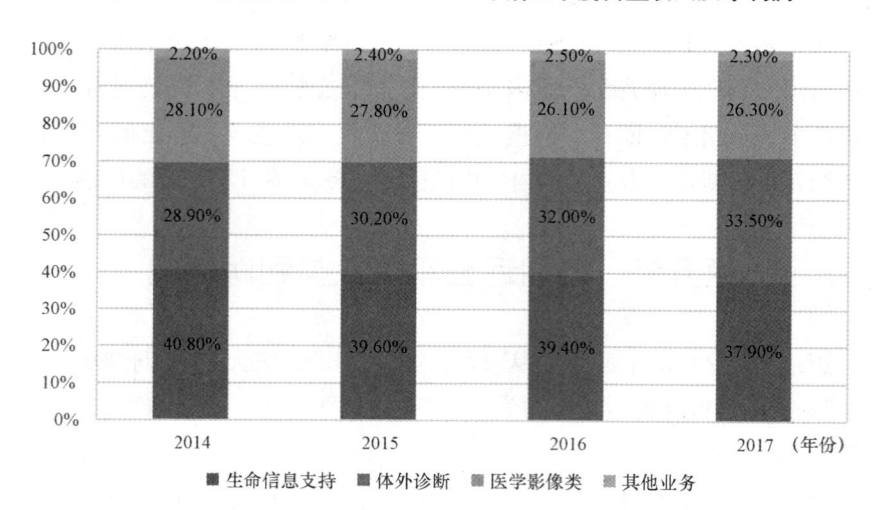

图4—41　迈瑞医疗公司2014—2017年公司收入结构

第六节 公司历年创新投入情况

一 公司研发人员数量

截至2017年,公司有研发人员1764名,占公司员工总数的比例为21.3%。按照级别分类,公司的研发人员可分为工程师、资深工程师、主任工程师、资深主任工程师四大类。人员专业背景覆盖电子技术、计算机技术、传感器技术、生物化学、临床医学、流体力学等多种学科种类,多元化、复合型的人员配备能够满足公司多个领域的核心技术研发需要。除此之外,公司积极从专业领域研究院所、高水平海外研究机构以及国内外知名高校招聘高素质人才。自公司成立以来,内部核心技术人员研发团队较为稳定,未发生过重大不利变动。

图4—42展示的是迈瑞医疗与其同业务公司在研发人员数量上的比较。不难看出,迈瑞医疗在研发人员数量上与同行业其他公司相比有着明显的优势。

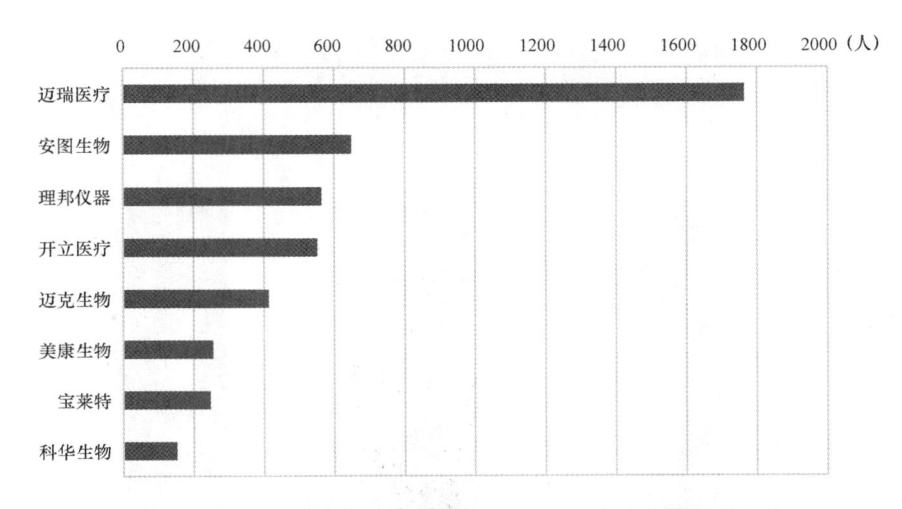

图4—42 迈瑞医疗公司与其他同行业企业研发人员数量比较

二 公司研发投入

自创立以来,迈瑞一直保持着对于研发的高投入,坚持自主掌握核心技术。在多个领域中,迈瑞打破了国内行业的空白,有力地带动了中国医疗工业整体创新与发展。多年研发投入形成了公司在研发和精密制造领域的深厚积淀，是公司创新和品质的基础。根据公司招股说明书，经过多年努力，公司在主营业务领域具备了一定核心技术研发能力，技术储备雄厚，已成为国内行业领先的高端医疗装备研发和生产企业。

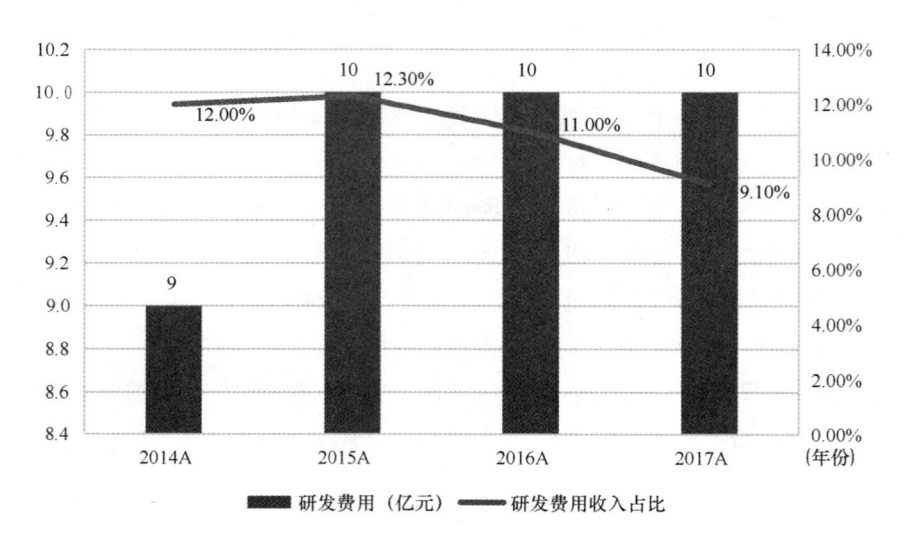

图4—43 迈瑞医疗公司研发费用与占公司收入比例

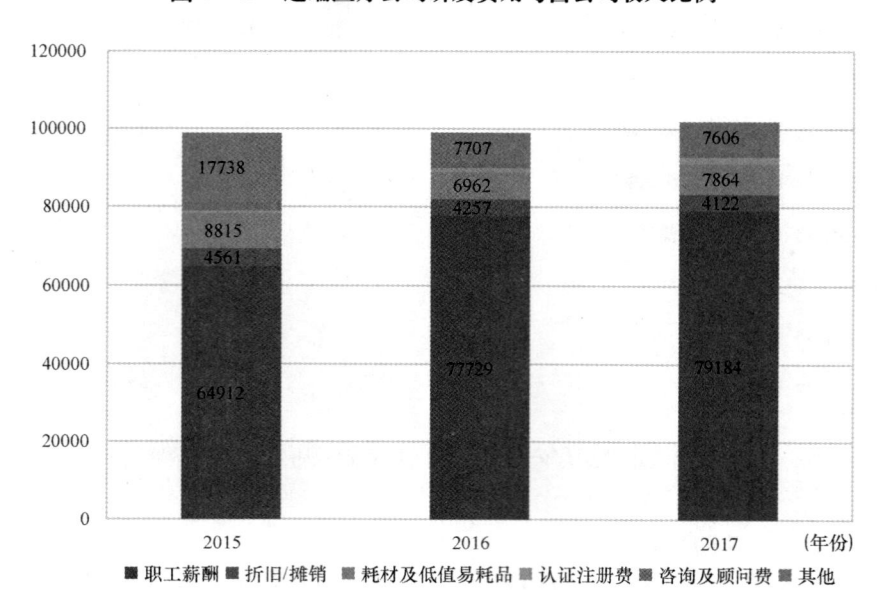

图4—44 迈瑞医疗公司研发费用构成

图4—43、图4—44展示的是公司近年来研发投入的变化趋势与研究投入占公司收入的比例，以及公司近年来研发费用的构成。公司研发投入一直稳定在10%左右，与同产业其他企业相比，迈瑞医疗研发投入处于领先地位。

第七节 公司研发机构设立

公司按照主营业务分类，以事业部为单位，分别设立生命信息与支持事业部、医学影像事业部、体外诊断事业部、外科事业部以及中央研发管理部，并单独设立技术研究院。其中生命信息与支持事业部、体外诊断事业部与医学影像事业部分别负责相关技术的开发工作。外科事业部负责拓展关于外壳业务的研发，中央研发管理部负责统筹与协调迈瑞医疗研发创新体系建设工作。

为了实现研发范围的增大，实现全球资源充分配置，公司于近年在国内外各地开设研发中心，分别分布于深圳、南京、北京、西安、成都、美国硅谷、美国新泽西和美国西雅图，真正实现了对于全球资源的利用，有利于企业进一步创新。

第八节 公司历年创新成效

一 专利产出

公司对于产品的研发上的大量投入，使得公司在近年来专利获取上取得了显著的进步。公司专利覆盖公司三个主营业务，在国内同行业企业中处于明显的领先地位。公司成立以来共取得专利2413项。其中发明专利979项，实用新型专利398项，外观专利333项，发明授权专利703项。在近五年里，公司共取得发明专利243项，其中中国授权专利183项，美国授权专利60项。公司近五年发明专利数量变化与增长率如图4—45所示。

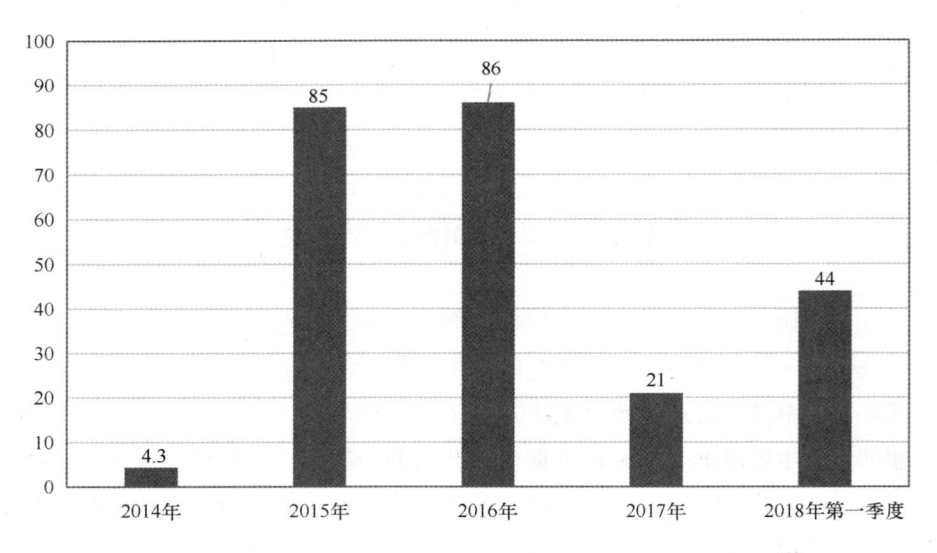

图 4—45　迈瑞医疗公司 2014—2018 年第一季度公司新发专利数量

二　新产品研发情况

公司对于研发与创新的大规模投入，与此同时也带来了公司近年来大量新产品的研发上市。截至 2018 年第一季度，公司共有 168 项正在生产或销售的主要医疗器械产品，其中共有 78 项产品获得了美国市场准入许可，进入了美国市场。具体上市新产品数量变化趋势如图 4—46 所示。

公司研发的新产品符合公司的主营业务，且近年来公司在生命信息与支持、体外诊断与医学影像三大主营业务中取得了显著的成效。

在生命信息与支持领域，公司已完成监护产品、中央监护系统、除颤仪等生命信息与支持系列产品的自主开发研制，并且于近年自主研发并掌握生理参数测量技术，能满足各种复杂临床环境的要求。其中公司 BeneVision N 与 BeneView T 高端系列监护仪产品应用了公司自主研发的生理参数测量技术，可将多种设备与信息联系起来，凭借其产品的功能以及性价比在全球顶级医院都有使用。

体外诊断作为公司第二大产品领域，近年来新产品上市情况也十分

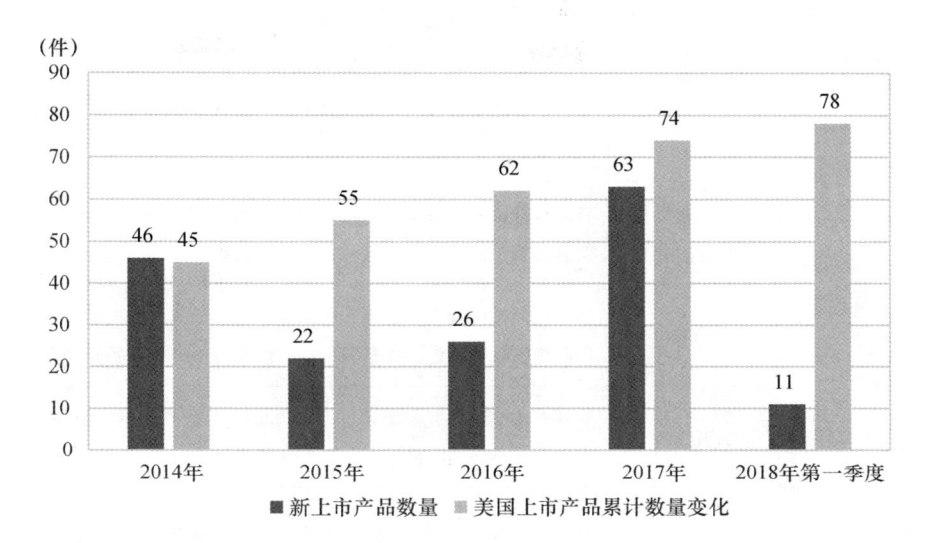

图 4—46　迈瑞医疗公司 2014—2018 年第一季度国内新上市产品数量及
美国上市产品累计数量变化

可观。以体外诊断中的化学发光仪器为例，2013 年前国内所有产品都需要依赖于进口。迈瑞医疗在 2011 年开始立项发光产品，在 2013 年推出自己全自动的化学发光产品 2000I，并且随后又推出 100 速度的 1000I，在 2018 年推出高速发光 6000I，成为全球最快速度的发光设备。可以说迈瑞医疗在发光设备领域是国内的先驱者。

迈瑞医疗在医学影像技术也在公司整体研发的环境之下努力追赶国际领先企业，成为医学影像领域的后起之秀。以彩超行业为例，2010 年之前国内各大企业都胶着于低端市场，随着迈瑞的研发，在 2011 年与 2015 年分别推出 DC-8 与 R7 系列高端彩超产品。产品推出后因其先进的技术在国内外各大市场都享有一席之地。

公司目前围绕三大产品线开展多款产品的研发，主要围绕产品技术升级，进一步提升公司产品质量。其中生命信息与支持领域重点布局新一代监护仪和除颤仪、麻醉剂等产品；体外诊断领域重点布局高端生化仪、高端凝血分析系统等；医学影像重点布局中高端彩超产品。具体在研梯队与在研项目如表 4—27 所示。

表 4—27　　迈瑞医疗在研梯队与在研项目

业务方向	项目名称	项目简介
生命信息与支持	全新一代监护仪	全新的产品平台，满足全球客户的临床需求和IT需求，全面提升监护产品和监护系统的竞争力。
	新一代自动体外除颤仪	针对公众市场打造全新自动体外除颤仪，从而更好满足公众急救场景下的工作流，进一步提升急救效率。
	新麻醉机	新一代高端麻醉机，采用大显示屏和全电子流量计的麻醉机，同时增强软件功能，提升易用性、精准性，提升产品竞争力。
	新输注泵	对现有输注泵进行重新设计，一方面降低产品成本，另一方面提升产品性能，最终提升产品性价比。
体外诊断	高端五分类血液细胞分析仪	开发全球最快、临床性能一流的高端荧光血液细胞分析仪。
	高端生化分析仪升级	采用超微采样技术、长寿命免维护光度计等技术实现高端生化分析仪的全面升级。
	高端全自动凝血分析系统	开发的高端全自动凝血分析系统乃国内首款具有穿刺功能的高端全自动凝血分析系统，满足三级医院血栓与止血诊断需要。
	新一代化学发光免疫分析仪	基于化学发光免疫检测原理，开发速度更快，临床性能更优的化学发光免疫分析仪。
	化学发光新试剂	开发炎症、肝纤、肿瘤、性激素、生长激素、糖尿病等多种化学发光试剂项目，完善现有试剂套装。
医学影像	新一代高端台式彩超	新一代全身应用型中高端台式彩超，实现更多高端彩超功能，如剪切波弹性等，使得产品更符合各种不同的临床应用场景。
	新一代中高端便携彩超	增强在传统超声领域应用的功能和性能，扩展在即时检测领域的应用。
	新一代中低端台式彩超	新一代全身应用型中低端台式彩超，实现高端彩超功能下移，具有卓越的性价比。

第九节　公司创新路径与特点总结

一　以业务代理起手，为创新奠定基础

公司在创建伊始，并没有直接对新产品的研究进行大量的投资，也并没有盲目地直接对其他公司的产品研发过程简单地模仿与照搬，而是先进行业务的代理，在累积一定的原始资金之后，再进行产品的研发。

在公司进行业务代理的过程中，其积累的原始资金不仅为公司在之后的产品研发上提供了资金支持，并且公司可以通过借助业务代理这个过程对于业务自身有一个更加全面的了解，对于现有产品整体的研发历史、研发方式以及研发成果有更为全面与细致的剖析，同时也对于市场的需求有更明确的认识：知道了市场上所真正需求的产品种类是怎样的，市场上现有的产品有怎样的缺陷，这些都为公司下一步的新产品研发提供了基础。这样公司的研发便会基于公司的经验，进一步研发会更满足市场的需求。

二　以临床需求为导向，确定公司产品研发方向

任何产品生产与研发的最终目的便是真正解决消费者的消费问题。迈瑞医疗在进行产品研发与新领域创新的过程中，坚持以临床需求为导向，公司每一个新研发的产品在临床应用中都可以解决一些特定的实际问题。并且在研发的过程中会邀请医生走入研发的过程中，直接解决产品在研发的过程中面临的问题。这种以临床需求为导向的产品研发方向，其产品都可以切实地解决临床上的一些难题，对于产品在市场上的销售以及产品的发展潜力十分有利。同时，这种基于需求的产品也可以更好地覆盖不同层次的市场，实现产品在市场上的充分利用。

多年来，迈瑞以临床需求为导向进行创新研发，通过产学研医结合的创新模式推动技术与临床医学的共同进步。作为国内横跨多个诊疗领域、拥有多元课题的企业，迈瑞已经在多个领域建立起符合中国人群的诊疗标准，参与制定了多项国家及行业技术标准。

三　全球整合的创新平台

一个企业若想在创新与研发上取得更为显著的成果，需要将研发平台的范围与广度进行延伸与拓展，只有保证其平台足够广阔，才能整合更多的资源，从而达到新产品研发的目的。迈瑞医疗在全球共建设了八个研究中心，形成了以"美国＋中国"为核心的研发硬件平台，分布在中国的深圳、南京、北京、西安、成都以及美国的硅谷、新泽西和西雅图。高精尖的研发团队融合了境外公司的创新能力以及境内公司的工程实现优势，大幅度缩短了公司新产品的迭代时间，为迈瑞产品能够走遍全球打下了夯实的基础。同时全球整合的创新平台使得企业可以与多领域专家保持长期密切合作，以更深刻的洞察、更迅速的反馈，不断提供创新产品和解决方案，推动前沿研究的发展。

凭借着全球整合的创新平台，如今，公司能够在自己所专注的三大领域为全球各地的医疗机构提供其自主研发的整体解决方案，这与公司利用全球整合的创新平台进行研发与创新是密不可分的。

四　高比例的创新研发投入

公司创新研发能力的大小很大程度上取决于公司对于研发投入的比例。迈瑞医疗自公司创立以来，一直保持着高比例的研发投入。公司的研发投入在 2015—2017 年分别占其营业收入的 12.33%、11.06%、9.13%，与同产业的其他公司相比，迈瑞医疗的研究投入处于明显的领先地位。这也使得迈瑞医疗的创新与研发可以走在科技的最前沿，创造出最为前沿的产品。

除此之外，公司研发人员占公司员工总数的比例也处于行业内领先地位。截至 2017 年末，公司有研发人员 1764 名，占公司员工总数的比例为 21.2%。且研发人员覆盖专业之广，研究领域之多样性处于行业内领先地位。这些都是公司研发与创新的基础所在，也正是公司对于研发的高比例投入可以使得公司一直处于行业前沿。

五　公司对于自主创新理念整体灌输

从公司创立伊始，便确定了公司自主创新的基础战略。在此之后，公司的所有业务以及所有产品都依赖着自主研发以及公司的自主创造。公司内部形成了一种自主创新的氛围，对于员工激励以及对于公司的发展方向都起到了引领与导向作用。在某种程度上可以讲，公司的自主创新与自主研发的理念已经深入到公司每一个员工的心中。这种将自主创新自始至终定为公司主要的战略发展目标，同时在员工心中所建立的创新理念会驱使整个公司向着更高的目标努力，对于公司的进一步研发与创新起到了推动作用。可以说，迈瑞医疗已将自主创新设为公司发展的愿景与公司的核心价值，对于公司的发展起到了引向作用。

附录 A 广东省 2016 年城市创新水平卡片

潮州市	创新总指数	14
	创新驱动指数	17
城市代码	创新贡献指数	12
521000	可持续创新发展指数	14

城市概况（2016）	加权
1. 金融行业指数	0.1527
2. 企业研发投入	0.1290
3. 高科技产业产值	0.1920
4. 上市公司数量	0.1258
5. 专利授予数	0.1452
6. 科技财政支出	0.2102
7. 专利申请数	0.1245
8. 新产品产值	0.1831
9. 专利价值	0.0793
10. 国际化指数	0.1721
11. 创业活跃度	0.1765
12. 上市公司产值	0.4127

潮州市十二个三级指标情况

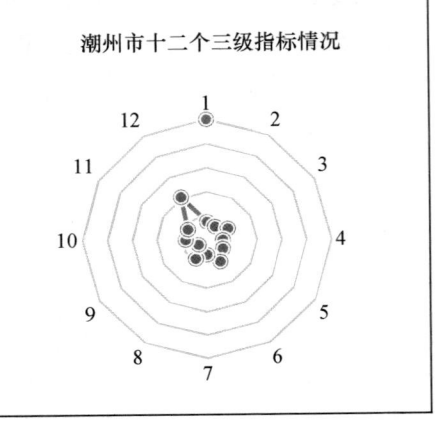

东莞市	创新总指数	3
	创新驱动指数	6
城市代码	创新贡献指数	3
523000	可持续创新发展指数	2

城市概况（2016）	加权
1. 金融行业指数	0.4485
2. 企业研发投入	0.3404
3. 高科技产业产值	0.7911
4. 上市公司数量	0.1786
5. 专利授予数	0.4401
6. 科技财政支出	0.4955
7. 专利申请数	0.4393
8. 新产品产值	0.5349
9. 专利价值	0.1358
10. 国际化指数	0.0881
11. 创业活跃度	0.2926
12. 上市公司产值	0.4486

东莞市十二个三级指标情况

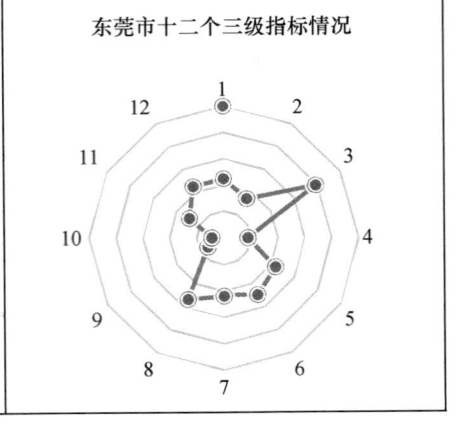

附录 A　广东省 2016 年城市创新水平卡片

佛山市	创新总指数	5
	创新驱动指数	4
城市代码	创新贡献指数	4
528000	可持续创新发展指数	12

城市概况（2016）	加权
1. 金融行业指数	0.4649
2. 企业研发投入	0.4627
3. 高科技产业产值	0.2196
4. 上市公司数量	0.2111
5. 专利授予数	0.4436
6. 科技财政支出	0.5266
7. 专利申请数	0.4316
8. 新产品产值	0.3360
9. 专利价值	0.1317
10. 国际化指数	0.1104
11. 创业活跃度	0.0414
12. 上市公司产值	0.4752

佛山市十二个三级指标情况

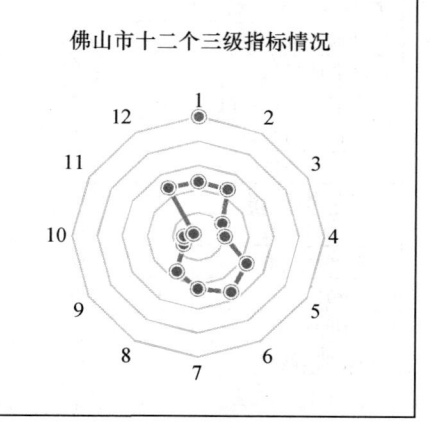

广州市	创新总指数	2
	创新驱动指数	2
城市代码	创新贡献指数	2
510000	可持续创新发展指数	7

城市概况（2016）	加权
1. 金融行业指数	1.1602
2. 企业研发投入	0.3285
3. 高科技产业产值	0.2695
4. 上市公司数量	0.4222
5. 专利授予数	0.6747
6. 科技财政支出	0.5944
7. 专利申请数	0.6475
8. 新产品产值	0.3331
9. 专利价值	0.2537
10. 国际化指数	0.1132
11. 创业活跃度	0.1164
12. 上市公司产值	0.4904

广州市十二个三级指标情况

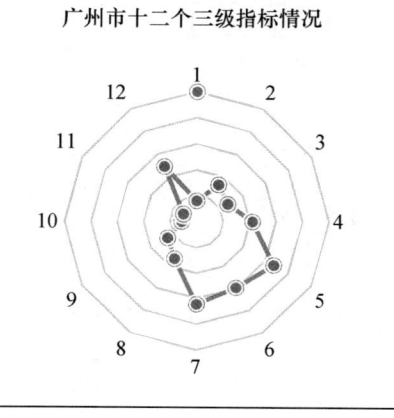

河源市	创新总指数	9
	创新驱动指数	12
城市代码	创新贡献指数	17
517000	可持续创新发展指数	4

城市概况（2016）	加权
1. 金融行业指数	0.1596
2. 企业研发投入	0.1093
3. 高科技产业产值	0.6623
4. 上市公司数量	0.1055
5. 专利授予数	0.1134
6. 科技财政支出	0.2531
7. 专利申请数	0.1077
8. 新产品产值	0.1577
9. 专利价值	0.0769
10. 国际化指数	0.1069
11. 创业活跃度	0.1179
12. 上市公司产值	0.0514

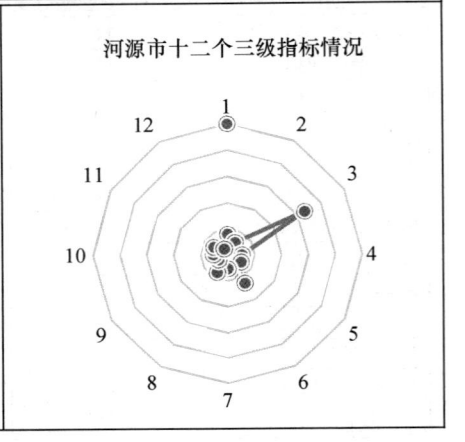

河源市十二个三级指标情况

惠州市	创新总指数	7
	创新驱动指数	7
城市代码	创新贡献指数	5
516000	可持续创新发展指数	3

城市概况（2016）	加权
1. 金融行业指数	0.2484
2. 企业研发投入	0.2960
3. 高科技产业产值	0.7721
4. 上市公司数量	0.1339
5. 专利授予数	0.2219
6. 科技财政支出	0.4631
7. 专利申请数	0.1968
8. 新产品产值	0.5074
9. 专利价值	0.0946
10. 国际化指数	0.0998
11. 创业活跃度	0.1281
12. 上市公司产值	0.4631

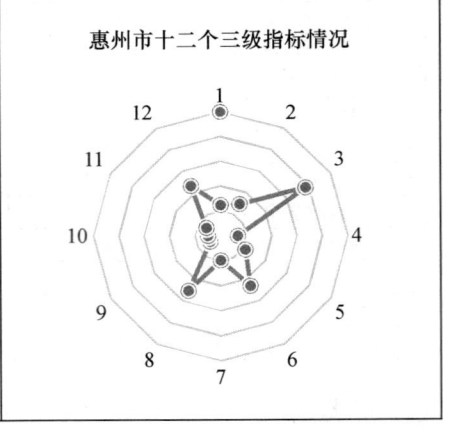

惠州市十二个三级指标情况

江门市	创新总指数	10
	创新驱动指数	8
城市代码	创新贡献指数	7
529000	可持续创新发展指数	16

城市概况（2016）	加权
1. 金融行业指数	0.2474
2. 企业研发投入	0.2218
3. 高科技产业产值	0.1998
4. 上市公司数量	0.1339
5. 专利授予数	0.1813
6. 科技财政支出	0.3719
7. 专利申请数	0.1656
8. 新产品产值	0.3276
9. 专利价值	0.0888
10. 国际化指数	0.1097
11. 创业活跃度	0.2724
12. 上市公司产值	0.4359

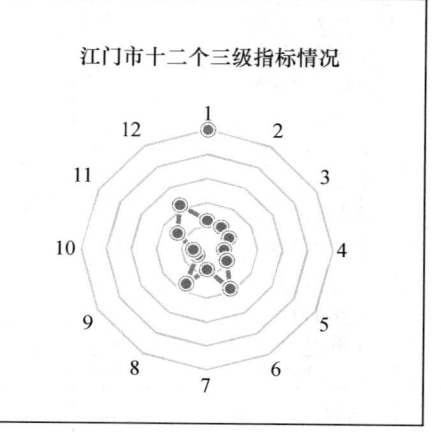

江门市十二个三级指标情况

揭阳市	创新总指数	11
	创新驱动指数	18
城市代码	创新贡献指数	15
522000	可持续创新发展指数	6

城市概况（2016）	加权
1. 金融行业指数	0.1616
2. 企业研发投入	0.1251
3. 高科技产业产值	0.3295
4. 上市公司数量	0.1136
5. 专利授予数	0.1354
6. 科技财政支出	0.2028
7. 专利申请数	0.1187
8. 新产品产值	0.1687
9. 专利价值	0.0786
10. 国际化指数	0.1174
11. 创业活跃度	0.1063
12. 上市公司产值	0.4372

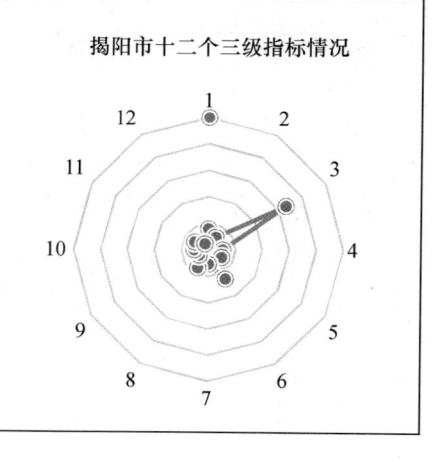

揭阳市十二个三级指标情况

茂名市	创新总指数	21
	创新驱动指数	19
城市代码	创新贡献指数	20
525000	可持续创新发展指数	19

城市概况（2016）	加权
1. 金融行业指数	0.1932
2. 企业研发投入	0.1330
3. 高科技产业产值	0.1684
4. 上市公司数量	0.1096
5. 专利授予数	0.1190
6. 科技财政支出	0.1644
7. 专利申请数	0.1117
8. 新产品产值	0.1485
9. 专利价值	0.0783
10. 国际化指数	0.0596
11. 创业活跃度	0.1006
12. 上市公司产值	0.4027

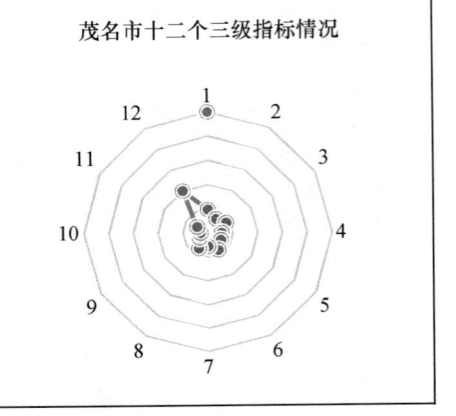

茂名市十二个三级指标情况

梅州市	创新总指数	15
	创新驱动指数	21
城市代码	创新贡献指数	18
514000	可持续创新发展指数	10

城市概况（2016）	加权
1. 金融行业指数	0.1754
2. 企业研发投入	0.1061
3. 高科技产业产值	0.2988
4. 上市公司数量	0.1299
5. 专利授予数	0.1178
6. 科技财政支出	0.1736
7. 专利申请数	0.1036
8. 新产品产值	0.1474
9. 专利价值	0.0785
10. 国际化指数	0.1197
11. 创业活跃度	0.1247
12. 上市公司产值	0.4233

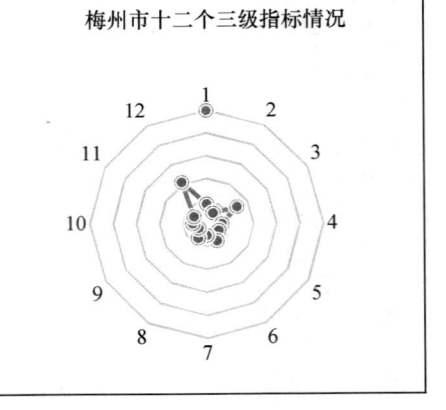

梅州市十二个三级指标情况

清远市	创新总指数	18
	创新驱动指数	14
城市代码	创新贡献指数	14
511500	可持续创新发展指数	21

城市概况（2016）	加权
1. 金融行业指数	0.1796
2. 企业研发投入	0.1174
3. 高科技产业产值	0.1415
4. 上市公司数量	0.1096
5. 专利授予数	0.1179
6. 科技财政支出	0.2356
7. 专利申请数	0.1078
8. 新产品产值	0.2105
9. 专利价值	0.0779
10. 国际化指数	0.0769
11. 创业活跃度	0.1309
12. 上市公司产值	0.0514

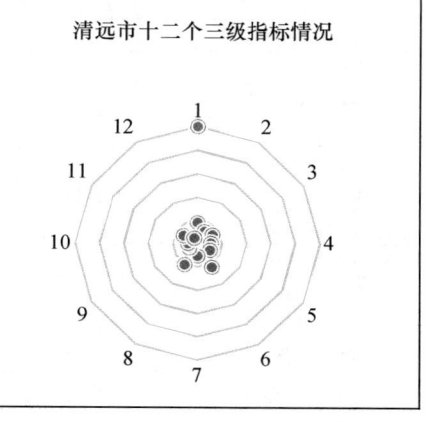

清远市十二个三级指标情况

汕头市	创新总指数	13
	创新驱动指数	10
城市代码	创新贡献指数	11
515000	可持续创新发展指数	13

城市概况（2016）	加权
1. 金融行业指数	0.1899
2. 企业研发投入	0.1299
3. 高科技产业产值	0.1478
4. 上市公司数量	0.2111
5. 专利授予数	0.1973
6. 科技财政支出	0.2580
7. 专利申请数	0.1623
8. 新产品产值	0.1667
9. 专利价值	0.0861
10. 国际化指数	0.1517
11. 创业活跃度	0.1448
12. 上市公司产值	0.4484

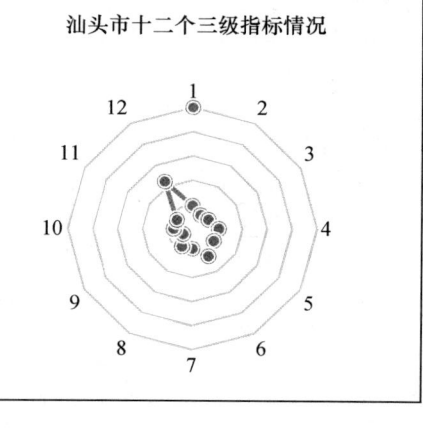

汕头市十二个三级指标情况

汕尾市	创新总指数	8
	创新驱动指数	13
城市代码	创新贡献指数	8
516600	可持续创新发展指数	5

城市概况（2016）	加权
1. 金融行业指数	0.1357
2. 企业研发投入	0.1255
3. 高科技产业产值	0.6075
4. 上市公司数量	0.1055
5. 专利授予数	0.1069
6. 科技财政支出	0.2477
7. 专利申请数	0.0987
8. 新产品产值	0.4065
9. 专利价值	0.0772
10. 国际化指数	0.1093
11. 创业活跃度	0.0995
12. 上市公司产值	0.0514

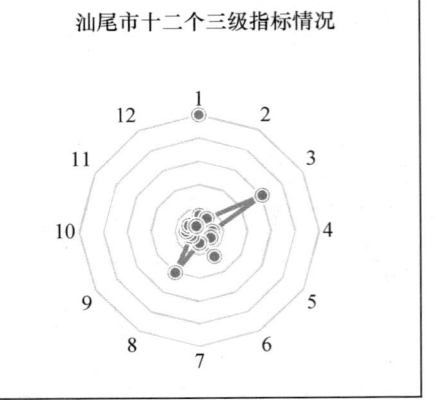

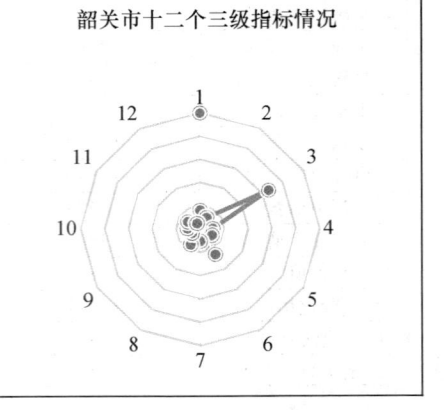

汕尾市十二个三级指标情况

韶关市	创新总指数	19
	创新驱动指数	11
城市代码	创新贡献指数	19
512000	可持续创新发展指数	18

城市概况（2016）	加权
1. 金融行业指数	0.1693
2. 企业研发投入	0.1572
3. 高科技产业产值	0.1380
4. 上市公司数量	0.1177
5. 专利授予数	0.1269
6. 科技财政支出	0.2428
7. 专利申请数	0.1080
8. 新产品产值	0.1507
9. 专利价值	0.0787
10. 国际化指数	0.1005
11. 创业活跃度	0.1151
12. 上市公司产值	0.4352

韶关市十二个三级指标情况

附录 A　广东省 2016 年城市创新水平卡片

深圳市	创新总指数	1
	创新驱动指数	1
城市代码	创新贡献指数	1
518000	可持续创新发展指数	1

城市概况（2016）	加权
1. 金融行业指数	1.1979
2. 企业研发投入	0.9893
3. 高科技产业产值	0.7133
4. 上市公司数量	1.0555
5. 专利授予数	1.0014
6. 科技财政支出	0.9420
7. 专利申请数	0.9236
8. 新产品产值	0.4677
9. 专利价值	0.7621
10. 国际化指数	0.1865
11. 创业活跃度	0.1953
12. 上市公司产值	0.5147

深圳市十二个三级指标情况

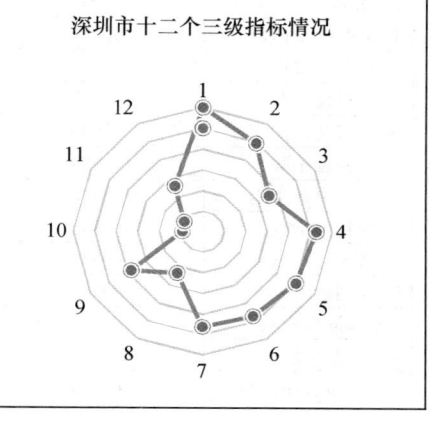

阳江市	创新总指数	20
	创新驱动指数	20
城市代码	创新贡献指数	16
517000	可持续创新发展指数	20

城市概况（2016）	加权
1. 金融行业指数	0.1483
2. 企业研发投入	0.1490
3. 高科技产业产值	0.1162
4. 上市公司数量	0.1096
5. 专利授予数	0.1180
6. 科技财政支出	0.1807
7. 专利申请数	0.1050
8. 新产品产值	0.0773
9. 专利价值	0.0768
10. 国际化指数	0.0855
11. 创业活跃度	0.1678
12. 上市公司产值	0.3974

阳江市十二个三级指标情况

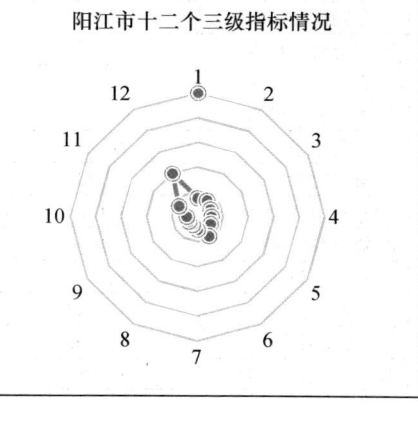

云浮市	创新总指数	17
	创新驱动指数	15
城市代码	创新贡献指数	21
527300	可持续创新发展指数	15

城市概况（2016）	加权
1. 金融行业指数	0.1516
2. 企业研发投入	0.1128
3. 高科技产业产值	0.2310
4. 上市公司数量	0.1096
5. 专利授予数	0.1094
6. 科技财政支出	0.2428
7. 专利申请数	0.0997
8. 新产品产值	0.0888
9. 专利价值	0.0769
10. 国际化指数	0.0556
11. 创业活跃度	0.1198
12. 上市公司产值	0.4510

云浮市十二个三级指标情况

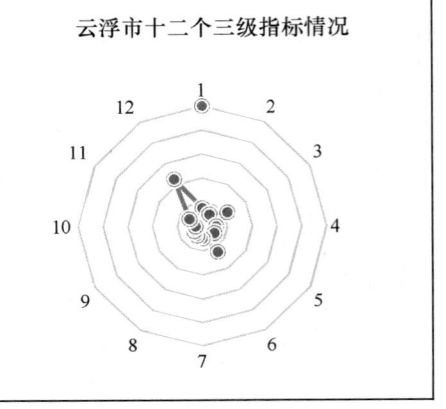

湛江市	创新总指数	16
	创新驱动指数	16
城市代码	创新贡献指数	13
524000	可持续创新发展指数	17

城市概况（2016）	加权
1. 金融行业指数	0.2062
2. 企业研发投入	0.1107
3. 高科技产业产值	0.1122
4. 上市公司数量	0.1136
5. 专利授予数	0.1311
6. 科技财政支出	0.1985
7. 专利申请数	0.1201
8. 新产品产值	0.1045
9. 专利价值	0.0800
10. 国际化指数	0.0523
11. 创业活跃度	0.2195
12. 上市公司产值	0.4089

湛江市十二个三级指标情况

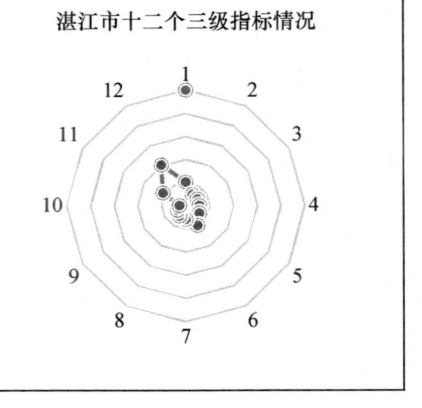

肇庆市	创新总指数	12
	创新驱动指数	9
城市代码	创新贡献指数	10
526000	可持续创新发展指数	11

城市概况（2016）	加权
1. 金融行业指数	0.1848
2. 企业研发投入	0.1714
3. 高科技产业产值	0.2809
4. 上市公司数量	0.1339
5. 专利授予数	0.1223
6. 科技财政支出	0.2405
7. 专利申请数	0.1131
8. 新产品产值	0.3875
9. 专利价值	0.0805
10. 国际化指数	0.0449
11. 创业活跃度	0.1360
12. 上市公司产值	0.4272

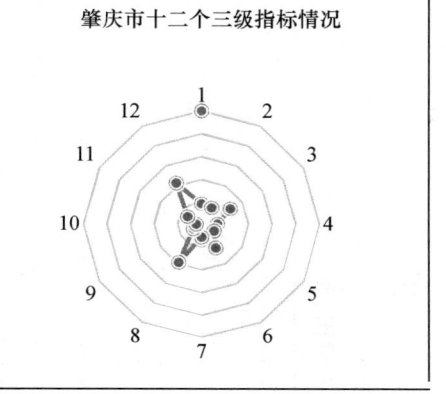

肇庆市十二个三级指标情况

中山市	创新总指数	4
	创新驱动指数	5
城市代码	创新贡献指数	6
528400	可持续创新发展指数	8

城市概况（2016）	加权
1. 金融行业指数	0.2521
2. 企业研发投入	0.4214
3. 高科技产业产值	0.4270
4. 上市公司数量	0.1664
5. 专利授予数	0.3682
6. 科技财政支出	0.7471
7. 专利申请数	0.3005
8. 新产品产值	0.2943
9. 专利价值	0.0972
10. 国际化指数	0.1415
11. 创业活跃度	0.2188
12. 上市公司产值	0.4483

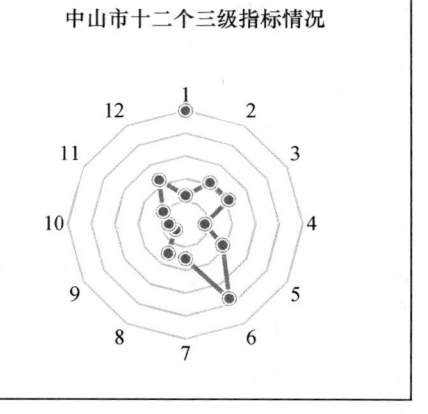

中山市十二个三级指标情况

附录 B 广东省各城市三级创新指标的标准化值分布情况

A. 广东省各地区专利申请数

时间 地区	2005	2006	2007	2008	2009	2010	2011	2012	2013	2014	2015	2016	均值
潮州市	0.0977	0.0996	0.0987	0.1010	0.1031	0.1039	0.1075	0.1102	0.1152	0.1133	0.1133	0.1246	0.1074
东莞市	0.1255	0.1374	0.1530	0.1787	0.2112	0.2391	0.2198	0.2651	0.2585	0.2755	0.3411	0.4393	0.2370
佛山市	0.1575	0.1595	0.1749	0.1757	0.1904	0.2011	0.2078	0.2261	0.2505	0.2856	0.3542	0.4316	0.2346
广州市	0.1426	0.1550	0.1594	0.1749	0.1944	0.2179	0.2414	0.2898	0.3138	0.3796	0.4787	0.6475	0.2829
河源市	0.0924	0.0926	0.0937	0.0932	0.0933	0.0945	0.0942	0.0950	0.0963	0.0968	0.0997	0.1077	0.0958
惠州市	0.0973	0.0962	0.0991	0.0986	0.1031	0.1095	0.1207	0.1368	0.1517	0.1721	0.1918	0.1968	0.1312
江门市	0.1047	0.1082	0.1095	0.1151	0.1218	0.1242	0.1290	0.1326	0.1366	0.1425	0.1511	0.1656	0.1284
揭阳市	0.0950	0.0955	0.0952	0.0960	0.0966	0.0990	0.1019	0.1071	0.1096	0.1082	0.1115	0.1188	0.1028
茂名市	0.0933	0.0934	0.0940	0.0937	0.0941	0.0947	0.0957	0.0992	0.1020	0.1063	0.1062	0.1118	0.0987
梅州市	0.0928	0.0929	0.0931	0.0934	0.0941	0.0950	0.0965	0.0990	0.0999	0.1084	0.1108	0.1036	0.0983
清远市	0.0928	0.0928	0.0932	0.0930	0.0934	0.0950	0.0965	0.0965	0.0968	0.0972	0.1021	0.1079	0.0964
汕头市	0.1057	0.1100	0.1132	0.1148	0.1224	0.1226	0.1292	0.1467	0.1504	0.1398	0.1510	0.1624	0.1307
汕尾市	0.0924	0.0926	0.0924	0.0924	0.0926	0.0931	0.0932	0.0964	0.0964	0.0950	0.0966	0.0984	0.0943
韶关市	0.0938	0.0945	0.0942	0.0942	0.0949	0.0966	0.0987	0.1033	0.1044	0.1068	0.1113	0.1080	0.1001
深圳市	0.2185	0.2654	0.2971	0.3245	0.3685	0.3950	0.4600	0.5478	0.5763	0.6222	0.7657	0.9237	0.4804
阳江市	0.0957	0.0963	0.0970	0.0971	0.0993	0.0978	0.0975	0.0995	0.1008	0.1002	0.1028	0.1051	0.0991

附录 B 广东省各城市三级创新指标的标准化值分布情况 / 349

续表

时间 地区	2005	2006	2007	2008	2009	2010	2011	2012	2013	2014	2015	2016	均值
云浮市	0.0927	0.0927	0.0927	0.0929	0.0931	0.0936	0.0939	0.0950	0.0953	0.0961	0.0973	0.0998	0.0946
湛江市	0.0945	0.0952	0.0952	0.0962	0.0970	0.0972	0.0976	0.0991	0.1001	0.1054	0.1121	0.1202	0.1008
肇庆市	0.0935	0.0938	0.0938	0.0944	0.0952	0.0965	0.1007	0.1014	0.1019	0.1031	0.1068	0.1131	0.0995
中山市	0.1090	0.1134	0.1250	0.1267	0.1415	0.1552	0.1595	0.1869	0.1995	0.2219	0.2670	0.3005	0.1755
珠海市	0.1013	0.1044	0.1058	0.1067	0.1099	0.1147	0.1245	0.1357	0.1433	0.1529	0.1708	0.2069	0.1314

B. 广东省各地区专利授予数

时间 地区	2005	2006	2007	2008	2009	2010	2011	2012	2013	2014	2015	2016	均值
潮州市	0.1072	0.1083	0.1117	0.1099	0.1165	0.1254	0.1206	0.1248	0.1358	0.1336	0.1381	0.1453	0.1231
东莞市	0.1323	0.1483	0.1744	0.1924	0.2480	0.3398	0.3343	0.3069	0.3822	0.3420	0.4123	0.4401	0.2878
佛山市	0.1778	0.1907	0.2034	0.2254	0.2478	0.3017	0.2932	0.2815	0.3399	0.3624	0.4198	0.4436	0.2906
广州市	0.1623	0.1680	0.1937	0.1939	0.2278	0.2780	0.3101	0.3286	0.4239	0.4354	0.5614	0.6747	0.3298
河源市	0.1008	0.1002	0.1007	0.1016	0.1026	0.1023	0.1041	0.1031	0.1061	0.1063	0.1096	0.1135	0.1042
惠州市	0.1066	0.1061	0.1072	0.1113	0.1108	0.1184	0.1291	0.1418	0.1739	0.1852	0.2158	0.2220	0.1440
江门市	0.1161	0.1204	0.1253	0.1282	0.1388	0.1647	0.1639	0.1523	0.1670	0.1657	0.1756	0.1814	0.1500
揭阳市	0.1042	0.1043	0.1052	0.1046	0.1079	0.1089	0.1154	0.1188	0.1288	0.1250	0.1331	0.1355	0.1160
茂名市	0.1009	0.1016	0.1021	0.1023	0.1026	0.1035	0.1042	0.1066	0.1127	0.1141	0.1227	0.1190	0.1077
梅州市	0.1008	0.1010	0.1011	0.1013	0.1019	0.1040	0.1057	0.1079	0.1148	0.1163	0.1374	0.1178	0.1092

续表

时间地区	2005	2006	2007	2008	2009	2010	2011	2012	2013	2014	2015	2016	均值
清远市	0.1008	0.1008	0.1009	0.1015	0.1014	0.1045	0.1041	0.1063	0.1072	0.1070	0.1117	0.1180	0.1054
汕头市	0.1205	0.1198	0.1297	0.1318	0.1411	0.1693	0.1494	0.1645	0.1897	0.1775	0.1908	0.1974	0.1568
汕尾市	0.1001	0.1003	0.1005	0.1005	0.1005	0.1010	0.1013	0.1032	0.1082	0.1047	0.1065	0.1069	0.1028
韶关市	0.1011	0.1020	0.1037	0.1029	0.1034	0.1053	0.1075	0.1139	0.1180	0.1187	0.1238	0.1269	0.1106
深圳市	0.1975	0.2212	0.2726	0.3210	0.4106	0.5085	0.5640	0.6065	0.7212	0.7347	0.9479	1.0014	0.5423
阳江市	0.1046	0.1050	0.1070	0.1073	0.1100	0.1147	0.1101	0.1095	0.1144	0.1135	0.1160	0.1181	0.1109
云浮市	0.1008	0.1008	0.1009	0.1011	0.1013	0.1017	0.1029	0.1033	0.1056	0.1055	0.1069	0.1094	0.1034
湛江市	0.1027	0.1035	0.1046	0.1044	0.1055	0.1087	0.1077	0.1098	0.1129	0.1148	0.1291	0.1311	0.1112
肇庆市	0.1019	0.1017	0.1028	0.1029	0.1034	0.1060	0.1100	0.1122	0.1157	0.1167	0.1202	0.1223	0.1097
中山市	0.1216	0.1251	0.1360	0.1501	0.1571	0.2010	0.2154	0.2113	0.2743	0.2757	0.3615	0.3683	0.2165
珠海市	0.1096	0.1125	0.1185	0.1212	0.1240	0.1318	0.1415	0.1485	0.1592	0.1739	0.1816	0.2063	0.1440

C. 广东省各地区专利价值指数

时间地区	2005	2006	2007	2008	2009	2010	2011	2012	2013	2014	2015	2016	均值
潮州市	0.0763	0.0763	0.0764	0.0764	0.0765	0.0767	0.0769	0.0773	0.0778	0.0783	0.0788	0.0793	0.0773
东莞市	0.0765	0.0767	0.0769	0.0773	0.0785	0.0806	0.0851	0.0917	0.0991	0.1068	0.1191	0.1359	0.0920
佛山市	0.0775	0.0782	0.0792	0.0812	0.0845	0.0874	0.0925	0.0980	0.1023	0.1076	0.1170	0.1317	0.0948
广州市	0.0858	0.0888	0.0922	0.0965	0.1030	0.1124	0.1271	0.1474	0.1675	0.1890	0.2169	0.2537	0.1400

附录 B 广东省各城市三级创新指标的标准化值分布情况

续表

时间\地区	2005	2006	2007	2008	2009	2010	2011	2012	2013	2014	2015	2016	均值
河源市	0.0763	0.0762	0.0763	0.0763	0.0763	0.0764	0.0765	0.0766	0.0766	0.0766	0.0767	0.0770	0.0765
惠州市	0.0764	0.0765	0.0767	0.0770	0.0773	0.0775	0.0783	0.0796	0.0820	0.0848	0.0887	0.0947	0.0808
江门市	0.0766	0.0768	0.0770	0.0772	0.0777	0.0784	0.0795	0.0813	0.0826	0.0841	0.0864	0.0888	0.0805
揭阳市	0.0763	0.0763	0.0764	0.0765	0.0767	0.0768	0.0771	0.0774	0.0777	0.0780	0.0783	0.0787	0.0772
茂名市	0.0763	0.0763	0.0764	0.0764	0.0764	0.0765	0.0766	0.0768	0.0770	0.0771	0.0776	0.0784	0.0768
梅州市	0.0765	0.0766	0.0767	0.0768	0.0769	0.0770	0.0771	0.0774	0.0777	0.0780	0.0782	0.0786	0.0773
清远市	0.0762	0.0762	0.0763	0.0763	0.0763	0.0763	0.0764	0.0766	0.0769	0.0771	0.0776	0.0780	0.0767
汕头市	0.0767	0.0769	0.0772	0.0774	0.0779	0.0783	0.0791	0.0802	0.0814	0.0827	0.0844	0.0861	0.0799
汕尾市	0.0762	0.0763	0.0763	0.0763	0.0764	0.0764	0.0764	0.0766	0.0767	0.0767	0.0770	0.0772	0.0765
韶关市	0.0763	0.0763	0.0765	0.0766	0.0767	0.0769	0.0771	0.0772	0.0776	0.0778	0.0783	0.0788	0.0772
深圳市	0.0896	0.0960	0.1066	0.1340	0.1813	0.2340	0.3042	0.3859	0.4644	0.5441	0.6490	0.7621	0.3293
阳江市	0.0763	0.0763	0.0763	0.0763	0.0764	0.0764	0.0765	0.0765	0.0766	0.0766	0.0767	0.0768	0.0765
云浮市	0.0762	0.0763	0.0763	0.0763	0.0764	0.0764	0.0764	0.0765	0.0766	0.0767	0.0768	0.0770	0.0765
湛江市	0.0766	0.0766	0.0768	0.0768	0.0770	0.0773	0.0778	0.0784	0.0787	0.0790	0.0795	0.0801	0.0779
肇庆市	0.0763	0.0764	0.0764	0.0765	0.0766	0.0768	0.0771	0.0777	0.0782	0.0790	0.0796	0.0806	0.0776
中山市	0.0766	0.0766	0.0767	0.0768	0.0774	0.0781	0.0801	0.0825	0.0849	0.0873	0.0918	0.0972	0.0822
珠海市	0.0770	0.0774	0.0776	0.0782	0.0793	0.0802	0.0820	0.0847	0.0874	0.0908	0.0973	0.1058	0.0848

D. 广东省各地区国际化指数

时间 地区	2005	2006	2007	2008	2009	2010	2011	2012	2013	2014	2015	2016	均值
潮州市	0.0883	0.0904	0.0807	0.0771	0.0757	0.0800	0.0813	0.0766	0.0923	0.0897	0.2902	0.1721	0.1079
东莞市	0.0932	0.0899	0.094	0.091	0.0808	0.0886	0.0889	0.0881	0.0841	0.0811	0.0775	0.0881	0.0871
佛山市	0.0756	0.0759	0.0723	0.0712	0.0658	0.0726	0.0751	0.0731	0.0727	0.0741	0.0790	0.1104	0.0765
广州市	0.0605	0.0621	0.0629	0.0635	0.0600	0.0641	0.066	0.0654	0.0658	0.0679	0.0693	0.1169	0.0687
河源市	0.0447	0.0461	0.0474	0.0489	0.0532	0.0605	0.0614	0.0600	0.0613	0.0633	0.0778	0.1069	0.0610
惠州市	0.0607	0.0633	0.0636	0.0662	0.0643	0.0676	0.0688	0.0728	0.0751	0.0757	0.0996	0.0998	0.0731
江门市	0.0603	0.0618	0.0622	0.0611	0.0558	0.059	0.0703	0.0691	0.0696	0.0742	0.0739	0.1097	0.0689
揭阳市	0.0953	0.0714	0.0774	0.0721	0.0769	0.0798	0.0825	0.0783	0.0782	0.0808	0.3553	0.1174	0.1055
茂名市	0.0530	0.0625	0.0563	0.0581	0.0732	0.0749	0.0729	0.0562	0.0547	0.0533	0.0535	0.0596	0.0607
梅州市	0.0492	0.0503	0.0489	0.0500	0.0571	0.0613	0.0615	0.0614	0.0631	0.0653	0.1003	0.1197	0.0657
清远市	0.0516	0.0484	0.0466	0.0467	0.0465	0.0528	0.0529	0.0562	0.0613	0.0611	0.0768	0.0769	0.0565
汕头市	0.0989	0.0876	0.0836	0.0827	0.0779	0.0772	0.0734	0.1285	0.1236	0.1136	0.0988	0.1517	0.0998
汕尾市	0.0515	0.0533	0.0525	0.0506	0.0491	0.0498	0.0494	0.0496	0.0653	0.0624	0.0709	0.1093	0.0595
韶关市	0.0483	0.0485	0.0482	0.0476	0.0474	0.0474	0.0473	0.0511	0.0507	0.0535	0.0962	0.1005	0.0572
深圳市	0.1066	0.1182	0.1263	0.1237	0.1133	0.1291	0.1398	0.1371	0.1445	0.1318	0.1164	0.1865	0.1311
阳江市	0.0709	0.0587	0.0566	0.0560	0.0547	0.0560	0.0565	0.0653	0.065	0.0781	0.0937	0.0855	0.0664
云浮市	0.0628	0.0596	0.0582	0.0606	0.0577	0.0606	0.0595	0.058	0.0596	0.0626	0.0877	0.0556	0.0619

附录 B 广东省各城市三级创新指标的标准化值分布情况 / 353

续表

时间 地区	2005	2006	2007	2008	2009	2010	2011	2012	2013	2014	2015	2016	均值
湛江市	0.0869	0.0844	0.0596	0.0590	0.1275	0.1260	0.1141	0.0883	0.0783	0.0777	0.0746	0.0523	0.0857
肇庆市	0.0465	0.0464	0.0469	0.0469	0.0459	0.0469	0.0477	0.0478	0.0489	0.0481	0.0480	0.0449	0.0471
中山市	0.0778	0.0820	0.0850	0.0879	0.0954	0.1036	0.1036	0.0981	0.1170	0.1170	0.1544	0.1415	0.1053
珠海市	0.0715	0.0748	0.0747	0.0758	0.0694	0.0731	0.0747	0.0692	0.0707	0.0694	0.0661	0.0436	0.0694

E. 广东省各地区创业活跃度

时间 地区	2005	2006	2007	2008	2009	2010	2011	2012	2013	2014	2015	2016	均值
潮州市	0.0930	0.0964	0.0983	0.0662	0.0574	0.0551	0.1290	0.1356	0.0447	0.1216	0.0982	0.1766	0.0977
东莞市	0.0877	0.0891	0.0902	0.0750	0.0998	0.1144	0.2385	0.2692	0.2461	0.2538	0.2232	0.2927	0.1733
佛山市	0.0947	0.0957	0.0974	0.1007	0.1047	0.1379	0.1408	0.1437	0.1174	0.1262	0.0467	0.0414	0.1040
广州市	0.0898	0.0906	0.0927	0.0949	0.0973	0.0991	0.0938	0.0930	0.1000	0.1064	0.1112	0.1164	0.0988
河源市	0.0878	0.0884	0.0893	0.0905	0.0914	0.0928	0.0942	0.0962	0.1048	0.1142	0.1193	0.1180	0.0989
惠州市	0.0954	0.0981	0.1003	0.1064	0.1142	0.1325	0.1559	0.1430	0.0523	0.0646	0.0511	0.1282	0.1035
江门市	0.1301	0.1435	0.1532	0.1744	0.2102	0.2513	0.4143	0.4051	0.2208	0.1472	0.1560	0.2725	0.2232
揭阳市	0.0952	0.0958	0.0977	0.0995	0.1011	0.1016	0.0965	0.0971	0.0715	0.0807	0.0773	0.1063	0.0934
茂名市	0.0863	0.0866	0.0870	0.0880	0.0902	0.0914	0.0891	0.0874	0.0826	0.0962	0.0973	0.1006	0.0902

续表

时间 地区	2005	2006	2007	2008	2009	2010	2011	2012	2013	2014	2015	2016	均值
梅州市	0.0925	0.0937	0.0960	0.0980	0.1039	0.1042	0.1030	0.0999	0.0774	0.0941	0.0950	0.1248	0.0985
清远市	0.0891	0.0901	0.0903	0.0917	0.0926	0.0932	0.0987	0.1022	0.0868	0.0968	0.1039	0.1309	0.0972
汕头市	0.0902	0.0916	0.0938	0.0965	0.0990	0.1003	0.1014	0.1013	0.0779	0.0976	0.1096	0.1449	0.1003
汕尾市	0.0911	0.0935	0.0963	0.0999	0.1029	0.1026	0.0914	0.0911	0.0821	0.0881	0.0865	0.0995	0.0938
韶关市	0.0894	0.0916	0.0936	0.0946	0.0967	0.0675	0.0569	0.0544	0.0809	0.0851	0.1149	0.1152	0.0867
深圳市	0.0959	0.0978	0.0997	0.1028	0.1194	0.1289	0.1293	0.1275	0.0963	0.1139	0.1284	0.1953	0.1171
阳江市	0.1050	0.1094	0.1129	0.1165	0.1313	0.1367	0.1552	0.1480	0.0921	0.1071	0.0943	0.1679	0.1230
云浮市	0.0901	0.0904	0.0913	0.0915	0.0959	0.0974	0.0974	0.0972	0.0817	0.0982	0.1026	0.1198	0.0961
湛江市	0.3494	0.3711	0.1152	0.2042	0.1889	0.1935	0.1066	0.1288	0.1309	0.2080	0.2048	0.2196	0.2017
肇庆市	0.1063	0.1075	0.1096	0.1150	0.1206	0.1913	0.2296	0.2401	0.1307	0.1824	0.0636	0.1360	0.1444
中山市	0.1208	0.1226	0.1276	0.1281	0.1432	0.1413	0.1529	0.1411	0.1405	0.1877	0.1897	0.2188	0.1512
珠海市	0.0878	0.0882	0.0886	0.0899	0.0981	0.1046	0.1096	0.1074	0.0877	0.0997	0.0982	0.1227	0.0985

F. 广东省各地区上市公司产值

时间 地区	2005	2006	2007	2008	2009	2010	2011	2012	2013	2014	2015	2016	均值
潮州市	0.0515	0.0515	0.3578	0.3636	0.3669	0.3687	0.4057	0.4085	0.4092	0.4102	0.4112	0.4127	0.3348
东莞市	0.4070	0.4106	0.4149	0.4181	0.4197	0.4252	0.4317	0.4357	0.4392	0.4415	0.4442	0.4487	0.4280
佛山市	0.4478	0.4503	0.4548	0.4584	0.4605	0.4676	0.4700	0.4675	0.4707	0.4732	0.4731	0.4753	0.4641

附录 B 广东省各城市三级创新指标的标准化值分布情况 / 355

续表

时间 地区	2005	2006	2007	2008	2009	2010	2011	2012	2013	2014	2015	2016	均值
广州市	0.4631	0.4664	0.4707	0.4687	0.4700	0.4750	0.4784	0.4819	0.4843	0.4865	0.4889	0.4904	0.4770
河源市	0.0515	0.0515	0.0515	0.0515	0.0515	0.0515	0.0515	0.0515	0.0515	0.0515	0.0515	0.0515	0.0515
惠州市	0.4488	0.4507	0.4479	0.4481	0.4496	0.4518	0.4542	0.4554	0.4590	0.4616	0.4622	0.4632	0.4544
江门市	0.4111	0.4120	0.4142	0.4154	0.4145	0.4201	0.4232	0.4236	0.4238	0.4248	0.4279	0.4359	0.4205
揭阳市	0.3908	0.3970	0.4029	0.4063	0.4100	0.4144	0.4208	0.4281	0.4306	0.4331	0.4346	0.4373	0.4171
茂名市	0.3974	0.4066	0.4044	0.4067	0.4013	0.4059	0.4081	0.4056	0.4042	0.4077	0.4033	0.4027	0.4045
梅州市	0.4044	0.4072	0.4105	0.4124	0.4166	0.4183	0.4219	0.4223	0.4255	0.4260	0.4232	0.4233	0.4176
清远市	0.0515	0.0515	0.0515	0.0515	0.0515	0.0515	0.0515	0.0515	0.0515	0.0515	0.0515	0.0515	0.0515
汕头市	0.4070	0.4135	0.4244	0.4291	0.4309	0.4339	0.4378	0.4413	0.4442	0.4458	0.4463	0.4485	0.4335
汕尾市	0.0515	0.0515	0.0515	0.0515	0.0515	0.0515	0.0515	0.0515	0.0515	0.0515	0.0515	0.0515	0.0515
韶关市	0.4262	0.4289	0.4318	0.4363	0.4313	0.4369	0.4399	0.4376	0.4380	0.4387	0.4326	0.4353	0.4345
深圳市	0.4767	0.4818	0.4885	0.4891	0.4912	0.4959	0.4993	0.5017	0.5045	0.5076	0.5125	0.5147	0.4969
阳江市	0.3037	0.3015	0.2853	0.3445	0.3336	0.3665	0.3701	0.3861	0.3862	0.3859	0.3878	0.3974	0.3541
云浮市	0.4145	0.4180	0.4250	0.4298	0.4306	0.4349	0.4406	0.4418	0.4426	0.4439	0.4477	0.4510	0.4350
湛江市	0.3758	0.3768	0.3901	0.3928	0.3939	0.3974	0.3983	0.3993	0.4038	0.4035	0.4048	0.4090	0.3955
肇庆市	0.3987	0.4030	0.4057	0.4074	0.4086	0.4119	0.4138	0.4147	0.4172	0.4189	0.4200	0.4272	0.4123
中山市	0.4004	0.4034	0.4173	0.4254	0.4268	0.4311	0.4349	0.4377	0.4413	0.4442	0.4451	0.4484	0.4297
珠海市	0.4385	0.4428	0.4485	0.4511	0.4510	0.4564	0.4607	0.4632	0.4662	0.4684	0.4651	0.4674	0.4566

G. 广东省各地区新产品产值

地区\时间	2005	2006	2007	2008	2009	2010	2011	2012	2013	2014	2015	2016	均值
潮州市	0.1369	0.1544	0.1719	0.1576	0.2031	0.1651	0.1610	0.1870	0.1402	0.1285	0.1455	0.1831	0.1612
东莞市	0.0944	0.0893	0.1001	0.1027	0.1314	0.1685	0.1831	0.1993	0.2265	0.3498	0.3635	0.5350	0.2120
佛山市	0.2786	0.2407	0.2638	0.2640	0.2832	0.2875	0.2967	0.3044	0.3028	0.3384	0.3103	0.3361	0.2922
广州市	0.2733	0.2649	0.2483	0.2318	0.3020	0.2969	0.3095	0.2691	0.2813	0.3078	0.3098	0.3332	0.2857
河源市	0.0919	0.0919	0.0834	0.0748	0.0973	0.1096	0.1219	0.1005	0.0884	0.1333	0.1445	0.1577	0.1079
惠州市	0.3097	0.3280	0.3081	0.3456	0.2952	0.3244	0.4259	0.5455	0.6973	0.5023	0.5142	0.5075	0.4253
江门市	0.1663	0.1562	0.1779	0.2035	0.1900	0.1718	0.2413	0.2206	0.2303	0.2377	0.2573	0.3276	0.2150
揭阳市	0.0770	0.0781	0.0865	0.0805	0.1093	0.1452	0.1356	0.1594	0.1808	0.1711	0.1703	0.1688	0.1302
茂名市	0.1746	0.1622	0.1843	0.2063	0.2284	0.2693	0.2790	0.2410	0.1841	0.2027	0.1831	0.1485	0.2053
梅州市	0.0713	0.0710	0.0735	0.0749	0.0791	0.0975	0.1408	0.1243	0.0917	0.1246	0.1277	0.1474	0.1020
清远市	0.0713	0.0816	0.1121	0.0837	0.0837	0.0941	0.1463	0.1797	0.1802	0.1752	0.2030	0.2105	0.1351
汕头市	0.1103	0.1147	0.1404	0.1262	0.1549	0.1329	0.1501	0.1546	0.1520	0.1508	0.1472	0.1667	0.1417
汕尾市	0.1411	0.1729	0.2047	0.2365	0.2683	0.2454	0.3046	0.2603	0.4484	0.4262	0.3417	0.4065	0.2881
韶关市	0.1005	0.1205	0.1338	0.1500	0.1952	0.2484	0.2775	0.2404	0.2331	0.1820	0.1254	0.1507	0.1798
深圳市	0.2975	0.2766	0.2555	0.3924	0.3169	0.3846	0.4287	0.4355	0.4232	0.3933	0.4418	0.4677	0.3762
阳江市	0.1038	0.1012	0.0944	0.0994	0.1214	0.0828	0.1078	0.0956	0.0936	0.0792	0.1340	0.0773	0.0992
云浮市	0.0699	0.0697	0.0725	0.0728	0.0873	0.0807	0.0875	0.0973	0.0898	0.0877	0.0987	0.0888	0.0836
湛江市	0.0885	0.0883	0.0873	0.0876	0.1054	0.1024	0.0985	0.1011	0.0978	0.1146	0.1062	0.1045	0.0985

附录 B 广东省各城市三级创新指标的标准化值分布情况 / 357

续表

时间 地区	2005	2006	2007	2008	2009	2010	2011	2012	2013	2014	2015	2016	均值
肇庆市	0.1143	0.1117	0.1078	0.1041	0.1466	0.1040	0.1700	0.1895	0.2036	0.1967	0.2263	0.3875	0.1718
中山市	0.1447	0.1677	0.1757	0.1900	0.2688	0.2452	0.2885	0.3456	0.3125	0.3031	0.3275	0.2944	0.2553
珠海市	0.1800	0.1707	0.2092	0.1760	0.2290	0.2531	0.3220	0.2929	0.2933	0.2899	0.3047	0.3363	0.2548

H. 广东省各地区科技财政支出

时间 地区	2005	2006	2007	2008	2009	2010	2011	2012	2013	2014	2015	2016	均值
潮州市	0.1244	0.1334	0.1842	0.1927	0.1918	0.1624	0.1919	0.2586	0.1510	0.1407	0.2626	0.2103	0.1837
东莞市	0.1233	0.1559	0.5009	0.4631	0.5106	0.3313	0.5379	0.5082	0.4239	0.3595	0.5509	0.4955	0.4134
佛山市	0.2008	0.1928	0.4014	0.3725	0.3653	0.3628	0.3799	0.4281	0.3827	0.3463	0.4200	0.5267	0.3649
广州市	0.1415	0.4536	0.3863	0.4106	0.4469	0.3755	0.4053	0.4281	0.4308	0.4318	0.5360	0.5945	0.4201
河源市	0.0942	0.0942	0.0942	0.0942	0.1665	0.1667	0.1849	0.1708	0.1628	0.2682	0.2398	0.2531	0.1658
惠州市	0.0942	0.0942	0.1973	0.2262	0.2460	0.2601	0.2948	0.2545	0.2401	0.5504	0.4448	0.4632	0.2805
江门市	0.2351	0.2342	0.3058	0.2997	0.2687	0.2877	0.2950	0.3419	0.3079	0.2821	0.3290	0.3719	0.2966
揭阳市	0.1200	0.1292	0.1706	0.1365	0.1426	0.1377	0.1603	0.1891	0.1289	0.1210	0.1393	0.2029	0.1482
茂名市	0.1165	0.1120	0.1501	0.1464	0.1475	0.1354	0.1565	0.1399	0.1360	0.1420	0.2198	0.1645	0.1472
梅州市	0.0942	0.0942	0.1712	0.1561	0.1744	0.1667	0.0942	0.0942	0.1470	0.1422	0.1874	0.1736	0.1413
清远市	0.0942	0.0942	0.0942	0.0942	0.0942	0.0942	0.1894	0.1923	0.1914	0.1897	0.1784	0.2356	0.1452
汕头市	0.2059	0.2070	0.2179	0.2077	0.2086	0.1967	0.2353	0.2134	0.2128	0.1787	0.1988	0.2580	0.2117

续表

时间 地区	2005	2006	2007	2008	2009	2010	2011	2012	2013	2014	2015	2016	均值
汕尾市	0.1049	0.1028	0.1005	0.1019	0.0973	0.0971	0.0979	0.0974	0.0989	0.0975	0.1852	0.2477	0.1191
韶关市	0.1590	0.1598	0.1515	0.0994	0.1187	0.1023	0.1219	0.1254	0.1327	0.1169	0.2777	0.2429	0.1507
深圳市	0.4890	0.5246	0.6858	0.6232	0.7751	0.8874	0.4757	0.5291	0.7713	0.4700	0.6181	0.9420	0.6493
阳江市	0.1172	0.1080	0.1145	0.0951	0.0978	0.0949	0.0981	0.0998	0.1847	0.1748	0.1840	0.1807	0.1291
云浮市	0.1068	0.1041	0.1025	0.1017	0.1029	0.0966	0.0987	0.0979	0.0980	0.0974	0.2933	0.2429	0.1286
湛江市	0.1863	0.1741	0.1818	0.1099	0.1872	0.0955	0.1731	0.1370	0.1361	0.1386	0.1550	0.1986	0.1561
肇庆市	0.1340	0.1374	0.2815	0.2756	0.2670	0.2491	0.2638	0.2825	0.2402	0.2382	0.2543	0.2406	0.2387
中山市	0.1240	0.1302	0.3545	0.4337	0.4435	0.4911	0.4949	0.5323	0.4774	0.5179	0.4954	0.7472	0.4368
珠海市	0.3132	0.2912	0.3104	0.3386	0.3743	0.3890	0.4264	0.4525	0.5085	0.4848	0.7282	0.8213	0.4532

Ⅰ. 广东省各地区上市公司数量

时间 地区	2005	2006	2007	2008	2009	2010	2011	2012	2013	2014	2015	2016	均值
潮州市	0.1056	0.1056	0.1056	0.1056	0.1056	0.1096	0.1096	0.1096	0.1096	0.1137	0.1218	0.1259	0.1106
东莞市	0.1218	0.1218	0.1218	0.1218	0.1259	0.1380	0.1502	0.1543	0.1543	0.1665	0.1746	0.1786	0.1441
佛山市	0.1299	0.1380	0.1380	0.1421	0.1543	0.1624	0.1705	0.1827	0.1868	0.1989	0.2111	0.2111	0.1688
广州市	0.2070	0.2192	0.2436	0.2476	0.2598	0.2842	0.3085	0.3451	0.3451	0.3532	0.3816	0.4222	0.3014
河源市	0.1056	0.1056	0.1056	0.1056	0.1056	0.1056	0.1056	0.1056	0.1056	0.1056	0.1056	0.1056	0.1056
惠州市	0.1096	0.1096	0.1096	0.1096	0.1137	0.1137	0.1177	0.1218	0.1218	0.1218	0.1259	0.1340	0.1174

附录 B　广东省各城市三级创新指标的标准化值分布情况　／　359

续表

时间 地区	2005	2006	2007	2008	2009	2010	2011	2012	2013	2014	2015	2016	均值
江门市	0.1137	0.1137	0.1137	0.1137	0.1137	0.1177	0.1218	0.1259	0.1259	0.1340	0.1340	0.1340	0.1218
揭阳市	0.1137	0.1137	0.1137	0.1137	0.1137	0.1137	0.1137	0.1137	0.1137	0.1137	0.1137	0.1137	0.1137
茂名市	0.1096	0.1096	0.1096	0.1096	0.1096	0.1096	0.1096	0.1096	0.1096	0.1096	0.1096	0.1096	0.1096
梅州市	0.1137	0.1137	0.1177	0.1218	0.1259	0.1259	0.1259	0.1259	0.1259	0.1259	0.1299	0.1299	0.1235
清远市	0.1096	0.1096	0.1096	0.1096	0.1096	0.1096	0.1096	0.1096	0.1096	0.1096	0.1096	0.1096	0.1096
汕头市	0.1218	0.1218	0.1259	0.1299	0.1340	0.1705	0.1827	0.1908	0.1908	0.1908	0.2070	0.2111	0.1648
汕尾市	0.1056	0.1056	0.1056	0.1056	0.1056	0.1056	0.1056	0.1056	0.1056	0.1056	0.1056	0.1056	0.1056
韶关市	0.1177	0.1177	0.1177	0.1177	0.1177	0.1177	0.1177	0.1177	0.1177	0.1177	0.1177	0.1177	0.1177
深圳市	0.3857	0.3979	0.4588	0.4953	0.5481	0.7023	0.8038	0.8526	0.8526	0.8810	0.9378	1.0555	0.6976
阳江市	0.1096	0.1096	0.1096	0.1096	0.1096	0.1096	0.1096	0.1096	0.1096	0.1096	0.1096	0.1096	0.1096
云浮市	0.1096	0.1096	0.1096	0.1096	0.1096	0.1096	0.1096	0.1096	0.1096	0.1096	0.1096	0.1096	0.1096
湛江市	0.1137	0.1137	0.1096	0.1096	0.1096	0.1137	0.1137	0.1137	0.1137	0.1137	0.1137	0.1137	0.1120
肇庆市	0.1177	0.1177	0.1177	0.1177	0.1177	0.1218	0.1259	0.1259	0.1259	0.1299	0.1299	0.1340	0.1231
中山市	0.1177	0.1177	0.1177	0.1218	0.1218	0.1340	0.1421	0.1462	0.1462	0.1543	0.1583	0.1665	0.1370
珠海市	0.1462	0.1502	0.1583	0.1583	0.1624	0.1786	0.1868	0.1868	0.1868	0.1908	0.1949	0.2030	0.1752

J. 广东省各地区高科技产业产值

时间 地区	2005	2006	2007	2008	2009	2010	2011	2012	2013	2014	2015	2016	均值
潮州市	0.1480	0.1445	0.1439	0.1452	0.1495	0.1574	0.1759	0.1796	0.1722	0.1810	0.1854	0.1921	0.1645
东莞市	0.4797	0.4676	0.4758	0.4759	0.4428	0.5015	0.5254	0.5922	0.6510	0.7145	0.7135	0.7911	0.5692
佛山市	0.2057	0.1957	0.1856	0.2159	0.2131	0.2095	0.2006	0.2055	0.2074	0.2024	0.2122	0.2196	0.2061
广州市	0.2772	0.2326	0.2186	0.2273	0.2539	0.2749	0.2933	0.2765	0.2750	0.2900	0.2916	0.2695	0.2650
河源市	0.1811	0.2812	0.3282	0.2945	0.3530	0.4325	0.5090	0.5117	0.5786	0.6378	0.6471	0.6624	0.4514
惠州市	1.0543	0.7540	0.7529	0.8060	0.7206	0.6921	0.7470	0.8264	0.9602	0.8779	0.8617	0.7722	0.8188
江门市	0.1674	0.1686	0.1700	0.1893	0.1853	0.1929	0.1914	0.1786	0.1830	0.1930	0.1974	0.1999	0.1847
揭阳市	0.1666	0.1704	0.1730	0.1870	0.1776	0.2516	0.2895	0.3220	0.3083	0.3285	0.3336	0.3295	0.2531
茂名市	0.1054	0.1069	0.1079	0.1091	0.1096	0.1274	0.1340	0.1305	0.1434	0.1612	0.1657	0.1685	0.1308
梅州市	0.1718	0.1816	0.1938	0.2078	0.2166	0.2528	0.2819	0.2539	0.2702	0.3013	0.3176	0.2989	0.2457
清远市	0.1696	0.1797	0.2063	0.2305	0.2305	0.2347	0.1310	0.1299	0.1305	0.1379	0.1404	0.1415	0.1719
汕头市	0.1667	0.1659	0.1607	0.1639	0.1644	0.1667	0.1575	0.1492	0.1507	0.1493	0.1461	0.1478	0.1574
汕尾市	0.5949	0.5693	0.5437	0.5278	0.4729	0.4765	0.5806	0.4467	0.7537	0.7603	0.6043	0.6076	0.5782
韶关市	0.1522	0.1716	0.1757	0.1645	0.1436	0.1373	0.1357	0.1354	0.1361	0.1411	0.1384	0.1381	0.1475
深圳市	0.9901	1.0299	0.9705	0.9835	0.9036	0.7414	0.8263	0.8084	0.7869	0.7426	0.7326	0.7133	0.8524
阳江市	0.1272	0.1253	0.1225	0.1314	0.1383	0.1405	0.1475	0.1474	0.1398	0.1255	0.1236	0.1163	0.1321
云浮市	0.2072	0.2331	0.2516	0.2616	0.2876	0.2619	0.2040	0.2043	0.2080	0.2192	0.2246	0.2311	0.2328
湛江市	0.1112	0.1119	0.1166	0.1169	0.1183	0.1188	0.1174	0.1134	0.1150	0.1182	0.1152	0.1123	0.1155

续表

时间 地区	2005	2006	2007	2008	2009	2010	2011	2012	2013	2014	2015	2016	均值
肇庆市	0.2403	0.2596	0.2617	0.2583	0.2596	0.2755	0.2546	0.3115	0.3154	0.3040	0.2798	0.2810	0.2751
中山市	0.3633	0.3589	0.3207	0.3045	0.3402	0.4095	0.4216	0.4311	0.4371	0.4480	0.4402	0.4271	0.3918
珠海市	0.5386	0.6024	0.6244	0.4961	0.3987	0.4609	0.4162	0.3443	0.3434	0.3325	0.3611	0.3276	0.4372

K. 广东省各地区企业研发投入

时间 地区	2005	2006	2007	2008	2009	2010	2011	2012	2013	2014	2015	2016	均值
潮州市	0.1139	0.1115	0.1182	0.1204	0.1122	0.1164	0.1213	0.1236	0.1270	0.1292	0.1251	0.1291	0.1207
东莞市	0.1258	0.1468	0.1588	0.1366	0.1675	0.1822	0.2017	0.2241	0.2633	0.2907	0.3126	0.3405	0.2125
佛山市	0.2207	0.2491	0.2618	0.1228	0.2256	0.2770	0.3228	0.3805	0.4067	0.4456	0.4608	0.4628	0.3197
广州市	0.1483	0.1712	0.2411	0.2762	0.2193	0.2286	0.2521	0.2702	0.2828	0.3041	0.3176	0.3286	0.2534
河源市	0.0990	0.0990	0.0994	0.0994	0.0998	0.1000	0.1019	0.1040	0.1075	0.1084	0.1091	0.1094	0.1031
惠州市	0.1574	0.1513	0.1493	0.1065	0.1268	0.1515	0.1929	0.2282	0.2522	0.2598	0.2735	0.2961	0.1955
江门市	0.1191	0.1279	0.1357	0.1031	0.1305	0.1453	0.1687	0.1847	0.1969	0.2066	0.2178	0.2219	0.1632
揭阳市	0.1022	0.1012	0.1032	0.1064	0.1030	0.1065	0.1116	0.1151	0.1200	0.1230	0.1230	0.1252	0.1117
茂名市	0.1042	0.1017	0.1033	0.1055	0.1053	0.1068	0.1104	0.1190	0.1216	0.1255	0.1287	0.1330	0.1137
梅州市	0.1008	0.0998	0.0999	0.0992	0.0996	0.1026	0.1074	0.1058	0.1080	0.1085	0.1053	0.1061	0.1036
清远市	0.1035	0.1060	0.1051	0.1015	0.1031	0.1046	0.1153	0.1222	0.1231	0.1193	0.1192	0.1175	0.1117
汕头市	0.1039	0.1055	0.1114	0.1046	0.1077	0.1108	0.1202	0.1245	0.1263	0.1236	0.1263	0.1299	0.1162

续表

时间 地区	2005	2006	2007	2008	2009	2010	2011	2012	2013	2014	2015	2016	均值
汕尾市	0.1012	0.1086	0.1134	0.1121	0.0999	0.1016	0.1094	0.1127	0.1199	0.1195	0.1214	0.1256	0.1121
韶关市	0.1381	0.1387	0.1642	0.1324	0.1298	0.1424	0.1573	0.1557	0.1503	0.1551	0.1528	0.1572	0.1478
深圳市	0.3084	0.3505	0.4074	0.2756	0.4616	0.5206	0.6169	0.7096	0.7983	0.8603	0.9236	0.9893	0.6018
阳江市	0.1056	0.1059	0.1050	0.0989	0.1025	0.1073	0.1161	0.1224	0.1365	0.1411	0.1448	0.1490	0.1196
云浮市	0.1016	0.0994	0.1000	0.1024	0.1011	0.1061	0.1096	0.1132	0.1161	0.1151	0.1126	0.1129	0.1075
湛江市	0.1020	0.1018	0.1047	0.1005	0.1029	0.1037	0.1039	0.1071	0.1090	0.1115	0.1119	0.1108	0.1058
肇庆市	0.1083	0.1101	0.1133	0.1102	0.1135	0.1224	0.1334	0.1415	0.1516	0.1572	0.1642	0.1714	0.1331
中山市	0.1906	0.2079	0.2335	0.1301	0.2295	0.2549	0.3027	0.3333	0.3673	0.3885	0.3993	0.4214	0.2883
珠海市	0.1824	0.2236	0.2395	0.1592	0.2194	0.2797	0.3431	0.3738	0.4016	0.4324	0.4690	0.5069	0.3192

L. 广东省各地区金融行业指数

时间 地区	2005	2006	2007	2008	2009	2010	2011	2012	2013	2014	2015	2016	均值
潮州市	0.1269	0.1274	0.1301	0.1302	0.1337	0.1380	0.1391	0.1398	0.1415	0.1474	0.1512	0.1527	0.1382
东莞市	0.2042	0.2163	0.2443	0.2438	0.2780	0.2977	0.3040	0.3161	0.3395	0.4091	0.4270	0.4486	0.3107
佛山市	0.2199	0.2377	0.2683	0.2682	0.3161	0.3390	0.3701	0.3852	0.3996	0.4416	0.4434	0.4649	0.3462
广州市	0.3623	0.4043	0.4758	0.5008	0.5816	0.6569	0.7454	0.8013	0.8820	0.9924	1.0757	1.1602	0.7199
河源市	0.1273	0.1296	0.1317	0.1310	0.1350	0.1404	0.1447	0.1469	0.1502	0.1540	0.1577	0.1596	0.1423
惠州市	0.1399	0.1468	0.1576	0.1572	0.1705	0.1823	0.1892	0.1945	0.2030	0.2185	0.2301	0.2484	0.1865

附录 B　广东省各城市三级创新指标的标准化值分布情况　/　363

续表

时间地区	2005	2006	2007	2008	2009	2010	2011	2012	2013	2014	2015	2016	均值
江门市	0.1432	0.1645	0.1747	0.1712	0.1734	0.1845	0.2019	0.2060	0.2138	0.2381	0.2457	0.2474	0.1970
揭阳市	0.1291	0.1288	0.1322	0.1333	0.1382	0.1408	0.1440	0.1465	0.1493	0.1564	0.1592	0.1617	0.1433
茂名市	0.1344	0.1338	0.1489	0.1473	0.1472	0.1509	0.1506	0.1518	0.1558	0.1807	0.1880	0.1933	0.1569
梅州市	0.1325	0.1319	0.1426	0.1406	0.1422	0.1483	0.1537	0.1544	0.1584	0.1653	0.1717	0.1754	0.1514
清远市	0.1321	0.1321	0.1347	0.1341	0.1410	0.1506	0.1544	0.1566	0.1604	0.1719	0.1772	0.1797	0.1521
汕头市	0.1303	0.1290	0.1431	0.1379	0.1559	0.1595	0.1610	0.1634	0.1670	0.1765	0.1724	0.1899	0.1572
汕尾市	0.1198	0.1221	0.1238	0.1229	0.1198	0.1270	0.1277	0.1285	0.1295	0.1352	0.1349	0.1357	0.1272
韶关市	0.1285	0.1306	0.1354	0.1347	0.1366	0.1420	0.1443	0.1475	0.1498	0.1647	0.1677	0.1694	0.1459
深圳市	0.3608	0.4322	0.5491	0.6181	0.6351	0.7268	0.8052	0.8593	0.9477	1.0163	1.1251	1.1979	0.7728
阳江市	0.1221	0.1235	0.1259	0.1260	0.1282	0.1335	0.1369	0.1405	0.1425	0.1455	0.1468	0.1484	0.1350
云浮市	0.1235	0.1246	0.1252	0.1247	0.1269	0.1315	0.1331	0.1345	0.1357	0.1494	0.1507	0.1517	0.1343
湛江市	0.1375	0.1430	0.1495	0.1487	0.1548	0.1618	0.1671	0.1686	0.1716	0.1928	0.2085	0.2063	0.1675
肇庆市	0.1338	0.1336	0.1411	0.1389	0.1496	0.1570	0.1620	0.1653	0.1704	0.1745	0.1789	0.1849	0.1575
中山市	0.1379	0.1468	0.1638	0.1682	0.1804	0.1896	0.1958	0.2086	0.2170	0.2317	0.2417	0.2521	0.1945
珠海市	0.1407	0.1456	0.1519	0.1579	0.1614	0.1694	0.1776	0.1850	0.1926	0.2040	0.2193	0.2272	0.1777

参考文献

[1] 万陆、刘炜、谷雨：《广东城市创新能力比较研究》，《南方经济》2016年第8期。

[2] 陈俊、代明、殷仪金：《广东省创新型城市评价及实证测度——基于世界银行知识评价法》，《城市观察》2016年第4期。

[3] 丘海雄、赵琼：《广东区域自主创新能力分析——兼与长三角比较》，《珠江经济》2007年第4期。

[4] 朱芳芳：《创新技术进步要素偏向视角下区域异质性研究——基于SFA和广东数据的实证分析》，《数理统计与管理》2019年第38卷第1期。

[5] 刘佐菁、闫晓旭、陈建新：《基于耦合理论的广东省创新驱动发展研究》，《科技管理研究》2018年第5期。

[6] 汪一洋：《广东实施创新驱动发展战略研究》，南方日报出版社2017年版。

[7] Cullen J. B., Johnson J. L., Parboteeah K. P., "National Rates of Opportunity Entrepreneurship Activity: Insights from Institutional Anomie Theory", *Entrepreneurship Theory and Practice*, Vol. 38, No. 4, 2014.

[8] Day J., Reynolds P., Lancaster G., "Entrepreneurship and the Small to Medium-sizedenterprise: A Divergent/convergent Paradox in Thinking Patterns between Advisers and SME Owner-managers", *Management Decision*, Vol. 44, No. 5, 2006.

[9] Gupta H., Barua M. K., "Supplier Selection Among SMEs on the Basis of Their Green Innovation Bbility Using BWM and Fuzzy TOPSIS", *Jour-

nal of Cleaner Production, Vol. 152, 2017.

[10] Jahanshahloo G. R., Lotfi F. H., Izadikhah M., "Extension of the TOPSIS Method for Decision-making Problems with Fuzzy Data", *Applied Mathematics and Computation*, Vol. 181, No. 2, 2006.

[11] Kahraman C., Büyüközkan G., Ateş N. Y., "A Two Phase Multi-attribute Decision-making Approach for New Product Introduction", *Information Sciences*, Vol. 177, No. 7, 2007.

[12] Kim A. R., "A Study on Competitiveness Analysis of Ports in Korea and China by Entropy Weight Topsis", *The Asian Journal of Shipping and Logistics*, Vol. 32, No. 4, 2016.

[13] Pakes A., Schankerman M., "The Rate of Obsolescence of Patents, Research Gestation Lags, and the Private Rate of Return to Research Resources", R&D, Patents, and Productivity, University of Chicago Press, 1984.

[14] Porter, M. E., *Competitive Strategy: Techniques for Analyzing Industries and Competitors*, New York: Free Press, 1980.

[15] Pryor C., Webb J. W., Ireland R. D., et al., "Toward an Integration of the Behavioral and Cognitive Influences on the Entrepreneurship Process", *Strategic Entrepreneurship Journal*, Vol. 10, No. 1, 2016.

[16] Schumpeter J. A., *The Theory of Economic Development*, Cambridge, MA, Harvard University, 1934.